栄原永遠男

紀伊古代史研究

思文閣出版

紀伊古代史研究※目次

第I部　紀氏と紀伊国

第一章　鳴滝倉庫群と倭王権……三
一　課題の設定……三
二　鳴滝倉庫群の建設……四
(1)「紀氏集団」と倭王権・畿内王権　(2) 鳴滝遺跡の倉庫群
(3) 鳴滝倉庫群の評価　(4) 鳴滝倉庫群の機能
三　難波倉庫群の出現……一三
(1) 難波倉庫群の規模と構造　(2) 難波倉庫群の位置づけ
(3) 難波倉庫群と国際関係
四　鳴滝倉庫群から難波倉庫群へ……二〇
第二章　紀朝臣と紀伊国……二四
一　はじめに……二四
二　紀朝臣と紀伊国……二五
(1) 研究史　(2) 紀伊国司　(3) 桓武天皇の紀伊国行幸

三　紀朝臣と平群谷……三一
四　む す び……三九
第三章　紀氏再考……四五
一　はじめに……四五
二　紀朝臣の出身地……四六
三　「紀宿祢史料」に関する疑問……四八
四　「紀宿祢史料」の検討……五一
五　「紀氏集団」の分裂過程……五四
六　中央貴族としての紀朝臣……五七
七　む す び……六一
第四章　紀氏と倭王権……六四
一　はじめに……六四
二　倭王権と「紀氏集団」……六五
(1)　部民の設定　(2)　屯倉の設置　(3)　紀国造の成立　(4)　二つの画期
三　「紀氏集団」分裂の記憶……七三
四　む す び……七八
第五章　和泉南部地域と紀伊……八一
一　はじめに……八一

二　「紀氏集団」と倭王権……八一
三　朝鮮半島情勢と倭王権……八三
四　「紀氏集団」と「大伴氏集団」……八五
五　「紀氏集団」と和泉南部地域……八八
六　倭王権と和泉南部地域……九四
七　む す び……九八

第II部　古代紀伊の経済と政治

第六章　律令時代紀伊国における経済的発展……一〇三
一　はじめに……一〇三
二　紀伊国の財政的発展……一〇四
(1) 紀伊国司の就任時位階　(2) 諸国本稲数と諸国本田数
(3) 正税帳の数値と本稲数・本田数との比較
三　紀伊国における開発の進展……一一七
(1) 紀伊国の総田積　(2) 在田郡における開発の進展
四　紀伊国における絹生産の発展……一二三
(1) 七世紀における発展　(2) 八世紀における発展
(3) 奈良時代後半〜平安初期における発展　(4) 九世紀以降の発展
(5) 小結
五　おわりに……一三三

第七章　和歌浦と古代紀伊――木簡を手がかりとして――……一三五
一　和歌浦の地域性……一三五
二　可太郷と和歌浦……一三六
三　海部郡と贄の貢納……一四〇
四　和歌浦と物資の貢納……一四三
五　和歌浦と海部屯倉……一四七
第八章　古代における紀北四郡の郷の配置……一五三
一　はじめに……一五三
二　伊都郡の郷……一五四
三　那賀郡の郷……一五六
四　『和名抄』名草郡条の検討……一五九
五　名草郡の郷……一六三
六　海部郡の郷……一六八
七　むすび……一七一
第九章　滋野氏の家系とその学問――九世紀における改氏姓の一事例――……一七六
一　はじめに……一七六
二　名草直（宿祢）の系統……一七七
三　楢原造・伊蘇志臣の系統……一八〇

四　滋野朝臣の出自……一九一
五　滋野朝臣と「学問」……一九四
六　滋野朝臣への改氏姓……二〇三
七　むすび……二〇五
第一〇章　村君安麻呂とその一族……二一四
一　はじめに……二一四
二　村君安麻呂の履歴……二一五
(1) 勘籍　(2) 仁王経疏一〇〇部　(3) 千部法華経
(4) 百部法華経　(5) 般若心経一〇〇巻　(6) 小結
三　村君一族とその分布……二二七
四　むすび……二三四

第Ⅲ部　紀伊古代史料の検討

第一一章「紀伊国那賀郡司解」の史料的検討……二四一
一　はじめに……二四一
二　従来の経過……二四一
三　現状と問題点……二四七
(1) 容器・箱書・所蔵印・表装　(2) 使用紙　(3) 紙継目
(4) 左右端部の状況　(5) 上下端部の状況　(6) 紙の大きさ
(7) 押界　(8) 印　(9) 小結

四　釈文・筆跡の検討……二五八
(1) 釈文　(2) 文字の異同　(3) 異筆・同筆
(4) 小結
五　「那賀郡司解」の作成過程……二六五
六　むすび……二六七
付記　「紀伊国那賀郡司解」と売券研究……二七〇
第一二章　「紀葛成墾田売券」について……二七三
一　はじめに……二七三
二　『遊古世帖』所収の「紀葛成墾田売券」……二七三
三　横浜市立大学所蔵の「紀葛成墾田売券」……二七五
(1) 容器と装丁　(2) 横浜市大本の伝来　(3) 台紙付写真の検討
(4) 横浜市大本の形状と釈文　(5) 横浜市大本の性格
四　むすび……二八四
第一三章　「紀伊国在田郡司解」の史料的検討……二八八
一　はじめに……二八八
二　「紀伊国在田郡司解」の現状……二八九
(1) 軸その他　(2) 各紙の状況　(3) 印影　(4) 押界　(5) 裏封
三　「紀伊国在田郡司解」の文字……三〇三
(1) 釈文　(2) 釈文に関する留意点　(3) 同筆・異筆

四　「紀伊国在田郡司解」に関する考察……三一〇
(1) 押界　(2) 第四紙　(3) 印影　(4) 一紙の大きさ　(5) 第一紙
五　「紀伊国在田郡司解」の作成過程……三一九
六　むすび……三二一
第一四章　「紀伊国直川郷墾田売券」について……三二九
一　はじめに……三二九
二　『貞観延喜古文書』の検討……三三四
三　「紀伊国直川郷墾田売券」の現状と問題点……三三七
(1) 裏打紙　(2) 料紙・紙継目・いたみの程度　(3) 印影
(4) 釈文　(5) 釈文の注意点　(6) 別筆・同筆
四　若干の考察……三四八
(1) かつての状態　(2) 第一紙　(3) 第二の朱印
五　「紀伊国直川郷墾田売券」の作成過程……三五三
六　むすび……三五四
第一五章　「平田福刀自子家地充文案」と「延喜天暦保延古文書」……三五九
一　はじめに……三五九
二　青山文庫と古代史料……三六〇
三　「延喜天暦保延古文書」の形状……三六三
(1) 容器とラベル　(2) 装丁と題簽軸および印　(3) 文書の配列・虫損等・折目

四　各文書の釈文……三六九
五　各文書の形状と内容……三七九
(7)　延喜一一年（九一一）三月二三日「平田福刀自子家地充文案」
(5)　天暦五年（九五一）五月一一日「平忠信家地売券」
(4)　天暦五年（九五一）五月一一日「平忠信書状」
(6)　天暦一一年（九五七）八月一五日「置始乙連家地売券」
(3)　保延七年（一一四一）三月一九日「僧隆尊田地売券」
(2)　年欠「某書状」
(1)　二月二四日「某書状」
六　むすび……三九一
あとがき
索　引

第Ⅰ部　紀氏と紀伊国

第一章　鳴滝倉庫群と倭王権

一　課題の設定

一九八二年（昭和五七）に発見された和歌山市の鳴滝遺跡の倉庫群（以下、鳴滝倉庫群とよぶ）と、一九八七〜九〇年（昭和六二〜六五）に調査された大阪市法円坂町の倉庫群（以下、難波倉庫群）は、あまりの規模の大きさで、発見当時から人々の耳目を大いに集めた。その後、今日まで多くの発掘調査が行なわれたにもかかわらず、現在でもいぜんとして古墳時代を代表する大型倉庫群でありつづけている。

このような巨大な倉庫群が出現したのは、いったいなぜであろうか。どのような情勢のもとで建設されたのであろうか。その建設をめぐっては、それに関与した諸勢力を取りまいていた政治的環境や政治的動向・経済的関係が、かならずや反映しているにちがいない。それはどのようなものであろうか。

この二つの倉庫群は、ともに五世紀代のものであるが、同じ時期のものではない。鳴滝倉庫群は、難波倉庫群よりおよそ数十年ほど先だって造営されたと考えられている。このことは、両者を対比して考えることによって、紀伊の在地勢力と倭王権・畿内王権（この両者については後述する）との関係がどのように変化したのか、両者間のさまざまな交通がどのように変動したのか、という興味ある問題を考えうる可能性があることを意味している。この二遺跡を通して、紀伊の在地勢力と倭王権・畿内王権とは、どのような交通関係をとりむすんでいたのであろうか。

この二大倉庫群の具体的な内容は、のちにくわしく紹介するが、両者の立地が、ともに海とむすびついている点は、とくに重要である。鳴滝倉庫群が建てられた小さな谷を出たすぐ南側には、かつて紀ノ川の主流の一つが流れており、川津も存在していた。紀ノ川下流〜河口部の各所にあった川津を「紀ノ水門」と総称できるという。[1]鳴滝古墳群は、この水流を通じて海と直結していたのである。また難波古墳群は、北側は難波堀江を介して、西側は直接大阪湾に通じていた。この事実は、二大倉庫群の建設が、海上交通と密接に関係していたことをものがたっている。このことは、いったいどのような意味をもっているのであろうか。

二　鳴滝倉庫群の建設

(1)「紀氏集団」と倭王権・畿内王権

紀伊の在地勢力は、私見によると、もと「紀氏集団」と仮称する連合体を形成していた。「紀氏集団」は、最終的には六世紀末ごろまで続いていたが、すでに五世紀の段階から、主に紀ノ川北岸の勢力が、大和の平群谷、山背の紀伊郡地域などに同族を配置し、やがて紀臣（朝臣）として中央貴族化していった。もう一つはそのまま紀伊に残って紀直という氏を形成し、紀国造や諸郡の郡司をつぎつぎと出す強大な在地勢力となった。[2]

「紀氏集団」を構成していたのは、紀伊全体の在地勢力のうちでも、紀ノ川下流の北岸から加太の勢力と泉南の淡輪地域の勢力[3]（以下、北岸勢力という）、紀ノ川下流南岸の平野部の勢力（南岸勢力）、のちの那賀郡平野部に相当する紀ノ川中流域の勢力（中流勢力）、のちの海部郡にほぼ相当する沿海地域の勢力（沿岸勢力）などの諸勢力が中心であったと考えられる。

これらの諸勢力を、それぞれ部族ととらえると、「紀氏集団」は、これらの諸部族の連合体、すなわち部族連合として理解することができる。この部族連合の勢力は、紀ノ川筋、紀北沿岸部におよんでいた。なお「部族」とは、複数の集落共同体からなる氏族がさらに複数結合したもの、という意味で使用することとする。

「紀氏集団」は水上交通と深い関係をもっていた。紀ノ川水運を掌握し、さらに海人集団を従属させたり、その首長と連合したりして水上交通をおさえ、強大な水軍を擁していた。[4] この点は、他の部族連合と比較して、「紀氏集団」のもつ大きな特色である。彼らと畿内王権との関係は、水上交通、対外関係をぬきにして語ることはできないのである。

五世紀段階の日本列島における政治構造を全体的にさし示すことは、容易なことではないが、おおよそつぎのように理解している。すなわち、のちのほぼ畿内主要部に相当する地域には、古市古墳群、百舌鳥古墳群、佐紀古墳群、柳本古墳群などの大型の前方後円墳をふくむ大古墳群を造営した諸勢力（部族）その他が存在し、それらが大部族連合（畿内王権）を形成していた。また、紀北、吉備、筑紫、毛野その他の各地にも、それぞれ部族連合が成立していた。

そして、畿内王権と各地の部族連合とは、より高次のレベルで政治的に連合していた。この高次のレベルの連合体の全体を、『宋書』倭国伝（夷蛮伝倭国条）にみえる「倭王某」の表現によって、「倭王権」とよぶこととする。「紀氏集団」も、もちろんこの倭王権を構成する主要な要素の一つとなっていた。「紀氏集団」は、この倭王権において、水上交通、水軍の部門をおもに担当していた。

ひとくちに連合といっても、それに参加した諸部族連合が、相互に対等の関係にあったわけではもちろんない。そのうちの畿内王権の首長が、この倭王権全体の大王として存在し、他の部族連合の首長たちは、この大王を中

写真１　鳴滝倉庫群の検出遺構
（北から見たところ。手前がＳＢ01で、この床下部分が大甕の収納に利用されていた）

心として序列化されていたと考えられる。この序列は、はじめは緩やかなものであったが、とくに五世紀中葉に古市古墳群、百舌鳥古墳群に巨大古墳が形成されるころになると、きわめて厳格なものとなっていった。

⑵鳴滝遺跡の倉庫群

さて、鳴滝倉庫群は、和歌山市善明寺に所在し、一九八二年（昭和五七）に高等学校建設用地の調査によって発見された（写真1）。その場所は、南から北にＹ字形にはいりこむ小さな谷の東北側の奥部で、平野部からは遠望できない。しかし、さきに指摘したように、この谷を出たすぐ南側には、紀ノ川の主流の一つが流れており、その流れによって、この倉庫群は海と連なっていた。

この小さな谷の奥部にある南に伸びる小さな尾根の上（標高二二～二八メートル）に倉庫群は建設されていた。この尾根の南と西は谷に落ちこみ、北側には急な山が立ち上がっている。このように三方は周囲から遮断されているが、東の方向だけに細く平坦面がつづい

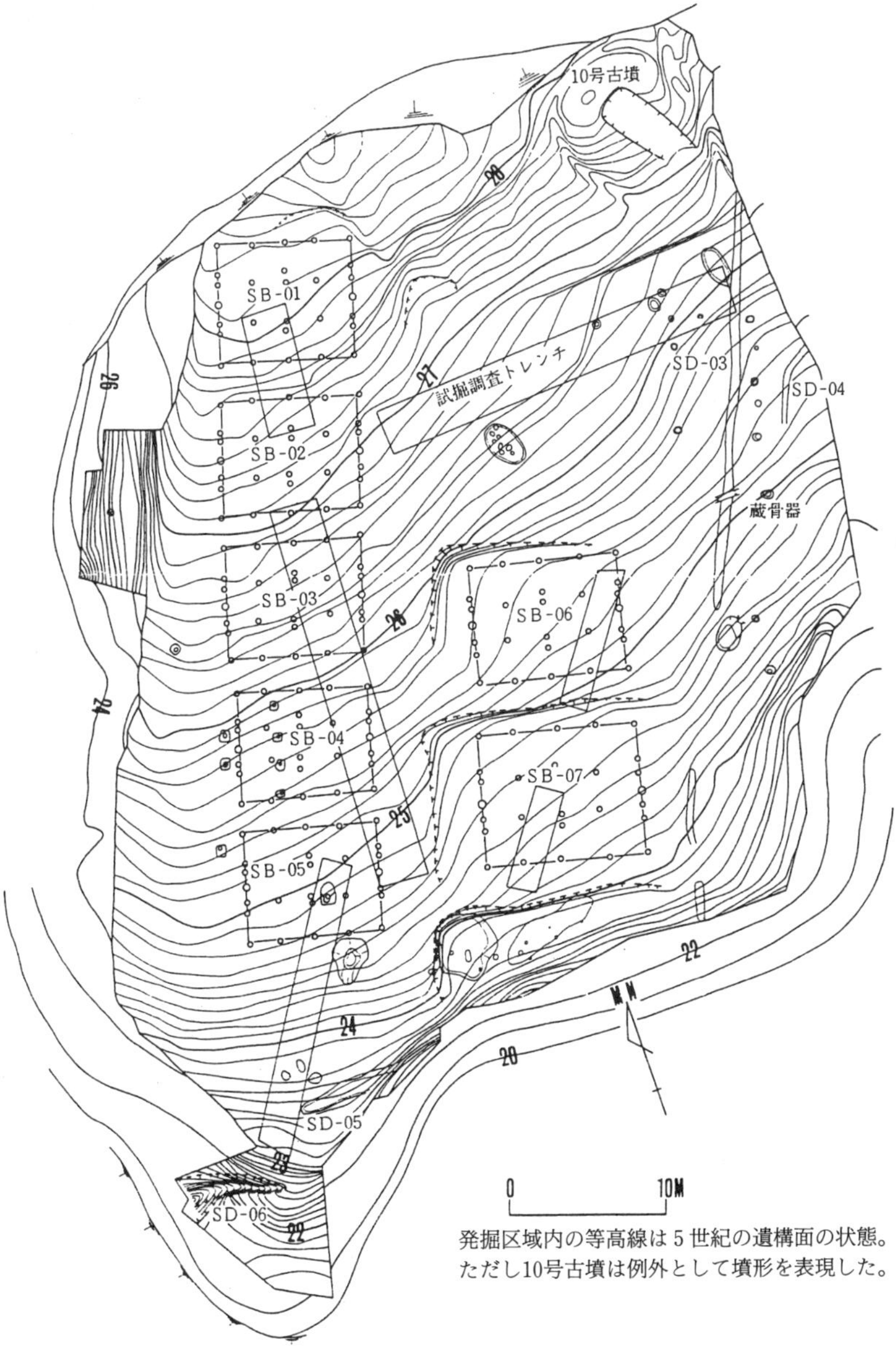

図１　鳴滝倉庫群の検出遺構

ている。

この尾根上の平坦面に、西側五棟、東側二棟の計七棟の倉庫が、軒を接さんばかりに密集して、整然と配置されていた（図1）。また、東側二棟のさらに南側では、もう一棟建設する予定で整地作業が行なわれている（ただし、柱穴は検出されていない）。西側にならぶ各倉庫の東妻の柱筋がほぼ通っており、この線は真北にたいして一二～一三度ほど東にふれている。

七棟はいずれも桁行四間、梁行四間の総柱建物で、両方の妻側の中央に棟持柱が一本ずつあり、その両側と内側に屋根まで通る柱が六本ある。この点から、建物の構造は、切妻造の東西棟で高床であったと考えられている。床面積は棟によって異なっているが、最大は東側のＳＢ〇七で約八二平方メートル、最小は西側のＳＢ〇四で約五六平方メートル、七棟の合計は約四五二平方メートルに達する。

西側のいちばん北側にあるＳＢ〇一の柱穴からは、容量約三〇〇リットルの須恵器大甕の破片が多く出土しており、この倉庫の床下は、大甕を並べて多くの物資を収納する貯蔵空間として利用されていたらしい。また、倉庫がたてられていない東北部分（ＳＢ〇六の北、ＳＢ〇一・〇二の東）は、広場として利用されたのであろう。広場のさらに東に、区画施設と考えられている一本柱列や溝ＳＤ〇三が検出されている。

この倉庫群の時期は、廃絶時の柱抜き取り穴から出土した須恵器から、五世紀前半と考えられている。どの倉庫も建て替えの痕跡がなく、遺物にも時期幅が認められそうにないところから、建造後あまり時がたたない時期に火災で焼失したと推定されている。またその後、この地での建て直しは行なわれなかった。(5)

(3) 鳴滝倉庫群の評価

この鳴滝倉庫群は、古墳時代の倉庫群としてはとびぬけた規模をもっている。その評価いかんで、五世紀の紀伊の歴史的位置づけはまったく変わってしまう。この遺跡の評価は、まさに紀伊古代史のキーポイントなのである。しかし、この遺跡から直接知られることはかぎられているため、その評価が大きくわかれているのが実情である。

その一つの傾向とは、鳴滝倉庫群の造営主体を紀伊の在地勢力とみる立場である。まず積山洋は、鳴滝倉庫群と難波倉庫群とを詳細に比較検討して、両者の相違が大きいことを強調し、また鳴滝倉庫群の隠れ谷的立地や、淡輪古墳群（大阪府泉南郡岬町）との関係を重視して、この倉庫群の造営主体を、淡輪から紀ノ川河口北岸部を本拠地とする強力な大豪族と理解している。(6)

つぎに山尾幸久は、五世紀前半は首長国連合の段階であって、この段階では大和政権（倭王権）による全国の直轄支配は未成立であるとする認識から、これを紀臣氏の宝物庫とみている。(7)

また、都出比呂志は、東側につづく平坦地に、倉庫群と密接に関係する居住区が存在した可能性が高いとして、首長層の居館にともなう倉庫群とし、また「単に首長層一般の倉庫というよりも、より大きな政治権力の根拠地における兵糧倉にもなりうる、政治的かつ軍事的な倉」ともしている。(8)

鳴滝倉庫群の評価に関するもう一つの傾向は、倭王権もしくは畿内王権を造営主体とみる立場である。小笠原好彦は、鳴滝倉庫群と難波倉庫群は両方とも、同時代の豪族居館の倉庫と比較してかなりの格差があることを重視し、高度な建築技術、津を前提とした立地、特定の一時期にかぎって営まれていることなどから、大和政権（倭王権）の対外政策の拠点という特定の目的のもとに置かれたと理解している。(9)

また、薗田香融は、天平期の正倉との比較から、大和政権（畿内王権）が紀ノ水門に設けた前期屯倉としている。(10)さらに山中敏史は、前方後円墳の分布する範囲に成立していた大和政権（倭王権）の対外交通部門にかかわる職務執行機関の「庁舎」の一部とする。(11)

このように、鳴滝倉庫群をめぐってなされている評価は、かなり多様である。これらについて、わたくしはつぎのように考えている。まず、鳴滝倉庫群の造営主体を紀伊の在地勢力（「紀氏集団」）とみる積山の考えは、紀伊の在地勢力と倭王権とを、別個の対立的存在としてとらえすぎている。紀伊の在地勢力は、倭王権とは別の独立した勢力として存在していたのではなく、それへの対立の契機を含みつつも、倭王権の一部を構成していたのである。この連合と対立の両面から鳴滝倉庫群を評価していく必要がある。

つぎに、山尾の考えは、五世紀前半の段階において、個々の首長国の独立性を評価しすぎていると考える。五世紀前半の段階で、倭王権が部族連合の連合体として成立していたことや、畿内王権による他の部族連合に対する直轄支配が成立していなかったことなどは、ニュアンスの差はあれ、わたくしも見解を等しくする。しかし、直轄支配が成立していないからといって、紀伊の首長（「紀氏集団」）が、鳴滝倉庫群や淡輪古墳群などの巨大建造物を築造するというような重大な行為を、独自の判断で自由に行なえたわけではあるまい。そこに、倭王権による規制を考えなければならないのは当然のことである。とりわけ紀伊の場合は、畿内王権に地理的に近いことや、他と比較して部族連合としてそれほど強大であったわけではないので、倭王権や畿内王権による「紀氏集団」に対する規制は強かったのではなかろうか。

また山尾は、のちに紀朝臣と紀直になる勢力を、五世紀前半段階で別個の独立したものとみているようである。しかし、これらは、さきに述べた私見のように、それぞれ部族として存在していたではあろうが、この段階では、まだ「紀氏集団」の一員として部族連合の枠内にあったとみるべきであろう。

一方、畿内王権を造営主体とみる立場では、小笠原が対外政策との関連を指摘したことが重要である。しかし、その対外政策の内容が示されていないため、この点から鳴滝倉庫群の建造の意味が十分に明らかにされていない。また、薗田の畿内王権の前期屯倉という規定はどうか。ふつう屯倉は畿内王権の所有地、所有施設として設定されたもので、国造を介して管理されていたと理解されている。したがって、五世紀前半の段階で、たとえ前期的なものであるにせよ、畿内王権による屯倉の設定を想定することは、時期的に早すぎるし、「紀氏集団」に対する畿内王権の支配を強くみすぎていることになる。

五世紀前半の日本列島における政治関係を前述のようなものであるととらえた上で、わたくしは、鳴滝倉庫群と豪族居館の倉庫との間にかなりの格差があることを重視する小笠原の指摘が重要な意味をもっていると考える。これらを前提にすると、鳴滝倉庫群の造営主体を紀伊の在地勢力ととらえることはむずかしいのではなかろうか。また、この倉庫群と海との結びつきの深さも、無視できない意味をもっている。わたくしは、鳴滝倉庫群は、倭王権の対外交通のための施設の一つで、倭王権全体の意向（それは畿内王権の意向を強く反映している）にしたがって「紀氏集団」が造営を担当したものと理解する。

(4)鳴滝倉庫群の機能

倭王権の対外交通の代表的なものは、倭の五王の遣使である。『晋書』『宋書』『梁書』などにみえる関係記事は、四一三年から五〇二年におよんでいる。これらの使者の海をこえての往来には、「紀氏集団」が船や航海用具、船員などを提供した可能性が高いのではなかろうか。鳴滝倉庫群は、使節団派遣のための準備施設の一部であった可能性がある。

また、倭王権の対外交通は、軍事的進出という別の形態をとることもあった。鳴滝倉庫群は、そのための兵站基地の一つとして建設された可能性も無視できない。四二七年に高句麗の長寿王は、都を丸都（輯安、中華人民共和国チーリン〔吉林〕省チーアン〔集安〕）から平壌（朝鮮民主主義人民共和国ピョンヤン近郊）に移し、好太王以来の南下策を継続・強化しようとした。このことによって、朝鮮半島の軍事的緊張が高まっていった。この情勢に対応するために、倭王権は、場合によっては戦争が起きることをも想定して、兵站基地を準備しておく必要にせまられた。その場合、その基地の一つが、水運・水軍の部門をになう「紀氏集団」が担当して、いざという時に出撃の拠点となる紀伊に設けられたのではなかろうか。

鳴滝倉庫群が以上のようなものと考えられるとすると、当然これに関連する施設が、他にも必要とされたであろう。この倉庫群だけでは使節団を送り出すことはできないし、また、兵站基地としても機能しえない。倉庫群の建設と関連して、それを管理する機能をもつ建物の建設、使節団もしくは軍団（すくなくとも幹部）の宿舎、海にいたる水路や港湾施設の整備なども行なわれたと推定する。また、北九州や、場合によっては瀬戸内海沿岸の要所にも、これに対応する施設・基地が建設されたのではなかろうか。

この倉庫群には、いったい何が収納されていたのであろうか。右の推定からすると、倭の五王の使節団が中国南朝の宋の皇帝に献上する諸物資、使節団の食料などが考えられる。また、武器、軍装具、兵糧などの軍需物資とみることも可能であろう。宋皇帝への献上品や新鋭の武器などは、倭王権によって大和から運びこまれたとみられるが、食料のほうは「紀氏集団」が集積したのではなかろうか。

「紀氏集団」にとって、水運・水軍を担当することは、倭王権の内部における序列の確保という側面があった。「紀氏集団」は、倭王権の活動に対して、優秀な船団、熟練した船員と航行技術、港湾施設の使用などを提供することによって、倭王権における政治的地位を維持していた。このような観点からすると、鳴滝倉庫群を建造することは、「紀氏集団」にとっては、たんに強制されるという面ばかりでなく、積極的な意味をもっていたはずである。

わたくしは、倭の五王の遣使が始まり、それに「紀氏集団」が関与した可能性があることと、淡輪古墳群の造営とは関係があると考えている。倭王権全体にとって重要な外交使節団の輸送もしくは兵站の機能を担当したことによって、倭王権内部における「紀氏集団」の評価は相対的に高まった。そのことが、西陵古墳（前方後円墳、全長二一〇メートル、四二〇〜四〇年）、宇度墓古墳（前方後円墳、一七五メートル、四四〇〜六〇年）、西小山古墳（帆立貝形墳、直径五〇メートル、宇度墓古墳と同時期）という大型古墳の築造を可能にしたのではなかろうか。[12]

三　難波倉庫群の出現

(1)難波倉庫群の規模と構造

大阪城の東南、大阪市中央区法円坂町の大阪市中央体育館地区で、一九八七〜九〇年（昭和六二〜六五）に行なわれた発掘調査では、これまで見てきた鳴滝倉庫群をさらに凌駕する規模の巨大な倉庫群が姿を現した。

この場所は、上町台地北端の中央部から北西方向にのびる尾根状の高台の平坦地にあたる（図2）。この倉庫群は、平坦地のやや南よりに建てられているので、その北側に平坦面がひろがっている。

それらのさらに北側は急斜面となって大川の方向に落ちこんでいる。西側も大阪湾にむかって急傾斜している。また、南側にも谷が入りこんでいる。したがって、この倉庫群は、大川と大阪湾にのぞむ位置に建てられていたことになる。この台地部分からは、南東方向に尾根がのび、約二〇〇年後に難波宮が造営されることになる地域につながっている。

この地で検出された倉庫は、現在のところ西群一〇棟、東群六棟の合計一六棟にもおよぶ。東西両群は、それぞれ五棟と三棟ずつ、北列と南列の二列にわけて建てられている。これらの西側には、地形的に見て建物はないが、東側の未調査部分でさらに増える可能性を残している。北側に広場が存在したらしいが、区画施設はまだ検出されていない。また、管理棟などの関連建物もいまのところ見つかっていない。

これらの倉庫は、すべて同じ構造をしている。桁行五間、梁行五間で棟持柱二本、内部通し柱四本が側柱列か

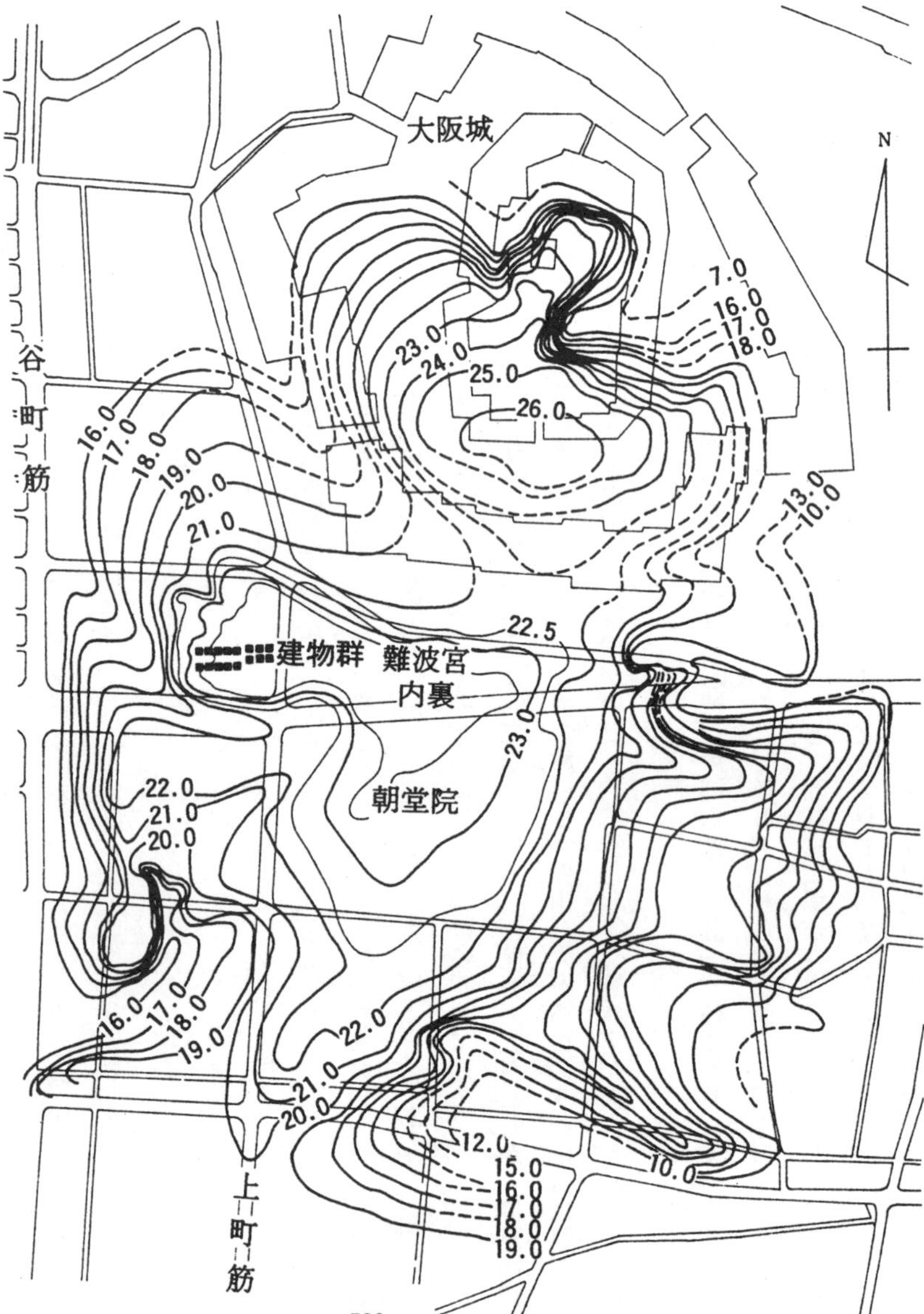

図２　難波倉庫群周辺の旧地形

写真２　復元倉庫
（現在、大阪市中央体育館地域の一郭に建てられ、近づくとその巨大さが実感できる）

ら一列内側のところに建てられている。この柱の配置から、建物の構造は、入母屋造の東西棟で高床であったと考えられている（写真２）。床面積がもっとも大きいのは、西群の南列のＳＢ一〇二で約九八平方メートル、最小は東群北列のＳＢ一一五で約八二平方メートルである。一六棟の床面積の合計は約一四〇〇平方メートル以上の広大なものになる（図３）。

その方位は、西群は高い精度で真南北に合わせて建てられており、東群も東で北に二度ふる程度である。東群と西群とでわずかに方位のズレがあるが、基本的には両群に共通する配置計画にしたがって各棟の位置が決められている。その配置計画には、同時代よりやや古い中国尺が使われた可能性があるという。また、一部には造替がみられるが（ＳＢ一〇三・一〇四・一〇九）、建築途上の設計変更によるものである。これらからみて、東西両群は、当初から一体のものとして計画・建築されたもので、基本的には一時期のものと考えられる（ただし、東西群で工事施行の時期差はある）。

この倉庫群の時期は、東群南列のＳＢ一一一が廃絶

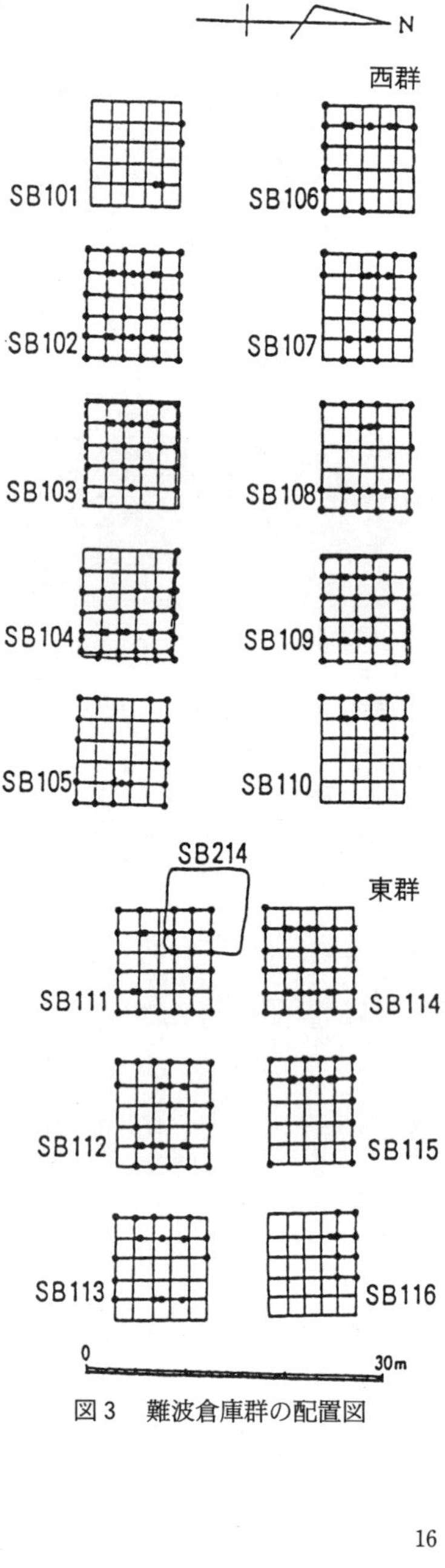

図3　難波倉庫群の配置図

したあとに造られた竪穴住居（SB二一四）のカマドの支脚として使われていた須恵器や、柱抜き取り穴から出土した須恵器から判断して、五世紀後半代とされている。この倉庫群が建てられる前には古い遺構はなく、建て替えは行なわれておらず、ほとんどの柱が抜き取られて撤収されている。したがって、この倉庫群は、長期間存続しなかったようである。[13]

(2)難波倉庫群の位置づけ

それでは、このような巨大な倉庫群は、誰によって何を目的として建造されたのであろうか。この点について、まず積山洋は、造営主体は「連合政権たる倭王権の盟主、すなわち畿内の倭王権」であるとする。この倉庫群は、百舌鳥古墳群の大王墓と関係が深く、大王墓の規模の転換と対応して造営・廃絶されたことを指摘し、また難波堀江の掘削と連動して造営されたと考え、倭王権による堀江の掘削事業と難波津の新たな画期とを権威づけ、それを視覚的に象徴する政治的記念物で、あまり実用的なクラではなかったと推定している。[14] これは、大王権力を象徴するものとしての性格を重視する立場といえよう。

これにたいして、経済的機能に重点をおく立場もある。積山洋・南秀雄は、倭の王権に直属する倉庫群で、難波堀江の開削と関連して、瀬戸内海と畿内中心部を結ぶ物資の中継基地と理解している。[15]

都出比呂志の見解も、これに通じる面がある。すなわち難波の地は、その周辺で生産された鉄器・須恵器・塩の輸出と、朝鮮半島からの原料の輸入という物資流通の拠点的役割をはたしていた。難波倉庫群は、それを倭の大王権力が掌握したことを示す建造物であり、大王権力の政治的、経済的な根拠地の建物であるとする。また、この倉に蓄積される大量の稲穀を集中させうる租税収取機構の存在を予想させる点で、国家形成過程の一指標として位置づけられるという。[16]

また、南秀雄は、倭王権が、当時の先進的な建築・管理の技術・技能をもつ集団を動員して建築の企図・運営にあたったもので、はじめから莫大な物資の集中管理をめざしており、物を集積する実用的機能ばかりでなく、視覚的に支配者の権力や政治力を知らしめる道具であった可能性を認めている。[17] 小笠原好彦は、先に述べたように、鳴滝倉庫群とともに、大和政権の対外政策の拠点としている。[18]

このように、難波倉庫群は、倭王権もしくは畿内王権と結び付けて理解されるのが、ほぼ通例である。しかし、その機能についてては、大王権力の象徴としての性格を重視する立場から、難波堀江・瀬戸内海水運とむすびつけて経済的機能を重くみる立場まで、評価がわかれており、また同一人の見解の中にもこれらが混在している。

難波倉庫群の性格・機能を理解する場合、積山が、この倉庫群と鳴滝倉庫群とを詳細に比較して、規模、立地、基準尺、設計思想などの諸点で、両者の差が質量ともに予想以上に大きいことを指摘した点が重要であると考える。

すなわち、難波倉庫群の床面積総計は、鳴滝倉庫群のそれの三倍以上もあること、鳴滝倉庫群は隠れ谷のようなところに建てられているのに対して、難波倉庫群は大川・大阪湾に直接のぞむめだつ場所に建設されていること、難波倉庫群では中国の尺が基準として使用されていた可能性があり、また正方位プランによって設計されているのに対して、鳴滝倉庫群ではそのようなことは考えにくいこと、などである。一方、小笠原による豪族居館の倉庫との隔絶性の指摘も重要であると考える。

これらによると、鳴滝倉庫群と難波倉庫群とは、ともに豪族の居館にともなう倉庫とはレベルのちがう存在である点で共通するが、両倉庫群にはかなりの差があり、その建設には、異なった契機が作用しているとみられるのである。

わたくしは、その契機を、畿内王権の強大化と、国際関係の極度の緊迫という二つの点から理解したい。五世紀中葉になると、倭王権のなかにおける畿内王権は、誉田御廟山古墳（応神天皇陵古墳、全長四一五メートル、大阪府羽曳野市）や大山古墳（仁徳天皇陵古墳、四八六メートル、大阪府堺市）の造営が象徴するように、非常に強大化する。それによって、倭王権を構成する他の諸勢力、とくに吉備勢力との対立が激化していった。また、つぎに述べるように、海外情勢はきわめて緊迫し、重大な事態となっていた。

このような状況の中で、倭王権としては、対外戦争にそなえて兵站基地を建設する必要があり、畿内王権としても、他勢力にたいして優位を誇示するための手段を必要としていた。難波倉庫群の建設は、このような事態のもとで構想されたと考えられる。これらの点から、わたくしは、難波倉庫群の建設は、倭王権の事業として行なわれたものであり、畿内王権が倭王権を代表して造営したものと考えている。

(3)難波倉庫群と国際関係

難波倉庫群が建造された背景を考えるうえで、朝鮮半島における軍事的緊張の激化という点を無視することはできない。鳴滝倉庫群建造の国際的背景としても、同様のことが想定できることは、前述のとおりである。しかし、五世紀後半の事態は、緊張の度合いがそれよりもはるかに高まっていた。

四二七年の平壌遷都以来、南下圧力を強めていた高句麗は、さかんに北魏に遣使して外交関係を保っていたが、四六三年には南朝の宋にも遣使して、冊封を受け、高句麗の長寿王は「車騎将軍開府儀同三司」の称号を与えられた。これに対して、百済は四七二年に北魏に使者を送って高句麗攻撃を要請した。

しかし、百済―北魏の提携が成立すると、高句麗は腹背に敵を受けることになるから、百済のこの行動は、高句麗を強く刺激した。四七五年、長寿王はみずから兵三万を率いて百済を攻撃し、首都漢城を陥落させ、蓋鹵王を戦死させた。これ以後しばらくの間、百済では王位継承をめぐる混乱がつづいた。

高句麗が宋の冊封を受けたことと、高句麗の攻撃によって百済が一時的に滅亡したことの二つは、ともに倭王権や畿内王権をおおいに刺激した。四七七～八年の倭王武の遣使は、その反応であろう。武は、「使持節・都督倭百済新羅任那加羅秦韓慕韓七国諸軍事・安東大将軍・開府儀同三司・倭国王」の称号を自称し、このうち百済と開府儀同三司をのぞいて「使持節・都督倭新羅任那加羅秦韓慕韓六国諸軍事・安東大将軍・倭国王」の称号を宋から与えられている。このとき武が提出した上表文には、「句麗無道」などとあり、高句麗に対する強烈な対抗意識が示されている[19]。

この時代、倭王権は朝鮮半島における軍事抗争に介入し、戦端が開かれる可能性が、鳴滝倉庫群建設の時代よりもかなり大きくなっていた。このような状況のなかで、倭王権は、高句麗の南下圧力に対抗して、対外政策の立て直しと軍事動員体制の強化をはかる必要にせまられた。事態の容易ならざる重大さから、この課題は、畿内王権みずからが中心になって取り組み、倭王権を構成している他の諸勢力にも参加を求める形をとったと考えられる。その過程において、畿内王権の他の諸勢力に対するヘゲモニーが確立していったであろう。

したがって、この倉庫群のみが単独で造営されたとは考えにくい。すでに指摘されているように、難波周辺では、難波津の整備とも連動していたはずである。[20] またそれだけでなく、たとえば瀬戸内海沿岸の要地や博多湾周辺などにも、難波倉庫群と連携する施設が建設されたと想像される。

難波倉庫群の建設は、このような目的と事情のもとに計画・実行されたものであろう。この点からすると、この倉庫群に、大王権力の象徴としての性格を読みとることは、十分に可能である。しかしその場合、その象徴性だけを強調するのではなく、兵站基地として実質を認め、その故に象徴性がより発揮されるととらえるべきであろう。また、軍需物資の集積が行なわれ、軍隊そのものの集結も計画されていたであろうから、難波倉庫群が経済的な要地に建設されたのは、当然のことであった。

四　鳴滝倉庫群から難波倉庫群へ

対外関係は、いっかんして倭王権全体の重要課題であった。五世紀前半の段階では、後半以降にくらべて、国際関係の緊迫の度合いは、まだゆるやかなものであった。前半段階でも、畿内王権が倭王権の対外交通を主導していたことは確かであろうが、倭王権を構成する諸勢力も、それぞれ任務を分担していたと考えられる。そこで、水運・水軍の部門を担当していた「紀氏集団」の勢力圏に、対外交通の基地として、鳴滝倉庫群とそれに関連する施設が設けられたのである。

ところが、五世紀後半になると、朝鮮半島における国際情勢は、きわめて緊迫したものとなった。そのなかで、倭王権が戦争にかかわっていく可能性がいちだんと高まった。こうしたなかで、事態の重大性にかんがみ、畿内王権が中心となって倭王権の対外政策の立て直しと、軍事動員体制の強化がはかられた。その過程で、倭王権の中における畿内王権のヘゲモニーが確立していったのである。

国際情勢の緊迫と畿内王権の覇権確立という事態のもとで、対外交通の拠点として選ばれたのが、難波の地であった。難波が、地理的にみて、瀬戸内海から玄海灘、朝鮮半島沿岸へとつづく海洋の西のターミナルとして、きわめて重要な位置にあることはいうまでもない。畿内王権は、倭王権を代表して、この地に難波倉庫群を建設し、これに関連する施設を整備したと考えられる。難波堀江などの水路の整備も行なったことであろう。

難波倉庫群には、軍需物資が集積され、いざというときには、この倉庫群を見上げる海面には、軍船が集中することになっていたのであろう。「紀氏集団」の紀伊水軍も、倭王権の水軍の主力部分として、その場合には難波に集結するのであろう。

このように、五世紀後半になると、難波が、倭王権の対外交通の拠点として、重要な位置をしめるようになった。難波の倉庫群は、倭王権の新たな兵站基地として機能しはじめたと考えられる。これにともなって、紀ノ川河口地域は、対外交通の拠点としての意味を失うこととなった。そして、鳴滝倉庫群も、兵站基地としての意味を失った。鳴滝倉庫群の焼失後、倉庫群は紀ノ川河口地域の別地に移転されたかもしれないが、その場合でも長期間維持されなかったであろう。その意味で、鳴滝倉庫群やその後継倉庫群の機能は、難波倉庫群に吸収されたといってよい。

（1）　薗田香融「古代海上交通と紀伊の水軍」（『日本古代の貴族と地方豪族』、塙書房、一九九二年一月、もと坪井清足・岸俊男編『古代の日本』５近畿、角川書店、一九七〇年一月）、日下雅義「紀ノ川の河道と海岸線の変化」（『歴史時代の地形環境』、古今書院、一九八〇年一一月）。

（2）　栄原「紀朝臣と紀伊国」（『和歌山地方史研究』九、一九八五年一二月、本書第Ｉ部第二章）、同「紀氏の展開過程」（『同』一二、一九八七年一月、本書第I部第四章の一部）、同「紀氏再考」（『和歌山県史研究』一五、一九八八年三月、本書第I部第三章）。

（3）中村修也の指摘にしたがって、紀ノ川下流の北岸から加太の勢力と泉南の淡輪地域の勢力とを、一応分けて考えることとした。「紀氏の性格に関する一考察――朝鮮出兵伝承の保有をめぐって――」（『地方史研究』二一〇、一九八七年一二月）。しかし、この両勢力は、古墳の系譜関係からみて、近い関係にあったとみられる。

（4）薗田前掲注（1）論文、岸俊男「紀氏に関する一試考」（『日本古代政治史研究』、塙書房、一九六六年五月、もと橿原考古学研究所編『近畿古文化論攷』、吉川弘文館、一九六三年二月）。

（5）武内雅人・土井孝之『和歌山市善明寺所在鳴滝遺跡発掘調査概報』（和歌山県教育委員会、一九八三年三月）、積山洋「古墳時代中期の大型倉庫群――難波のクラと紀伊のクラをめぐる一試論――」（『大阪の歴史』三〇、一九九〇年八月）。

（6）積山前掲注（5）論文。

（7）山尾幸久「五世紀のヤマト政権」（『きのくに文化財』一七・古代建物群の謎を探る――鳴滝遺跡を考えるシンポジウム――特輯号、一九八七年一一月、ただし奥付は一九八三年三月）。

（8）都出比呂志『日本農耕社会の成立過程』（岩波書店、一九八九年二月）。

（9）小笠原好彦「集落遺跡からみた古代の大型倉庫群」（『クラと古代王権』、ミネルヴァ書房、一九九一年一二月）。

（10）薗田香融の注（7）シンポジウムにおける発言。なお、薗田は前掲注（1）著書でもこれを再確認している（二七三ページ）。

（11）山中敏史「律令国家の成立」（『岩波講座日本考古学』六　変化と画期、岩波書店、一九八六年一月）。

（12）時期は川西宏幸「田身輪の首長」（『古墳時代政治史序説』、塙書房、一九八八年一〇月、もと「淡輪の首長と埴輪生産」、『大阪文化誌』二―四、一九七七年七月）による。

（13）以上、大阪市文化財協会『難波宮址の研究』第九（一九九二年六月）による。そのほか関係文献は多い。一九九一年三月までのものは、栄原「大阪市中央体育館地域発掘調査・歴史公園構想関係文献目録（I・II）」（『ヒストリア』一二七・一三〇、一九九〇年六月・九一年三月）参照。また、大阪市文化財協会『難波宮跡・大坂城跡発掘調査中間報告』（一九八九年三月）、同『同II』（一九九〇年一一月）、積山洋・南秀雄「ふたつの大倉庫群」（前掲注9『クラと古代王権』）、積山前掲注(5)論文。
(14) 積山前掲注(5)論文。
(15) 積山・南前掲注(13)論文。
(16) 都出比呂志「五世紀の難波と法円坂遺跡」（前掲注9『クラと古代王権』）、同「日本古代の国家形成論序説――前方後円墳体制の提唱――」（『日本史研究』三四三、一九九一年三月）。
(17) 前掲注(13)『難波宮址の研究』第九。
(18) 小笠原前掲注(9)論文。
(19) 『宋書』夷蛮伝倭国条。
(20) 積山前掲注(5)論文、前掲注(13)『難波宮址の研究』第九。

［図版出典］
写真１　和歌山県教育委員会提供
写真２　財団法人大阪市文化財協会提供
図　１　和歌山県教育委員会『鳴滝遺跡発掘調査概報』（一九八三年）より転載
図　２　財団法人大阪市文化財協会『難波宮址の研究』第九（一九九二年）より転載
図　３　『クラと古代王権』（ミネルヴァ書房、一九九一年）より転載

第二章　紀朝臣と紀伊国

一　はじめに

紀国造として在地に強大な勢力をふるった紀直氏は、薗田香融によれば、承和年間（八三四〜四六）前後に宿祢姓を賜わり、さらに、一〇世紀後半の天元年中（九七八〜八三）から、紀朝臣と称するようになった。[1] この紀国造紀直氏とは別に、中央の名門貴族である紀朝臣があった。この氏は、天武一三年（六八四）一一月以前は、紀臣と称していた。以下、本章では、前者を紀直、後者を紀朝臣と称することとする。

この両氏の関係については、早く津田左右吉が、「紀国造と木臣との間には何の縁も無く、二つの家は此の系譜そのものに於いても明らかに区別せられている」と、両氏を明確に区別している。[2] また、岸俊男は、紀朝臣と「紀直・紀宿祢との関係も究めなければならない」と、課題であることを指摘し、[3] 薗田も「いちおう別個の氏族である」としている。[4] さらに、戸田秀典は、系図の面から両氏の関係を検討している。[5]

しかし、両氏の関係は、諸氏の検討にもかかわらず、なお、かならずしも明らかにされてはいない。この問題を一挙に解決することは難かしいが、その手がかりを得るために、紀朝臣と紀伊国との関係を、文献史学の立場から検討したいと思う。紀国造紀直氏と紀伊国との関係は明らかである。しかし、中央貴族紀朝臣と紀伊国との関係は、従来、十分に検討されないまま、漠然と現在にいたっていると考えるからである。

二　紀朝臣と紀伊国

(1)研究史

紀朝臣の出身地については、古く飯田武郷の大和説がある。(6) その後、津田左右吉も、木臣の木は地名であるが、紀伊国のそれではないこと、木臣の故郷は、『延喜式』神名帳の大和国平群郡条にみえる「平群坐紀氏神社」の所在地であるとする意見を提出している。(7) この津田の所論の背景には、岸俊男が指摘するように、(8) 武内宿祢後裔氏族系譜中の有力氏族である波多・許勢・平群・葛城の諸氏と同様に、紀氏の本拠も、蘇我氏の本拠地曽我に接近した土地に求めようという考えがあるとみてよい。

これに対して、岸は、紀朝臣一族の紀伊国内居住を示す史料があるので、両者は無関係とは考えられないこと、大伴氏同族は、紀朝臣が所在する那賀・名草郡に分布しているので、両氏は同国近隣の関係にあるとする伝承（『日本書紀』雄略九年五月条）は故あることが知られるから、紀伊を紀氏の重要な本拠地とすることは、かならずしも誤りでないこと、などの点から、紀朝臣と紀伊国の関係を指摘し、あわせて、津田説は、紀氏の発展過程との関係で考察すべきであるという示唆深い見解を示している。(9) また、薗田香融も、紀朝臣の紀伊国出身説に立っている。(10) こうして、紀朝臣紀伊国出身説は、有力な学説となって現在にいたっている。

しかし、その後も、日本古典文学大系本『日本書紀』は、紀臣を大和の雄族とし、平群坐紀氏神社の存在を指摘している。(11) また、佐伯有清も、「紀氏家牒」の記載を根拠として、紀朝臣の氏名は、「大倭国平群県紀里、後の大和国平群郡平群郷の地、すなわち『延喜式』神名帳にみえる平群坐紀氏神社の鎮座地（奈良県生駒郡平群町上庄）の紀なる地名に由来するとみなすべきであろう」と主張している。[12]

したがって、学会の趨勢は、かならずしも紀伊出身説でまとまっているわけではなく、大和国平群郡本拠説も、無視しがたいのである。

このように、大和国平群郡本拠説が継承されるのは、紀朝臣の出身地を紀伊と積極的に主張する史料がないこと、また、薗田が指摘するように[13]、紀伊の在地では、紀直一族に比して、紀朝臣系の分布は不振であること、などの点が影響しているのかもしれない。

そこで、次に、紀朝臣紀伊出身説の可否を、従来とは別の観点から、検討したいと思う。

⑵紀伊国司

まず第一に、紀伊国司をとりあげたい。紀朝臣の出身地が紀伊国であり、しかも、中央において雄族であるならば、紀伊国司には、紀朝臣が多く任じられた可能性がある。井上辰雄も、すでにこの点に着目し、紀朝臣出身者で紀伊守・介に就任した者を列挙し、紀朝臣の数が多いことを指摘している。[14] わたくしは、この井上の指摘をうけて、紀伊守・介の事例全体の中における紀朝臣出身者の位置を検討したい。

表1・2は、大宝元年（七〇一）から仁和三年（八八七）までを対象として、六国史、『大日本古文書（編年）』『平安遺文』『公卿補任』などにみえる紀伊守・介をひろい出し、出身氏族別に整理したものである。紀伊国の政治的位置の変化を考慮して、長岡遷都が行なわれた延暦三年（七八四）までをⅠ期、延暦四年以降をⅡ期としている。もちろん、この表に遺漏のあることは十分に予想され、また、史料の欠失もあったであろうから、これらの表にみえるところは、紀伊守・介の全貌を示してはいない。しかし、その点に配慮しながら、全体的な傾向を把握する史料とすることはできると考える。

まず、表1によって、紀伊守の出身氏族を通覧したい。I期では、王が四例ともっとも多く、これにつぐのが、紀朝臣と大伴宿祢の各二例である。つぎに、II期では、藤原朝臣の七例が他を圧している。紀朝臣は、王・伴宿祢・文室朝臣・在原朝臣などとともに、二例である（権守を入れると三例）。このように、紀朝臣は、I II期とも、とくに目だつほどの数の守就任者を出しえてはいない。しかし、王・(大)伴宿祢とともに、I II期を通じて複数の守就任者を出していることは注意される。

紀朝臣出身の守四例とは、宝亀元年（七七〇）八月任命の船守、同六年九月在任の同人[15]、承和元年（八三四）一一月任命の良門、斉衡元年（八五四）正月任命の真高である。また、権守一例は、天安二年（八五八）一一月任命の恒身である。このうち、最初の船守の場合をのぞくと、他は、いずれも光仁天皇即位以後、貞観八年（八六六）の応天門の変までの間に入る。この期間は、紀朝臣が一族の女性を後宮に送りこみ、議政官を輩出するなど、奈良時代につづいて、紀朝臣の勢力の強かった時期にあたる。

では、介の場合はどうであろうか。表2に明らかなごとく、I期では、介の事例は一例しか知られていない。

表1　紀伊守の出身氏族

氏　姓	I期	II期
紀朝臣	2	2 (1)
藤原朝臣	1	7
王	4	2
小野朝臣	1	
賀茂朝臣	1	
(大)伴宿祢	2	2
井上忌寸	1	
文室真人		1
文室朝臣		2
在原朝臣		2
橘朝臣		1
巨勢朝臣		1
中臣朝臣		1
伊勢朝臣		1
大野朝臣		(1)

I期・II期の別は本文参照
（　）は権任

表2　紀伊介の出身氏族

氏　姓	I期	II期
紀朝臣	1	5
藤原朝臣		1
(大)伴宿祢		3
小野朝臣		1
菅野朝臣		2
橘朝臣		1
葛井宿祢		1
螺江		1
大蔵忌寸		1
山口忌寸		1
大春日朝臣		(1)
興道宿祢		1
高丘宿祢		1
源朝臣		(1)

凡例は表1に同じ

しかし、その一例が紀朝臣船守なのである。II期では、紀朝臣出身者は五例知られ、もっとも多いことが注目される。これにつぐのが、(大)伴宿祢三例であることも、興味深い。

(大)伴宿祢一族は、すでに指摘されているように[16]、那賀・名草両郡を中心に、紀伊国の在地にかなり分布していた。それが介にも三例みえるということは、紀伊国における在地勢力と介就任者との関係を示唆している。紀朝臣の場合も、同様のことがいえるのではなかろうか。

紀朝臣出身の介五例は、承和一二年(八四五)一二月在任の春主、斉衡元年(八五四)六月在任の某、天安元年(八五七)正月任命の全吉、貞観四年(八六二)正月任命の宗守、同五年二月任命の継則である。彼らもまた、前述の紀朝臣の隆盛期に、介に着任・在任しているのである。

以上、紀伊守・介の出身氏族の検討を行なってきた。これによると、守には、I II期とも、それほど多くの紀朝臣出身者は見られなかった。これに対して、介のII期では、紀朝臣の出身者の数が多くなっていたのである。かかる事態は、いかに考えたらよいであろうか。

一般に、一国の長である守の任命には、政治的な力関係が働きやすい。紀朝臣も、中央で優勢を保っていた時期には、一族のものを守におくりこむことに、いくどか成功した。しかし、とくにII期では、最有力氏族の藤原朝臣出身者が多く任じられており、紀氏の入りこむ余地は、少なかったと考えられる。これに対して、紀伊介の場合、藤原朝臣出身者は、守と対照的に、少なくなっている。つまり、藤原氏は、紀伊守のポストには関心を示したが、介にまでは、手をのばさなかったといえる。これに対して、紀朝臣は、中央で優勢な時期に、多くの一族を紀伊介に送りこむことに成功している。すなわち、藤原朝臣の間隙をぬっているのである。したがって、紀伊介に紀朝臣出身者が多いことは、守の場合に藤原朝臣におさえられていた紀朝臣本来の志向が、顔をのぞかせたものと理解しうるであろう。

表3　延暦23年行幸の前後次第司

御前次第司	長官	参議左兵衛督従三位紀朝臣勝長
	副	従五位上藤原朝臣継彦
御後次第司	長官	左大弁東宮学士左衛士督但馬守正四位下菅野朝臣真道
	副	従五位下紀朝臣咋麻呂

以上、紀伊守・介就任者の出身氏族を手がかりにして、政治的な力関係によっておおわれてはいるものの、紀朝臣が、紀伊守・介のポストに対して、一定の執着をもっていたらしいことを指摘した。このことは、紀朝臣が紀伊国を特別の国と意識していたことを示している。その意識の所以は、やはり、紀朝臣が紀伊国と特別な関係にあったことにもとづいているのではなかろうか。

(3)桓武天皇の紀伊国行幸

紀朝臣と紀伊国との関係は、延暦二三年（八〇四）の桓武天皇の紀伊国行幸からも、認めることができる。

同年八月、和泉・紀伊二国への行幸が決定され、早速、和泉・摂津両国の行宮の地が定められた。ついで、同月戊辰（二六日）、装束司と前後次第司が決定された（以上、『日本後紀』延暦二三年八月己酉（七日）条、同戊辰（二六日）条――表3）。

この前後次第司のうち、御前長官には、参議左兵衛督従三位であった紀朝臣勝長が、また、御後次第司の副には、紀朝臣咋麻呂が任じられている。前後四名の次第司の正副のうち、半分が紀朝臣出身者で占められているのである。紀伊国内を進む行幸の列の前後を固める次第司の責任者に、紀朝臣出身者が多いのは、単なる偶然とは考えられない。また、後述する点からみても、決して偶然ではあるまい。

さて、車駕は、一〇月三日に都を出発した。難波行宮・日根行宮を経て、途中遊猟をくりかえしながら進み、一一日には、紀伊国玉出嶋に幸した。翌一二日、天皇は船で海上から風景をめで、賀楽内親王・紀朝臣勝長・国造紀直豊成らが奉献した。天皇は、これに対して詔を発し、「授守従五位下藤原朝臣鷹養従五位上、介外従五位下葛井宿祢豊継、掾従六位下小野朝臣真野、刑部大丞正六位上紀朝臣岡継、中衛将監正六位上紀朝臣良門従五位下」たのであった。翌一三日、一行は帰途についた（以上、『日本後紀』延暦二三年一〇月条）。

以上のうち、一二日の奉献と叙位に関する記載は、きわめて興味深い。まず、叙位者についてみると、小野朝臣真野以前の三人は、紀伊守・介・掾であって問題ない。しかし、次の刑部大丞紀朝臣岡継と中衛将監紀朝臣良門の二人が、いかなる関係で叙位に預かっているのかが明らかでない。当時、紀伊国は上国であったから、国司の定員は、守・介・掾各一員である。したがって、この二人は、いずれも掾を兼任していたわけではない。そうすると、彼らは陪従者であったと考えねばならない。多くの陪従者の中で、紀朝臣二名が、紀伊国において、とくに叙位の列に加えられたのは、決して偶然ではあるまい。これは、当時、紀朝臣が紀伊国と特別の関係にあると考えられていたことを示している。

つぎに、奉献者に紀朝臣勝長と紀直豊成の両名が並んでいることも、象徴的である。紀伊国の在地に深く根をおろしている紀直とあい並んで、紀朝臣が奉献していることは重要である。両名は、それぞれ紀朝臣と紀直を代表して奉献したものと解せられる。このことは、紀直と並んで紀朝臣が、紀伊国と特別の関係にあると考えられていたことを示している。

以上、紀伊守・介の出身氏族の分析と、延暦二三年における紀伊国行幸の従事者の検討を行なってきた(17)。それによると、いずれの場合も、紀朝臣は紀伊国と特別な関係にあったと考えられるにいたった。そこで、次の問題は、この特別な関係の内容の検討である。この問題を考えるためには、津田・関・佐伯らによって、紀朝臣の本拠地とされている大和国平群郡と紀朝臣との関係を検討しなければならない。

三　紀朝臣と平群谷

上述のごとく、紀朝臣の本拠地を大和（平群郡）に求めようとする考えは、現在まで受け継がれている。この平群郡と紀朝臣との関係を示す史料に、貞観一二年（八七〇）四月二二日「大和国平群郡某郷長解写」がある。東京大学史料編纂所所蔵の正親町家旧蔵『唐招提寺施入田券文写』によって釈文を示す(18)（適宜読点を付す）。

長解　申壹（賣）買家地立券文事

區

立物板倉壹宇　三間土居板敷板屋壹間 在扉二具

池（地）四段百八十反（歩）之中 熟地三段 栗林一段百八十歩 四至 東限山 南限石川朝臣黒主并紀氏神地 西限道 北限中道并畔

右平群東條一平群里十三十四両坪

右、潯左京二條一坊戸主石川朝臣真主戸口同貞子状偁、己祖地矣、以稲貳佰肆拾束宛價直、常地与賣右京四條二坊戸主従七位上守少判事紀朝臣春世既訖、望請依式立券文、但従来祖地無有本券者、長依款状覆勘、所陳有實、仍勒賣買兩人并保證署名、立券之（文）申送如件、以解、

賣人　石川朝臣　貞子

買人従七位上守少判事紀朝臣春世

保證刀祢

石川朝臣　宗雄

紀　朝臣　氏世

初勢朝臣　浄河
紀　朝臣　本男
五百井造　道臣
穂積朝臣　奥□
高市　連　豊宗
大石村主　□山
間人宿祢　家吉
貞観十二年四月廿二日郷長
郡判立券貳枚此枚主料
兼擬大領従七位上三嶋縣主宗人　擬主帳額田部
（紙継目）
領无位高志連継成　副擬主帳平群糸主

これは、平群東条一平群里一三・一四両坪に所在する家地を、左京二条一坊戸主石川朝臣真主の戸口同貞子が、右京四条二坊戸主従七位上守少判事紀朝臣春世に売却した際の券文の写である。その保証刀祢九名のうちに、紀朝臣氏世と同本男の二人がみえ、この近辺に紀朝臣一族が分布していたことをうかがわせる。また、売買地の四至記載に、「南限石川朝臣黒主并紀氏神地」とある。この「紀氏神」が、上述の紀氏神社に相当することは、いうまでもあるまい。

そうすると、紀氏神社の周辺には、紀朝臣一族が分布し、そのすぐ北側の地を、京内に本貫をもつとはいえ、紀朝臣一族のものが買得しているのである。したがって、この紀氏神社の奉斎氏族は、紀直系氏族ではなく、紀朝臣系であった公算が大きいであろう。このことは、次の史料の分析によって、さらに深めることができる。

『類聚国史』巻一〇、神祇一〇、常祀の項の天長元年（八二四）八月丁酉（五日）条には、

依従三位右衛門督兼播磨権守紀朝臣百継、従四位上行越前加賀守紀朝臣末成等奏、紀氏神□幣帛例、

とある。新訂増補国史大系本の頭注は、欠字部分に「預」という文字を推定している。[19]妥当であろう。この史料には、紀氏神の所在地を示していないが、上述の紀氏神社と同じとみて誤りなかろう。そこで、紀氏神を幣帛の例に預らしめるように奏上した二人の紀朝臣の存在が注意される。

従三位紀朝臣百継は、木津魚の子で、大人—古麻呂—飯麻呂—木津魚と続く系統に属している。彼は、右の奏状を提出した時点で、紀朝臣の中で最も高位を占め、六一歳であった。その後、天長八年（八三一）正月には正三位、同一〇年一一月には従二位と昇進して、紀朝臣中最高位を保ちつづけ、承和二年（八三五）七月にはついに参議となっている。[20]また、彼の姉妹の魚員は、平城天皇の後宮に入り、第二皇女叡努内親王をうんでいる（『続日本後紀』承和二年四月戊子（一四日）条）。これらの点からみて、紀朝臣百継は、奏状提出の時点で、紀朝臣全体あるいは少なくとも有力な一系統を代表する位置にあったのではないかと思われる。[21]

これに対して、もう一人の紀朝臣末成の方はどうであろうか。彼は、古佐美の子で（『類聚国史』巻六六、薨卒、天長二年一二月壬寅（四日）条）、百継とは別の大人—麻呂—宿奈麻呂—古佐美とつづく系統に属している。彼の父古佐美は、かつて大納言にいたった。その長子広浜も、やや間をおくが、そのあとをうけて参議となっている。したがって、この系統は、延暦〜弘仁ごろ、紀朝臣を代表する系統の一つであったとみられる。ところが広浜は、弘仁一〇年（八一九）七月に卒しており（『日本紀略』同年同月戊寅（二日）条）。さきの奏状提出の時点では、存命していない。そこで、末成は、広浜のあとをうけて、右の系統の代表的地位にあったと思われる。

以上のように、天長元年に、紀氏神を幣帛の例に預らしめるよう奏状を提出した二名は、この時点で、紀朝臣

全体を代表する人々であったとみられるのである。したがって、この紀氏神を奉斎していたのは、紀朝臣のうちのどれか一つの系統ではなく、紀朝臣の全体であったと考えられる。

以上、大和国平群郡に存在した紀氏神社は、いくつもの系統に分岐していた紀朝臣一族全体の氏神であることを述べてきた。したがって、このような氏神の所在する大和国平群郡が、紀朝臣のある時期の本拠地であったことは、明らかであろう。

そこで、さらに、紀氏神社の立地について検討しよう。その地位は、前掲「某郷長解写」によって、「平群東條一平群里十三十四両坪」内の家地の南側に存在したことがわかる。ここにみえる平群東条とは、平群谷に施行された内平群条里の一部のことである。平群谷は、竜田川の流れにそって、北から南にひろがる谷で、前面には大和川が西流している。この谷に、東条・中条・西条の条が設定され、東条・中条は、南から北へ一〜五里に及んでいた。[22]したがって、「一平群里」は平群東条の一ばん南側の里ということになる。

その一三・一四坪に存在した家地の比定は、金田章裕によって行なわれている。[23]それによると、生駒郡平群町椿井字垣内（の南端部分）に相当するという。この比定地の南側には、現在、神社は存在しないが、かつて紀氏神社が鎮坐していたのである。[24]なお、すぐ北西隣の小字名は「貴殿」である。紀氏との関係を暗示するようで、興味深い。

かかる紀氏神社推定地は、いかなる位置を占めているといえるであろうか。それは一言でいえば、平群谷の入り口を扼する位置ということができる。平群谷は、前述のごとく、南にひらく谷であるから、その南端をおさえるものは、平群谷全域を制することができる。したがって、かかる位置に紀氏神社をもつ紀朝臣は、ある時期に、この平群谷全体を制したと考えねばならない。

しかしながら、以上のように考えると、ただちに次の問題をひきおこすことになる。それは、いうまでもなく、平群氏との関係である。平群谷が平群氏の根拠地の一つであったことは、誤りないであろうから[25]、紀朝臣と平群氏との関係が明らかにされないかぎり、紀朝臣の本拠地を、簡単に平群谷とすることはできないはずである。

紀朝臣の大和国平群郡本拠説では、同氏は本来平群谷を本拠地とした氏族であったとみる。したがって、紀朝臣と平群氏の二大氏族は、ともに狭隘な平群谷に勢力を有していたことになる。かかることは、全く不可能というわけではないが、やはり考えにくい。これを成り立たせるためには、時期の前後関係で考えるか、両氏が現実にきわめて近い関係にあったとするしかないであろう。

後者の場合、両氏は、たしかに武内宿祢系譜では、同族の関係にあるとされている[26]。しかし、実態として特に近い関係にあったことを示す史料はない[27]。

また、平群谷と紀朝臣の密接な関係を示す史料に「紀氏家牒」が存在することは、前述の通りである。これには、紀臣・角臣・坂本臣の祖である紀角宿祢が、大倭・平群郡紀里にいたことを記している。しかし、「紀氏家牒」の現形の成立は、田中卓の検討によると、奈良時代末より平安時代初期ごろとされている[28]。この点からすると、右の記載は、「紀氏家牒」の成立時点ごろの紀朝臣の状態を反映したものである可能性を無視できない。少なくとも、この史料をもって、紀朝臣の本来の本拠地を云々することには、問題があるように思う。

以上から、わたくしは、紀朝臣と平群氏が、同時期に相並んで平群谷に勢力を有していたとは考えがたいと思う[29]。しかしながら、そうであるからといって、平群谷が紀朝臣のある時期の本拠地であったことまで、否定するつもりはない。

では、どのように考えればよいであろうか。わたくしは、すでに指摘されているように、ある時期に、紀朝臣が平群谷に移動してきたと考えるのがよいと思う。紀朝臣が平群谷の入り口をおさえて、谷全体を掌握して後に、平群氏がこの谷で発展したとは考えがたい。本来、平群谷に勢力を持っていたのは平群氏で、紀朝臣は、遅れて平群谷に本拠を移してきたのであろう。しからば、それはいつごろのことであろうか。

まず、井上辰雄は、四世紀以後「紀伊も大和朝廷の傘下に入るが、この過程のうちに、(中略)紀氏の一部(紀朝臣)が本貫を大和に遷していった」と述べる。しかし、その時期は明記していない[30]。

つぎに、辰巳和弘の見解がある。辰巳は、紀氏神社の文献上の初見は、前掲した史料の天長元年(八二四)八月であって、「大化前代まで遡ることは困難である」とし、「紀氏が平群谷に居住を始めたのは九世紀初頭の頃と思われる」と述べている[31]。しかし、文献上の初見を、鎮座の時期と直接結びつけることはむずかしい。その後、辰巳は、平群谷の横穴式石室の変遷をふまえて平群氏の動向を理解し、「奈良時代には紀氏が平群谷に居住していたことはたしかである」「平群氏の政界における力が大きく後退する奈良時代」に「近い頃に同氏は紀伊地方から移り住んだものとみるべきだろう」としている[32]。

では、紀朝臣の移動時期は、どのように考えればよいであろうか。この点の手がかりとして、紀朝臣の中央における抬頭があげられよう。本拠地を平群谷に移したことを契機として、紀朝臣の中央政界における政治的地位が変化したであろうことは、当然予想されるところである。

崇峻紀以前の、〜宿祢の呼称で見える人物に関する記事[33]以外で、『日本書紀』に「紀臣」と明確に見えるのは、舒明即位前紀以降である[34]。舒明即位時紛争事件において、紀臣塩手なる人物が、山背大兄王を次の天皇とすべきことを、許勢臣大麻呂・佐伯連東人らとともに主張している。これによれば、紀臣塩手は、この時点で、すでに宮廷内で一定の発言力を有していたらしい。

その後、いわゆる東国国司の一人として、紀麻利耆拕臣(乎麻呂岐太)が派遣され(『日本書紀』大化二年三月辛巳〈一九日〉条、白雉元年二月甲申〈一五日〉条)、大化五年(六四九)三月の蘇我倉山田石川麻呂事件において、山田寺包囲部隊の指揮官の一人に木臣麻呂がみえる(同大化五年三月庚午〈二六日〉条)。天智一〇年(六七一)正月には、紀大人臣が御史大夫に任じられている（同天智一〇年正月癸卯〔五日〕条）。また、壬申の乱で活躍したものがおり（紀臣阿閉麻呂・紀臣大音・紀臣堅麻呂）、天武没後の殯宮儀礼では、紀朝臣真人と同弓張の二人が、誄をたてまつっている（同朱鳥元年紀九月甲子〔二七日〕条、同丙寅〔二九日〕条）。さらに、文武天皇は、紀朝臣竃門娘を妃としており（『続日本紀』文武元年八月癸未〔二〇日〕条）、大宝元年（七〇一）三月には、紀朝臣麻呂が大納言に任じられているのである（同大宝元年三月甲午〔二一日〕条）。

したがって、紀朝臣は、大よそ七世紀中葉ごろに、急に史料に姿をあらわし、その時点ですでに相当の発言力を有していたのである。そして、その地位は、その後も維持拡大されていった。この点からみて、大よそ七世紀前半ごろが、紀朝臣が中央政界において抬頭した時期にあたると考えられる。おそらく、このころかこのすこし前に紀朝臣の平群谷進出があったのではなかろうか。

このように考えた場合、平群氏との関係は、いかに考えられるであろうか。平群氏の抬頭時期・権勢期についての諸説は、次の二系統に整理できる。一つは、六世紀末以降の成長とみる笹山晴生[35]、六世紀中葉とみる辰巳和弘[36]らの考えである。これらは、平群臣真鳥・鮪の執政・擅権・滅亡記事を疑うところから構想されている。その点では、日野昭[37]や黒田達也[38]の立場に通じる。これに対して、堅田修は、平群氏は清寧天皇崩後の葛城氏のまき返しをめぐる争いに破れたとし、それ以前に大臣に就いていたと見ている[39]。また、岡田精司は、滅亡記事を何らかの史実の反映とみる立場から、五世紀末〜六世紀初頭ごろ、平群氏が、河内大王家のもとで、勢力を有していたとする[40]。さらに、直木孝次郎も、葛城氏が五世紀後半に衰えた間隙をついて、平群氏が勢いをました、と考えている[41]。

前者の系統は、文献史料の上では、崇峻即位前紀の平群臣神手、推古紀三一年是歳条の小徳平群臣宇志の存在を考慮したものと思われる。後者の系統も、これらの人々の存在を認めることに、異論はなかろう。そうすると、両系統の立場のちがいは、これらの人々が史料にみえてくることを、平群氏の抬頭とみるか、再興とみるかの差ということになる。

私見では、平群氏の執政・擅権・滅亡記事の信憑性は、津田・日野・笹山・辰巳・黒田らの指摘のごとく、低いとみられる。その滅亡記事が、何らかの史実を核としていることは、岡田の指摘のごとく、認めねばなるまい。しかし、それは、権力の中枢にかかわるようなことではなかろう。そこで、問題としなければならないのは、六世紀後半以降の平群氏の存在である。

平群氏は平群谷をはじめとする平群郡地方に、古くから土着していた豪族であったと思われる。六世紀後半以降、平群氏が『日本書紀』にみえてくるのは、平群氏の中央政界への進出との関係で理解すべきである。しかし、六世紀末から七世紀前半ごろ、紀朝臣が平群谷に移来してこの谷を制し、平群氏を次第に谷から駆逐したと考えられる。平群氏が、一たん中央政界において、小徳の高冠位をえる人物を出しながらも、その後いま一つ発展しえなかったのは、平群谷を失ったことが関係しているのではなかろうか(42・43)。

以上から、わたくしは、紀朝臣は、六世紀末から七世紀前半ごろ、平群谷に移動してきたと考えるのが、文献史料のあり方からみて、もっとも妥当であると思う。しかし、紀朝臣の平群谷への定着度は、それほど高くなかったみられることにも注意したい。平群谷と紀朝臣の関係を示す史料は、決して豊富とはいえないのである。紀朝臣は、氏神の地を平群谷に維持しつつも、律令貴族として、その拠点を、さらに藤原京・平城京・平安京へと移していったと考えるべきであろう。京郊に紀寺を建立したことは、それを物語る。また、『日本書紀』天長六年（八二九）四月乙丑（一六日）条によると、右衛門督紀朝臣百継らは、神を祭祀する地として、平安京郊の愛宕郡に丘一処を賜わっている。これもそのあらわれとみられる。

四　むすび

前節では、紀朝臣と平群谷との関係を、文献史学の立場から、種々検討した。その結果、六世紀末から七世紀前半ごろに、紀朝臣がこの谷に本拠地を移してきたという推定に到達した。この推定は、当然、いくつかの問題をなげかけることとなる。

まず第一に、紀朝臣は、どこから平群谷に移動してきたのであろうか。この点については、第二節での検討結果を参照する必要がある。第二節では、紀朝臣が、紀伊国と特別の関係にあったことを明らかにした。この点よりすると、紀朝臣は、紀伊国から移動してきたと考えるのがもっとも妥当であると思う。すなわち、紀朝臣の淵源をたどると、紀伊国が本来の本拠地であったことが、後代までも紀伊国と紀朝臣の特別な関係という形で、影響を与えていたのである。

紀朝臣が紀伊国出身であったとすると、このことは、紀朝臣と紀直とが、かつて近い関係にあったことを予想させるものである。しかし、この点については、第三章で検討したい。

問題点の第二は、移動先として、なぜ平群谷が選ばれたのか、という点である。紀朝臣の移動は、武内宿祢同族系譜の原型にあたる同族系譜関係を前面におしたてつつ行なわれたと考えられる。これによると、のちの武内宿祢後裔氏族のそれぞれの本拠地が、紀朝臣の移動の対象地たりえたことになる。しかし、それらの中では、平群谷のみが、故地紀伊国とよく似た条件を備えていた、ということができる。すなわち、瀬戸内海との連絡である。紀伊国が、紀ノ川を通じて瀬戸内海と密接に連なっていたことは、岸俊男の研究によって明らかである。一方、この平群谷も、そのすぐ前面を流れる大和川を通じて、瀬戸内海と連絡しうる位置にある。紀朝臣は、平群谷の以上の立地に着目して、移動先に選んだと考えられる。

第三に、しからば紀朝臣の中心部分は、なぜ紀伊国を離れたのであろうか。この点こそ重要な問題であるが、この点については、不十分ながら第四章で私見を明らかにしたい。

(1) 薗田香融「岩橋千塚と紀国造」(『日本古代の貴族と地方豪族』、塙書房、一九九二年一月、もと関西大学文学部考古学研究室紀要『岩橋千塚』、一九六七年三月) 四七一～二ページ。
(2) 津田左右吉『日本古典の研究』下 (岩波書店、一九五〇年二月) 一一一ページ。
(3) 岸俊男「紀氏に関する一試考」(『日本古代政治史研究』、塙書房、一九六六年五月、もと橿原考古学研究所編『近畿古文化論攷』、吉川弘文館、一九六三年二月)。
(4) 薗田前掲注(1)論文、四六二ページ。
(5) 戸田秀典「平群氏と紀氏」(橿原考古学研究所編『橿原考古学研究所論集』第七、吉川弘文館、一九八四年一二月)。
(6) 飯田武郷『日本書紀通釈』第一～第五 (明治書院、一九〇二年一月～一九〇三年一月)。
(7) 津田前掲注(2)著書、一一一～二ページ。
(8) 岸前掲注(3)論文。
(9) 岸前掲注(3)論文。
(10) 薗田前掲注(1)論文、四六二～三・四七〇ページ。
(11) 日本古典文学大系『日本書紀』上 (岩波書店、一九六七年三月) 補注10―一二 (関晃担当)。
(12) 佐伯有清『新撰姓氏録の研究』考證篇第一 (吉川弘文館、一九八一年一二月) 三九二ページ。
(13) 薗田前掲注(1)論文、四六三～四ページ。
(14) 井上辰雄「紀伊国正税帳をめぐる諸問題」(『正税帳の研究――律令時代の地方政治――』、塙書房、一九六七年一一月)。
(15) 宝亀元年～六年の間に、藤原種継と伊刀王の任命があるので、紀船守は二回任じられたのであろう。

(16)　岸前掲注(3)論文、薗田前掲注(1)論文四六〇～一ページ、平野博之「紀伊国古代人名集成稿（一・二・三）」（『和歌山県史研究』2～4、一九七四年九月・一九七五年一〇月・一九七六年三月）。

(17)　このほか、嘉承三年（八五九）七月に、日前・国懸神社に、神宝をたてまつる使者が派遣された。この使者に任じられたのは、紀朝臣貞守と紀朝臣宗守であった。紀国造紀直が奉斎する両社への使者が、二回とも紀朝臣であることは注意される。この点も、紀朝臣と紀伊国とが何らかの関係をもっていたことを示唆している。

(18)　この売券に関する要点を次に記す。本売券は、全二四点からなる『唐招提寺施入田券文写』（正19／210）の中の一点で、その五番目に整理されている。全体の外包紙の上書には「唐招提寺施入田券文写／文化六年」とある。文化六年（一八〇九）ごろの写とみてよい。順接ぎの二紙に写されている。一紙目の末尾上部（左上隅部分）に、この写のもとになった文書の破損を示す黒線がある。したがって、冒頭部上部、末尾の郡判部分などは、写された当時、原文書ですでに破損していたことになる。第一紙＝縦二八一ミリ、横四〇九ミリ、第二紙＝縦二八二ミリ、横一一六ミリ。字面に印郭三六あり。

この売券は、奈良国立文化財研究所編『唐招提寺史料』第一（吉川弘文館、一九七一年九月）一〇六号、『平安遺文』一六三号にも収録されている。前者は、唐招提寺所蔵「唐招提寺旧蔵田券写」所収の史料によるものである。後者には誤りがあるが、その底本が、本文に掲げた史料である。

(19)　『日本後紀』巻下（朝日新聞社、一九四一年七月）の頭注では、「預月次」の三字を想定している。

(20)　百継の系譜・経歴については、『続日本後紀』『文徳実録』『類聚国史』『公卿補任』を参照した。

(21)　仁明天皇治世の初期（天長末～承和初）における紀氏の中心人物を百継とする考えが、石岡久夫「紀氏の武門的地位とその射芸」（『國学院雑誌』六七―一、一九六六年一月）にみえる。

(22)　内平群条里のプランについては、金田章裕「奈良・平安期の村落形態について」（『条里と村落の歴史地理学研究』、大明堂、一九八五年六月、もと『史林』五四―三、一九七一年五月）、奈良県立橿原考古学研究所編『大和国条里復原図――大和国条里の総合的研究　地図編――』（吉川弘文館、一九八一年三月）参照。

(23)　金田前掲注(22)論文。

(24)　紀氏神社を、現在の椿井春日神社地に比定する考えがある。奈良県史跡名勝天然記念物調査報告二七『烏土塚古墳』（奈良県立橿原考古学研究所、一九七二年三月）第七章（伊達宗泰執筆）、『日本の古代遺跡』4 奈良北部（前園実知雄・中井一夫、保育社、一九八二年一二月）六八ページ（前園実知雄執筆）。しかし、条里プランの復原からすると、この場所では位置が合わない。

(25) 辰巳和弘「平群氏に関する基礎的考察（上・下）」（『古代学研究』六四・六五号、一九七二年八・一一月）は、平群谷に勢力を有した氏族を平群氏とする。また、直木孝次郎『奈良――古代史への旅――』も、平群氏の本拠をこの谷に求めている（一九五ページ）。

(26) 『新撰姓氏録』でも、両氏はともに石川朝臣と同祖としているので、間接的に同族関係にあったことになる。また、『群書類従』第五輯、『続群書類従』第七輯上、『尊卑分脈』に収める「紀氏系図」の冒頭部分は、平群氏の系譜と混交している。この点は、戸田前掲注(5)論文によると、中央政界から姿を消した平群氏の系図が、七世紀後半ごろ、紀氏によって継承された結果とされている。したがって、この点から、両氏が現実にとくに近い同族関係にあったとすることはできない。

(27) 中村修也は、紀朝臣家と平群氏との系譜の混交を実態の反映と考え、紀朝臣家は平群氏と親交関係を結ぶことで、畿内政権への進出の足掛かりをえた、としている（「紀氏の性格に関する一考察――朝鮮出兵伝承の保有をめぐって――」、『地方史研究』二一〇、一九八七年一二月）。しかし、系譜上の関係を実態の反映とみる点は、なお保留したい。

(28) 田中卓「紀氏家牒について」（『日本古典の研究』、皇學館大學出版部、一九七三年五月）。なお、「紀氏家牒」については、佐伯有清「成信と紀氏家牒」（『新撰姓氏録の研究』索引・論考篇、吉川弘文館、一九八四年三月）参照。

(29) 本位田菊士は、平群氏と紀氏が、馬文化、航海・造船技術によって相互に関係を維持し、ともに朝鮮派遣氏族として活躍した背景を想定して、「私は平群谷一帯に紀氏が盤踞したとしても平群氏と紀氏がある時期に共存したとしても矛盾しないと思う」とする（「河内馬飼部と倭馬飼部――馬文化と古代豪族の消長――」、田村圓澄先生古稀記念会編『東アジアと日本』歴史編、吉川弘文館、一九八七年一二月）。系譜関係以外に立っての論であるところが注目されるが、本位田のあげた点は、平群谷における紀氏と平群氏の共存を示す根拠として十分でないと思う。

(30) 井上前掲注(14)論文。紀朝臣の遷移の時期を四世紀以後とするようにも受取れるが、明言していない。

(31) 辰巳前掲注(25)論文。
(32) 辰巳和弘・森下浩行・吉村公男・辻川哲朗「平群谷古墳群再論（上・下）」（『古代文化』四五―一〇・一二、一九九三年一〇・一二月）。
(33) これらの記事と「紀臣」関係記事とは、区別して扱う方がよいと考える。この点については、本書第三章で検討する。
(34) 欽明紀に「紀臣奈率弥麻沙」に関する一連の記事がある。しかし、彼は百済の臣であるので、除外した。
(35) 笹山晴生「たたみこも平群の山――古代の豪族平群氏をめぐって――」（『奈良の都――その光と影』、吉川弘文館、一九九二年七月、もと『ぱれるが』二二五号、一九七〇年一一月）。
(36) 辰巳前掲注(25)論文。
(37) 日野昭『日本古代氏族伝承の研究』（永田文昌堂、一九七一年九月）五〇～二・一〇〇～一ページ（もと「竹内宿禰とその後裔――古代氏族伝承の研究――」、『平安学園研究論集』三、一九五九年三月、「蘇我氏同族系譜の形成について」、『龍谷大学論集』三七五、一九六四年二月）。
(38) 黒田達也「日本古代の『大臣』についての一試考」（『大阪府立工業高等専門学校研究紀要』一七、一九八三年一〇月）は、平群臣真鳥の大臣関係記事をはじめとする、『日本書紀』の大臣・大臣記事の現れ方に、『日本書紀』編纂段階の作為が感じられるとする。
(39) 堅田修「平群氏に関する一考察」（『大谷史学』一二号、一九七〇年二月）。
(40) 岡田精司「古代の王朝交替」（亀田隆之編『古代の地方史』3　畿内編、朝倉書店、一九七九年九月）。
(41) 直木前掲注(25)著書、一九五ページ。
(42) 平群郡内へのもう一つの政治勢力の移入、すなわち、七世紀初頭の上宮王家の進出も、平群氏の勢力基盤を弱めたのであろう。
(43) 本章では、これまで文献的立場から議論を進めてきたが、ここで、平群谷の古墳についてふれておきたい。五世紀末から七世紀代に及ぶ平群谷の古墳の被葬者については、いくつかの説がある。
　まず第一に、平群氏とみる立場（辰巳前掲注25論文、前園前掲注24著書、堅田前掲注36論文）、第二に、紀氏とする立場（伊達前掲注25報告書）、また第三に、紀氏・平群氏の両者と考える立場（奈良県史跡名勝天然記念物調査報告三三『平群・三里古墳』の河上邦彦執筆「三里古墳のまとめ」「石棚を有する古墳について」）などである。

平群谷の古墳の全体もしくは一部を、紀氏の墳墓とみる立場の根拠は、考古学的には、石棚をもつ三里古墳の存在（河上）、「きわめて古式の大陸的要素をもった」石室をもつ椿井宮山古墳の存在（前園）などであろう。このうち、前者については、考古学の立場から批判が加えられており（土生田純之「突起をもつ横穴式石室の系譜——本州における事例の検討——」、『考古学雑誌』六六—三、一九八〇年一二月）、今後の議論の展開をまつ必要があると考える。

後者については、紀氏と同様に平群氏も、朝鮮半島との関係を有した氏族と考えられている（上田正昭「朝鮮派遣氏族の動向」、『日本古代国家論究』、塙書房、一九六八年一一月、もと『朝鮮学報』二四、一九六二年七月）。したがって、大陸からの影響という点からだけでは、椿井宮山古墳の被葬者を、紀氏・平群氏のいずれとも、簡単には決められないと思う。

第三章　紀氏再考

一　はじめに

紀氏は、古代の氏族の中でも、特に著名なものの一つである。このため、従来から研究もよく行なわれてきた。しかし、紀氏の性格や展開過程を具体的に考えてみると、まだ明らかにされていない点が、いくつかあるように思われる。

紀氏は、もと紀伊という畿外の在地勢力でありながら、倭王権の水軍の基幹部分を構成していたことがある、と考えられている。また、同氏は、畿外出身の氏族でありながら、その一部が宮廷貴族に転身していき、奈良時代以降、他の伝統的大氏族がつぎつぎと没落していくなかで、しぶとく生き残っていった。このように、紀氏は、畿外出身の氏族としては、稀有の展開を遂げたといえよう。その意味で、注目に値する氏族の一つである。

紀氏については、従来、多くの研究が行なわれてきた。それらは、大きく二つのグループにわけることができる。第一は、倭王権の水軍を担った部分に注目する研究、第二は、宮廷貴族としての紀氏に関する研究である。後者の中に、紀貫之・紀長谷雄などに関する文学関係の研究も含めることができる。

この二つの研究傾向は、それぞれに蓄積が多い。しかし、その両者を統合して、紀氏という氏族を一貫してとらえようという立場の研究は、意外に少ないと思われる。わたくしは、両者を併せ考えることによって、紀氏の性格・特徴を、より詳しく明らかにできると考える。本章は、このような観点に立って、文献史学の立場から、考え得たことを述べたい。

二　紀朝臣の出身地

紀氏は、明確に区別される二つの系統にわかれる。一つは紀直、他は紀朝臣である。この二系統は、カバネを異にする以外にも、種々の相違点をもっている。

まず、紀直は、『新撰姓氏録』によると、神魂命の五世孫の天道根命、もしくは同神の子の御食持命を祖とする神別氏族である。その一族は、つぎつぎと紀伊国造に任じられ、また、紀伊諸郡の郡司を出している在地の大豪族である。この紀直は、薗田香融の指摘によると[1]、承和年間（八三四〜八四八）ごろにカバネを直から宿祢に変え、さらに一〇世紀後半の天元年中（九七八〜九八三）に、ふたたびカバネを転換して朝臣を称するようになる。

もう一つの紀朝臣は、『新撰姓氏録』によると、孝元天皇の子の武内宿祢の子である紀角宿祢、もしくは武内宿祢の父である屋主忍雄建猪心命を祖とする皇別氏族とみえる。この紀朝臣は、天武一三年（六八四）に、それまでの紀臣から紀朝臣へ、カバネが変わっている。この紀朝臣が、とくに八世紀以後活躍する中央貴族なのである。

以上のように、一口に紀氏といっても、神別氏族として紀伊の在地に勢力を張る紀直と、中央貴族として活躍する皇別氏族の紀朝臣という、明確に区別される二系統が存在するのである[2]。この点に、紀氏という大氏族の性格を考える重要なポイントの一つがあると思われる。

ところで、この二系統のうち、紀直が紀伊の在地豪族であることは明瞭である。しかし、紀朝臣については、その出身地・本拠地があまり明確ではない。この点は、従来いろいろと議論されてきたところである。全体的にみて、紀朝臣も、紀直と同様に、紀伊の出身であると見る説が強いように思われるが、現在のところ、必ずしもそれで意見が統一されているわけではない。

古くは、飯田武郷が、紀朝臣は紀伊とは関係なく、大和国平群郡の出身であると主張している。[3] これをうけて、戦前では津田左右吉[4]が、大和出身説をとっている。戦後では、関晃[5]・佐伯有清[6]も同様である。

たしかに、紀朝臣が紀伊出身であることを積極的に示す史料はない。しかし、第二章で検討したように、次のいくつかの点からみて、通説通り、この紀朝臣も紀伊出身であると考えてさしつかえない。第二章の関係部分を要約しよう。[7]

まず第一に、八〜九世紀に紀伊守・介に任じられた人々のうち、史料にみえるものを整理すると、紀朝臣が紀伊国に非常に執心していることが理解される。

第二に、延暦二三年（八〇四）における桓武天皇の紀伊行幸の御前次第司の長官に紀朝臣勝長、御後次第司の副に紀朝臣咋麻呂の名がみえる。すなわち、四人の責任者のうち、二名まで紀朝臣が任じられている（『日本後紀』同年八月戊辰〔二六日〕条）。

つづいて、紀伊国に入った桓武天皇に対して、参議紀朝臣勝長と国造紀直豊成の両人が奉献したことがみえる（同一〇月癸丑〔一二日〕条）。この両人は、紀朝臣と紀直の両系統の代表者として、紀伊国において桓武天皇に物を奉ったのである。

さらに同日、今度は桓武天皇が、行幸の労苦をねぎらう意味で、臣下に位階を授けた。このとき叙位にあずかった人々の中に、紀伊国司三名につづいて、紀朝臣岡継・紀朝臣良門の二名がみえる。これは、この行幸におそらく紀朝臣の一族が多くつき従っており、その代表者として右の二人が叙位にあづかった、ということであると考えられる。

このようにみてくると、このときの行幸に関する一連の史料は、紀朝臣が紀伊国と深い関係をもっていたことを示す有力な史料であると考えられる。

第三に、紀伊国における重要な神社に、日前・国懸神社がある。これは、古くから朝廷の尊崇するところの非常に篤かった神社で、名草郡はこの両社の神郡とされたほどである。この両社には、朝廷から時折使者が派遣されたが、残存している史料によるかぎり、その使者は、常に紀朝臣から任命されている(『文徳実録』嘉祥三年〔八五〇〕一〇月甲子〔二〇日〕条、『三代実録』貞観元年〔八五九〕七月一四日丁卯条)。日前・国懸神社は、紀国造である紀直が奉斎する在地の神である。そのような神社に、紀朝臣が使者として派遣されることが通例となっているという事実も、紀朝臣と紀伊国との特別な関係を示す有力な証拠といえる。

以上、三点にわたって指摘したところによって、紀朝臣が紀伊国と特別な関係にあったことは確かであるといえる。そして、この特別な関係とは、紀朝臣が紀伊出身であった点に源泉があると見なければならない。史料の上で見るかぎり、紀氏は紀直と紀朝臣の二系統にわかれ、その両系統の間の溝は非常に深いと考えられる。相互の交流はほとんど認められないのである。しかし、以上の検討によって、両系統は、ともに紀伊出身であると考えてさしつかえない、ということになった。しからば、この断絶と同等性とは、どのように理解しうるか。

三 「紀宿祢史料」に関する疑問

そこで、次に問題となるのは、この紀朝臣と紀直の関係を、どのように考えたらよいかという点である。私見を先に明らかにすると、両系統はもと一つの集団を構成しており、そこからある時期に両者が分立した、とみる

表1『日本書紀』にみえる紀氏の人名表記

年．月．日	宿　祢	直・国造	臣・朝臣
景行　3．2		紀直遠祖菟道彦	
神功　1．2		紀直祖豊耳	
応神　3.是歳	紀角宿祢		
9．4		紀直等之祖	
仁徳　41．3	紀角宿祢		
雄略　9．3	紀小弓宿祢		
9．5	紀大磐宿祢		
顕宗　3.是歳	紀生磐宿祢		
欽明　2．7			紀臣奈率弥麻沙
4．4			紀臣奈率弥麻沙
5．2			紀臣奈率弥麻沙
5．3			(紀臣)奈率弥麻沙
5.11			(紀臣)奈率弥麻沙
23．7	紀男麻呂宿祢		
敏達　12．7		紀国造押勝	
12.10		紀国造押勝	
崇峻即位前紀	紀男麻呂宿祢		
4.11．4	紀男麻呂宿祢		
舒明即位前紀			紀臣塩手
大化　2．3.19			紀麻利耆拕臣
5．3.26			木臣麻呂
白雉　1．2.15			紀臣乎麻呂岐太
天智　10．1．5			紀大人臣
10.11.23			紀大人臣
天武　1．7．2			紀臣阿閉麻呂
1．7．2			紀臣大音
1．7．9			紀臣阿閉麻呂
2．8．9			紀臣阿閉麻呂
2.12.17			紀臣訶多麻呂
3．2.28			紀臣阿閉麻呂
5．4.22			紀臣訶佐麻呂
8．2．3			紀臣賢摩呂
13.11．1			紀臣→紀朝臣
朱鳥　1．9.27			紀朝臣真人
1．9.29			紀朝臣弓張
持統　1．1．1			紀朝臣真人
6．3．3			紀朝臣弓張
7．6．4			紀朝臣麻呂

べきであると考えている。そこで、紀直と紀朝臣の両者が分裂する以前の段階の集団を「紀氏集団」と呼ぶこととしたい。

さて、紀氏に関する史料は、『日本書紀』に多く、『古事記』にはほとんど存在しない。そこで、『日本書紀』にみえる紀氏関係の史料を整理したのが、表1である。この表では、『日本書紀』にみえる紀氏の人名表記法に注目し、これをカバネもしくは尊称によって、宿祢、直・国造、臣・朝臣の三つに分けている。以下、この表について検討を加えたい。

表1においては、上述してきた紀直、紀朝臣の二系統とは別に、「宿祢」の欄に、多くの人名が並んでいる。わたくしは、これらの「紀〜宿祢」と人名を表記する一群の史料（「紀宿祢史料」）の存在を、どのように考えるかということが、紀氏という氏族の歴史を考える重要なポイントであると思う。

「紀宿祢史料」は、合計八回『日本書紀』にみえる。それらは、共通する性質をもっている。すなわち、それらはすべて、倭王権の朝鮮半島への出兵のことを記す記事であるという点である。この点をおさえた上で、この史料群について考えてみると、次の二点が、疑問として浮かんでくる。

まず、第一点。持統五年（六九一）八月、時の政府は紀氏以下一八氏に「墓記」の提出を命じた。この「墓記」は、写本によっては「纂記」とも表記される。しかし、意味するところは、ともに、それぞれの氏の歴史をまとめたもの、と考えられている。この「墓記」が、『日本書紀』編纂史料の一つとして利用されたのである。紀氏は、右の一八氏の中に含まれている。しかし、『日本書紀』では、単に「紀」とあるのみで、紀朝臣か紀直か明示していない。この点について、わたくしは、紀朝臣であると考える。

表1によると、舒明即位前紀以降は、紀朝臣のみがみえる。従って、「墓記」の提出が命じられた持統期に、朝廷に進出していたのは、紀朝臣と考えられる。また、このとき「墓記」を提出した一八氏は、おおむね中央氏

族ばかりである。紀伊の在地に根をおろす紀直は、この点でおちつかない。これらの点からみて、紀朝臣の「墓記」が、朝廷に提出され、『日本書紀』編纂の史料として利用された、と考えられる。

たとえば、仁徳四一年三月条の紀角宿祢という表記を含む記事、雄略九年三、五月条に出てくる紀小弓宿祢、紀生磐宿祢に関する記事、舒明二三年七月条の紀男麻呂宿祢に関する記事などについては、紀朝臣の「墓記」によって記されている、という指摘がすでになされている。

この点からすると、少なくともこれらの記事については、紀朝臣の記録を用いて書かれたにもかかわらず、なぜ紀朝臣と表記されないで、紀宿祢と書かれたのか、という疑問が生じてくる。

「紀~宿祢」史料群に関する第二の疑問点は、以下のごとくである。『続日本紀』和銅七年（七一四）二月戊戌（一〇日）条には、紀朝臣清人と三宅臣藤麻呂の両名に命じて、「国史」を撰ばしめた、という記事がみえる。ここにみえる「国史」が、その六年後の養老四年（七二〇）五月に奏上される『日本書紀』に連なるとすると、『日本書紀』編纂の最終段階に、紀朝臣の一人が関与していた、ということになる。

この紀朝臣清人という人物は、当代一流の文章家であったらしい。『家伝』下や、『続日本紀』養老五年（七二一）正月甲戌（二七日）条に、「文雅」もしくは「文章」に秀でた人々の一人としてあげられている。したがって、彼は、「紀~宿祢」関係の一連の記事を、自らの出身した紀朝臣のこととしてしまえる位置にあったとみられる。しかし、実際には、そのようにはなっておらず、『日本書紀』には、表1のように、「紀~宿祢」の史料が多くみられるのである。そこには、何らかの事情が存在するとみなければならない。

四　「紀宿祢史料」の検討

以上の二つの疑問は、要するに、次の点に帰着する。すなわち、「紀宿祢史料」は、紀朝臣関係の史料となしうる条件があったにもかかわらず、そうされなかったのはなぜかという点である。しかしながら、実はよく注意してみると、『日本書紀』では、紀朝臣と紀宿祢との間は、論理的に関連づけられていることがわかる。

一連の「紀宿祢史料」の最初に出てくるのは、紀角宿祢という人物である。この人物は、武内宿祢の子とされている。一方、『古事記』孝元天皇段によると、紀角宿祢に相当するとみられる木角宿祢は、武内宿祢の子で、都奴臣・坂本臣とともに、木臣すなわち紀朝臣の祖とされている。この武内宿祢系譜を、『日本書紀』の編者が知らなかったはずはない。

したがって、『日本書紀』では、「紀角宿祢」は、紀朝臣の祖であるのだが、紀角臣と直接的に表記しないで、紀角宿祢としていることになる。もちろん、『日本書紀』の世界では、早い時期から臣・連・直などのカバネが使用されている。したがって、紀角臣と表記しても、支障はないはずである。すなわち、『日本書紀』では、「紀宿祢史料」は、論理的につきつめると、紀朝臣一族の事績であるにもかかわらず、積極的にそのように表記していないことになる。

紀朝臣にとっては、紀朝臣清人などを介して、「紀宿祢史料」を、自らの祖の事績を伝えたものと明言しうる条件があった。それにもかかわらず、そこまで踏み切っていない、ということになる。したがって、そのように言い切ってしまえない事情が存在したのではないか、と考えられる。宿祢を敬称的に用いることで、あからさまに朝臣（臣）や直とすることをさけたのであろう。

それでは、なぜそのようなことをしなければならなかったのか。わたくしは、次のように考える。すなわち、宿祢の敬称を用いて記された一連の伝承は、紀朝臣と紀直が分かれる以前の「紀氏集団」にかかわる伝承であった。このため、「紀氏集団」が、紀朝臣と紀直の二系統に分裂してしまった後の段階では、これらの伝承を、どちらか一方のみの祖の事績として、明確に主張しにくかったのであろう。

そこで、「紀氏集団」にかかわると考えられる一連の「紀宿祢史料」について、さらに検討したい。

これらの史料は、上述のように、いずれも倭王権の朝鮮半島への出兵に関する記事であるという共通点をもっている。この点については、従来多くの先学が検討を加えてきた。それらによると、個々の史料によって違いはあるが、概して信頼度の低い史料群であるとされている[8]。これに対して、岸俊男は、紀伊における朝鮮系遺物の出土、紀氏同族が瀬戸内海沿岸に分布していること、造船材としての楠の分布その他について検討し、個々の細かい点については、問題があるかもしれないが、ある時期に、紀氏が倭王権の朝鮮半島への出兵に関与したことまでは否定できない、と主張した[9]。

この岸の考えを継承発展させたのが、薗田香融である[10]。薗田によると、紀氏は海部集団を配下に組み込むことによって、水上軍事勢力たりえた。そして、東アジア情勢が緊迫していた五世紀後半から六世紀前半にかけて、紀伊水軍が倭王権の水軍として活躍したことは、史的事実であるという。

わたくしは、これらの研究成果からみて、「紀氏集団」が、倭王権の水軍の基幹部分を構成していたということは、確かであろうと考える。では、この「紀氏集団」の構成は、どのようなものであったか。これは、きわめて興味深い問題である。しかし、残念ながら、直接的にこれを物語る史料は、見あたらない。

ただ、雄略紀九年三月条に、紀岡前来目連なる人物が、紀小弓宿祢とともに朝鮮半島にわたり、戦闘中に死亡したという話がみえる。この人名の「岡前」は、現在の和歌山市岡崎の地名に由来するということは、従来から指摘されてきたところである。また、「来目連」については、清寧即位前紀に「城丘前来目欠名」とあるので、「来目」は名ではなく、氏の名称の一部とみられる。したがって、彼は、もちろん来目部と関係したと考えられる。

すなわち、この人物の所属する豪族は、紀伊の岡崎付近を本拠として、来目部の集団を統率し、紀氏と同族関係を結んでいたのであろう。また、先述のごとく、薗田香融は、紀氏の水上部隊には、海部が重要な役割を果たしていたことを指摘している。この点も、「紀氏集団」の構成を考える手掛りとなる。

このような「紀岡前来目連」や海部の存在を考えると、紀氏の水軍といわれるものは、単に紀朝臣や紀直の直接の前身にあたる諸豪族だけでなく、それらと同族関係にあったり、勢力下におかれていた諸勢力も含んでいた、と見ざるをえない。このような部隊の編成は、その母体である「紀氏集団」そのものの構成を反映していると考えられる。

五 「紀氏集団」の分裂過程

上述のごとく、紀直と紀朝臣の二系統は、「紀氏集団」から分立してきたと考えられる。そこで、つぎに問題となるのは、両系統は、いつごろどのような経過をたどって分立したのか、という点である。再度、表1に注目したい。

まず第一に、紀直すなわち紀国造系統に関して、信頼できる最初の史料は、敏達紀一二年(五八三)七月条の、紀国造押勝に関するものである。百済にいる日羅を迎えに、紀国造押勝と吉備海部直羽嶋が派遣された、とある。これ以前にも、『日本書紀』には、景行天皇・神功皇后や応神天皇のときのこととして、紀直に関する話がいくつかみえる。しかし、これらはいずれも伝説的な話であって、そのまま事実と認め難いと思われる。これらを除くと、紀直に関する信頼できる最古の史料は、右述のものということになる。

第二に、紀朝臣関係の史料については、どうであろうか。紀臣奈率弥麻沙に関する史料が欽明紀に集中して存在する。しかし、彼は、百済から来日した日系官人であるので、除外して考えると、舒明即位前紀の紀臣塩手という人物の見える史料が初見となる。

第三に、「紀宿祢史料」の終見は、崇峻紀四年（五九一）一一月壬午（四日）条である。ここに紀男麻呂宿祢が見えるのを最後とし、それ以後には出てこない。

以上から、『日本書紀』における紀氏関係史料は、つぎのように整理することができる。すなわち、敏達紀以後、紀国造（紀直）に関する信頼できる史料がみえはじめ、舒明即位前紀以降、紀朝臣が姿をあらわし、崇峻紀をもって「紀宿祢史料」がおわるのである。

わたくしは、この三点は、別個の現象ではなく、相互に関連しあっていると考える。これらは、かつて「紀氏集団」としてまとまっていたものが、分解しつつある状況を反映している、と理解できるのではないか。「紀氏集団」の分解が進んだ段階で、「紀宿祢史料」が消え、これにかわって、「紀氏集団」から分立の度合を強めた紀直・紀朝臣に関する史科が、現われてくるものと思われる。この考えが成立するとすると、「紀氏集団」の分裂は、六世紀後半~七世紀前半ごろに画期があるのではないか、と考えられてくる。

では、その画期の具体的な内容は何か。わたくしは、「紀氏集団」から分立した紀朝臣の系統が、紀伊から大和の平群谷に移動したことが、その主な内容をなす、と考える。

『類聚国史』巻一〇、神祇一〇、常祀の項の天長元年（八二四）八月丁酉（五日）条に、紀朝臣百継と紀朝臣末成の二人が、奏状を提出したことがみえる。その内容は、「紀氏神」を、国家的祭祀にあづかる神社に加えてほしい、というもので、この願いは認められた。

この天長元年の時点では、紀朝臣は中央の大氏族として、内部はいくつもの系統にわかれていた。紀朝臣百継という人物は、その中でも、もっとも有力な系統を代表する人で、この時点では、紀朝臣全体の最高の地位に立っていた。もう一人の紀朝臣末成も、別の有力な系統の代表的地位にあったと想定される人物である。

すなわち、紀朝臣の中の有力二系統の代表者が相並んで、「紀氏神」を国家的祭祀の列に加えてほしいと要望したわけである。したがって、この「紀氏神」は、紀朝臣の中のある部分のみではなく、紀朝臣全体の「氏神」であろうと考えなければならない。

さて、この「紀氏神」が、貞観一二年（八七〇）四月二二日の「大和国平群郡某郷長解写」という売券にみえるのである。これは、大和国平群郡内の平群谷に展開している条里のうち、平群東条の一平群里一三、一四坪にあった家地の売買に関するものである。

まず、買人が紀朝臣であることが注意される。また、保証刀祢九人の中にも、紀朝臣が二人みえる。これは、この家地の近辺に、紀朝臣を称するものが勢力を張っていたことを示す。つぎに、売買対象地の四至をみると、南側が、石川朝臣黒主の所有地とともに、「紀氏神地」に接していたことがわかる。これらによると、平群東条内の家地を、紀朝臣の一人が買得したが、その家地の南に接して「紀氏神地」があり、また、近辺には紀朝臣が勢力を張っていた、ということになる。

この売券にみえる、大和国平群郡に所在した「紀氏神」が、『延喜式』神名帳の同郡条にあげられている「平群坐紀氏神社」にあたることは明らかであろう。そして、上述の天長元年八月の奏状にみえる「紀氏神」が、これらの「紀氏神」「平群坐紀氏神社」と同じものであることも、いうまでもあるまい。したがって、平群谷には、紀朝臣全体の氏神が、遅くとも天長元年の時点で、すでに鎮座していたことが確認できる。

この点からみて、平群谷が紀朝臣のある時期の根拠地であったということは、まず間違いないであろう。ところが、先に、紀朝臣が紀伊出身であることを指摘した。そこで、この二点を総合すると、紀朝臣という氏は、かつては紀伊を本拠としていたが、ある時期に大和の平群谷に移動してきた、と考えられることになる。

紀朝臣が平群谷に移動してきた時期について考えよう。表1に明らかなように、『日本書紀』によると、舒明即位前紀以降、紀朝臣関係史料が集中して出てくる事実が注意される。後述のように、その舒明即位前紀において、紀朝臣は、すでに中央の有力氏族の一つとして行動している。この点からみて、紀朝臣の畿内進出の時期は、大よそ六世紀末から七世紀前半ごろと推定される。

さて、紀朝臣の紀伊から平群谷への移動の過程は、とりもなおさず、「紀氏集団」から、紀朝臣と紀直が分立してくる過程と深い関連がある。「紀氏集団」の内部に孕まれていた対立の契機が限界に達したとき、そのうちの一部分が、紀伊から平群谷へと移動していったのである。これによって、「紀氏集団」の紀朝臣と紀直への分裂は、確定的なものとなったと考えられる。平群谷に移動してきた「紀氏集団」の一部は、おそらく移動とともに「紀氏神」を祀り、結束を強めていったのであろう。彼らは、やがて紀朝臣という一つの氏として、平群谷を拠点に中央貴族化していった。

これに対して、紀伊にとどまった「紀氏集団」の一部が紀直となり、紀伊国造として日前・国懸神社を奉斎する。そして、律令制的地方行政制度の施行とともに、紀伊国の諸郡の郡司層や、在地の有力層を形成していったのである。

六　中央貴族としての紀朝臣

畿外に端を発した豪族が中央貴族化することは、一般的にいうと、かなり困難であったはずである。畿外の豪族が本拠地を畿内に移したからといって、倭王権の中枢部に入りこむのは、それほど容易なことではなかったであろう。しかしながら、紀朝臣の場合には、この一般論はあてはまらない。

紀朝臣は、『日本書紀』では、ほぼ舒明即位前紀から見えはじめる。舒明天皇の即位にあたっては、宮廷内でかなりの紛争があったようで、『日本書紀』にも、詳細な記事が収載されている。すなわち、推古天皇の崩後、皇位継承をめぐって、皇族・貴族間に意見の対立が存在した。このため、群臣たちの会議が開かれた。その場で、紀臣塩手という人物が、許勢臣大麻呂・佐伯連東人などの有方豪族とともに、山背大兄王を推薦したとある。これが、紀臣（朝臣）関係史料の事実上の初見である。

これによると、紀臣塩手という人物は、朝廷内の群臣の有力者の一人として、突如として『日本書紀』に姿を見せる。紀朝臣は、『日本書紀』では、はじめから中央の有力氏族として見えてくるのである。このような状況は、いかに理解すればよいであろうか。わたくしは、次のように想定している。

かつて「紀氏集団」が、倭王権の水軍の基幹勢力として活躍していたとき、蘇我氏や大伴氏等々の中央有力豪族を構成する族長たちも、ともに従軍していた。その間に、「紀氏集団」の族長たちは、倭王権の有力豪族の族長たちと、密接な関係を結んだであろう。紀朝臣が、比較的スムースに倭王権の中心部に入りこみえたのは、この関係を前提にしたからではなかろうか。

さて、紀伊地方に基盤をおいていた紀朝臣にとって、中央貴族化するということは、一体何を意味していたのであろうか。この問題を考えるために、八世紀段階の紀朝臣が、どのような性格の中央貴族として存在していたのか、という点をおさえておく必要がある。

この点については、すでにいくつかの先行研究がある。まず、石岡久夫は、紀朝臣が、射芸を中心とする武門的氏族であったことを指摘している。[11]また、岸俊男は、紀朝臣には、学問、とくに漢詩文に秀でたものが多いこと、それは、もとをただせば朝鮮半島と関係をもったことの反映であると考えられる、などの諸点を指摘している。[12]

この両氏の指摘は妥当であるが、わたくしなりにさらに検討してみたい。表2は、紀朝臣の人々が、八～九世紀において、就任していたことのわかる官職を整理したものである。この表は、不十分なもので、脱漏や誤りがあると思われる。しかし、大体の傾向をうかがうことはできるであろう。

表2　紀朝臣が就任した官職とその回数

官	職	就任回数
太政官	大納言	3
	中納言	4
	参議	7
少納言局	少納言	3
弁官	左大弁	2
	左中弁	1
	左少弁	3
	右大弁	3
	右中弁	2
	右少弁	5
紫微中台	大弼	1
中務省	卿	1
	少輔	2
中宮職	大夫	2
	少進	1
左大舎人寮	頭	1
図書寮	助	1
内蔵寮	頭	3
内匠寮	頭	1
陰陽寮	頭	2
	員外助	1
式部省	卿	3
	大輔	4
	少輔	3
	大丞	1
	少丞	1
大学寮	頭	3
文章博士		1
治部省	大輔	3
	大丞	1
民部省	卿	1
	大輔	1
	少輔	4
主計寮	少允	1
主税寮	頭	1
兵部省	大輔	3
	少輔	4
兵馬司	正	1
刑部省	卿	1
	少輔	2
大判事		1
中判事		1
少判事		1
大蔵省	卿	1
	大輔	1
	少輔	2
典鋳司	正	1
宮内省	大輔	2
	少輔	2
大膳職	大夫	1
	亮	1
木工寮	頭	1
大炊寮	頭	3
主殿寮	頭	1
造宮省	大輔	1
勅旨省	少輔	1
	大丞	1
勅旨所	別当	1
鋳銭司	次官	1
弾正台	弼	2
衛門府	督	2
右衛門府	督	1
左衛士府	督	1
	員外佐	2
右衛士府	督	1
	佐	2
左兵衛府	督	2
	員外介	1
右兵衛府	督	3
	佐	2
中衛府	中将	1
	少将	1
近衛府	大将	1
	中将	1
	員外中将	1
	少将	1
	員外少将	2
	将監	1
内厩寮	頭	1
	助	1
検校兵庫軍監		1
左京職	亮	1
右京職	大夫	1
	亮	2
摂津職	亮	1
大宰府	帥	1
	大弐	1
	少弐	2
	員外少弐	1
春宮坊	傅	1
	大夫	1
	亮	3
造弘福寺司	長官	1
造東大寺司	次官	1
	判官	1
	主典	1
写経所	別当	1
	経師	4
	校生	6
造長岡宮使		1
造由義大宮司	次官	1
造斎宮	長官	1
河内国班田司	史生	1
河内和泉班田司	次官	1
巡察使	畿内	1
	東海道	2
	西海道	1
問民苦使	北陸道	1
按察使	陸奥国	1
遣唐使	判官	1
遣新羅使	大使	1
将軍		1
征討使	副将軍	1
迎新羅使	騎兵大将軍	1
征越後蝦夷	副将軍	1
征東使	大使	1
	副使	2
後騎兵大将軍		1
鎮撫使	南海道	1
鎮守府	将軍	1
	副将軍	1
山作司		3
御装束司		6
造御竈司		1
留守司		1
	平城京	1
	西京	1

注1：国司の着任記事は省略した。
2：8～9世紀の事例に限定した。
3：藤原仲麻呂による官号改正は、改正前の官号で示した。
4：同一人が同じ官職に2回以上任じられた場合でも、それぞれ1回で計算した。

この表によると、石岡の指摘のとおり、軍事的な官職に就任したものが多少は多い傾向があることがわかる。兵部省、五衛府や中衛府・近衛府などの軍事関係の官司の長官や次官などに、紀朝臣が就任している。それ以外にも、軍事指揮官である将軍に任命された例もある。

このように、紀朝臣は、八世紀段階では、武門の家柄の名残りをある程度とどめていたとみてさしつかえあるまい。これは、紀朝臣がかつて「紀氏集団」の一部として、倭王権の水軍の基幹部分を構成していたことと、無関係ではないと考える。

しかし、わたくしは、八世紀における紀朝臣の性格として、さらに注意すべき点があると思う。まず第一に、外交関係の仕事に従事する紀朝臣が非常に少ない点である。たとえば、遣唐使の幹部クラスに任命されたものは、一例しか見当らない。他の外交使節でも、遣新羅大使が一例あるぐらいである。さらに、外交と密接な関係をもつ大宰府や摂津職の官人に任命されたものも、ごく少ない。

第二に、紀朝臣は、かつて倭王権の水軍の基幹部分を構成した伝統を負っているのであるから、たとえば、兵部省管下の主船司の官職に多く任じられることがあってもよいと予想される。しかし、現存史料によるかぎり、そのようなことはない。

以上のように、紀朝臣は、外交や水上兵力に関係する主要ポストに就任することが、少なかったと思われる。紀朝臣は、一方で軍事的な氏族として自他ともに許しながら、他方では、外交や水に関係する側面は、あまり評価されていなかったとみられる。

その理由は、簡単には明らかにならないであろう。しかし、あえていえば、紀伊から平群谷へ移ったことにより、海部集団との関係が切れたことや、平群谷が、紀伊に比べて海との連絡が希薄な地域であったことなどが、あるいは関係しているのではないか、と想定される。

つぎに、紀朝臣が歴任した官職を通覧して気づかれるのは、岸俊男の指摘のように、漢詩文の知識が要求されるポストへの就任が目につくことである。大学頭・文章博士・弁官・判事、その他学識を要求される官職に、紀朝臣が任じられている。

以上のように、紀朝臣は、地方豪族から中央貴族化することによって、かつての水軍の将から、陸上軍事氏族に性格をかえたとみられる。また一方では、学問・文学の世界でも、一定の地歩を築いていき、やがて紀長谷雄や紀貫之などを輩出するにいたるのである。

七　むすび

以上、五節にわたって述べてきたことを整理すると、大よそ以下のごとくである。

(1)　紀直や紀朝臣の前身をはじめとする紀氏の同族は、もと「紀氏集団」とでも称すべき部族連合を構成していた。

(2)　『日本書紀』の「紀宿祢史料」は、紀朝臣の家伝もしくは『日本書紀』の成立時における「紀氏集団」に関する記憶をとどめるものである。

(3)　「紀氏集団」の一部は、六世紀末から七世紀前半ごろ、紀伊から平群谷に移動した。この一団は、やがて独立の氏族として、紀臣（朝臣）と称するようになり、中央貴族化した。紀伊に残った部分は、紀直を称し、その中心的系統は、代々紀伊国造となった。

(4)　紀朝臣は、中央貴族化するとともに、かつての水軍の将としての性格を払拭し、陸上軍事氏族としての面を強くもつようになった。また、学問・文学にかかわる人々を輩出するにいたった。

本章は、「紀氏集団」から紀直・紀朝臣が分立してくる過程について見通しを得ることに主眼をおいた。このため、「紀氏集団」なるものの性格、その内部に孕まれていた矛盾の内容、その分裂の契機などの基本的な問題をほとんど明らかにすることができなかった。また、紀直・紀朝臣それぞれの性格についても、「紀氏集団」と関連づけて、さらに深めなければならない。

（1）薗田香融「岩橋千塚と紀国造」（『日本古代の貴族と地方豪族』、塙書房、一九九二年一月、もと関西大学文学部考古学研究室紀要『岩橋千塚』、一九六七年三月）。

（2）中村修也は、紀朝臣家グループ、紀国造家グループ、淡輪グループ、その他の職能グループをあげ、紀氏を四大別している（「紀氏の性格に関する一考察――朝鮮出兵伝承の保有をめぐって――」（『地方史研究』二一〇、一九八七年一二月）。このうち、淡輪グループは、古墳の系譜からみて、紀ノ川北岸～加太の勢力と密接に関係するとみられる。つぎに、その他の職能グループについて検討したい。中村によると、これに含まれることになる伊賀国の集団の存在は、必ずしも確実ではないが、もし存在したとすれば、かつて「紀氏集団」と何らかの関係を結んでいた伊賀国の在地勢力が、「紀氏集団」の分裂後、紀臣を称したものであろう。『新撰姓氏録』和泉国皇別の紀辛梶臣も、同様の関係で考えられる。また、紀酒人や造東大寺司にかかわった紀氏が、紀朝臣・紀直の出身でないことは明らかでない。また、これらの各紀氏の相互関係も明らかにされていない。これらの点からみて、「その他の職能グループ」を、紀氏の四大グループの一つをなすまとまりのある存在とすることができるか、疑問である。やはり、紀伊と淡輪地域の勢力は、紀朝臣と紀直の二系統で考えるのが妥当であろう。

（3）飯田武郷『日本書紀通釈』第一～第五（明治書院、一九〇二年一月～一九〇三年一月）。

（4）津田左右吉『日本古典の研究』下（岩波書店、一九五〇年二月）一一一～二ページ。

（5）日本古典文学大系『日本書紀』上（岩波書店、一九六七年三月）補注10―一二（関晃担当）

（6）佐伯有清『新撰姓氏録の研究』考證篇第一（吉川弘文館、一九八一年一二月）三九二ページ。

（7）以下、第一点、第二点のみ第二章の要約。

（8）池内宏『日本上代史の一研究』（近藤書店、一九四七年九月、復刻版、中央公論美術出版、一九七〇年八月）、井上秀雄「大和朝廷と朝鮮諸国との関係――『日本書紀』の日本側伝承史料よりみて――」(『任那日本府と倭』、東出版、一九七三年一月、もと『朝鮮学報』六〇、一九七一年七月)、今西龍「百済史講話」(『百済史研究』国書刊行会、一九三四年三月)、坂本太郎「纂記と日本書紀」(『日本古代史の基礎的研究』上 文献篇、東京大学出版会、一九六四年五月、もと『史学雑誌』五六―七、一九四五年七月)、末松保和『任那興亡史』(吉川弘文館、一九四九年二月)、津田左右吉「百済に関する日本書紀の記載」(前掲注4『日本古典の研究』下)、日野昭『日本古代氏族伝承の研究』(永田文昌堂、一九七一年九月)、平野邦雄『大化前代政治過程の研究』(吉川弘文館、一九八五年六月)、三品彰英『日本書紀朝鮮関係記事考證』上巻(吉川弘文館、一九六二年一一月、復刻版、天山舎、二〇〇二年一二月)、山尾幸久『日本国家の形成』(岩波書店、一九七七年五月)、同『日本古代王権形成史論』(岩波書店、一九八三年四月)。

(9) 岸俊男a「大和朝廷の外征と紀氏同族」(『歴史教育』一〇―四、一九六二年四月)、同b「紀氏に関する一試考」(『日本古代政治史研究』、塙書房、一九六六年五月、もと橿原考古学研究所編『近畿古文化論攷』、吉川弘文館、一九六三年二月)。

(10) 薗田前掲注(1)論文、同「古代海上交通と紀伊の水軍」(『日本古代の貴族と地方豪族』、塙書房、一九九二年一月、もと坪井清足・岸俊男編『古代の日本』5 近畿、角川書店、一九七〇年一月)。

(11) 石岡久夫「紀氏の武門的地位とその射芸」(『国学院雑誌』六七―一、一九六六年一月)。

(12) 岸前掲注(9)b論文。他に紀朝臣について検討したものに、高島正人「奈良時代の紀朝臣氏」(『奈良時代諸氏族の研究――議政官補任氏族――』、吉川弘文館、一九八三年二月)がある。

第四章　紀氏と倭王権

一　はじめに

紀伊の古代史にとって、紀氏の存在は大きい。紀氏を歴史過程に位置づけることなしに、紀伊の古代史像を構築することは困難である。それゆえ、紀氏については、従来から多くの研究が集中してきた。わたくしも、先行研究に導かれつつ、文献史学の立場から私見を述べてきた。[1]その内容を簡単に要約すると、次のごとくである。

(1)　紀氏には二系統がある。紀直（のち宿祢・朝臣）と紀臣（のち朝臣）である。この両系統は明確に区別され、混同されることはなかった。

(2)　紀国造を歴任した紀直が、紀伊の在地の大豪族であることは明らかである。これに対して、紀朝臣の出身については、従来から紀伊説と大和説が対立している。しかし、種々の点からみて、紀伊出身である可能性が強い。

(3)　紀直と紀朝臣の関係を明記する史料は存在しない。しかし、両者はもと同族であったとみてよい。

(4)　両系統をはじめとする紀氏の同族は、もと「紀氏集団」と称すべき同族集団を構成していた。紀氏同族の各氏は、そこから分立したと考えられる。

(5)『日本書紀』の紀氏関係史料のうち、「紀〜宿祢」で人名を示す一群の史料（以下「紀宿祢史料」と称する）は、紀朝臣の家伝もしくは『日本書紀』成立時における「紀氏集団」に関する記憶をとどめるものである。

(6) 紀朝臣は、「紀氏集団」から分立して、紀伊から大和の平群谷に移動した。その時期は、六世紀末から七世紀前半ごろと考えられる。

以上が、私見の概要である。もちろん論証不十分な点や、論及できなかった点は多い。そのなかでは、「紀氏集団」の分裂の要因・経過に関する問題が重要である。この点については、倭王権との関係に関する考察が欠かせない。以下、この点について考えることとしたい。

二　倭王権と「紀氏集団」

(1)部民の設定

表1は、紀伊における部民制の史料を、名代・子代、品部、部曲にわけて整理したものである。

まず、名代・子代関係では、わずかに矢田部と財部が認められるだけである。前者は、仁徳天皇の妃の八田若郎女の名代として定められたという伝承がある（『古事記』仁徳天皇段）。後者は、反正天皇の子の財王（『日本書紀』では財皇女）もしくは仁賢天皇の子の財郎女の子代とみられている。財部が反正天皇の子の財王の子代とすると、矢田部と財部は、近い時期に即位していたと考えられていた天皇にかかわる名代・子代として、まとまりを持つこととなる。しかし、これらの名代・子代が設定された時期は確証がない。

つぎに、品部についてみよう。忌部は、忌部支波美という名草郡人がみえる（『続日本紀』宝亀一〇年〔七七九〕六月辛亥〔一三日〕条）。『延喜式』巻七にも、大嘗祭に用いる戟を「紀伊国忌部氏」が製作して収める規定があ

表１　紀伊における部民

種類	部民名（郡名）
名代・子代	矢田部（日高） 財部（日高）
品部	忌部（名草） 来目部（名草） 韓鍛冶 鎧作 百済戸 狛戸 海部（海部・牟婁） 江人 酒部 菀部（名草）
部曲	大伴部（名草） 物部（名草） 巨勢部？（名草） 秦人（在田） 六人部（伊都）

る。また、『日本書紀』神代巻の天孫降臨段や『古語拾遺』にも「紀伊国忌部」がみえる。

このうち『古語拾遺』によると、彼らは造殿や採材を仕事として倭王権の神事に奉仕し、採材の忌部は御木郷に、造殿の忌部は鹿香郷に居住したという。『和名抄』には、忌部郷・荒賀郷はみえるが、御木郷はみえない。荒賀郷が鹿香郷に相当するのは誤りなかろう。問題は、忌部郷と御木郷の関係である。同じとする説と、異なるとみて御木郷を和歌山市上三毛・下三毛付近にあてる説がある。

来目部の存在は、紀崗前来目連・城丘前来目（闕名）という人名からうかがえる（『日本書紀』雄略九年三月条、同清寧即位前紀）。来目連とあるので、彼は来目部を統轄していたと推定される。彼の居地は、和歌山市岡崎付近とみられるので、来目部もその近辺にいたのであろう。

海部は、海部郡にかなり濃密に設定されていたらしい。これを統括したのが、海部直であろう。韓鍛冶・鎧作・百済戸・狛戸・江人・酒部・菀部などは、いずれも断片的な史料にみえるのみで、所在郡も明らかでない。酒部・菀部をのぞいて、部民に編成されたかどうかも明らかでない。

つぎに、部曲についてみてみよう。まず、大伴部の存在が確かめられる（『続日本紀』神護景雲三年〔七六九〕一一月己丑〔二五日〕条）。

陸奥国牡鹿郡の俘囚である大伴部押人のいうところでは、押人らは、もとは紀伊国名草郡片岡里の人であった。しかるに、先祖の大伴部直が、征夷の時に、陸奥国小田郡嶋田村にいたってそこに住み着いた。その後、自分たちその子孫は、蝦夷の虜となっていたが、そこから脱して天皇の徳化に浴する民となってから久しいので、俘囚の名をのぞいて調庸民としてほしい、というのである。

これは、八世紀後半の、しかも紀伊国から遠くはなれた陸奥国の人の主張である。しかし、俘囚から調庸民への変換を求めるのに、紀伊国を引き合いに出す必要はない。名草郡片岡里まで具体的であるのは、かえって大伴部押人のいうところが、事実に基づいているためであると考えられる。名草郡に大伴連とその一族がかなり分布していたことも、この点の傍証となる。

したがって、何時のことかは明らかではないが、かつて紀伊国名草郡片岡里に大伴部直がいたことは確かであろう。大伴部直とは、大伴部を管掌する氏であるから、大伴部という部民集団が設定されていたことも、また認められる。紀伊関係の史料には、大伴氏に関するものが割合多い。それにもかかわらず、大伴部に関するものは、ほかにみえない。このことは、たんなる偶然ではなく、実際に大伴部の設定が少数にとどまったことを暗示している。

つぎに、『日本霊異記』中巻第三二話には、聖武天皇のころの物部麻呂という人物の話がみえている。名草郡三上村の薬王寺の境内にいた牛は、もと桜村（所在不明、三上村の近くか）の物部麻呂という人物であった。しかし、彼は、寺の薬分の酒二斗を借りて、返さないうちに死んだため、牛に姿を変えられて、返済のために駆使されている、というのである。

また、同下巻第三四話には、天平宝字から延暦の初期のころ、名草郡埴生里に、巨勢呰女という女性がいたという話がみえる。この人名表記は、真福寺本によるもので、前田家本は、巨勢部呰女としている。前者の場合、巨勢部の部が落ちたとも考えられる。しかし、両者のいずれが妥当か、判断できない。したがって、この史料から、巨勢部の存在まで想定するのは、やや危険であろう。

以上、紀伊における部民制の痕跡を検討してきた。これによると、いくつか注意される点がある。まず第一に、部民制施行の痕跡が希薄であるという点である。古代の紀伊関係の史料は、それほど少ないものではない。それにもかかわらず、部民関係の史料は、以上にあげた程度にすぎないのである。客観的に他地域と比較することはむずかしいが、たとえば、吉備や毛野地方とくらべれば、その差は歴然としている。

その理由は、単純なものではなかろう。しかし、その主たる原因は、名草郡を中心に強大な勢力を持っていた「紀氏集団」の存在にあると考えられる。すなわち、「紀氏集団」の強固な勢力が、倭王権による部民設置の全面的な展開を阻んだのではなかろうか。これは、名草郡の中心地域である河南地区に、それほど部民が分布していないことからもうかがえる。

第二に、そうしたなかにあって、大伴部や来目部が名草郡の河南地域にみられることは、興味深い。また、大伴氏は、名草・那賀郡に広く分布する。これは、「紀氏集団」と「大伴氏集団」の密接な関係を反映するものであろう(2)。

第三に、海部と忌部の設定は、注意すべきである。「紀氏集団」のもっとも特色ある性格は、その卓越した水上活動能力である。この能力は、造船力、そのための船材の確保、航海技術の保持、優秀な船員の確保、その他さまざまな要因によっている。その多くを保持していたのは、海民の集団であった。すでに指摘されているように、「紀氏集団」の海上活動は、海民集団を編成することによって保証されていた部分が多い(3)。

その海民が、海部として倭王権の部民に編成されていくということは、「紀氏集団」にとっては、重大問題であった。倭王権は、「紀氏集団」の基礎ともいうべき海民集団と「紀氏集団」との分断をはかって、海民集団の部民への編成を進めたとみられる。

「紀氏集団」とは、一面で、日前・国懸神社を奉斎する宗教的権威でもあった。したがって、神を祭る神官や、神に奉仕する集団を、内部にふくんでいたはずである。こうした人々を、忌部として部民に編成していくことも、「紀氏集団」の宗教的権威に対する、倭王権の重大な挑戦であったといえよう。

しかし、ここで注意したいのが、「直」や「神奴」の存在である。名草郡をはじめ、海部郡・在田郡には、これらの人々が分布していた。彼らは、「紀氏集団」の奉斎する日前・国懸神社の宗教的隷属民であったと考えられている。ところが、彼らは、部民に編成された形跡がない。この点は、つぎのように理解できる。すなわち、倭王権は、「紀氏集団」の宗教的権威の削減をねらって、その宗教的隷属民を、忌部という部民に編成しようとした。しかし、その意図は、十分に貫徹しなかったらしく、「紀氏集団」の宗教的隷属民は、直や神奴のような集団として、「紀氏集団」の支配下に残ったのである。

海部や忌部は、倭王権が「紀氏集団」の勢力削減を意図して設定した部民であった。この海部や忌部その他の部民がある程度設定された背景には、「紀氏集団」とその配下の諸勢力とのあいだに、一部で矛盾が深まりつつあったことを考える必要があるのではなかろうか。「紀氏集団」配下の諸勢力は、「紀氏集団」の支配の桎梏から抜けでるために、倭王権の部民支配のなかに入っていったと考えられる。

しかし、この倭王権のねらいは、かならずしも十分な成功をおさめたとはいえなかった。「紀氏集団」は、倭王権の部民政策にもかかわらず、なお、強大な勢力を保持し続けたとみられる。ここに、倭王権が、紀伊に屯倉を設定し、国造制を持ち込んでくる要因がある。

(2)屯倉の設置

『日本書紀』安閑二年五月甲寅条には、西は筑紫から東は駿河までの全国に、合計二六の屯倉を設定したという記事がみえる。そのなかに、紀伊国におかれた屯倉として、経湍屯倉と河辺屯倉の二つがあがっている。この記事は、おそらくこの前後における屯倉の設定を、一つにまとめて記したものとみられる。したがって、紀伊の二屯倉も、安閑二年ではなくとも、六世紀前半ごろ設けられたとみてよい。また『日本書紀』欽明一七年（五五六）一〇月条には、紀伊国に海部屯倉をおいたとある。これらの屯倉の設定は、紀伊地方に大きな影響を及ぼした。

経湍屯倉・河辺屯倉の所在地は、それぞれ和歌山市布施屋、同川辺とみてよい。和泉山脈を雄ノ山峠越えで紀伊に入り、そのまま南下して紀ノ川に行きあたったところが川辺で、その対岸が布施屋である。布施屋のすぐ東の吐前は、陸路と紀ノ川水運との転換地点であった。したがって、この二屯倉は、紀伊―和泉間の交通路や紀ノ川水運などの、水陸交通の要衝に設定されている点に注目する必要がある。

また、同時にこの位置は、名草郡を中心に紀ノ川南岸地域に広がっている肥沃な条里地域の東端にも相当する。この河南平地部は、いうまでもなく「紀氏集団」の本拠地である。すなわち、この二屯倉は、「紀氏集団」の主たる勢力圏を東からおさえ、紀ノ川中流域の勢力と分断する位置に設定された、とみることができるのである。

これにたいして、海部屯倉で注目すべきは、その位置と名称である。『紀伊続風土記』以来、名草郡大宅郷に比定されている。大宅郷は、和歌山市手平付近とされる。薗田は、これを承けて、海部屯倉がそののち名草郡家となったとしている。[4]これらによると、この屯倉は、「紀氏集団」の勢力圏の西端に設置されたことになる。この屯倉は、その名称から、海部と深い関係を持っていたことは確かであろう。この屯倉は、海部という部民として編成された海民集団を掌握し、管理することに、設置の目的があったとみられる。

さきに、倭王権が、「紀氏集団」の足ともいうべき海民集団を海部という部民に編成することを通じて、「紀氏集団」と海民集団との分離をねらっていたこと、しかし、その意図は十分には実現されなかったことを指摘した。そこで、倭王権は、今度は屯倉を設置して、海民集団の掌握に乗り出したわけである。海部屯倉の設置は、倭王権による、「紀氏集団」と海民集団の分断政策の第二弾とみられるのである。

このようにみてくると、さきの経湍・河辺屯倉と、この海部屯倉は、「紀氏集団」の勢力圏を東西からおさえる位置に設定されたことがわかる。倭王権は、経湍・河辺屯倉につづいて海部屯倉を設定して、「紀氏集団」を包囲するとともに、「紀氏集団」の海上活動能力を支えている海民集団の分断をはかったのである。

部民の設定につづく屯倉の設置は、倭王権の力が「紀氏集団」に強く及んできたことを意味する。これに対して、「紀氏集団」は、どのような状態にあったのであろうか。

さきに検討したように、「紀氏集団」にとって重要な意味を持っている海民や宗教的隷属民は、しだいに海部や忌部という部民に編成されていった。このことの持っている意味は、かなり大きいのではなかろうか。「紀氏集団」の在地支配が強力であれば、海部・忌部の設定は、それほど簡単ではなかったであろう。しかし、それが部分的であるにせよ実現しているのは、「紀氏集団」と海部や忌部に編成された集団との矛盾が進行しつつあったことを示している。「紀氏集団」配下の諸勢力が次第に成長し、「紀氏集団」の支配が桎梏となってきたことが、この矛盾の内容であろう。すなわち、「紀氏集団」の在地支配は、ある程度動揺していたとみられるのである。屯倉の設定は、この動揺に拍車をかけるものであった。

(3)紀国造の成立

『日本書紀』敏達一二年（五八三）七月丁酉朔条と、『同』同年一〇月条には、紀国造押勝という人物がみえる。かれは、吉備海部直羽嶋とともに、日羅を招くために百済に派遣され、目的を遂げることができずに帰国した、という。

『日本書紀』には、これ以前のこととして、紀直に関する記事がみえる（第三章の表1――四九頁）。景行三年二月庚寅朔条には「紀直遠祖菟道彦」とあり、神功元年二月条には「紀直祖豊耳」、応神九年四月条には「紀直等之祖」とある。しかし、これらには、いずれも紀直の祖とあるのみで、紀国造とはない。

一方、『古事記』孝元天皇段には「木国造之祖宇豆比古」とあり、『同』崇神天皇段には「木国造、名荒河刀弁」とある。これらには国造とあるが、いずれも伝説上の人物で実在したとは考えられない。

これらをのぞくと、さきの紀国造押勝の史料は、紀国造に関する最初の確実な史料なのである。したがって、六世紀後半の中ごろには、すでに紀伊には国造制がしかれていたことになる。国造制の施行は、一般には、六世紀前半ごろのこととされている。紀国造も、おそらくそのころ成立したのであろう。

紀伊における国造の成立は、どのように考えたらよいのであろうか。紀伊の在地を支配している「紀氏集団」は、六世紀前半においても、強大な勢力を保持していた。しかし、配下の諸集団とのあいだの矛盾は強まりつつあり、その内部では、ヘゲモニー争いが進行していた。

この「紀氏集団」の在地支配の動揺と、内部対立の進行につけこんで、倭王権は、五世紀後半から六世紀前半にかけて、部民や屯倉の設定を通じて、紀伊に勢力を及ぼしてきた。そして、倭王権の進出がいっそう「紀氏集団」の在地支配の動揺や内部対立を激化させていった。

このような状況下で、「紀氏集団」の一部が、倭王権と直接的な関係を結ぶことによって、「紀氏集団」内部で優位に立とうとした。倭王権は、この動きを逆に利用して、その部分を国造に編成した。倭王権は、「紀氏集団」の在地支配の動揺、内部対立を利用して、「紀氏集団」そのものの分断をはかったのである。

紀国造の成立の大筋は、ほぼ以上のように考えられる。紀国造の成立によって、「紀氏集団」は、国造制に編成された部分（紀直の前身）と、そうでない部分（紀朝臣の前身）に分かれることとなり、その内部対立は、いっそう激化した。

(4)二つの画期

以上によると、六世紀の前半から中ごろに、紀伊の歴史に大きな画期があったと考えられる。このころ倭王権の力が、部民制や屯倉制や国造制を通して、直接的に紀伊に及んできた。倭王権は、紀伊在地の大勢力である「紀氏集団」の分断と封じ込めに乗り出してきたのである。屯倉を設置して在地にクサビを打込む一方、「紀氏集団」のうち、のちの紀直にあたる部分の代表者を国造に任じ、のちの紀朝臣にあたる部分との分断をはかった。そして、このようなことが可能であった点からみて、すでに「紀氏集団」内部に、倭王権の介入を許すような対立関係が生じていた状況が推定できる。

第二の画期は、六世紀末~七世紀前半ごろに求めることができる。上述の「紀宿祢史料」は崇峻四年（五九一）で終わり、かわって紀臣（朝臣）の史料が、頻繁に姿を見せるようになる。そのはじめは、舒明即位前紀（六二八）である。このことは、「紀氏集団」の変貌を反映している。

その変貌の内容は、第三・五章でも指摘したように、「紀氏集団」の一部が、紀伊から大和の平群谷に移動したことがその中心である。これによって、「紀氏集団」は、決定的に分裂し解体した。平群谷に移動した部分は、紀朝臣として中央貴族への道をたどり、紀伊に留った部分は、紀直として、ますます在地性を強めていった。

このような「紀氏集団」の決定的な分裂は、倭王権の直接的な介入により、「紀氏集団」内部に存在した対立が激化した結果と見ることができる。

三　「紀氏集団」分裂の記憶

前節では、倭王権の力が直接的に紀伊に及んできたことを要因として、「紀氏集団」内部の対立が激化し、やがて分裂にいたったことを述べた。では、このような経過を示す史料は存在するだろうか。残念ながら、直接的にそれを示す史料はない。しかし、その記憶を留める史料は存在すると考える。

この点で注目されるのが、『日本書紀』の「紀宿祢史料」である。これは、私見によれば、「紀氏集団」の活動の記憶の痕跡を留めるものである。したがって、その中には、「紀氏集団」の分裂の要因・経緯の記憶を、断片的にではあっても、反映している史料が含まれている可能性がある。

さて、「紀宿祢史料」とは、次の七つをいう。

(1) 応神三年是歳条
(2) 仁徳四一年三月条
(3) 雄略九年三・五月条
(4) 顕宗三年是歳条
(5) 欽明二三年七月条
(6) 崇峻即位前紀
(7) 崇峻四年一一月壬午（四日）条

これらの記事については、従来多くの人々によって、検討が加えられてきた。各条の原史料をどう考えるか、という観点から、先行研究を整理しよう。(5)

(1) 「百済記」によって、百済王の交替という骨格を記し、つぎに日本側史料にもとづいて、書紀編者が紀角宿祢以下四人の派遣のことを付加した、とする点で、諸説ほぼ共通する。しかし、日本側史料を、紀氏の家伝と見るか否かで、見解は分れている。

(2) 日本側史料を原史料とする、という点で諸説共通する。しかし、(1)と同じく、この日本側史料を、紀氏の家伝と見るか否かで意見の対立がある。

(3)　紀氏と大伴氏の家伝にもとづく、とする見解が一般的である。

(4)　百済系統の史料によって書かれたとする点で諸説一致している。文中の「紀生磐宿祢」は、原文にあったある人名を、書紀編者が書き改めたと考えられている。

(5)　紀氏の家伝によったとする点で諸説一致している。

(6)(7)の原史料に言及した先行研究は乏しい。

以上によると、諸説一致して紀氏の家伝にもとづいて書かれたものとするものは、(3)と(5)である。そのうち、本章の立場から、注目すべき内容を示すのが(3)―(a)(b)である。

(a)『日本書紀』雄略九年三月条（カッコ内は割注）

三月、天皇欲親伐新羅、神戒天皇曰、無往也、天皇由是、不果行、乃勅紀小弓宿禰・蘇我韓子宿禰・大伴談連（談、此云箇陀利）・小鹿火宿禰等曰、新羅自居西土、累葉称臣、朝聘無違、貢職允済、逮乎朕之王天下、投身対馬之外、竄跡匝羅之表、阻高麗之貢、呑百済之城、況復朝聘既闕、貢職莫脩、狼子野心、飽飛、飢附、以汝四卿、拝為大将、宜以王師薄伐、天罰襲行、於是、紀小弓宿禰、使大伴室屋大連、憂陳於天皇曰、臣雖拙弱、敬奉勅矣、但今、臣婦命過之際、莫能視養臣者、公冀将此事具陳天皇、於是、大伴室屋大連、具為陳之、天皇聞悲頽歎、以吉備上道采女大海、賜於紀小弓宿禰、為随身視養、遂推轂以遣焉、紀小弓宿禰等、即入新羅、行屠傍郡（行屠、並行並撃）、新羅王、夜聞官軍四面鼓声、知尽得喙地、与数百騎馬軍乱走、是以、大敗、小弓宿禰、追斬敵将陣中、喙地悉定、遺衆不下、紀小弓宿禰亦収兵、与大伴談連等会、兵復大振、与遺衆戦、是夕、大伴談連及紀崗前来目連、皆力闘而死、談連従人同姓津麻呂、後入軍中、尋覓其主、従軍不見出問曰、吾主大伴公、何処在也、人告之曰、汝主等果為敵手所殺、指示屍処、津麻呂聞之、踏叱曰、主既已陥、何用独全、因復赴敵、同時殞命、有頃、遺衆自退、官軍亦随而却、大将軍紀小弓宿禰、値病而薨、

(b)『日本書紀』雄略九年五月

夏五月、紀大磐宿禰、聞父既薨、乃向新羅、執小鹿火宿禰所掌兵馬・船官及諸小官、専用威命、於是、小鹿火宿禰、深怨乎大磐宿禰、乃詐告於韓子宿禰曰、大磐宿禰、謂僕曰、我当復執韓子宿禰所掌之官不久也、願固守之、由是、韓子宿禰与大磐宿禰有隙、於是、百済王、聞日本諸将、縁小事有隙、乃使人於韓子宿禰等曰、欲観国堺、請、垂降臨、是以、韓子宿禰等、並轡而往、及至於河、大磐宿禰、飲馬於河、是時、韓子宿禰、従後而射大磐宿禰鞍几後橋、大磐宿禰愕然反視、射堕韓子宿禰、於中流而死、是三臣由前相競、行乱於道、不及百済王宮而却還矣、於是、采女大海、従小弓宿禰喪、来到日本、遂憂諮於大伴室屋大連曰、妾不知葬所、願占良地、大連即為奏之、天皇勅大連曰、大将軍紀小弓宿禰、龍驤虎視、旁眺八維、掩討逆節、折衝四海、然則身労萬里、命墜三韓、宜致哀矜、充視葬者、又汝大伴卿与紀卿等、同国近隣之人、由来尚矣、於是、大連奉勅、使土師連小鳥、作冢墓於田身輪邑、而葬之也、由是、大海欣悦、不能自黙、以韓奴室・兄麻呂・弟麻呂・御倉・小倉・針、六口送大連、吉備上道蚊嶋田邑家人部是也、別小鹿火宿禰、従紀小弓宿禰喪来、時独留角国、使倭子連(連、未詳何姓人)奉八咫鏡於大伴大連、而祈請曰、僕不堪共紀卿奉事天朝、故請、留住角国、是以、大連為奏於天皇、使留居于角国、是角臣等、初居角国、而名角臣、自此始也、

これらの内容は、次に摘記するようなものである。

(a) 三月、雄略天皇は自ら新羅を伐とうとするが、神にいましめられる。そこで天皇は、紀小弓宿祢・蘇我韓子宿祢・大伴談連・小鹿火宿祢らに勅して、新羅攻撃の大将とする。このとき、紀小弓宿祢は次のように訴えた。敬しんで勅をうけたまわるが、いま自分は婦を亡くしたところで、自分の面倒を見てくれる人がいない、と。そこで天皇は、吉備上道采女大海を彼に与えた。

紀小弓宿祢らは、新羅に入って各地で戦い、喙の地を平定した。紀小弓宿祢は大伴談連らと合流し、遺衆

と戦った。その戦いで、大伴談連・紀岡前来目連は戦死してしまった。談連の従人の同姓津麻呂も、主人のあとを追って戦死した。遺衆は退却し、官軍もまた退いた。大将軍紀小弓宿祢は病死した。

(b) 五月になり、紀大磐宿祢は、父の紀小弓宿祢が没したことを聞き、新羅に向った。そして、彼は、小鹿火宿祢が掌握していた兵馬・船そのほか諸々の権限をとりあげ、専権をふるった。小鹿火宿祢は、そのため紀大磐宿祢をにくんだ。そして、蘇我韓子宿祢に対して、紀大磐宿祢が、韓子の掌っている権限まで奪おうとしていると、詐ってつげた。そのため、蘇我韓子宿祢と紀大磐宿祢も対立関係に入った。

百済王は、日本の諸将が対立していると聞き、韓子宿祢らを誘い出した。このとき韓子宿祢は、途中ですきをみて、紀大磐宿祢を後から射た。しかし失敗におわり、反対に紀大磐宿祢によって射殺されてしまった。このため、一行は百済の王宮に到達できずにひきかえした。

一方、采女大海は、紀小弓宿祢の喪に従って帰国し、大伴室屋大連に、よい葬地がほしいと訴えた。室屋からこれを聞いた天皇は、紀小弓宿祢の戦功をたたえ、視葬者を充つべきこと、また、大伴卿と紀卿らは、同国近隣の人で由来も久しい、という内容の勅を発した。室屋大連はこの勅をうけ、土師連小鳥に命じて、田身輪邑に墓をつくって埋葬させた。采女大海は大いによろこび、韓奴六口を室屋大連におくった。

また、小鹿火宿祢は、紀小弓宿祢の喪に従って帰国したが、角国に留った。そして、八咫鏡を大伴大連にたてまつり、自分は紀卿とともに天朝につかえることに堪えられないので、角国に留りたい、と述べた。大伴大連は、この旨を天皇に奏上し、角国に留住させた。そこで角臣と名づけられた。

以上が(3)―(a)(b)の要約である。これについては、「事実の記載と見るべきではない」という評価もある。[6] しかし、「史上の事実がなかば伝説化して伝わっていたもの」とか、[7]「伝説的要素を含むけれども、歴史的に考証するにたる所伝内容である」というような指摘[8]がなされている。これらによれば、(3)は、史実を核にしているとみられる可能性がある。

しかし、当面この点は、さして重要ではない。史実を核としているか否かは別として、注目すべきは、この史料には、家伝作成当時の紀氏の、自らの歴史に対する記憶・見方が反映されていると考えられる点である。

このような観点から(3)を再見すると、興味ぶかいことが語られていることに気づく。すなわち、(3)は、日本側諸将の内部対立の物語ともいえるが、この対立が、紀大磐宿祢と小鹿火宿祢の対立を軸として語られているのである。

小鹿火宿祢は他にみえず、紀氏との関係は明示されていない。『古事記伝』は、紀小弓宿祢の子とするが、特に有力な根拠があるわけではない。しかし、紀朝臣と同族とされる角臣の祖として扱われている点からみて、紀氏の家伝の形成時には、紀氏の人々によって、彼は同族の一人と見なされていたと考えられる。

(3)の末尾近くは、角臣の祖先伝承の色彩が濃い。しかし、見方をかえると、紀氏の人々が、角臣は紀氏(「紀氏集団」)から分裂したと見ていたことを示しているといえる。したがって、(3)には、「紀氏集団」内部でヘゲモニー争いが進行し、やがて分裂にいたったことについて、紀氏の家伝形成時に、紀氏の人々がもっていた記憶が、刻み込まれているとみられるのである。

四　むすび

以上、「紀氏集団」の分裂の要因・経過について検討を加えてきた。それによると、「紀氏集団」の分裂の過程は、およそ次のようであったのではなかろうか。

「紀氏集団」は、五世紀代から倭王権の水軍の基幹部分を構成していた。それにともなって、「紀氏集団」内部でヘゲモニー争いが次第に激しくなっていった。

倭王権は、部民制の設定を通じて、直接的に紀伊に勢力を及ぼそうとしたが、十分に展開できなかった。六世紀の前半から中ごろにかけて、「紀氏集団」の内部矛盾が進展し、倭王権はこれを利用して屯倉の設置を進めた。このことが「紀伊団」の内部矛盾をさらに推し進めた。

これにより、「紀氏集団」の一部が、倭王権と直接的関係を結ぶことによって、優位に立とうとした。倭王権は、この動きを利用して、その部分を国造に編成した。この部分はのちに紀直となっていった。倭王権は、「紀氏集団」の内部対立を利用して、その分断工作を進めたのである。

倭王権の直接的な介入によって、「紀氏集団」の内部対立は激化した。それは、六世紀末から七世紀前半に、決定的な段階に達した。そして、ついに一部が紀伊を離れて、大和の平群谷に移動した。この部分が、のちの紀朝臣となっていった。

このような「紀氏集団」の内部対立と分裂は、その後も長く紀氏の人々に記憶された。そして、紀氏の家伝が形成された際にも、その中に右の記憶が反映されるにいたった。上述の(3)『日本書紀』雄略九年三・五月条はその例で、その家伝にもとづいて書かれたものである。

（1）　栄原「紀朝臣と紀伊国」（『和歌山地方史研究』九、一九八五年一二月、本書第Ⅰ部第二章）、「紀氏の展開過程」（『和歌山地方史研究』一二、一九八七年一月、本章の一部）、「紀氏再考」（『和歌山県史研究』一五、一九八八年三月、本書第Ⅰ部第三章）、「古墳時代の大型倉庫群と倭王権」（『歴史の道・再発見』第四巻 貢納から天下の台所まで、フォーラム・A、一九九四年一月、本書第Ⅰ部第一章）、「紀氏と大和政権」（『和歌山県史』原始・古代、和歌山県、一九九四年三月）、「律令制以前の海南」（『海南市史』、海南市、一九九四年三月）、「古代豪族 紀氏」（財・和歌山県文化財センター編『謎の古代豪族　紀氏』、清文堂、一九九九年一〇月）、「『紀氏集団』と紀国造」（『粉河町史』第一巻、粉河町、二〇〇三年八月）。

(2) 栄原「素描・和泉南部地域の歴史的意義」(『泉佐野市史研究』七、二〇〇一年三月、本書第I部第五章)。
(3) 薗田香融a「岩橋千塚と紀国造」(もと関西大学文学部考古学研究室紀要『岩橋千塚』、一九六七年三月)、同b「古代海上交通と紀伊の水軍」(もと坪井清足・岸俊男編『古代の日本5 近畿』、角川書店、一九七〇年一月)。ともに、『日本古代の貴族と地方豪族』(塙書房、一九九二年一月)。
(4) 薗田前掲注(3)a論文。
(5) 主な先行研究として、以下のごときものをあげることができる。池内宏『日本上代史の一研究』(近藤書店、一九四七年九月、復刻版、中央公論美術出版、一九七〇年八月)、井上秀雄「大和朝廷と朝鮮諸国との関係——『日本書紀』の日本側伝承史料よりみて——」(『任那日本府と倭』、東出版、一九七三年一月、もと『朝鮮学報』六〇、一九七一年七月)、今西龍「百済史講話」(『百済史研究』、国書刊行会、一九三四年三月)、坂本太郎「纂記と日本書紀」(『日本古代史の基礎的研究』上 文献篇、東京大学出版会、一九六四年五月、もと『史学雑誌』五六—七、一九四五年七月)、末松保和『任那興亡史』(吉川弘文館、一九四九年二月)、津田左右吉「百済に関する日本書紀の記載」(『日本古典の研究』下、岩波書店、一九五〇年二月)、日野昭『日本古代氏族伝承の研究』(永田文昌堂、一九七一年九月)、平野邦雄『大化前代政治過程の研究』(吉川弘文館、一九八五年六月)、三品彰英『日本書紀朝鮮関係記事考證』上巻(吉川弘文館、一九六二年一一月、復刻版、天山舎、二〇〇二年一二月)、山尾幸久『日本国家の形成』(岩波書店、一九七七年五月)、同『日本古代王権形成史論』(岩波書店、一九八三年四月)。
(6) 津田前掲注(5)著書、二三四〜五ページ。
(7) 池内前掲注(5)著書、一三一ページ。
(8) 三品前掲注(5)著書、二〇八ページ。

第五章　和泉南部地域と紀伊

一　はじめに

古代の和泉地域、とりわけ和泉南部はどのような地域であったのであろうか。本章は、主として四～六世紀においてこの和泉南部地域が担った歴史的意義を素描することを目的としている。

その場合、この地域をめぐる二つの関係に注意する必要がある。一つは紀伊の勢力との関係、他は倭王権との関係である。古代の和泉南部地域は、この両者との関係の展開の中で理解することが重要である。この観点から、まず紀伊の勢力に関する従来の私見を整理し、次に紀伊の勢力と和泉南部との関係、さらに倭王権と和泉南部の関係について検討したい。

二　「紀氏集団」と倭王権

わたくしは、これまで紀伊の勢力について発言してきたが[1]、その後の知見も加えて、現時点での見取り図を簡単に示したい。

『日本書紀』に見える紀伊の勢力に属する人々について、どのような姓や敬称で表記されているかを整理すると、舒明紀以降は「紀臣」、それ以前は「紀宿祢」とはっきりと分かれる。この間、欽明紀に「紀臣」、敏達紀に「紀国造」が見える。また、景行紀～応神紀に「紀直」が現れている（第三章表1――四九頁）。

このうち、欽明紀の紀臣は、すべて「紀臣奈率弥麻沙」である。しかし、彼は百済の官人であるので、考察の対象からはずす。つぎに、景行紀～応神紀の紀直は、敏達紀の紀国造や奈良時代の紀国造紀直に連なるものである。景行紀～応神紀の記載だけが、飛び離れて古い時代のこととして見えるのは不自然で、敏達紀以降や奈良時代の知識をさかのぼらせて記したものと見られる。

以上によると、敏達～舒明朝以後、紀伊の勢力は「紀臣」「紀直」に分けて記されるようになることが理解される。この両系統は決して混同されることはなく、現実にも明らかに別系統をなしていた。しかし、この両系統は、もとをただせば一つの集団を成していたのであり、そこから分化したものである。私見では、そのもとの集団を「紀氏集団」と称している。

このように見てくると、「紀氏集団」の段階の出来事は、紀臣と紀直のいずれの事績としても語れない部分があることが理解される。そこで『日本書紀』では、これを「紀宿祢」にかかわることとして表現しているのである。わたくしが「紀宿祢史料」と呼んでいるものがそれにあたる。[2] 四～六世紀の段階では、紀直や紀臣という単位で考察すべきではなく、それらを包括する「紀氏集団」という概念で考えていくことが必要であろう。

ところで、わたくしは、「紀氏集団」を、紀伊から和泉南部にかけて存在した諸集団（まだ氏といえる段階ではない）の連合体と考えている。和泉南部の淡輪地域、紀ノ川下流平野の北岸側、同じく南岸側、紀ノ川河口部を中心とする沿岸部、さらには紀ノ川中流域などの諸地域に、それぞれ集団が存在しており、それらの集団の連合体を「紀氏集団」と理解するのである。これらの諸集団のいずれかが連合体の全体を政治的にリードし、その集団の実力が衰微すれば、また別の集団が全体を政治的に導いていったのであろう。

日本列島の各地には、このような「紀氏集団」と同様の連合体が存在していた。畿内・吉備・筑紫・毛野・越その他の勢力である。倭王権は、これらの諸連合体の全国的な同盟体として考えられる。その中では、もちろん畿内王権が倭王権全体を政治的にリードしていた。畿内王権の指導者が、倭王権全体の政治的指導者すなわち倭王であった。

「紀氏集団」は、秋月１号墳が築造されたことから見て、おそらく三世紀末の段階から倭王権に参加していたと考えられる[3]。秋月１号墳以後の四世紀における紀伊の様相は非常にわかりにくいが、花山８号墳の造営などを考えると、秋月遺跡付近から花山丘陵あたりにかけての紀ノ川南岸側の一部の集団が、「紀氏集団」全体を政治的にリードする時期があったのかもしれない。

しかし、五世紀になると、紀ノ川北岸側から和泉の淡輪地域にかけての集団が台頭し、「紀氏集団」の政治的主導権を握るにいたる。淡輪地域の西陵古墳、淡輪ニサンザイ古墳、紀ノ川北岸地域の車駕之古址古墳、大谷古墳などの造営がそれを象徴している。しかし、五世紀後葉から六世紀の前半ごろには、この系列の前方後円墳の規模は縮小し、この勢力は退潮していったらしい。これにかわって、ふたたび紀ノ川南岸側の岩橋丘陵に井辺前山10号墳、大谷山22号墳、大日山35号墳などがあいついで造営され、「紀氏集団」の政治的主導権は、これらの古墳の造営主体に移っていったとみられる。

三　朝鮮半島情勢と倭王権

前節で見たような「紀氏集団」内部における勢力の変動、倭王権との関係は、朝鮮半島における政治情勢と密接に関係していた。

高句麗が国内城を都としたのは三世紀の初めごろと考えられるが、四世紀には百済との抗争が続き、三七一年には故国原王が戦死する事態も起きた。三九一年に、好太王碑で著名な好太王が即位する。王の外交路線は南にも向けられており、百済との抗争は一段と激しさを増した。好太王碑文に見える倭との衝突は、その中で現れてくる事態である。高句麗は、好太王の子である長寿王（四一三年即位）の四二七年に、首都を集安からピョンヤン（平壌）近郊に移した。[4]

このように、高句麗の南下圧力がどんどん高まってきたのが、四世紀末から五世紀にかけての事態なのである。このことが当時の百済・新羅を大きく刺激し、朝鮮半島の情勢は緊迫してくる。それにともなって、倭王権も緊張した。

このような事態の中で、水上軍事力を保持している「紀氏集団」の存在が重要な意味を持ってくる。倭王権の中における「紀氏集団」の地位は、これによって上昇したと理解できる。五世紀の初頭から前半にかけて、淡輪地域に西陵古墳・淡輪ニサンザイ古墳が築造される時期が、そのピークになるのではないだろうか。また、それに続く車駕之古址古墳・大谷古墳の築造や鳴滝の大倉庫群の建設も、「紀氏集団」の重要性を示している。これらの前方後円墳や倉庫群は、みな紀ノ川北岸側に造営されていることで明らかなように、そのころの「紀氏集団」は、淡輪地域から紀ノ川北岸側にかけての勢力が政治的に主導していたと考えられる。

大和地方にあった倭王権の王宮には、「紀氏集団」の構成員が常駐していたはずである。また、王宮から海へ通ずる主要なルート上にも、「紀氏集団」の勢力が扶植されたのではないか。たとえば奈良盆地から大和川を利用して河内地方に抜ける出口付近に当たる平群地域や、奈良盆地から木津川をたどり、淀川経由で難波に抜けるルート途上にあたる山背の紀伊地域などである。さらに瀬戸内海の要衝にも勢力を伸ばしていった。

誤解のないようにいうと、勢力を伸ばすとは、「紀氏集団」の構成員が実際に現地に行って、そこで定着したとばかり考える必要はない。中にはそういうこともあったかもしれないが、在地の豪族との間に同盟関係を結べばそれでもよい。当然のことながら、さまざまな勢力の伸張の仕方があったであろう。

五世紀前半ごろの鳴滝倉庫群は、倭王権全体の要請のもとに「紀氏集団」が建設したと捉えるべきものである。これは朝鮮半島の緊張に対応する中で造られた倉庫で、かなり軍事的要素が強いと、わたくしは考えている。[5]

五世紀中ごろから後半になると、朝鮮半島情勢はさらに緊迫の度を加えてくる。それは、高句麗の南下圧力がさらに強まってきたことと関係がある。そのピークとなったのが、四七五年における高句麗の軍事行動である。長寿王が自ら大軍を率いて南方に攻め込み、百済の首都を陥落させ、蓋鹵王を戦死させたのである。要するに、百済朝廷が一時的に事実上滅亡するという大事件が起こったのである。これは、朝鮮半島の勢力地図が塗り変わるかもしれないという重大事態であり、当時の東アジアの周辺諸国に非常に大きな衝撃を与えたであろう。

このような容易ならざる事態を前にして、倭王権全体の中心にあった畿内王権が前面に出て、直接、外交を指導するようになる。大阪で発見された巨大倉庫群は、五世紀後半のものだと考えられているが、まさに以上のような緊迫した事態に備えて造られたものである。[6]

四　「紀氏集団」と「大伴氏集団」

以上の緊迫した朝鮮半島情勢に対応して、倭王権の対外政策を主導したのが「大伴氏集団[7]」であった。『日本書紀』には、大伴室屋連や大伴金村連という人物が外交に深くかかわった様が描かれている。

ところで、「大伴氏集団」との関係で「紀氏集団」について考える場合、何より重視しなければならないのは、雄略紀九年五月条にみえる「汝大伴卿与紀卿等、同国近隣之人、由来尚矣」という一節である。これは、雄略天皇が、新羅攻撃に出撃して戦地で病没した大将軍紀小弓宿祢を悼んで述べた言葉の一部として『日本書紀』が記しているものである。大伴卿は大伴室屋大連を、紀卿は紀小弓宿祢をさしている。雄略が実際にこのように述べたかどうかは別として、この史料は、遅くとも『日本書紀』の成立時には、大伴氏と紀氏との関係が深いという認識があったことを示す貴重な史料である。わたくしは、紀氏と倭王権との関係を考える場合、この史料を基礎とすることが重要であると考える。「紀氏集団」は「大伴氏集団」の外交路線に協力する形で行動を共にしていたのである。

しかし、五世紀後半という時期は、「紀氏集団」にとっても変動の時期であった。この時期には、紀ノ川南岸側の勢力が、南岸平野の開発を基礎として、実力を蓄えてきた時期にあたる。それによって、淡輪から紀ノ川北岸側の勢力が「紀氏集団」を政治的にリードするという体制は、しだいに矛盾を深めつつあったと考えられる。それだけではなく、一方で畿内王権や倭王権の内部矛盾も進行しており、「大伴氏集団」の外交主導に対する他の有力集団の反発、またあいつぐ軍事的徴発の負担に対する不満がどんどん鬱積していった。

盛んな軍事行動にともなう過酷な人的・物的負担に対する不満が爆発したのが、六世紀前半の磐井の反乱であった。これによって「大伴氏集団」は失脚したが、それと連動して、倭王権における「紀氏集団」の政治的地位も低落した。これを引き金に、「紀氏集団」の内部に蓄積されてきた矛盾が一気に噴き出し、「紀氏集団」は分裂していった。その中で実力を蓄えてきた紀ノ川南岸側の勢力が、「大伴氏集団」没落後の倭王権と結びつき、紀伊における政治的主導権を倭王権によって認められ、紀国造の地位についたのであろう。

しかし、いったん没落した大伴氏はもう一度復活してくる。『日本書紀』によると、その転換はほぼ崇峻朝ごろであろう。崇峻即位前紀には、蘇我馬子が物部守屋を打倒したとき、大伴連嚙が蘇我馬子側に立って戦ったことが見え、大伴糠手連の女小手子が崇峻の妃となったという（『日本書紀』崇峻即位前紀、崇峻元年三月条）。大伴嚙連は、崇峻四年一一月に朝鮮半島派遣軍の大将軍に任命され、推古朝には、たびたび外交にかかわって登場する（同四年一一月壬午（四日）条、同九年三月戊子（五日）条、同一〇年六月癸酉（三日）条、同一六年八月壬子（一二日）条、同一八年一〇月丁酉（九日）条など）[8]。六世紀後半ごろから大伴氏が復活しはじめたのは、事実と見てよかろう。

そこで注意したいのが、紀氏関係の人々が大伴連囓と行動をともにしていることである。蘇我馬子と物部守屋の抗争に際して、蘇我馬子側には大伴連囓とともに紀男麻呂宿祢・坂本臣糠手が加わっており（坂本臣は紀朝臣と同族――後述）、崇峻四年一一月には、紀男麻呂宿祢も大伴連囓と並んで大将軍に任じられている。また、推古九年三月には、大伴連囓とともに坂本臣糠手が高句麗と百済に派遣され、二人は翌年六月にともに百済から帰国している。さらに、推古一八年一〇月には、新羅・任那の使者が朝廷に参内したとき、大伴連囓と坂本臣糠手は彼らを迎えている。

これらによると、大伴氏の復活にともなって、「紀氏集団」の一部もまた、六世紀後半ごろには中央における政治的地位を回復してきたと考えられる。しかし、そのころにはすでに、前述のように、紀ノ川南岸側の勢力が紀国造として、紀伊の地元における政治的主導権を掌握していたと考えられる。したがって、中央で復活してきたのはそれとは別の勢力であった。この勢力の中心は、かつて紀ノ川北岸側に拠点をおいていた集団であったと考えるのが妥当であろう。

したがって、大伴氏の復活にともなって、中央で政治的地位を回復した勢力や、紀伊の地元で政治的主導権を握った勢力は、もはやかつての「紀氏集団」ではなく、それが分裂した後の姿と見なければならない。これらが、のちの紀臣（紀朝臣）や紀直にあたる勢力なのである。

五　「紀氏集団」と和泉南部地域

前節では「紀氏集団」の動向を検討してきた。では、「紀氏集団」と和泉南部とはどのような政治的関係で理解することができるか。

三世紀末ごろから、「紀氏集団」は倭王権を構成する同盟関係に参加した。しかし、そのことは、「紀氏集団」と畿内王権との矛盾を解消するものではなかった。同盟関係を構成したとしても緊張関係は持続するのであって、それで関係が好転するというような単純なものではない。倭王権の最大勢力である畿内王権と「紀氏集団」とは、和泉南部を接点として隣接関係にあるので、同盟関係と同時に緊張関係も持続するという表裏の関係を考える必要がある。

「紀氏集団」と和泉との関係を考える場合、弥生土器や須恵器などの分布から考えられる関係も視野に入れなければならない[9]。しかし、政治的に重要な意味を持つのは、やはり淡輪古墳群の形成である。その時期が五世紀の初めごろとすると、そのころ倭王権における「紀氏集団」の政治的地位が上昇し、それにともなって「紀氏集団」が和泉に進出したことを示している。

しかし、「紀氏集団」の和泉進出は、別の形でも推測することができる。『新撰姓氏録』によると、和泉を本貫とする氏のなかに、紀朝臣・紀直と同祖関係にあるものがみられるのである。

まず、紀朝臣・紀角宿祢を祖とする氏には、坂本朝臣（本拠は和泉郡坂本郷と推定される——以下同）、的臣、布師臣（和泉郡八木郷）、紀辛梶臣、大家臣、掃守田首（和泉郡掃守郷）、丈部首などがあり、すべて皇別氏族であるとともに、推定できる本拠地はみな和泉郡である。

つぎに、神魂命を祖とする氏には、爪工連、物部連、和山守首（大鳥郡和田郷）、和田首（大鳥郡和田郷）、高家首、大庭造（大鳥郡上神郷）、神直、紀直、川瀬造、工首などがある。また、大名草彦を祖とする氏には大村直（大鳥郡大村郷）、直尻家、高野などがある。これらは、工首（未定雑姓）以外はみな神別氏族であり、推定本拠地はみな大鳥郡である。

これらの氏について、吉田晶が、次の諸点を指摘している。すなわち、大鳥郡では大村郷の大村直が注目され、同氏は須恵器生産となんらかの関係を持っていた可能性がある。和泉郡では、坂本氏が雄略朝でいったん没落したが、六世紀末にはふたたび台頭して中央貴族化した。禅寂寺遺跡は坂本氏が建立したとする考えに賛成する。[10] 紀朝臣系と紀直系で若干の住み分けが行なわれた傾向がある、[11] などの諸点である。

これらの吉田の指摘のうち、まず注目されるのが、紀朝臣系と紀直系の住み分けの問題である。右のように、紀角宿祢を祖とする氏は和泉郡におり、神魂命や大名草彦命を祖とする氏は大鳥郡に見られる。本拠地を推定しうる氏はまだ少ないので、慎重に対処すべきであるが、吉田の指摘するような傾向があることは、認めてよいように思われる。

しかし、紀角宿祢を祖とする氏と神魂命や大名草彦命を祖とする氏が、両方とも和泉に所在することは、それらの諸氏の同祖関係が成立した時期が、紀臣と紀直が分立した後と見るよりも、むしろそれ以前の「紀氏集団」の段階と考えるほうが理解しやすい。和泉の諸氏が、後述するように倭王権による封じ込めを受けている紀直と、簡単に同祖関係を結びえたとは考えにくく、和泉の諸氏がそのような志向を持つ理由も明らかにしにくい。吉田が指摘した現象は、「紀氏集団」の分裂の和泉における現れと理解すべきであろう。

つぎに、紀朝臣と同祖関係を持つ諸氏のうち、もっとも注目されるのは坂本朝臣（坂本臣）である。前述のように、坂本臣糠手は、紀男麻呂宿祢や大伴連囓とともに行動していた。とりわけ、推古一八年（六一〇）一〇月に、朝廷に参内した新羅・任那の使者を迎えた四大夫の一人として坂本臣糠手が見えることは重要である。このことは、坂本臣が中央貴族化していることを示すとみてよい。紀朝臣・紀直と同祖伝承を持つ諸氏のうち、中央貴族化したのは坂本臣だけである。

では、紀朝臣と坂本臣とは、どのような関係でとらえることができるであろうか。この問題を考えるためには、「根使主伝承」を避けて通るわけにはいかない。

この伝承は、『日本書紀』では、(1)安康紀元年二月戊辰朔条を皮切りに、(2)雄略即位前紀、(3)雄略紀一四年四月条に見える。『古事記』には、このうち(3)に対応する記事がない。長いが、以下に史料を示す。

(1)『日本書紀』安康元年二月戊辰朔条（カッコ内は割注——以下同）

元年春二月戊辰朔、天皇為大泊瀬皇子、欲聘大草香皇子妹幡梭皇女、則遣坂本臣祖根使主、請於大草香皇子曰、願得幡梭皇女、以欲配大泊瀬皇子、爰大草香皇子対言、僕頃患重病、不得愈、譬如物積船以待潮者、然死之命也、何足惜乎、但以妹幡梭皇女之孤、而不能易死耳、今陛下不嫌其醜、将満荇菜之数、是甚之大恩也、何辞命辱、故欲呈丹心、捧私宝名押木珠縵（一云、立縵、又云、磐木縵）、附所使臣根使主、而敢奉献、願物雖軽賤、納為信契、於是、根使主見押木珠縵、感其麗美、以為盗為己宝、則詐之奏天皇曰、大草香皇子者不奉命、乃謂臣曰、其雖同族、豈以吾妹、得為妻耶、既而留縵、入己而不献、於是、天皇信根使主之讒言、則大怒之、起兵囲大草香皇子之家、而殺之、是時、難波吉師日香蛟父子、並仕于大草香皇子、共傷其君无罪而死之、則父抱王頸、二子各執王足、而唱曰、吾君无罪以死之、悲乎、我父子三人、生事之、死不殉、是不臣矣、即自刎之、死於皇尸側、軍衆悉流涕、爰取大草香皇子之妻中蒂姫、納于宮中、因為妃、復遂喚幡梭皇女、配大泊瀬皇子、

(2)『日本書紀』雄略即位前紀

三年八月、穴穂天皇、意将沐浴、幸于山宮、遂登楼兮遊目、因命酒兮肆宴、爾乃情盤楽極、間以言談、顧謂

皇后（去来穂別天皇女、曰中蒂姫皇女、更名長田大娘皇女也、大鷦鷯天皇子大草香皇子、娶長田皇女、生眉輪王也、於後、穴穂天皇用根臣讒、殺大草香皇子、而立中蒂姫皇女為皇后、語在穴穂天皇紀也）曰、吾妹（稱妻為妹、蓋古之俗乎）、汝雖親昵、朕畏眉輪王、々々々、幼年遊戯楼下、悉聞所談、既而穴穂天皇、枕皇后膝、昼酔眠臥、於是、眉輪王伺其熟睡、而刺殺之、是日、大舎人（闕姓字也）驟言於天皇曰、穴穂天皇、為眉輪王見殺、天皇大驚、即猜兄等、被甲帯刀、卒兵自将、逼問八釣白彦皇子、々々見其欲害、黙坐不語、天皇乃拔刀而斬、更逼問坂合黒彦皇子、々々亦知将害、黙坐不語、天皇忿怒彌盛、乃復并為欲殺眉輪王、案劾所由、眉輪王曰、臣元不求天位、唯報父仇而已、坂合黒彦皇子、深恐所疑、竊語眉輪王、遂共得間、而出逃入円大臣宅、天皇使々乞之、大臣以使報曰、蓋聞、人臣有事、逃入王室、未見君王隠匿臣舎、方今坂合黒彦皇子与眉輪王、深恃臣心、来臣之舎、詎忍送歟、由是、天皇復益興兵、囲大臣宅、大臣出立於庭、索脚帯、時大臣妻、持来脚帯、愴矣傷懐而歌曰、飫彌能古簸、多倍能波伽摩鳴、那那陛鳴絁、儞播儞陀々始諦、阿遥比那陀須暮、大臣裝束已畢、進軍門跪拝曰、臣雖被戮、莫敢聴命、古人有云、匹夫之志、難可奪、方属乎臣、伏願、大王奉献臣女韓媛与葛城宅七区、請以贖罪、天皇不許、縦火燔宅、於是、大臣与黒彦皇子眉輪王、倶被燔死、時坂合部連贄宿禰、抱皇子屍而見燔死、其舎人等、（闕名）收取所焼、遂難択骨、盛之一棺、合葬新漢擬本南丘、（擬字未詳、蓋是槻乎）

(3)『日本書紀』雄略一四年四月甲午朔条

夏四月甲午朔、天皇欲設呉人、歴問群臣曰、其共食者誰好乎、群臣僉曰、根使主可、天皇即命根使主、為共食者、遂於石上高拔原、饗呉人、時密遣舎人、視察装飾、舎人復命曰、根使主所著玉縵、大貴最好、又衆人云、前迎使時、又亦著之、於是、天皇欲自見、命臣連、装如饗之時、引見殿前、皇后仰天歔欷、啼泣傷哀、天皇問曰、何由泣耶、皇后避床而対曰、此玉縵者、昔妾兄大草香皇子、奉穴穂天皇勅、進妾於陛下時、為妾所献之物也、故致疑於根使主、不覚涕垂哀泣矣、天皇聞驚大怒、深責根使主、々々対言、死罪々々、実臣之愆、詔曰、根使主、自今以後、子々孫々八十連綿、莫預群臣之例、乃将欲斬之、根使主逃匿、至於日根、造稲城而待戦、遂為官軍見殺、天皇命有司、二分子孫、一分為大草香部民、以封皇后、一分賜茅渟県主、為負嚢者、即求難波吉士日香々子孫、賜姓為大草香部吉士、其日香々等語、在穴穂天皇紀、事平之後、小根使主（小根使主、根使主子）、夜臥謂人曰、天皇城不堅、我父城堅、天皇伝聞是語、使人見根使主宅、実如其言、故収殺之、根使主之後為坂本臣、自是始焉、

これらは、大泊瀬皇子の婚姻計画と根使主の不実による失敗、安康天皇による大草香皇子の討滅（以上(1)）、大草香皇子の子である眉輪王による安康天皇暗殺、大泊瀬皇子による葛城円臣の殺害（以上(2)）、根使主の逃亡と滅亡、雄略天皇による根使主の子の小根使主の殺害（以上(3)）などからなる複雑な内容を持つ。

この伝承については、これまでにも多くの分析視角が呈示されているが[12]、いま「紀氏集団」との関係で注目されるのは(3)である。その内容を簡単に要約すると、つぎのようである。根使主の旧悪が露見し、彼は「日根」に逃れて稲城を造って抵抗したが、「官軍」によって殺された。その子孫は二分され、半分は大草香部の民とされて皇后に与えられ、残り半分は茅渟県主に与えられて負嚢者とされた。その後、根使主の子の小根使主は、雄略天皇に対して反抗的な言動をしたために殺された。

これについて、まず考えたいのが根使主の本拠地である。根使主が最後に「日根」に逃げて稲城を造って抵抗したことや、根使主の「根」が「日根」の「根」から来ていると見るところから、この「日根」を本拠地とする意見が強い。しかし、それには問題がある。根使主の死後、その子孫が処分されたが、子孫とは根使主が支配していた部曲であろう。その部曲が多く分布した場所こそ、根使主の本拠地と見るべきである。

まず、大草香部の民は、日下部首によって管掌される名代の一種で、日部神社（式内社）が所在し、日部駅の

所在が推定される大鳥郡日下部郷（堺市草部）付近と結びつけて考えるのがよいと思う。根使主の子孫が日根にいたと考え、その半分が大草香部とされて大鳥郡まで移住させられたと考えられなくもない。しかし、それは不自然で、むしろ根使主はもともと大鳥郡日下部郷付近に勢力を持っていたと考えるべきであろう。そうすると、その地は「日根」に比べてはるかに陶邑に近く、陶邑とかかわりの深い茅渟県主に、根使主の子孫の残り半分が与えられて負嚢者とされたことも理解しやすい。

つぎに、根使主と坂本臣の関係について検討したい。両者の関係については、(1)に「坂本臣祖根使主」とあるが、(3)で雄略天皇が小根使主を殺したことを記すのに続けて、唐突に「根使主之後為坂本臣、自是始焉」と見える。しかし、根使主の子孫たちは、みな大草香部の民と茅渟県主に与えられたはずなのに、なぜその後にまたその子であるという小根使主が出てくるのか、理解しにくい。わたくしは、この点について、今の時点ではいちおう次のように考えている。

根使主の本拠地が大鳥郡日下部郷付近であり、また和泉郡と大鳥郡に「紀氏集団」と同祖関係にあると称する諸氏族が分布していたとすると、このような状況は、畿内王権が主導する倭王権をいたく刺激した。

茅渟県は、後述するように、倭王に対する貢納のための拠点の集合体のようなものであると考えられる。その中には、倭王権がとりわけ重視している陶邑の管理機構も含まれていた。和泉郡と大鳥郡において、「紀氏集団」と関係を結ぶ諸集団が陶邑の近隣に存在することは、要するに、茅渟県と、「紀氏集団」と結ぶ諸勢力とが、モザイク的に交錯してしまう事態が生じたことを意味するのである。これは、倭王権が陶邑をおさえていく上で、すこぶる問題であったであろう。

そこで、その事態を解消するために、倭王権は、「紀氏集団」と関係する和泉の諸集団に圧力をかけた。その結果、和泉に形成されていた「紀氏集団」と関係を持つ諸集団は分裂し、その一部は「紀氏集団」を頼って逃走し、日根で滅亡した。そのときに倭王権に協力したり静観した部分が生き延び、それが坂本臣になっていった。
つまり、和泉・紀伊を考える上で重要な根使主伝承は、「紀氏集団」と関係を取り結ぶ和泉の諸氏族集団と、畿内王権が主導する倭王権との抗争を反映する説話で、結局その解体過程を示しているものだと理解しておきたい。

六　倭王権と和泉南部地域

つぎに、畿内王権が主導する倭王権と和泉南部地域との関係を検討したい。この点を考える場合に重要な意味を持つのが「県」である。私見では、和泉には茅渟県と日根県という二つの県が置かれていた[13]。

茅渟県は、近木川の右岸側から大鳥郡にかけて分布している倭王権の政治的・経済的拠点の集合体で、陶邑の須恵器の奉納や網代厨からの新鮮な食料の奉納など、多面的な役割を担っていた。これに対して日根県は、「紀氏集団」の存在を意識して置かれたものであり、外交や軍事に力点が置かれたと考えられる。港湾をおさえることも重要な役割であったのであろう。

さて、倭王権と和泉南部地域の関係を反映している重要な史料が、垂仁記と垂仁紀三九年一〇月条である。

(4)『古事記』垂仁天皇段

坐鳥取之河上宮、令作横刀壱仟口、是奉納石上神宮、即坐其宮、定河上部也、

(5)『日本書紀』垂仁三九年一〇月条

卅九年冬十月、五十瓊敷命、居於茅渟菟砥川上宮、作剣一千口、因名其剣、謂川上部、亦名曰裸伴（裸伴、此云阿箇播娜我等母）、蔵于石上神宮也、是後、命五十瓊敷命、俾主石上神宮之神宝（一云、五十瓊敷皇子、居于茅渟菟砥河上、而喚鍛名河上、作大刀一千口、是時、楯部・倭文部・神弓削部・神矢作部・大穴磯部・

泊檀部・玉作部・神刑部・日置部・大刀佩部、幷十箇品部、賜五十瓊敷皇子、其一千口大刀者、蔵于忍坂邑、然後、従忍坂移之、蔵于石上神宮、是時、神乞之言、春日臣族、名市河令治、因以命市河令治、是今物部首之始祖也)、

前者では、鳥取之河上宮で横刀一千口を造らせ、石上神宮に納めたとある。後者の本文では、五十瓊敷命が茅渟の菟砥川上宮で剣一千口を作り、石上神宮におさめたとあり、その異伝では、五十瓊敷皇子が茅渟の菟砥川上宮で大刀一千口を作らせたとき、楯部以下一〇品部を与えられ、大刀一千口は、忍坂邑をへて石上神宮におさめられたという。

これらは、細部に違いはあるものの、大筋では共通している。菟砥川上宮もしくは鳥取之河上宮は、武器の製作地とされているが、実際には兵器廠・武器庫を意味するのであろう。おそらく日根県に関わる施設と考えられる。そこに納められた武器類は、日根県の重要性が低下した段階で、石上神宮に神宝としておさめられたのであろう。

つぎに倭王権と和泉南部地域との関連を示す史料は、允恭紀の八～一一年にかけて見える茅渟宮にかんする史料である。

(6)『日本書紀』允恭八年二月～一一年三月条

八年春二月、(中略)於是、衣通郎姫奏言、妾常近王宮、而昼夜相続、欲視陛下之威儀、然皇后則妾之姉也、因妾以恒恨陛下、亦為妾苦、是以、冀離王居、而欲遠居、若皇后嫉意少息歟、天皇則更興造宮室於河内茅渟、而衣通郎姫令居、因此、以屢遊猟于日根野、

九年春二月、幸茅渟宮、

秋八月、幸茅渟、

冬十月、幸茅渟、
十年春正月、幸茅渟、於是、皇后奏言、妾如毫毛、非嫉弟姫、然恐陛下屢幸於茅渟、是百姓之苦歟、仰願宜除車駕之数也、是後、希有之幸焉、
十一年春三月癸卯朔丙午、幸於茅渟宮、衣通郎姫歌之曰、
とこしへに　君も会へやも　いさな取り　海の浜藻の　寄る時時を
時天皇謂衣通郎姫曰、是歌不可聆他人、皇后聞必大恨、故時人号浜藻、謂奈能利曽毛也、（下略）

これらによると、允恭天皇は、河内の茅渟に茅渟宮を造り、衣通郎姫を住まわせ、皇后の目をさけて、狩猟にかこつけて行幸をくり返したとある。衣通郎姫のことは、どれほど信憑性があるのか定かでないが、王宮から離れたいという衣通郎姫の願いに対して、天皇がなぜ河内茅渟を選んで宮を造ったのか、その必然性が、この説話では明らかにされていない。

しかし、この点は、天皇が茅渟に行幸をくり返したことに注目すれば説明できる。すなわち、和泉南部地域は倭王の狩猟地であり、その事実が先にあり、それに衣通郎姫の説話が結びついたものと理解できるであろう。この茅渟宮は、やはり日根県の施設として理解するのがよい。

さらに、泉南地域には、重要な水門が存在していた。

(7)『古事記』神武天皇段
自南方廻幸之時、到血沼海、洗其御手之血、故、謂血沼海也、従其地廻幸、到紀国男之水門而詔、負賤奴之手乎死、為男建而崩、故、号其水門謂男水門也、陵即在紀国之竈山也、

(8)『日本書紀』神武即位前紀戊午年五月条
五月丙寅朔癸酉、軍至茅渟山城水門（亦名山井水門、茅渟、此云智怒）、時五瀬命矢瘡痛甚、乃撫剣而雄誥

之曰（撫剣、此云都盧耆能多伽彌屠利辞魔屢）、慨哉、大丈夫（慨哉、此云宇黎多棄伽夜）、被傷於虜手、将不報而死耶、時人因号其処、曰雄水門、進到于紀国竈山、而五瀬命薨于軍、因葬竈山、

この説話によると、神武天皇の軍は、草香津（河内湖の東岸）から大阪湾に出て、雄水門（茅渟の山城水門、山井水門）にいたり、さらに紀伊に進んだという。神武天皇や五瀬命の軍が移動したというのは、もとより事実ではないが、実際に雄水門が、難波・住吉から紀伊への航行の中継点として重要であったことを反映して、このような説話が形成されたと考えられる。雄水門の場所は、男里川の河口付近（泉南市男里）であろう。

このように、記紀には、日根地方に重要な水門があり、倭王権が日根地方に兵器廠・武器庫を置き、宮を造営したとする伝承がみられる。これらは、倭王権が日根地方を重視していたことの反映である。倭王権がここに日根県を置いたのは、「紀氏集団」の政治的重要性により、淡輪地域への進出を認めざるを得ないという情勢のもとで、それに備えるためであった。「紀氏集団」が水上軍事力に卓越していたことからすると、日根県は、雄水門を初めとする和泉南部の諸港をおさえるという役割をも担っていたかもしれない。

つまり、五世紀段階の倭王権が全体として行なった外交軍事と関わって、日根地方が非常に重視されていた時期があるのではないか。四世紀から五世紀にかけて、とりわけ五世紀の時期には、倭王権を主導する畿内王権と「紀氏集団」との間に同盟と対立の関係があり、両勢力の接する最前線として、和泉南部地方の政治的重要性が高まったと考えたい。

六世紀に入ると、事態は複雑に展開していくことになる。全体として「紀氏集団」が和泉から退潮していく中で、「紀氏集団」内部での政治的な主導権は、それまでの紀ノ川北岸側の勢力から南岸側の勢力に移っていく。この段階になると、倭王権と紀伊の勢力は、紀伊を舞台にして対峙しあうようになった(14)。

安閑紀二年五月甲寅条に見える紀国の経湍屯倉と河辺屯倉は、紀ノ川南岸側の勢力を東側から抑えるために、

倭王権が打ち込んだ楔であった。また、欽明紀一七年一〇月条に見える海部屯倉の設置は、それと呼応して紀ノ川の河口部を抑えるために置かれたものであった。

紀ノ川南岸の勢力は、北岸側の勢力に対して優位に立つために倭王権と結びつき、紀国造に任命されて、紀伊における政治的主導権を保証された。しかし、それと引き換えに倭王権の介入を招き、勢力圏の東西両側に屯倉を設置され、政治的主導権を発揮できる場は大きく制限されていったのである。

七　むすび

以上、おもに四〜六世紀における和泉南部の歴史的位置を、紀伊との関係に留意しつつ検討してきた。五世紀〜六世紀前半ごろの段階では、「紀氏集団」の歴史的役割が大きかったが故に、和泉南部は「紀氏集団」と畿内勢力との葛藤の場となった。日根県が維持されたのもこのためである。しかし、六世紀後半ごろには、「紀氏集団」の倭王権における政治的没落と、「紀氏集団」自体の分裂の進行にともなって、紀国造紀直氏と倭王権との対立の舞台は紀伊に移った。このため、和泉南部の政治的意味は相対的には薄れていった。

しかし、紀国造紀直氏は、六世紀後半以後も紀ノ川下流地域で圧倒的な勢力を維持していた。その奉斎する日前・国懸神は、七世紀後半にいたっても、しばしば朝廷からの奉幣の対象となり（『日本書紀』朱鳥元年七月癸卯〔五日〕条、持統紀六年五月庚寅〔二六日〕条、同一二月甲申〔二四日〕条）、その所在する名草郡は神郡とされたのである。

このように、紀ノ川下流地域に紀国造紀直が勢力を維持している限り、畿内王権の主導する倭王権にとって、和泉南部地域の重要性は継続していた。七世紀のなかごろには、海会寺（泉南市信達大苗代）の造営が始まった。(15)その瓦当笵は、百済大寺と考えられる吉備池廃寺から、四天王寺を経て海会寺に伝えられたものであった。このことは、県という制度が意味を持たなくなったこの段階にいたっても、和泉南部地域は倭王権にとって重要な地域として位置づけられていたことを示している。

（1）栄原①「紀朝臣と紀伊国」（『和歌山地方史研究』九、一九八五年一二月、本書第Ⅰ部第二章）、②「紀氏の展開過程」（『和歌山地方史研究』一二、一九八七年一月、本書第Ⅰ部第四章の一部）、③「紀氏再考」（『和歌山県史研究』一五、一九八八年三月、本書第Ⅰ部第三章）、④「古墳時代の大型倉庫群と倭王権」（『歴史の道・再発見』第四巻 貢納から天下の台所まで、フォーラム・A、一九九四年一月、本書第Ⅰ部第一章）、⑤「紀氏と大和政権」（『和歌山県史』原始・古代、和歌山県、一九九四年三月）、⑥「律令制以前の海南」（『海南市史』、海南市、一九九四年三月）、⑦「古代豪族 紀氏」（財・和歌山県文化財センター編『謎の古代豪族 紀氏』、清文堂、一九九九年一〇月）、⑧「『紀氏集団』と紀国造」（『粉河町史』第一巻、粉河町、二〇〇三年八月）。
（2）栄原前掲注(1)③（本書第Ⅰ部第三章）。
（3）紀伊や和泉における古墳の動向については、主として以下のような最近の成果を参照した。石部正志「古墳時代の泉南と紀北」（森昌俊編著『特別展「和泉の王たち――泉南・紀北の古墳文化――」』図録、歴史館いずみさの、一九九九年一〇月）、前掲注(1)⑦『謎の古代豪族 紀氏』所収の中村貞史「岩橋千塚古墳群の形成」・大野左千夫「和歌山市域の大型古墳」・「第三部 討論会」、大野左千夫「大谷古墳と5世紀の紀ノ川平野」（大野左千夫編著『大谷古墳とその遺物』、和歌山市立博物館、二〇〇〇年一二月）その他。
（4）高句麗の朝鮮半島における南下の動向については、東潮・田中俊明『高句麗の歴史と遺跡』（中央公論社、一九九五年四月）を参照した。
（5）栄原前掲注(1)④（本書第Ⅰ部第一章）。
（6）同右。
（7）氏が成立する以前の段階を、かりに「大伴氏集団」と呼んでおく。
（8）大伴糠手連と大伴嚙連の関係は、『日本書紀』でははっきりしない。この点について、「古屋家家譜」によると、金村大連公の子に糠手古連公と阿被布子連公その他がおり、咋子連公は後者の子としている。これによると、糠手と嫡はおじ甥の関係にあったことになるが、確証があるわけではない。「古屋家家譜」については、溝口睦子『古代氏族の系譜』（吉川弘文館、一九八七年一二月）参照。

（9）藤田正篤・森昌俊・冨田博之・三辻利一「新家オドリ山丘陵で発見された初期須恵器について（補論）オドリ山古墳群出土硬質土器の蛍光X線分析」（『泉佐野市史研究』六、二〇〇〇年三月）。

（10）吉田晶「和泉地方の氏族分布に関する予備的考察」（小葉田淳教授退官記念事業会編『小葉田淳教授退官記念国史論集』一九七〇年一一月）。

（11）吉田晶「和泉地域の氏族の展開」（平成一一年度特別展記念シンポジウム「泉南・紀北の古墳文化」〔於歴史館いずみさの〕における報告）。

（12）森昌俊「根使主の反乱伝承と紀臣氏」（『泉佐野市史研究』五、一九九九年三月）に研究史の整理と詳細な検討がある。

（13）栄原「茅渟県と日根県」（小山靖憲・平雅行編『歴史の中の和泉――古代から近世へ――』〔日根野と泉佐野の歴史〕、和泉書院、一九九五年七月）。

（14）この間の経緯については、本書第Ⅰ部第四章参照。

（15）海会寺の造営をめぐる諸問題については、栄原「海会寺の造営と和泉・紀伊」（『郵政考古紀要』三六、二〇〇一年四月）で検討した。

第Ⅱ部　古代紀伊の経済と政治

第六章　律令時代紀伊国における経済的発展

一　はじめに

紀伊国は、古代において、いったいどのような国であったのだろうか。紀伊国は、漠然と、畿内に隣接しているので重要な位置を占めていたとされるが、いったいいかなる意味で重要であったのか、実は充分には明らかにされていない。紀伊国は、古代におかれていた六〇ほどの国や嶋のなかで、どのような位置にあり、どのような特色をもっていたのであろうか。

このような、いわば素朴な疑問については、従来あまり検討されてこなかったように思われる。しかし、これらの点について、なんらかの見通しを得ておくことは、古代の紀伊国にかんする諸問題を考える上で、たいへん重要である。

もとより、これらの点を明らかにすることは、大きな困難が予想される。なぜなら、八〜九世紀においては、古代のすべての国嶋を同一の基準で評価した統計資料などが存在しないからである。しかし、このような史料状況を乗り越えて、紀伊国の位置を探ることはできないであろうか。以下、できるだけ文献史料を操作して、一応得られる見通しを提示したい。

二　紀伊国の財政的発展

(1)紀伊国司の就任時位階

まずはじめに、問題の所在を明らかにするために、八〜九世紀の律令時代において、紀伊国という国が、当時の六〇数カ国嶋の中で、いったいいかなる位置を占めていたのかという点を検討したい。このような視角については、すでに平野博之の研究があるが[1]、結局、最後は結論を保留したままで終っている。わたくしもそれほど明確な結論を出すことはできないが、一応考えたことをのべることとする。

まず紀伊国とは、周知のように南海道六カ国の首国として、畿内に境を接する重要な国であったと、漠然と考えられている。しかし、それをもう少し具体的に検討すればどうなるのか。その点を考えるために、まず国司の就任時の位階に着目したい。

国司は、郡司などを指揮・監督してその国をおさめるために、非常に強大・広範な権限を付与されて、中央から派遣される官である。したがって、いかなる人物を国司に選定して送り込むかということの中に、律令中央政府の、その国に対する総合的な評価がおのずから現れているはずである。国司をどのように選定するか、という具体的な方法については、これまでの研究では明らかになっていないが、少なくともその選定基準の一つに、位階が大きな要素を占めていたことは、まちがいないと考えられる。

本来なら、すべての国・職・監・嶋についてのデータを比較する必要があるが、ここでは、畿内周辺の六カ国、すなわち六道のそれぞれ最初の国として位置づけられている伊賀・近江・若狭・丹波・播磨・紀伊の六カ国にひとまず注意する。そのうち伊賀と若狭は、国としての規模が小さいので除外し、残る近江・丹波・播磨・紀伊の四カ国を当面の比較の対象とする。

表1は、上記四カ国の国司（守）を、就任時の位階を基準に整理したものである。就任時の位階を知る正確なデータとしては補任記事しかないので、単に在任していることだけを示す史料は対象にしていない。もちろん、欠落史料が多くあるはずであるが、だいたいの傾向を見るについてはさしつかえないと考える。

表1のI・IIは、時期区分を示し、Iは平城京の時代（延暦三年・七八四）まで、IIは延暦四年に長岡に都が移ってから六国史の終る仁和三年（八八七）までである。このような時期区分を採用したのは、紀伊国と都との地理的関係が長岡遷都によって大きく変化するという点に着目したからである。

まず、守について検討すると、いくつか問題点が出てくる。第一に、紀伊国の守の就任時における位階は、第II期になって、全体として上昇する傾向が認められる点である。しかし、この傾向は他の国々においてもやはり同じように認められる。

これは、官職数の増加が停滞するのに対して、個々人の位階は昇進していくという一般的な状況によって理解できる。これにより、官職の相当位と位階との対応関係にばらつきが生じ、官職の相当位よりもその官職についた官人のおびている位階の方が高いという「行」（選叙令任内外官条）が増加していく。紀伊守の状況は、この一般的傾向に対応している。

第I期では、近江と丹波と播磨の三カ国の守の就任時における位階は、多少のばらつきはあるが、だいたい同じような

表1　国司（守）の就任時位階

	紀伊		近江		丹波		播磨	
	I	II	I	II	I	II	I	II
正三位				2				
従三位			1	8	1			2
正四位上			1				2	
下			1	12	1		2	1
従四位上		1	2	6		3	3	4
下		1	1	6	4	7	1	10
正五位上					1		2	1
下		2	1	1	1		2	2
従五位上	1	4	2		5	14	3	2
下	8	8	1		3	5	3	3
外従五位下	1				2			
計	10	16	10	35	18	29	18	25

ところに分布している。ところが、これら三カ国に対して、紀伊守の就任時位階はかなり低いことが明白にわかる。近江国の場合は、従三位という非常に高い位のものが守に任命されるという例もあり（高麗朝臣福信、『続日本紀』宝亀七年三月癸巳〔五日〕条）、またそれより下の従五位下まで、各位のものがまんべんなく就任しており、また播磨国・丹波国でも、ほぼ同様の傾向がみられる。三カ国の中では、多少丹波が落ちる傾向が認められるが、だいたい並んでいるといえる。それに対して紀伊国では、高くても従五位上なのであり、紀伊国とそれ以外の三カ国との間には、相当な差があるのは明らかである。

つぎに、第II期について見ると、紀伊国では、事例がもっとも多いのは従五位下で、第I期とかわらない。しかし、第I期と第II期を比べてみると、他国では、第II期のほうがより高位の国司が就任していることがわかる。たとえば、近江守の就任時位階の上昇度は、非常に急速である。これは、長岡・平安遷都によって、近江国に近いところに都が移ってきたということの反映である。紀伊国の場合が、これに比べてかなり差があることは一目瞭然である。同様に、播磨と比べても、だいぶ差があるように思える。

したがって、第II期どうしを比べると、国司の守の就任時の位階は、近江が一番高くて、次が播磨、そのつぎは丹波で、紀伊が一番下に位置しているということは、かなり明瞭である。

以上は守についての比較だが、つぎに介について検討したい（表2）。紀伊国の第I期は、わずか一例しか事例がないので、比較しにくいが、四カ国を対照すると、まず第I期では、近江国がやはり高い。この国にのみ従五位上の事例がみられ、正五位上という抜群に高い位をもったものさえ

表2　国司(介)の就任時位階

	紀伊		近江		丹波		播磨	
	I	II	I	II	I	II	I	II
正五位上			1					
下				3				
従五位上		1	3	1		3		5
下	1	8	7	14	4	14	6	15
外従五位下		2		1	2	1	2	1
正六位上					2			
計	1	11	11	19	8	18	8	21

出ている（淡海真人三船、『続日本紀』延暦四年七月庚戌（一七日）条）。

第II期については、介の就任時位階は、四カ国とも従五位下で介になっているものの数がもっとも多いが、よく見ると、紀伊国の場合、従五位下に対する集中度が非常に高く、それ以上の位で就任したものの数は、紀伊が一番少なくなっている。

したがって、介では、守の場合ほど差は顕著ではないが、やはり近江介がもっとも上位にあり、紀伊介は、この四カ国の介では一番下に位置づけられていると見ることができる。

以上、紀伊守・介の就任時位階を、畿内周辺のほかの三カ国と比較検討してきたが、それによると、守・介ともに、どの国においてもしだいに位階が上昇する傾向、すなわち「行」の増加傾向が認められる。しかし、第I・II期の守、第II期の介のいずれの場合も、紀伊国は、近江・播磨・丹波についで、もっとも低く位置づけられていたといってよい。守・介のこのような就任時位階の傾向のなかに、中央政府の紀伊国に対する評価が如実にあらわれていると理解することができる。

(2)諸国本稲数と諸国本田数

以上、国司の就任時位階を手がかりに、畿内周辺諸国の中における紀伊国の位置を検討してきたが、つぎに、これとは別の指標で紀伊国の位置を考えたい。その指標とは、『延喜式』主税上の諸国出挙正税公廨雑稲条にみられる「諸国本稲」の合計数と、『和名抄』国郡部にある「諸国本田数」である。[2]

まず前者の『延喜式』の「諸国本稲」の合計数を指標としてとりあげるためには、前もってその性格を明らかにしておく必要がある。「諸国本稲」は、一国で一〇〇万束を超える場合もある膨大な数を示すが、村井康彦の研究によると、[3]実際に全部出挙したというのではなく、予想される雑用（支出）総額に相当するだけの利息を生み出すために設定された計算上の数値であるとされている。つまり、その国の雑用支出の総額をまかなうべき出挙利稲を獲得するための根拠として提示された数字にすぎない、ということである。

したがって、「諸国本稲」の数字からは、結局、ほぼ九世紀後半から一〇世紀前半にかけての、各国の国府財政における雑用支出の規模を知ることができる。各国の国府財政における雑用支出の規模は、ひいてはその国の国府財政全体の規模を反映しているわけであるから、要するに、「諸国本稲」の数値によって、さきに述べた時代におけるその国の財政規模を、だいたいにおいて知ることができるのである。

諸国出挙正税公廨雑稲条には、さまざまな名称の雑稲類があげられている。表3は、それらを国別に全部合計し、それを多数順に並べたものである。これによると、紀伊国の出挙本稲の合計は四七万八一六束であり、四七番目に位置していることがわかる。

『延喜式』には、また別に、国の等級が表示されている。表3にはそれも示している。国の等級がいかなる基準によって決定されたのか、いまだにはっきりしないが、紀伊国は、山城や尾張、それから三河・摂津などの国とともに、上国の中で最下位グループに属しているということができる。

つぎに『和名抄』の「諸国本田数」であるが、これについても、これがいかなる性格のものであるのか、まず明らかにしておく必要がある。「諸国本田数」については、弥永貞三の詳細な研究がすでにある。[4] それによると、『拾芥抄』『海東諸国紀』『運歩色葉抄』など、ほかにも本田数を記す史料はたくさんあるが、この『和名抄』の数値は、そういう「類似史料とは比すべくもない程詳細で、律令政治が現実に生きていた時代にふさわしい」もので、「他の史料に比べてよほど古体を残している」のである。

さらに、坂本賞三もこれについて言及している。[5] 坂本によると、この「諸国本田数」とは、ほぼ一〇世紀の初頭、つまり前期王朝国家が成立した段階に作成された国別の「基準国図」において固定された国別の田数であっ

表 3　『延喜式』諸国本稲条合計数の国別順位

順位	国名	等級	諸国本稲合計	順位	国名	等級	諸国本稲合計
1	常陸	大	184.6	35	安芸	上	63.2
2	肥後	大	157.9117	36	備後	上	62.5
3	陸奥	大	153.2278	37	筑後	上	62.3581
4	播磨	大	123.45	38	豊前	上	60.9828
5	近江	大	120.7376	39	甲斐	上	58.48
6	武蔵	大	111.3754	40	周防	上	56.0
7	上総	大	107.1	41	大和	上	55.46
8	越前	大	102.8	42	土佐	中	52.8688
9	下総	大	102.7	43	阿波	上	50.65
10	備前	上	95.664	44	摂津	上	48.0
11	信濃	上	89.5	45	参河	上	47.7
12	上野	大	88.6935	46	尾張	上	47.2
13	讃岐	上	88.45	47	紀伊	上	47.0816
14	美濃	上	88.0	48	丹後	中	43.18
15	下野	上	87.4	49	山城	上	42.40694
16	相模	上	86.452	50	河内	大	40.0954
17	出羽	上	86.3392	51	石見	中	39.1
18	越中	上	84.0433	52	能登	中	38.6
19	越後	上	83.3455	53	日向	中	37.3101
20	伊予	上	81.0	54	長門	中	36.1
21	筑前	上	79.0063	55	安房	中	34.2
22	遠江	上	77.226	56	伊賀	下	31.7
23	美作	上	76.4	57	薩摩	中	24.25
24	豊後	上	74.3842	58	大隅	中	24.204
25	備中	上	74.3	59	若狭	中	24.1
26	但馬	上	74.0	60	和泉	下	22.75
27	伊勢	大	72.6	61	伊豆	下	17.9
28	因幡	上	71.0878	62	佐渡	中	17.15
29	出雲	上	69.5	63	淡路	下	12.68
30	肥前	上	69.2589	64	飛驒	下	11.6
31	加賀	上	68.6	65	壱岐	下	9.0
32	丹波	上	66.4	66	隠岐	下	7.0
33	伯耆	上	65.5	67	対馬	下	.392
34	駿河	上	64.2534	68	志摩	下	.17

注：諸国本稲合計の単位は万束

て、定租田・定地子田以外に不輸租田も含めた数字であるとされる。また、この「基準国図」に定められた面積は、その段階における実際の田圃の面積を示すわけではなく、その国の国司が年々確保すべき目標であり、この目標の田数と実際の田数とは乖離していても差し支えない、という。

すなわち、一定の確保すべき田数を固定しておいて、その田数に基づいて、中央政府は各国司に対して、中央に対する貢献物を請負わせるわけである。つまり、「諸国本田数」とは、中央政府に対する各国司の貢物の請負額を定めるための指数なのである。したがって、その国内における現実の田圃をすべて捕捉しているわけではなく、また、そのすべてが現作田であることもないわけである。

この「諸国本田数」は、結局、中央政府がそれぞれの諸国司に期待した貢納請負の基準数としての意味を持っていたのである。そうであれば、そこに中央政府から見た各国の国別の貢納負担能力があらわれていることになる。ただし、これはあくまでも中央政府が評価した負担能力であって、現実とどれほどずれているかはわからないわけである。

「基準国図」で定められた「諸国本田数」は、前述のように、固定化された数値であった。ということは、一般的にいって、時代が下がるにつれて実態との乖離が大きくなっていくことを意味している。そうすると、「諸国本田数」が定められた時期、つまり前期王朝国家が成立したといわれる一〇世紀初頭段階においては、まだしものちの時代よりは、その国の中央に対する現実の貢納負担能力を反映している可能性が大きいことになると推測される。

この「諸国本田数」を、多い順に国別に並べたのが表4である。これによって紀伊国の位置を確かめると、偶然にも表3の場合と同じく、第四七位に位置している。この場合も、国の等級との対応関係を見ると、参河・豊後・安芸などの国々とともに、上国の下位グループを形成していることになる。

表4　『和名抄』諸国本田数の国別順位

順位	国名	等級	諸国本田数	順位	国名	等級	諸国本田数
1	陸奥	大	51440.3.099	35	出雲	上	9435.8.285
2	常陸	大	40092.6.120	36	備後	上	9301.2.046
3	武蔵	大	35574.7.096	37	駿河	上	9063.2.165
4	近江	大	33402.5.184	38	山城	上	8961.7.290
5	信濃	上	30988.0.140	39	能登	中	8205.8.236
6	上野	大	30937.0.134	40	伯耆	上	8161.6.088
7	下野	上	30155.8.004	41	因幡	上	7914.8.208
8	下総	大	26432.6.234	42	周防	上	7834.3.269
9	出羽	上	26192.0.051	43	但馬	上	7555.8.005
10	肥後	大	23500余	44	豊後	上	7500余
11	上総	大	22846.9.235	45	安芸	上	7357.8.047
12	播磨	大	21414.3.036	46	紀伊	上	7198.5.100
13	讃岐	上	18647.5.266	47	尾張	上	6820.7.310
14	筑前	上	18500余	47	三河	上	6820.7.310
15	伊勢	大	18130.6.245	49	飛驒	下	6615.7.004
16	越中	上	17995.0.030	50	土佐	中	6451.0.008
17	大和	上	17905.9.180	51	石見	中	4884.9.042
18	越後	上	14997.5.207	52	日向	中	4800余
19	美濃	上	14823.1.065	52	大隅	中	4800余
20	肥前	上	13900余	52	薩摩	中	4800余
21	加賀	上	13766.7.334	55	丹後	中	4756.0.155
22	遠江	上	13611.3.035	56	長門	中	4603.4.231
23	伊予	上	13501.4.006	57	和泉	下	4569.6.357
24	豊前	上	13200余	58	安房	中	4335.8.059
25	備前	上	13185.7.032	59	伊賀	下	4051.1.041
26	筑後	上	12800余	60	佐渡	中	3960.4.000
27	摂津	上	12525.0.178	61	阿波	上	3414.5.055
28	甲斐	上	12249.9.258	62	若狭	中	3077.4.048
29	越前	大	12066.0.000	63	淡路	下	2650.9.160
30	河内	大	11338.4.160	64	伊豆	下	2110.4.112
31	相模	上	11236.1.091	65	壱岐	下	620.0.000
32	美作	上	11021.3.256	66	隠岐	下	585.2.342
33	丹波	上	10666.0.262	67	対馬	下	428.0.000
34	備中	上	10227.8.252	68	志摩	下	124.0.094

注：諸国本田数の単位は町.段.歩

以上、表3と表4によって、『延喜式』の「諸国本稲」の合計数と、『和名抄』の「諸国本田数」の数値を手がかりにして、紀伊国の全国における位置の見当をつけてきた。それによると、国府財政の規模（表3）においても、中央政府が期待する貢納負担能力（表4）においても、九世紀後半から一〇世紀前半ごろの紀伊国は、全国嶋の中では、だいたい上から三分の二ぐらいに位置しているといえるのではないかと思われる。

⑶正税帳の数値と本稲数・本田数との比較

以上、表3・4によって検討してきたが、両表が基礎とした二つの史料は、いずれも九世紀後半から一〇世紀初頭ぐらいのものであり、時代がくだる。したがって、これより以前の、たとえば八世紀における紀伊国の位置を知りたいのであるが、そのためには、全国を網羅した史料が必要である。しかし、そういうものは奈良時代の史料には存在しない。そこで次善の策としては、天平期の「正（大）税帳」（以下、総称する場合は正税帳という）を用いるしかない。

表5は、各国の正税帳から判明する一国規模の財政的数値のうち、以下の行論に必要とするものを整理したものである。これによって、紀伊国と他国との国府財政の規模を比較したい。しかし、なにぶん一一カ国分のデータしかないので、天平年間における紀伊国の国府財政の規模を、全国のそれの中に絶対的に位置づけることは難しい。そこで、紀伊国と各国の財政規模の差に注目し、それが表3・4における差と比較してどのように変化しているかをみることとする。

また、天平二年度の紀伊国大税帳の数値と、他の正税帳の数値とを比較する場合、天平六年の官稲混合（『続日本紀』同年正月庚辰（一八日）条）という国府財政上の大変革に配慮する必要がある。

この官稲混合は、出挙運用していた個々の官稲を正税に一本化したものである。したがって、その影響は、主

表5　正税帳の諸数

国名	雑用	正税穀	穎稲
1紀伊		45287.235	78148.16
2紀伊	穎8060束	49383.2087	69428.86
2大倭		85264.475	50777.7
2尾張		213324.8	475416.685
2越前		227139.7677	716193.5
3隠岐		23296.11	9844.8
4隠岐	(穀195斛) (穎364.4束)	23810.2	10312.9
5尾張		258440.181	
9左京		(29445.796)	
8和泉		(39647.2886) 69506.48	
9和泉	穀　896.2斛 穎 5352.365束	(38750.9062) (56586.115)	
9但馬	穎27072.8束		
8長門		109730.957	145729.84
9長門		107456.039	99851.5
10駿河		322696.91	603493.95
10周防		160493.24	223775.99
10伊豆		(48807.37)	
11伊豆		71124.05	160392.6

注1：国名欄の数字は天平の年度を示す。天平5年度と同9年度との間の破線は官稲混合が行われたことを示す。
2：正税穀の内訳は不動穀と動用穀。
3：単位は穎稲が束、その他は斛。( ) 内は復元の数値。

として出挙・雑用、それから穎稲などの項目にもっとも大きくあらわれるはずであり、正税穀については、それほど影響がなかったと考えられる。したがって、雑用・穎稲については、天平五年度までの正税帳の間で比較するのが安全であり、正税穀については、官稲混合に留意しつつも、天平六年度以降の正税帳とも比較できると考える。

つぎに、表5および表3・4にもとづいて、紀伊国の数値に対する他国の数値のパーセンテージを算出したのが次の表6である。これによって、正税帳におけるパーセンテージと本稲合計・本田数におけるそれとを比較してみたい。

表6　正税帳と本稲合計・本田数との比較

正税帳				本稲合計	本田数
費目	年度国名	①	②	③	④
雑　用	4 隠岐		28.7	14.9	8.1
穎　稲	2 大倭	65.0	73.1	117.8	248.7
	2 尾張	608.4	684.8	100.3	165.7
	2 越前	916.5	1031.6	218.3	167.6
	3 隠岐	12.9	14.2	14.9	8.1
	4 隠岐	13.2	14.9	14.9	8.1
正税穀	2 大倭	188.3	172.7	117.8	248.7
	2 尾張	471.0	432.0	100.3	165.7
	5 尾張	570.7	523.3	100.3	165.7
	2 越前	501.6	460.0	218.3	167.6
	3 隠岐	51.4	47.2	14.9	8.1
	4 隠岐	52.6	48.2	14.9	8.1
	8 和泉	87.5	80.3	48.3	63.5
	9 和泉	85.6	78.5	48.3	63.5
	8 長門	242.3	222.2	76.7	64.0
	9 長門	237.3	217.6	76.7	64.0
	9 左京	65.0	59.6	—	—
	10駿河	712.6	653.5	136.5	125.9
	10伊豆	107.8	98.8	38.0	29.3
	11伊豆	157.1	144.0	38.0	29.3
	10周防	354.4	325.0	118.9	108.8

①天平１年度の紀伊国に対するパーセンテージ
②天平２年度の紀伊国に対するパーセンテージ
③表３における紀伊国に対するパーセンテージ
④表４における紀伊国に対するパーセンテージ

まず、正税帳の雑用の額については、②天平四年の隠岐国（穎稲換算二三二四・四束）は、天平二年の紀伊国の二八・七％にあたる。ところが、③本稲合計では隠岐国は紀伊国の一四・九％、④本田数では八・一％であり、その数値は減少している。これは、②から③④の間に、紀伊国と隠岐国の財政格差が広がったことを意味する。

つぎに、正税帳の穎稲額では、①②と③④とを比較すると、大倭国は①②では紀伊国の六〜七割程度であったのが、③では約一・二倍、④では約二・五倍になっている。これは、大倭国の財政規模が、①②と③④の間のどこかの時点で、紀伊国のそれを追い越した可能性があることを示唆している。これに対して尾張国の場合は、①約六倍、②約七倍であったのが、③ではほぼ同等、④では約七割増程度になっている。すなわち、①②から③④

の間に、紀伊国と尾張国の財政規模がかなり接近したと考えられる。このことは、越前国についてもいえる。①で約九倍、②で約一〇倍もの財政規模であったものが、③では約二・二倍、④では約一・七倍になっているのである。隠岐国についていては、紀伊国との比率は、①②と③④ではほとんど変わっていないと見られる。

これに対して、正税帳における正税穀の額ではどうであろうか。ここでは、①②と③④とを比較すると、ほとんどの場合、紀伊国との財政格差が縮小もしくは逆転していることがわかる。

①②で尾張国が約四・三倍から約四・七倍であったものが、③④では約一倍から約一・七倍になっている。越前国の場合も約四・六倍～約五倍が約一・七倍～約二・二倍になっており、駿河国では約七倍前後が約一・三倍～約一・四倍に、周防国では約三・三倍～三・五倍が約一・一倍～約一・二倍になっている。これらの各国では、①②では紀伊国より数倍の財政規模であったものが、③④では両者の財政格差が縮まったことを物語る。

つぎに、長門国では①②で約二・二倍～二・四倍であったものが、③④では六四％～七七％になっており、天平一〇年の伊豆国がほぼ同等であり、天平一一年の伊豆国で約一・五倍前後であったものが、約三〇％～四〇％になっている。これらは、①②の時点では紀伊国よりも大きかった各国の財政規模が、③④では反対に紀伊国の方が大きくなっているのである。

さらに、①②の段階ですでに紀伊国よりも財政規模の小さかった隠岐国（約五割前後）、和泉監（約八～九割）では、③④で隠岐国が約一〇％～約一五％、和泉国が約五〇％～約八〇％になっており、いずれも財政格差が開いている。

これらに対して、大倭国の場合は、①では約一・九倍、②では約一・七倍であったのが、③では約一・二倍、④では約二・五倍になっている。これは、穎稲の場合も考慮すると、③の数値が不審であるが、大倭国と紀伊国の財政格差が開いたことを示唆しているようである。

以上、天平期の正税帳の数字と、諸国本稲合計、諸国本田数とを比較検討してきた。その結果、天平期から九世紀後半ないし一〇世紀前半までの百数十年間の変化は、次のようにまとめることができる。

かつては紀伊国の数倍の財政規模を有していた諸国（尾張国、越前国、駿河国、周防国）と紀伊国との財政格差は、かなり縮小している。また、かつては紀伊国の約二倍の財政規模をもっていた長門国や、ほぼ同等もしくはやや大きめの財政規模であった伊豆国の場合は、いずれも紀伊国の財政規模の方が、この両国を凌駕するにいたっている。さらに、天平期にすでに紀伊国は隠岐国、和泉監よりも大きな財政規模を有していたが、その格差はさらに拡大している。

これらの諸国については、みな同様の傾向が認められるのであるが、大倭国のみそれと異なっている。この国では、穎稲の場合、天平期では紀伊国の方が規模が大きかったが、その後逆転して大和国の方が大規模になっている。また、正税穀の場合は、天平期から大倭国の方が紀伊国より規模が大きかったが、その格差がさらに開いたと考えられる。

このようにまとめることのできる紀伊国と諸国との財政格差の変化は、いったい何を意味するのであろうか。紀伊国自体の財政規模は年々変動するし、比較の対象としたそれぞれの国々についても、やはり同じように年々財政規模が変動しているわけであるから、一対一の関係でいえば、その関係は相対的なものにしかすぎないといわざるをえない。しかし、相互に全然関係のない数カ国について、上述のように、いずれも同じような傾向を看取できるということは、やはり注目すべきことである。

以上からすると、紀伊国の財政規模は、この百数十年間に、他の国々に比較してかなり拡大したのではなかろうか。ただ大和国の場合のみ、この紀伊国を上回るペースで財政規模が拡大したようである。したがって、つぎの問題は、このような現象が想定できるとすれば、その想定を首肯せしめるような背後の事態を提示しうるのかどうか、という点にあるはずである。

三　紀伊国における開発の進展

(1)紀伊国の総田積

以上では、国司の就任時位階のあり方、天平期の正税帳の数値、『延喜式』諸国出挙本稲条、『和名抄』の諸国本田数などにもとづいて、紀伊国が全国嶋の中に占める位置について検討し、ついで正税帳と出挙本稲量と比較対照することにより、紀伊国の財政規模が他に比してかなり拡大したらしいことを想定した。

そこで、本節では、以上の結果をうけて、かかる財政規模拡大の基盤となった紀伊国の経済的発展のあとをさぐることを目的とする。しかしながら、その点を全面的に展開することはできないので、ひとまず開発の進展の問題をとりあげたい。もちろん、開発の問題はたいへん大きな課題で、わたくしの手にあまるが、いくつか気づいた点を指摘したい。

まず最初に、井上辰雄が先ほどの「紀伊国大税帳」の史料を使って指摘している点の検討からはじめたい[6]。井上の論点は、以下のごとくである。すなわち、天平二年度に紀伊国に入った田租の総額は、約四〇四〇斛であった。この額の田租から、田租率反別一束五把で計算すると、紀伊国の全体の口分田は二七〇〇町余になる。しかし、田租反別一束五把は上田の基準であるから、この二七〇〇町余は上田に換算した数値である。そこで不三得七法を考慮して数値を修正しても、だいたい三九〇〇町にみたない。

なお、井上は不三得七法によって修正したが、他にも修正の方法が考えられる。すなわち、時代は降るが、延長六年（九二八）一〇月一一日に、田品ごとに田を七分する法が出されている（『政事要略』）。すなわち、国内の田品の比率を、上田が一、中・下・下下田が各二と定めようという机上のプランであるが、その基準を仮に適用して修正計算すると、約四三〇〇町になる。

一方、先ほどの表3では、『和名抄』による紀伊国の本田数は七一九八町余りとなっている。井上は、この数値は、寛平六年（八九四）二月二二日官符によって、ほぼ正確だと解している。そうすると、天平二年から『和名抄』の成立期までの「二百年間に四千町に満たなかった田地が七千町余となっている」として、「かかる田地の増加の原因は、奈良末より平安期における富豪層を中心とする勢力による開発をまず考えなければなるまい」と指摘している。

この井上の指摘が成立すると、先ほどのわたくしの推測を傍証する材料ともなりうるわけであり、大変興味深い。しかし、この井上の指摘に対しては、平野博之・荒井秀規の批判がある。(7)

平野の批判の第一点は、「紀伊国大税帳」に見える四〇四〇斛余りの田租を、井上は紀伊国の田租総額と判断したわけであるが、それは総田租額ではない、というものである。田租としては、これ以外に、たとえば神戸の田租がある。紀伊国には多くの神封があったが、その田租は含まれていない。平野の批判の第二点は、井上は四〇四〇斛余をすべて口分田からとった田租だとするが、口分田以外の輸租田からの租もここに含まれている、というものである。したがって、「紀伊国大税帳」の田租の数値から紀伊国の口分田の総額を判断することはできないのである。

この平野の指摘は妥当である。これによると、「紀伊国大税帳」記載の田租から、単純に紀伊国全体の口分田数を導き出すことは、もちろんできないのである。また、不輸租田や輸地子田のような存在も考慮しなければならないから、紀伊国の国内総田数は、結局知り得ないということになる。残念な結果であるが、平野の指摘によれば、「紀伊国大税帳」記載の田租穀数にもとづいて、紀伊国の財政規模が拡大したことを裏付けることはできないことになる。

つぎに、荒井秀規も井上の田地増加論を批判している。荒井の検討は詳細にわたり、平野の議論と重なるところもあるが、平野が呈示しなかった紀伊国の総田積数を明らかにしようとした点が重要である。

荒井の批判の第一は、井上の算出した三九〇〇町という紀伊国の田地は、口分田を中心とする輸租田の田積であり、不輸租田・輸地子田・荒廃田・神戸口分田が含まれていない、というものである。第二に、同じく神郡である名草郡の口分田（同郡内の神戸口分田をのぞく）も含まれていない、とする。そして、第三に、不輸租田・輸地子田・荒廃田・神戸口分田・名草郡の神戸口分田をのぞく口分田の面積を算定して、天平期の紀伊国の総田積は五九〇〇町〜八三〇〇町の範囲で、この下限に近い方と考えられる、とする。

⑵在田郡における開発の進展

以上の荒井の検討によると、天平期から『和名抄』の諸国本田数の段階までに、やはり数百町程度の田地の増加が見込まれることになる可能性がある。しからば、このことを実証する途はほかにないであろうか。そこで注目したいのが、つぎの『続日本後紀』承和一五年（八四八）五月癸酉（一五日）条である。

①　紀伊国在田郡為上郡、以戸口増益課丁多数也、

これによると、「戸口増益、課丁多数」ということを理由に、紀伊国の在田郡が「上郡」にされている。この史料については、すでに早い時期に『朝日本』の頭注が指摘しているように、この「上郡」というのは、『和名抄』の郷数五からみて「下郡」の誤りであろうと考えられる。新訂増補国史大系本や、後述の戸田芳実の研究でも、同じ指摘が繰り返されている。つまり、在田郡はこの段階で、小郡から下郡に昇格したと考えるべきなのである。

さて、この史料については、戸田芳実の指摘が注意される(8)。戸田は、昇格の理由の中に「課丁多数」とあるこ

とに注目した。「戸口増益」とは、女・子供の数が増えても当てはまるが、それでは国府の収入はすこしも増えない。そこで戸田は、課丁つまり税の負担者の数が増えるということが大切であることを指摘して、仁寿四年(八五四)六月七日「紀伊国在田郡司解」(『平安遺文』一一五号)にみえる擬大領紀宿祢真貞と結びつけ、彼の律令制再建の功という点から、この昇格をとらえている。

すなわち、紀宿祢真貞は、当時、私墾田の造成・集積をすすめていたが、「たとえ一時的にもせよ、承和の段階において、紀伊国司と在田郡司は、当時広範におこりつつあった課丁の逃亡・浮浪・隠没など律令支配への抵抗を抑圧し、『戸口増益、課丁多数』の治績を中央に認められたのである」と述べている。

以上の戸田の指摘は、その通りであると考える。しかし、一国内、一郡内の戸口数や課丁数が、国司や郡司の行政姿勢だけで、そう簡単に増えたり減ったりするというのは、やや一面的であると思う。戸口数や課丁数の帳簿上における増加の背後に、やはり九世紀中頃の段階の在田郡で、人口扶養力や担税能力の上昇があったのではないか。その上で、郡司や国司がそれをいかに利用するのか、もしくはしないのかという、国司・郡司自身の政治的立場の問題にかかわってくる、ととらえるべきであろう。

人口扶養力や担税能力の上昇というのは、農業をはじめとして、漁業や林業や手工業などの諸生産力の向上を基礎にしてもたらされる。在田郡の場合、さきの史料に近い仁寿四年(八五四)の「在田郡司解」を、戸田は鋭く分析し、郡の昇格と近い時期に、在田郡で開発が進展している状況をえぐり出している。

したがって、史料①は、第二節における推定の傍証となりうる。すなわち、天平時代から九世紀後半ないし一〇世紀前半までの百数十年間に、紀伊国の財政規模は、他国に比べて拡大したと推定できるが、その背後に進行していた事態の一端として、少なくとも九世紀前半ごろにおける在田郡地方の開発の進展があったととらえるわけである。

さて、在田郡の開発を考える手がかりとなるのは、条里型地割である。在田郡における条里型地割の分布については、古く米倉二郎の概括的な指摘があるが、(9)最近では中野榮治の詳細な研究が発表されている。(10)

中野の研究によると、在田郡の条里は次のようであったという。在田郡内の諸地域には、合計九カ所にわたって条里区の分布が見られる。この九カ所の条里区のうち、吉備町に存在した吉備条里区は規模がわからず、また、有田川筋では氾濫によって条里型地割が消えていることを考慮しなければならない。残る八条里区の、現地点における規模は、合計一六七町歩である。

以上の中野の研究は、現地表面、もしくは最近まで残っていた条里型地割を対象とするものであり、それがいつごろ設定されたのか、また地下にも先行する条里型地割が埋没しているとするならば、それはいつまでさかのぼりうるのか、という非常に大きな問題が残されている。したがって、中野の研究成果を、ただちに古代にまでさかのぼらせることには問題が残る。

しかし、地形的にみて、中野が検出した条里型地割の総面積を大きく凌駕して、古代においてさらに広く条里地割が広がっていたとみることは無理であろう。どれほど大きく見積っても、中野の推定とかけ離れた規模の条里型地割が、古代において存在していたとは考えにくいのではないか。

このことは、九世紀前半に、上述のように、たとえ在田郡地域で開発の進展が見られたとしても、それには限界があったことを暗示している。つまり、在田郡だけでは、前節で推定した紀伊国の財政規模の拡大は説明できないのである。わたくしは、在田郡において開発の進展が見られたのと同じころに、他の地域でも開発が進展していたのではなかろうかと推測する。紀伊国の多くの地域で進展した開発の結果の一部分が、史料①として姿を見せていると考えたい。

したがって、国単位の財政規模の拡大を背後から支えるだけの巨大な開発の進展を考えようとすれば、おのずから紀ノ川筋に注目しなければならないことになるであろう。紀ノ川筋における条里型地割に関する研究は、長い伝統をもっており、近年ますます精密になってきている。しかし、それらは分布論的研究が多く、それを時系列に配列しなおそうという観点の研究は、まだ乏しい。また、八〜九世紀の段階でそういうことを考えるためには、集落構造や埋没地割が重要な指標になる。

一方、古墳時代の初頭に、紀直の族長の指導のもとに、名草溝の掘削が行われ、河南に広大な耕地が開かれたという指摘が薗田香融によってなされている。[11] その研究を批判的に発展させるのはこれからである。したがって、ここでは、結局、在田郡における開発の進展が九世紀の前半ごろにあったのではないか、という指摘にとどめたい。

四　紀伊国における絹生産の発展

(1) 七世紀における発展

以上、律令時代の紀伊国における開発の状況を明らかにすることは、現状では限界がある。そこで、第二節における問題設定を、別の面から傍証するのが次の課題である。以下、紀伊国における養蚕・製糸・絹織物業の発展という点を手がかりにしたい。

この点について、まず注意されるのが、『続日本紀』大宝三年（七〇三）五月己亥（九日）条である。

② 令紀伊国奈我・名草二郡、停布調献糸、但阿提・飯高・牟漏三郡、献銀也、

この史料の前半は、このとき、紀伊国の奈我・名草二郡の調として納めるべき品目を、布から糸に改める、というものである。なにげない史料のようにみえるが、その意味するところは重要である。

すなわち、古代における布や糸という言葉の一般的用例からすると、布は麻布であり、糸は生糸ととらえなけ

ればならない。そうすると、この措置は、調の品目を単に布から糸へ、すなわち製品からその材料に切りかえたという単純なものではないのであって、麻の栽培、それから繊維の採取、製糸・織成という一連の技術体系にもとづいて生産される麻布から、桑の栽培をふり出しに、養蚕・製糸という、それとは全く異なった生産技術体系によって作成される糸への、調品目の質的な転換を意味するものであるということになる。つまり、技術的にまったく別の系統の物品に調の品目が変えられたということである。

したがって、まったく異なった生産技術的背景をもつ布から糸への変化を、どのように考えたらいいのかというのが次の問題である。そこで史料③～⑤をとりあげたい。

③　相模・常陸・上野・武蔵・下野五国輸調、元来是布也、自今以後、絁布並進、

（『続日本紀』和銅六年〈七一三〉五月癸酉〈一一日〉条）

④　令相模・常陸・上野・武蔵・下野五国、始輸絁調、但欲輸布者、許之、（同和銅七年正月甲申〈二五日〉条）

⑤　令上総・信濃二国、始貢絁調、（同養老元年〈七一七〉五月丁未〈八日〉条）

これらは、いずれも八世紀初頭の史料であるが、史料③は、相模・常陸・上野・武蔵・下野の五カ国の調が、もともとは布であったけれども、これ以後は絁と布の両方に切りかえる、というものである。つまり、従来は布のみが貢納されていたところに、絁が加えられたということである。つぎの史料④は、同じ五カ国について、絁の調を納めるようにしたが、もし布の調を納めることを希望するものがあれば許可する、という内容である。

この史料③④は、おそらく一連の史料であろう。すなわち、史料③で、調品目を布のみから、絁と布の二本だてに切りかえたが、おそらくその年（和銅六年）の貢納にあたって、一定の混乱が生じた。このため、翌年の正月早々にこの五カ国の調は絁を原則とし、場合によっては布も認める、という趣旨をさらにはっきりさせる布告（すなわち史料④）を再度出したということになるであろう。

史料③④をこのように理解すると、これらの一連の措置の眼目は、この五カ国の調品目を布から絁に切りかえる点にあったと見られる。絁は、もちろん絹糸で織りあげる織物であって、布すなわち麻布とは全く違うものである。したがって、要するに、和銅年間のころに、東国五カ国について、絁の貢納がスタートしはじめたという事態を示していることになる。

その点は、史料⑤についても同様に考えられる。これは、史料③④の五カ国に隣接する上総・信濃二国について、やはり絁の調を初めて納めさせる、というものである。この史料では、何から絁にきりかえられたのかという点が明らかではない。しかし、この措置は史料③④の措置と時期的に近いこと、また、上総・信濃二カ国は、史料③④の五カ国に隣接し、『延喜式』主計上においても、これら七カ国は調の布の限られた貢進地域を形成していること、などの点からみて、やはり布から絁への切りかえであったと考えるべきであろう。

その場合、このように考えると、史料⑤は、今まで布であったのを全面的に絁に切りかえてしまったという史料にみえてくる。しかし、後代まで両国は有力な布の産地であるので、この点は史料の残存の問題とみるべきだと考える。やはり史料③④と同じように、調品目は従来は布であったが、これを絁に切りかえるが、場合によっては布でもかまわない、というふうに解すべき史料であろう。

以上のようにみてくると、史料③〜⑤は、だいたい八世紀初頭ごろの東国七カ国において、調の品目が次々に、布から原則として絁に切りかえられた状況を示していることになる。これらの政策はかなり実現したらしく、武蔵・常陸・上野の三カ国について、正倉院の古裂中に調絁の実例が残っており、また七カ国すべてについて、絁生産が行われたことを示す史料がある。

このような布から絁への転換は、先ほどの大宝三年の紀伊国の奈我・名草二郡における布から糸への転換（史料②）、つまり麻栽培を前提とする製糸・織布から養蚕業を前提とするそれへの転換という点で、同じ傾向を示していることになる。しかし、東国七カ国と紀伊国で同じ傾向を示す史料があるからといって、両者を同列に論ずることができない。両者の位置は、つぎに述べるように、まったく違うのである。

まず、史料③〜⑤の東国七カ国に対する処置をどのように位置づけるか、という点が問題である。全国的にみた場合、絁の貢納促進政策の口火を切るものか、それとも仕上げの段階を示すのか、もしくはその中間段階なのか、どこに位置づけられるのか、という点である。

この点について、わたくしは、最終段階に位置づけるべき史料だと考える。すなわち、この東国七カ国は、『延喜式』の時点でも、一番品質の悪い糸（麁糸）を貢納する一一カ国にすべて含まれており、養蚕・製糸技術が一貫して低劣であったことがうかがえる。この点からすると、この地域は、絹織物生産においても、他に遅れをとっていたと考えるべきであろう。そうすると、史料③〜⑤以前に、東国以外の地域や畿内周辺地域においては、すでに絁・絹製品の貢納が命じられており、養蚕・製糸技術が低劣であったために最後まで残っていた東国七カ国に対して、八世紀初頭の段階で仕上げの意味で絁の貢納を命じた、と考えられる。

ところが、紀伊国は、以上の東国七カ国とはかなり異なっている。『延喜式』段階では、紀伊国は上糸の貢納国である。また、後述するように、正倉院に現存する紀伊国産の絁も上質とされている。したがって、関東七カ国と紀伊国とでは、養蚕・製糸技術、織成技術において、格段の技術差があったと考えるべきである。したがって、史料②と③〜⑤は、わずか一〇年ほどの差しかないが、両者を同列にあつかうことはできないのである。

むしろ紀伊国の場合は、次のように考えるべきであろう。すなわち、これ以前の段階にすでに絁の貢納が命じられていたのであるが、史料③④にみられるのと同じような形で、なお部分的に布の調の貢納が認められていたものを、大宝三年、すなわち史料②の段階にいたって、布の調を停めて絹製品に統一したのである。

それからもう一つ注意すべきことは、この大宝三年の史料②が、奈我・名草二郡についていわれているという点である。このことは、紀伊国における養蚕・製糸技術や織布の技術が、紀ノ川筋の地域を中心にして達成されたということを示している。

以上、史料②〜⑤によって、和銅・養老期の東国地方を最終的な仕上げの段階として、それ以前の時点、大ざっぱにいって七世紀段階に、絁貢納地域の拡大が進められたらしいことを想定した。このような絁貢納地域の拡大の背景には、やはり各地域において、養蚕・製糸・織成技術の進展があったと考えざるをえない。紀伊国においても、同様に考えるべきであるが、その場合、やはり紀ノ川筋の地域が進展の中心であったと考えられる。

(2)八世紀における発展

このように、七世紀段階における養蚕・製糸・織成技術の進展が想定されるとするならば、八世紀以後はどうなっていたのか。それが次の問題である。

さて、正倉院の古裂の中には、史料⑥のような墨書をもつ紀伊国産の調の絁の実例が残っている。(12)

⑥ （紀伊国名草郡）戸主榎本連真坂調橡絁壹匹長六丈　天平勝宝八歳十月 主当郡司擬少領少初位上榎本連千嶋 主当国司掾正六位上安宿戸造人足

この墨書に紀伊国の文字はないが、「主当郡司擬少領少初位上榎本連千嶋」が、別の史料から名草郡司であることが判明する。したがって、これは紀伊国から貢納された絁に書かれていた墨書とみてまちがいない。この紀伊国のものをはじめとして、正倉院の古裂については、布目順郎によってすでに調査が行われている。(13)その結果は、ほぼ次の三点にまとめられる。

第一点は、繊維の断面計測値についてである。布目によると、繊維の断面が円形に近いものほど品質がいいので、その円形の度合を断面完全度と称し、これと繊維の断面積とを合わせて断面計測値と称している。その断面計測値が大きいほど糸質が良いわけである。実物調査の結果は、布目の指摘によると、『延喜式』が、常陸・上野・甲斐を麁糸国とし、播磨・讃岐・遠江・阿波・紀伊を中・上糸国としていることと合致するという。合致しない場合もあるが、奈良~平安時代間の蚕品種、養蚕技術の地方的変遷のあらわれとも解される、すなわち奈良時代の実例の段階から平安時代の『延喜式』の段階までの間に、蚕品種・養蚕技術の変化によって、ちがいが生じたというわけである。

第二点の織密度では、これが細密なのは、阿波・伯耆・播磨・紀伊の諸国であって、中位なのは伊豆・伊予・讃岐・丹後・遠江の諸国、粗なのは甲斐・土佐・常陸・武蔵・上野の諸国であると指摘されている。第三点は、先ほどの断面計測値の大小が繊維の優劣を示し、織目の粗密が平織の優劣をあらわすという考え方が、当時における世間一般の通念であったとみてよいであろう、という点である。

布目が指摘する以上の三点によると、紀伊国産の繊維というのは優れており、また織成技術も、これまた優秀であったことになる。これに対して、史料③~⑤に出てくる東国七カ国は、概して繊維も織成技術も劣っていたとみられる。このことは、上述したように、東国七カ国に絁の貢納が命じられたのが、全国的にはもっとも遅かったとする想定とも対応する事実である。

以上によって、奈良時代中ごろの紀伊国では、高度の養蚕・製糸・織成技術が定着していたことが確かめられた。それでは、このような技術的達成は、一体どのようにしてなされたのであろうか。この点については、史料⑦⑧に注意する必要がある。

⑦　遣挑文師于諸国、始教習織錦綾、（『続日本紀』和銅四年〔七一一〕閏六月丁巳〔一四日〕条）

⑧　令伊勢・尾張・参河・駿河・伊豆・近江・越前・丹波・但馬・因幡・伯耆・出雲・播磨・備前・備中・備後・安芸・紀伊・阿波・伊予・讃岐等廿一国、始織綾錦、（同和銅五年七月壬午〔一五日〕条）

この両者は一連の史料で、史料⑦で、和銅四年閏六月に挑文師を諸国に派遣して、錦・綾などの高級絹織物の織成技術を教習せしめ、翌年七月の史料⑧で、伊勢以下の二一カ国に命じて、はじめて綾・錦の高級絹織物を織らせたことを示している。この二一カ国に紀伊国が含まれている点が注意される。

これらの処置については、従来多くのことが指摘されている。たとえば、これまで朝集使（諸国）貢献物という名目で徴収されていた高級絹織物を、これ以後は調として徴収するように切り替えたという点、このようにして織成した錦は、従来のいわゆる経錦に対する緯錦であったであろうという点などである。また、その生産の方式については、それぞれの国に国府工房が設置され、そこに在地の技能民が錦生・綾生などの織生として上番せしめられ、調綾師のような師から技術指導をうけ、原材料・食料の支給を受けて錦・綾などを織ったという指摘も出されている。

このような生産の方式によると、在地においてすでに絁生産に従事していた技能民が、この措置を契機にして、高級絹織物織成の技術要員として国府工房に上番せしめられ、そこで、史料⑦の挑文師の教習に由来する技術の指導を受け、高級な技術を体得して、一定期間高級絹織物の織成に従事し、やがてまた在地に帰ってくるという過程が繰りかえされることになる。

このような過程を通じて、高度の織成技術が在地に伝えられ、それが絁の織成にも影響を与えたということは、十分考えられるのではないか。わたくしは、紀伊国における絁の織成技術が、さらに高度な段階に到達した契機を、以上のように考える。

これに対して、養蚕・製糸技術水準の向上については、適確な史料がない。しかし、これらの技術水準のいかんは、高級絹織物の出来栄えに直接関係することであるから、中央の進んだ織成技術の伝達ばかりでなく、これらについても、より高度な技術の伝達が行われ、それが在地の技術水準をひきあげる方向に作用したのではないかと予想している。

(3)奈良時代後半〜平安初期における発展

以上、ほぼ七世紀段階と、和銅以後の八世紀前半の段階の二回にわたって、紀伊国における絹織物生産の技術的な水準が向上した時期があったことを想定してきた。しかし、わたくしは、さらに奈良時代の後半から平安初期においても、技術水準の上昇があったと考えている。この点については、すでに私見を明らかにしているので[14]、ここでは要点を述べるにとどめる。

奈良時代の史料と『延喜式』とにおいて、絹の貢納国と絁のそれとを比較すると、関東地方を除いて、非常に広範な国々で、第一に、絁から絹へという貢納品目の変化が認められ、第二に、奈良時代には絹も絁も全く貢納していなかった国々が、『延喜式』の段階では、絹を貢納するようになるという傾向が認められる。これらは、絹貢納の拡大としてまとめられるが、この傾向は、だいたい奈良時代の後半から平安初頭ぐらいにかけて、全国的に進行したとみるべきだと考えられる。

そこで、絁と絹の違いがどこにあるかということが問題となる。ところが、この点は、専門家の間でも必ずしも意見が一致していないようである。しかし、少なくとも使う糸の質に重要な差があるということは、ほぼ確かであろうと思われる。したがって、絹貢納の拡大の背後に、在地における養蚕・製糸技術の進展があったとみられることになる。つまり、奈良時代の後半から平安初頭にかけて、かなり広範な国々の在地において、養蚕・製糸技術の発展があり、それを背景として、絁から絹への貢納品の移行と絹貢納地域の増加、すなわち絹貢納の拡大があったと考えるわけである。

(4)九世紀以降の発展

これで第三の段階が設定されたが、九世紀以降はどうであったのだろうか。これについては、あまり確実なことはいえないが、次の史料⑨と⑩に注意したい。

⑨　太政官処分、伊賀・尾張・出雲・美作・備前・備中・備後・安芸・紀伊・阿波等国、年料貢賦練糸等、宜減其色、令進生糸、（『続日本後紀』承和二年〔八三五〕五月癸酉〔二九日〕条）

⑩　伊賀・伊勢・尾張・伊豆・近江・美濃・越後・丹後・但馬・出雲・播磨・備前・備後・紀伊・阿波・讃岐・伊予・土左等十九国貢絹、麁悪特甚、不如昔日、勅譴国宰、採取正倉旧様絹、毎国賜一疋、依旧様織作、（『日本三代実録』仁和三年〔八八七〕六月二日甲辰条）

史料⑨の太政官処分は、紀伊国をはじめとする一〇カ国から年ごとに貢納されていた練糸（生糸からセリシンを除去することでしなやかにし、光沢を出した糸）をやめ、それにかわって生糸を納めさせたという処置である。このことは、当然中央において練りの作業が行われることを想定させる。現に『延喜式』縫殿寮には、練りの作業に要する用度が列挙されている。

したがって、この史料⑨からうかがえるのは、諸国には原材料を負担させ、その加工は中央官司が担当するという志向である。つまり、在地に高度な製品の生産を期待していないのである。地方にかわって中央官司において高度な製品を作成することとし、そのための材料供給地として在地を位置づけようというのが、史料⑨の太政官処分に流れている基調である。

史料⑩は、紀伊を含む一九カ国[15]から納める絹は特に麁悪であるので、国司に譴責を加えるとともに、まだ品質が良かった時代の上質の絹を、国ごとに一匹ずつ与えて、それを手本にして織作することを命じたものである。これは、延暦期以降次第に激化し、貞観元年（八五九）には、「或いは絹の如くして絹に非ず、尤も蜘蛛の秋網に同じ」（『日本三代実録』貞観六年八月九日癸亥条）とまで指摘されるにいたる調庸物の麁悪化、絹の麁悪化に対応してとられた措置である。紀伊国においても、中央へ貢納する絹の品質低下が進んでいたことがうかがえる。

このようにみてくると、史料⑨と史料⑩とは、時代的に約五〇年のひらきがあり、まったく内容を異にする史料であるようにみえる。しかし、わたくしは、両史料は一見関係ないようにみえながら、底に流れるものは、結局共通するところがあると考えている。

すなわち、史料⑨からうかがえるのは、前述のように、原材料を中央で確保するという指向であったが、これは結局、史料⑩に見られるように、在地において中央貢納用の優秀な製品を確保することが困難になってきていることを反映しているわけである。つまり、よいものを収取しようとしてもできないから、せめて原材料だけでも確保しようというのが史料⑨だ、というわけである。

このように考えると、史料⑨⑩は、ともに京進する絹製品の麁悪化が進行していることを示している点で、共通するところがあることになる。在地から中央に貢納される絹織物製品の品質が甚だしく低下したことが、史料⑨と⑩のような、中央政府による別な形の対応となってあらわれてくると考えられるのである。

しかしながら、このような品質の低下は、すでに指摘されているように、在地における技術水準そのものが低下したことを示すのでは全くない。優良品が私的交易や対価を得られる交易雑物その他に流れてしまい、中央への貢納物の生産には力が注がれず、また不良品が当てられたためなのである。したがって、九世紀以降においても、紀伊国で絹織物業が衰退したと見る必要はなく、むしろ順調に発展をとげていったと考えてよいであろう。

『日本三代実録』元慶六年（八八二）二月一四日丁亥条には、次の太政官処分がみえる。

⑪　太政官処分、紀伊国浪人調庸、准土輸絹綿、

これは、紀伊国の浪人の調庸は、当地から輸されている絹綿に准じて貢納せよ、という内容である。これは、すでに平野博之が指摘しているように、当時の紀伊国の調庸物として、綿とともに絹が代表的な品目と見られていたことを示している。また、『新猿楽記』の特産品のリストは、いつ頃の状態を示すのか問題かもしれないが、

少なくとも『新猿楽記』が成立した一一世紀の半ばごろには、紀伊国の特産品として縑というものが世に知られていたことがわかる。その点から、振り返って九世紀以降における紀伊国の絹織物生産の発展をうかがうことができるのではないか。

(5)小　結

以上、紀伊国における養蚕・製糸・絹織物業の発展を検討してきた。それによると、第一に、七世紀段階で、養蚕・製糸・織成技術の進展が全国的にみられ、紀伊国でも、従来の麻布にかわって、糸や絁を中央に貢納するようになったが、このような発展は、主に紀ノ川筋の地域において達成されたと考えられる。

第二に、中央からの高級絹織物織成技術や、おそらく養蚕・製糸技術の導入を契機として、在地における絁の生産技術水準が向上し、紀伊国では、奈良時代の中ごろには、優秀な絁が生産されて中央へ貢納されていた。第三に、奈良時代後半〜平安初期にかけて、養蚕・製糸・織成技術のさらなる発展があり、それを背景として、紀伊国をはじめとする多くの国々で、絁生産から絹生産への展開がみられ、第四に、九世紀以後も絹織物業は発展し、ついに紀伊国の特産品と認められるにいたったわけである。

このように、紀伊国の養蚕・製糸・絹織物業は、いくつかの画期をおいて、ほぼ順調に発展していったといえる。このように、紀伊国において絹織物生産、養蚕・製糸業などの手工業が発展してきたということは、一番最初にたてた見通し、つまり天平期〜九世紀後半ないし一〇世紀前半までにいたる百数十年ほどの間に、紀伊国の財政規模は、他の国に比較して急速に拡大したのではないかという見通しと、部分的に合致し、この現象の背後で進行していた事態の一部分を示すものと考える。

五　おわりに

以上、紀伊国においては、少なくとも九世紀の前半ごろ、在田郡で開発が進展していたことを指摘した。また、紀ノ川筋においても、律令時代に開発の進展が見られたであろうと推測したわけであるが、それについての検証は後に待ちたい。また、七世紀段階から一〇世紀段階まで、いくつかの画期をもちながら、やはり紀ノ川筋を中心にして養蚕・製糸・絹織物業の進展がみられたことを指摘した。

しかしながら、これらは、結局、ごく一部の地域の開発と、それから手工業生産の中のわずかな部門について指摘できたにすぎない。したがって、これだけをもって財政規模の拡大云々ということを、そう簡単にいうことはもちろんできない。

しかし、たとえば絹織物のような限られた部門における生産力の発展は、決して孤立して達成できるものではなく、他の生産諸力の発展、技術的進歩と結びついている。このように一般的に考えられるとすると、やはり、上述の限られた部門における生産の発展という事実のもつ意味は重いのではないかと思う。

（1）平野博之「律令国家における紀伊国」（安藤精一編『和歌山の研究』第二巻 古代・中世・近世篇、清文堂出版、一九七八年九月）。

（2）「諸国本稲」の語は、『延喜式』古写本の鼇頭標目による。

（3）村井康彦「公出挙制の変質過程」（『古代国家解体過程の研究』、岩波書店、一九六五年四月、もと『史窓』一七・一八合併号、一九六〇年一〇月）。

（4）彌永貞三「『拾芥抄』及び『海東諸国紀』にあらわれた諸国の田積史料に関する覚え書――中村栄孝「海東諸国紀の撰修と印刷」の脚注として――」（『日本古代社会経済史研究』、岩波書店、一九八〇年一二月、もと『名古屋

大学文学部研究論集』四一・史学一四、一九六六年三月)。
(5) 坂本賞三「前期王朝国家体制の支配構造」(『日本王朝国家体制論』、東京大学出版会、一九七二年三月)。
(6) 井上辰雄「紀伊国正税帳をめぐる諸問題」(『正税帳の研究——律令時代の地方政治——』、塙書房、一九六七年一一月)。
(7) 平野前掲注(1)論文、荒井秀規「神郡田租と正税帳——天平二年『紀伊国大税帳』に関する一試論——」(『藤沢市文書館紀要』九、一九八六年三月)。
(8) 戸田芳実「領主的土地所有の先駆形態」(『日本領主制成立史の研究』、岩波書店、一九六七年二月)。
(9) 米倉二郎「紀伊に於ける班田の遺構」(『和歌山高等商業学校創立十五周年記念論文集』、弘文堂書房、一九三七年一〇月)。
(10) 中野榮治「在田・海部郡の条里」(『紀伊国の条里制』、古今書院、一九八九年五月、もと「紀伊半島南部の条里制」の一部、『地表空間の組織』、古今書院、一九八一年三月)。
(11) 薗田香融「岩橋千塚と紀国造」(『日本古代の貴族と地方豪族』、塙書房、一九九二年一月、もと末永雅雄・薗田香融・森浩一編『岩橋千塚』、和歌山市教育委員会、一九六七年三月)。
(12) 松嶋順正編『正倉院宝物銘文集成』(吉川弘文館、一九七八年七月)。
(13) 布目順郎「正倉院の絹製品とその繊維」(『養蚕の起源と古代絹』、雄山閣、一九七九年一月)。
(14) 栄原「技術における地方と中央」(『奈良時代流通経済史の研究』、塙書房、一九九二年二月、もと三浦圭一編『技術の社会史』第一巻 古代・中世の技術と社会、有斐閣、一九八二年九月)。
(15) 史料⑩には一九カ国とあるが、列挙されている国名は全部で一八である。これは数字に間違いがあるか、国名の脱落があるかのいずれかである。

第七章　和歌浦と古代紀伊─木簡を手がかりとして─

一　和歌浦の地域性

和歌浦というと、だれもがすぐに思い浮かべるのは、『万葉集』にうたわれた風光明媚な地であろう。万葉人がこよなく愛した和歌浦は、現代よりもはるかに自然が満ちあふれていた古代にあっても、たしかにすばらしい眺望をほこる土地柄であったらしい。神亀元年（七二四）一〇月にここに行幸した聖武天皇が、その見晴らしのよさに、いたく感動したことが『続日本紀』にみえる。(1) この美しさを求めて、天皇や貴族たちが、何回もこの地をおとづれ、おおくの万葉の歌がうみだされた。(2)

古代の景勝の地としての和歌浦については、『万葉集』の歌を中心に、これまでにもさまざまに論じられてきた。しかし、和歌浦について考えるための史料は、『万葉集』『続日本紀』だけではないのではないか。古代史の史料として重要な木簡を検討してみると、和歌浦のまたちがった姿がみえてくる。古代の和歌浦を、たんに景勝地としてのみ理解してしまうと、ことの一面を見たことにしかならず、重要な側面を見逃してしまうことになる。古代の和歌浦という地域の持っていたさまざまな側面・性格を、十分に明らかにすることが、現在ではとりわけ和歌浦という地域のもつ特質について考えてみたい。
以下、最近かなり増えてきた紀伊国関係の木簡を手がかりとして、『万葉集』『続日本紀』からはうかがえない、和歌浦という地域のもつ特質について考えてみたい。

二　可太郷と和歌浦

まず最初に、紀伊国関係の木簡について、一言しておこう。ひとくちに紀伊国関係木簡といっても、その内容は多岐にわたる。現在までに出土している合計一四七点は、いちおうつぎのように分類できる。(1)紀伊国関係の地名がみえる木簡（五三点）、(2)紀伊国関係の人名がみえる木簡（六四点）、(3)和歌山県内で出土した木簡（一〇点）、(4)その他・参考（二〇点）である。[4]ここで検討の対象とするのは、このうち、おもに(1)の木簡群である。

さて、奈良時代の地方行政制度としては、国郡の下に、原則として五〇戸からなる里がおかれていた。この里は、よく知られているように、霊亀三年（七一七）以降は郷になり、[5]天平一一～一二年（七三九～四〇）ごろまでの二五年間だけ、郷の下に里がおかれていた。これを郷里制という。

紀伊国には、いっかんして伊都・那賀・名草・海部・安諦（在田）・日高・牟婁の七郡が置かれていた。このうち、名草郡と海部郡の古代における郡境が、現在の土入川と和歌川（これらが紀ノ川の旧本流）[6]であったとすると、古代の和歌浦は、両郡の境界に位置することになるが、海上に点在する島々は海部郡に属していたことになる。これによれば、海部郡の郡域は、どのような広がりとなっていたのであろうか。

一〇世紀前半に成立した『和名抄』（大東急記念文庫本）では、海部郡にあった郷として、賀太・浜中・余戸・駅家の四つをあげている（高山寺本には余戸・駅家はない）。これに対して、八世紀の史料にみえる同郡の郷（里）は、可太郷・浜中郷・木本郷・□里である。それでは、古代の和歌浦は、これらとどのような関係にあったのであろうか。

そこでまず注意したいのが、つぎのような木簡である。

① □〔海カ〕□部郡可太郷黒江里戸主神奴与止麻呂調塩三斗神亀五年九月　280・38・7　031　平宮3-3078

② □太郷黒江里御贄安除魚一斗　(157)・27・2　039　平概31-30

前者①の木簡は、平城宮が東へ張り出していることを確認した東一坊大路付近の調査で出土したもので、調の塩の荷札である。ここに掲げた正報告の釈文では、最初に発表された概報の文字がだいぶ改められている。(7) そのうちとくに、概報で「黒□里」とあったものが「黒江里」とされたことは、たいへん重要である。

可太（賀太、加太）郷の範囲(8)については、現和歌山市北西部の加太、西脇、木ノ本、松江地区のあたりとするのが通例である。しかし、これは適当ではない。『和名抄』段階と奈良時代とでは、郷域が異なっていたようである。

そのことを端的に示すのが①の木簡なのである。これによって、神亀五年（七二八）段階で「黒江里」が可太郷の範囲内にあったことが判明するのである。また、②の木簡は、二条大路木簡の一つである。これによって、可太郷のなかに黒江里があることがいっそう確実となった。この黒江里とは、現在の海南市黒江あたりのことであろう。したがって、これら①②の木簡によって、当時の可太郷が、現和歌山市北西部の地域だけでなく、海南市の一部にまで広がっていたことが、はじめて明らかになったのである。(9)

黒江の東の現海南市旦来、南東の大野中あたりは、それぞれ名草郡旦来郷、大野郷の範囲と考えられる。したがって、可太郷黒江里は、現海南市黒江あたりから海岸部にかけてのそれほど広くない範囲であったとみられる。

可太郷が、現海南市黒江あたりにまで及んでいたという事実は、和歌浦の理解に重大な影響をおよぼすことになるが、その点に進む前に、さらに木本郷について考えておかねばならない。この郷は、天平一九年（七四七）二月一一日の「大安寺伽藍縁起并流記資財帳」にみえる。その墾田地の項に、

③　在紀伊国海部郡木本郷佰漆拾町
　　四至　東百姓宅并道　北山
　　　　　西牧　　　　　南海

とある（『大日本古文書（編年）』二巻六五一ページ）。この四至で示される大安寺の墾田地は、木本郷に含まれている。そこで注目すべきは、この史料によると、墾田地の南が海にまで及んでいた点である。なぜなら、木本郷内の墾田地の南がすでに海に面しているのであるから、木本郷の南も当然海に達していたことになるからである。

このことは、木本郷と可太郷の郷域の関係に問題を提起する。可太郷は、いま明らかにしたように、現和歌山市加太から、この木本郷の地域をこえて現海南市黒江あたりにまで及んでいた。そうすると、木本郷は現和歌山市木ノ本を中心とするあたりとみられ、その南は海に達していたのであるから、可太郷は現海南市黒江付近まで陸続きで連ならないことになる。木本郷は、可太郷の間に入り込み、可太郷を分断していたのである。

それでは、このような状態は、いつから続いていたのであろうか。この点を考えるうえで参考となるのが、つぎの木簡である。

④　紀伊国海マ郡□里木本村海マ宇手調　(221)・(15)・4　039　藤概6-14　木研3-18

これは、藤原宮の東面北門あたりの外濠から出土したものである。年紀が記されていないが、「郡」の文字を使用しているから大宝元年（七〇一）以後で、藤原宮跡から出土したから和銅三年（七一〇）以前のものである。

この木簡によると、□里のなかに木本村があったらしいから、□里は現和歌山市木ノ本あたりを含んでいたとみてよい。□里の名称は一文字のようであるが、和銅六年五月には、郡郷名は二文字の好字に改められたはずである。どのような名称になったのか史料がないが、「木本里」（霊亀三年からは木本郷）になった可能性が高いの

ではないか。

この推定が妥当であるとすると、この□里は、さきの木本郷の前身とみられることになる。そうすると、可太郷の間に木本郷や□里が入り込んでいるという状態は、おそくとも八世紀初頭以来のことであったことになる。なお、木本郷は、『和名抄』をはじめ、その後の史料にみえない。時期は不明だが、おそらく可太郷に吸収合併されたのであろう。

この結果にもとづいて、ふたたび可太郷について考えてみよう。さきにみた名草郡と海部郡の郡境は、これまで郷の範囲と関連させて理解されることはなかった。しかし、現海南市黒江あたりまで可太郷が広がっていたことが明らかになったのであるから、和歌川以西の陸地も、とうぜん可太郷の範囲に入っていたとみなければならない。また、土入川以西は、□里—木本郷であったであろう。そうすると、八世紀の可太郷とは、現和歌山市加太あたりから現海南市黒江あたりまで、沿岸部を点々と連ねて広がるという特異な形態を持っていたことになる。

つぎに、海部郡のもう一つの郷である浜中郷についてかんたんに見ておこう。この郷の位置については、つぎの『日本霊異記』下巻第二九話の一節が注意される。

⑤　紀伊国海部郡仁嗜之浜中村、有一愚痴夫、姓名未詳也、自性愚痴、不知因果、海部与安諦通而往還山、有山道、号曰玉坂也、従浜中、指正南而踰、到乎秦里、(下略)

これによると、仁嗜の浜中村から玉坂をこえて真南にいくと安諦郡の秦里に至る、とある。この秦里は、平城宮跡出土木簡の、

⑥　紀伊国安諦郡幡陁郷戸主秦人小麻呂調塩三斗天平□　265・25・3　033　平宮1-325

にみえる「幡陀郷」のことで、現有田市宮原町畑あたりとみられる。ここから山一つ北に越えたところが現海草郡下津町で、ここには、中世以来、仁義荘や近衛家領の浜仲荘があった。この点からみて、浜中郷は、すでに指

摘されているように、下津町付近であろう。なお、この郷については、次節でとりあげる「浜中郷大原里」の木簡が、最近出土している。

以上から、奈良時代の海部郡には、可太・木本（□）・浜中の三郷（里）があったことが確かめられた。これ以外に余戸、駅家郷もあったかも知れない。駅家郷は、大宝二年（七〇二）正月におかれた賀陁（太）駅家に関係するものであろう。賀太駅は、弘仁二年（八一一）八月に廃止されたが、その後復活したらしく、『延喜式』にみえている。

以上、海部郡の各郷についてみてきたが、そのなかで和歌浦との関係で重要なのは、可太郷の範囲である。さきにみたように、八世紀の可太郷は、現和歌山市加太から現海南市黒江にかけて、沿岸沿いに断続的に連なり広がっていた。この点からすると、古代の和歌浦は、可太郷の世界の中でとらえられることになる。

このことは、さらに次のことをも意味する。すなわち、『万葉集』や『続日本紀』にみえる「和歌浦」「雑賀野」「雑賀の浦」「玉津島」「明光浦」なども、すべて可太郷にふくまれるのである。また、践祚大嘗祭の時に神にささげる由加物をとる「賀多潜女」も、現和歌山市加太の海女に限定して考える必要はないことになる。これらのことは、和歌浦の理解に新しい側面を切りひらくことになるであろう。

三　海部郡と贄の貢納

いわゆる「二条大路木簡」として、つぎのような注目すべき木簡が三点出土している。それは、

⑦　紀伊国海部郡浜中郷大原里御贄安遅魚一斗　228・22・3　031　平概22-38

⑧　紀伊国海部郡浜中郷大原里御贄安遅魚一斗　225・27・4　031　平概22-38

②　□太郷黒江里御贄安除魚一斗　(157)・27・2　039　平概31-30

⑨　木本村御贄□〔鯛カ〕　　(82)・18・3　081　平概34-31

というものである。このうち⑦⑧は、比較的近くから出土し、やや大きさが異なるが、まったく同じ文字を記している。また、②は先にすでにあげたものである。これらは、ともに記載内容や形態からみて、贄の荷札である。また、いずれにも年紀がない。しかし、二条大路木簡全体が天平三（七三一）～一一年のあいだにおさまるので、これもこの期間内のものであろう。長屋王没後のものということになる。⑨は、平城京の東二坊坊間東小路西側溝から出土したもので、前掲④の木簡によれば、紀伊国海部郡のものとしてよかろう。

さて、これらの木簡で注意したいのは、⑦⑧が海部郡に関するはじめての贄史料であるという点である。それは、つぎの疑問と関係する。すなわち、『延喜式』践祚大嘗祭（巻七）の由加物条には、神に供える由加物の内容と、それを差し出す国として、紀伊・淡路・阿波の三カ国があげられている。

⑩　凡応供神御由加物器料者、（神語号雑贄、同為由加物、）九月上旬申官、差卜部三人遣三国、先大祓後行事、料馬一疋、（中略）（已上当郡所輸、）馬一疋、（中略）（已上阿波国麻殖、那賀両郡所輸、）其供神幣物并作具、及潜女衣料、（人別布一丈四尺、）並以大蔵物充、但粮以当国正税給、人別日米二升、（紀伊七日、阿波十日、）其物造了、卜部監送斎場、分付両国、但阿波国献麁布木綿付神祇官、

⑪　紀伊国所献薄鰒四連、生鰒・生螺各六籠、都志毛・古毛各六籠、螺貝焼塩十顆、並令賀多潜女十人量程採備、其幣五色薄絁各一尺、倭文一尺、木綿・麻各五両、葉薦一枚、潜女所須鑿十具・刀子二枚、

⑫　凡紀伊・淡路・阿波三国造由加物使、向京之日、路次之国掃道路祇承、

このうち⑩によると、神に献じる「由加物」は「雑贄」とも称され、また、⑪では、紀伊国から差しだされる由加物である薄鰒・生鰒以下の海産物は、「賀多潜女」が採り備えるとされている。では、なぜ紀伊国の由加物（雑贄）は他でもない「賀多潜女」が採取することになっているのであろうか。

実は、この疑問は、紀伊国における贄の史料のあり方から発している。紀伊国の贄史料は、これまでに知られ

ていかぎりでは、牟婁郡に集中していたからである。すなわち、つぎの二点は贄であることが明記された荷札である。

⑬　无漏郡進上御贄少辛螺頭打　127・18・4　031　平宮2-2284

⑭　紀伊国无漏郡進上御贄礒鯛八升　188・27・4　031　平宮2-2285　木研3-65

また、つぎの三点も贄の荷札であろう。

⑮　紀伊国牟婁郡□　(72)・25・3　039　平宮3-3071　木研7-121

⑯　紀伊国无漏郡太海細螺八升　278・25・4　031　平概21-33

⑰　紀伊国无漏郡鯛□〔贄カ〕一龍員五　278・28・3　031　平概27-21

これらは、いずれも平城京から出土したものである。また、『日本書紀』持統六年（六九二）五月庚午（六日）条にも、

⑱　進贄者、紀伊国牟婁郡人、阿古志海部河瀬麿等、

とある。これらによると、紀伊国の贄として、牟婁郡から魚貝類の海産物が貢納されていたことがわかる。わたくしは、この点から、牟婁郡は天皇と特別の関係があったと考え、そのむねを文章にまとめたこともある。(10) とすると、大嘗祭の由加物も牟婁郡から出されてしかるべきではないか。

ところが、さきの②⑦⑧⑨の木簡によって、海部郡からも贄が貢納されていたことがあきらかとなった。しかも、⑦⑧は浜中郷のものだが、②が可太郷黒江里から貢納されたものであることは、きわめて重要である。さきに、「賀多潜女」の活動範囲を、現和歌山市加太に限定して考える必要はないことを指摘したが、②の木簡は、そのことをさらに強く示している。

これらによると、「賀多潜女」が、『延喜式』の段階で、大嘗祭の由加物を採取することになっているのは、八

世紀にすでに行なわれていた贄の貢納の伝統と関係があるのではなかろうか。

この点で注意されるのが、聖武天皇の和歌浦行幸である。大嘗祭直前の神亀元年（七二四）一〇月に実施されたこの行幸は、遊覧的性格を色濃くもつものであったらしいが、それにとどまらず、「神事」[11]をとりおこなうことも、また重要な目的であった。同様のことは、天平神護元年（七六五）一〇月の孝謙女帝の和歌浦行幸にも共通している。

この点からすると、大嘗祭直前の行幸と「神事」は、大嘗祭の由加物の採取と関係が深かったのではなかろうか。和歌浦一帯の島々が可太郷に属していた点からすると、由加物が「賀多潜女」によって採取されるのは当然といえよう。このことは、和歌浦が、たんなる景勝地ではなく、大嘗祭の由加物を採取する神聖な空間であったことを意味している。

四　和歌浦と物資の貢納

紀伊国の荷札でこれまで出土しているのは、ほぼ確実なものは、調一二点（うち推定一点）、中男作物一点、庸二点、年料舂米二点、贄九点、地子四点である。このうち、贄については前述した。ここでは、まず米の荷札について考える。紀伊国の米の荷札は、これまでのところ、つぎの四点が出土している。

⑲・紀伊国伊都郡指理里白米五斗
　・　天平六年三月　　89・20・4　032　平概16-10　木研5-12

⑳　紀伊国伊東郡庸米六斗　　193・21・5　033　平宮3-2909　木研7-12

㉑・荒河郷酒米五斗
　・賀美里　　145・24・6　032　平宮2-2266

032　平概 7-5

㉒・吉備里海部赤万呂米六斗
・霊亀三年六月

このうち、㉑は「荒河郷」の年料春米の荷札である。荒河郷は陸奥国磐城郡と紀伊国那賀郡にあるが、陸奥国は春米の運京国ではないので、紀伊国のものとみられる。また、㉒には国郡を記していないが、「吉備里（郷）」は『和名抄』では紀伊国在田（安諦）郡にしかみえないので、やはり紀伊国の木簡としてよかろう。

さて、米の荷札には、年料春米の荷札と庸米の荷札の二種類がある。年料春米の荷札は、白米、酒米などと表記され、分量は例外なく五斗である。これにたいして庸米の荷札は、数量では六斗、五斗八升、五斗の三種類がある。六斗と五斗八升の別は、直丁・駆使丁が一ヵ月に支給される粮米の量による。[12]したがって、「庸米」と書かれていなくても、六斗、五斗八升とある米の荷札は、庸米のものということができる。

これによると、⑲㉑は年料春米、⑳㉒は庸米の荷札ということになる。紀伊国の年料春米は、『延喜式』民部によると、毎年二月三〇日以前に、大炊寮に白米二〇〇石を納入する規定になっている。⑲の日付は、期限より遅れている。また、紀伊国の庸米は、賦役令3調庸物条によると、八月中旬に起輸し、一〇月三〇日までに納入することになっている。㉒の日付は、これに合っていない。このような日付の問題はあるが、ここではすこし観点を変えてみたい。

よくみると、この四点の木簡は、⑲⑳㉑と㉒の二つのグループに分けられることがわかる。㉒は安諦郡のもので、吉備郷は有田川を通じて、海とのつながりが比較的ある地域であるのに対して、⑲⑳㉑は伊都・那賀郡のもので、紀ノ川上中流地域の内陸部に属する。

一般に、年料春米や庸米は、畿内周辺や瀬戸内海沿岸の諸国から貢納されることになっていた。[13]米は重貨であるから、輸送の便宜のためにこれらの国々が指定されていたのである。まず、年料春米は、天平勝宝八歳（七五

六）一〇月七日の太政官処分（『続日本紀』）に、

㉓　太政官処分、山陽・南海諸国春米、自今以後、取海路漕送、（中略）但美作・紀伊二国、不在此限、

と規定されている。年料春米の貢納を指定されていた諸国では、これ以前からすでに海上輸送を行なっており、この処分は、その追認の色合いが濃い。

しかし、そのなかで、紀伊国は陸路輸送を要求されていたのである。⑲㉑が伊都・那賀郡の荷札であることは、これと関係があるとかんがえられる。この二郡は紀伊国の中でも、平城京にもっとも近い郡であり、かつ紀ノ川水運も利用できる位置にある。そのため、輸送の便を考慮してこの二郡から年料春米が送られたのであろう。

庸米をはじめとする調庸物は、令の建前では、陸路を人間がかついで運ぶべきであった。調庸物は中央財政の基本的な財源であったため、この規制は年料春米より強かったと思われる。⑳の伊都郡からの庸米は、それを示している。ところが、霊亀元年（七一五）五月一四日の詔（『続日本紀』）によると、当時、庸物を海路で運ぶ国があったらしい。㉒はまさしくそれを示すのではなかろうか。安諦郡から庸米を中央に送るためには、海運を利用するほうがはるかに効率的であった。

つぎに、調の荷札をとりあげよう。これを整理すると、海部郡（塩二点、品目不明二点）、安諦郡（塩三点）、日高郡（塩五点）という内訳になる。これによると、紀伊国の調荷札一三点のうち、品目がわかるものはすべて塩であることがわかる。調ばかりでなく、地子荷札四点のうち、品目のわかる三点もすべて塩である。紀伊半島の沿岸部では、さかんに製塩が行なわれ、中央に貢納されていたのである。

ところで、『延喜式』主計上には、諸国の調が列挙されている。紀伊国の部分は、次のようである。

㉔　調、両面五疋、鼠跡羅二疋、一窠綾四疋、二窠綾五疋、薔薇綾三疋、白綾廾疋、纁帛卅疋、緑帛十疋、緋糸卌五絇、纁糸・緑糸各廾絇、橡糸十絇、皂糸五絇、自余輸絹・糸・綿・塩・鮨・鰒・堅魚・久恵腊・滑海

藻、但浮浪人調庸輸銭、

ここにみえる紀伊国の調の品目は、絹製品（両面・羅・綾・帛・糸・絹・綿）、海産物（塩・鮨・鰒・堅魚・久恵腊・滑海藻）、銭の三種類に分類できる。このように、紀伊国から貢納される調の品目は多様であるが、木簡でみるかぎり、塩の比重がきわめて大きい。

しかし、『続日本紀』大宝三年（七〇三）五月己亥（九日）条には、

㉕令紀伊国奈我・名草二郡、停布調献糸、但阿提・飯高・牟漏三郡、献銀也、

とある。これによると、奈我（那賀）・名草二郡の調を布（麻布）から糸（絹糸）へ変更し[14]、阿提（安諦）・飯高（日高）・牟婁の三郡は銀を献ずるように規定されている。このうち、紀南三郡からの銀の貢納は、ほとんど定着しなかった。これに対して、正倉院には、つぎのような墨書をもつ絁がのこっている[15]。

㉖ □（紀伊国名草郡）戸主榎本連真坂調橡絁壱匹長六丈　天平勝宝八歳十月 主当郡司擬少領少初位上榎本連千嶋 主当国司掾正六位上安宿戸造人足

これは名草郡のもので、その繊維は、分析結果によると、優良な部類にはいるとされており[16]、紀ノ川筋における絹織物生産の発展を示している[17]。

以上、木簡を中心にして、古代紀伊国からの貢納物を概観してきたが、これらによると、紀ノ川筋からは米や絹製品、沿岸部からは米や海産物、なかでも塩が貢納されていたというのが、だいたいの傾向であったといえるであろう。これを輸送の観点から考えてみると、絹製品は軽貨であるから、紀ノ川筋をたどる陸路を利用することは、さほどの負担ではない。これに対して、米は重いから、少しでも輸送距離を縮めるため、紀ノ川筋でも都に近い伊都・那賀郡から運ばれていた。

では、沿岸部からはどうか。もちろん陸路をはこぶ場合も考えられるが、山がちの地形による陸上交通の困難さからみて、それほど大規模なことは考えにくい。庸米の場合に想定できたように、海運がさかんに利用された

のではなかろうか。

紀伊国の沿岸部から物資を都に海上輸送する場合、加太ノ瀬戸をとおって大阪湾岸にはいり、淀川を遡上する場合と、紀ノ川に入ってこれをさかのぼる場合とが考えられる。このいずれの場合でも、物資の集積、船の集結などの点で、紀ノ川旧河口付近が重要な位置を占めることになる。

このことは、和歌浦から和歌川沿いの地域が、中央への物資貢納の基地としての性格を持っていたことをしめしている。和歌浦というと、一般には景勝の地というイメージが強い。和歌浦が風光明媚な地であることは、冒頭でもふれたように事実であるが、紀伊国の経済上の要地でもあったという面をみのがしてはならない。

五　和歌浦と海部屯倉

これまでの検討によって、紀ノ川旧河口部が、宗教上ならびに経済上、重要な位置を占めていたことを指摘した。ここでは、経済的な観点から、欽明一七年（五五六）にこの場所に設置された海部屯倉（『日本書紀』同年一〇月条）について考えることにしよう。この海部屯倉の設置は、古代の紀伊国の命運を左右したといって過言でない。どうしてそのようにいえるのであろうか。

六世紀末から七世紀前半ごろ以前の紀伊地方は、のちの紀国造の紀直と中央貴族の紀朝臣が分裂する以前の、巨大な勢力によって支配されていた。この勢力を、「紀氏集団」と呼ぶこととする。[18]「紀氏集団」は、紀ノ川下流平野の開発と支配を通じて、強大な経済力をもち、紀ノ川水上交通の掌握を通じて、強力な水運力と水軍をもって瀬戸内海の海上交通を支配していた。[19]とくに後者を保証していたのが、「紀氏集団」による海部集団の掌握であった。[20]

これに対して、倭王権は、「紀氏集団」の勢力を削減するために、さまざまな手を打った。部民の設定もその一つであるが、「紀氏集団」の在地支配力が強力であったため、十分に展開させることができなかった。そこで、つぎの手だてとして倭王権が打ち出したのが、屯倉の設置であった。

紀伊国の屯倉については、『日本書紀』に二つの史料がある。その一つが、さきにのべた海部屯倉の設置記事である。もう一つは、安閑二年五月甲寅（九日）条で、諸国の屯倉が列挙されているなかに、経湍屯倉と河辺屯倉がみえる。これらの屯倉の設置は、「紀氏集団」の勢力を東西から封じ込めるためのものであったとされる。まさにそのとおりだが、上述の観点からすると、地域的には、「紀氏集団」の本拠である紀ノ川下流平野と、それ以外の地域との間に打ち込まれたクサビ、人的には、「紀氏集団」と従属諸勢力との間に打ち込まれたクサビとみることができる。

まず、経湍屯倉は現和歌山市布施屋に、河辺屯倉はその対岸の同川辺付近に設定されたと考えられる。ここは、和泉から雄ノ山峠を越えて紀伊にはいる幹線交通路（のちの南海道）が紀ノ川と交わる要衝である。経湍屯倉と川辺屯倉は、紀ノ川下流に広がる広大な平野の東を扼する位置に置かれたのである。倭王権は、この重要地点に屯倉を置くことによって、「紀氏集団」を、紀ノ川中上流地域やその諸勢力と、下流平野地域の勢力とに分断しようとした。

一方、海部屯倉の設置は、経湍・河辺屯倉の設置にまさるともおとらない重要な意義を持っていた。この屯倉は、現和歌山市手平付近（のちの大宅郷にあたる）に比定されている。ここは、和歌川や古代の幹線道路にのぞみ、屯倉設置の最適の条件を備えている。これは、のちの名草郡家に発展し、その収納施設は郡許院と呼ばれたとされている。(21)

ここで大切なことは、この屯倉が紀ノ川の旧河口部をおさえる位置に設置されたらしいことである。なぜこの地域に海部屯倉が設置されたのであろうか。それは、いうまでもなく、この地域が、六世紀においてもきわめて重要な意義を持っていたからにほかならない。この地域は、紀ノ川水運と海上交通とが接続するかなめの位置にあたる。また、律令時代は都への物資貢納の基地、貢納物資の集散地として重要な意味を持っていた。このことは、さかのぼると、「紀氏集団」への物資貢納の要所、「紀氏集団」による紀伊地方支配の拠点でもあったことを意味する。

このような重要地点に海部屯倉が設置されたことによって、「紀氏集団」は重大な影響をこおむった。まず第一に、これを契機に、海部の集団が倭王権によって掌握されだしたとみられる。このことは、「紀氏集団」の水軍力を支えていた基礎が掘り崩されていくことを意味する。水軍力こそ、「紀氏集団」が倭王権と対抗していく際のもっとも重要な拠り所であり、また、倭王権の一員としての存在意義を保証するものでもあった。その「紀氏集団」の水軍力を弱めていった海部屯倉設置の意味するところは大きい。

第二に、紀ノ川旧河口部は、海部地方や紀南地方から「紀氏集団」に対する貢納物資が集中してくる地点であった。ここに海部屯倉が設置されたことによって、「紀氏集団」と、海部郡地方や紀南地方の諸勢力との結び付きは、切断の方向に向かった。

海部・経湍・河辺の三屯倉の設置によって、「紀氏集団」の地域支配は大幅に制限され、「紀氏集団」に対する被支配地域からの物資貢納は、いちじるしく阻害されたであろう。それまで「紀氏集団」へさしだされていた貢納物の一部は、海部屯倉を介して、倭王権に納められるようになった。

このようにみてくると、倭王権は、これらの屯倉の設置によって、「紀氏集団」の喉元をおさえたことになる。「紀氏集団」は、海上勢力をはじめとする被支配勢力と分断され、河川交通の要をおさえられ、紀ノ川下流平野に封じ込められてしまったといえよう。このような事態は、「紀氏集団」の内部矛盾を深め、ついには分裂を招くことになった。

紀伊国の宗教上・経済上・交通上、したがって政治上の重要地点であった和歌浦は誰のものであるのか。「紀氏集団」と倭王権のどちらがこの地域を掌握するのか。このことが紀伊古代史の重大な岐路であったということは、以上の叙述によってあきらかであろう。このことは、現在起こっている事態と、どこかで一脈通じているようである。

（1）聖武天皇は、ここで詔を発して、「山に登りて海を望むに、この間もっとも好し。遠行を労せずして、もって遊覧するに足れり」（『続日本紀』）と述べている。

（2）村瀬憲夫『万葉の歌――人と風土――』9和歌山（保育社、一九八六年八月）。

（3）一九九一年三月、歴史的景観を破壊するという多くの反対にもかかわらず、和歌浦にあしべ橋（新不老橋）が竣工した。この反対運動の経過は、和歌の浦景観保全訴訟の裁判記録刊行会編『よみがえれ和歌の浦』（東方出版、一九九六年一二月）に詳しい。なお、薗田香融・藤本清二郎『歴史的景観としての和歌乃浦』（一九九一年三月）、村瀬憲夫『万葉 和歌の浦』（求龍堂、一九九二年一月）、村瀬憲夫・藤本清二郎共編『和歌の浦 歴史と文学』（和泉書院、一九九三年五月）、和歌浦を考える会『和歌の浦 不老橋』（一九九二年二月）など参照。

（4）一九九〇年一一月までに出土し、公表された紀伊国関係の木簡は、『和歌山県史』古代史料一（一九八一年一月）、栄原「紀伊国関係出土木簡集成」（『和歌山県史研究』一八号、一九九一年三月）に集成した。本文にあげた点数は、後者に集成したものである。

（5）鎌田元一「郷里制の施行と霊亀元年式」（上田正昭編『古代の日本と東アジア』、小学館、一九九一年五月）、同「郷里制の施行 補論」（中山修一先生喜寿記念事業会編『長岡京古文化論叢』Ⅱ、一九九二年七月）。ともにのち『律令公民制の研究』（塙書房、二〇〇〇年三月）所収。

（6）古代の紀ノ川下流地域の地形については、日下雅義「紀ノ川流域平野の開発に関する基礎的研究」（『歴史時代の地形環境』、古今書院、一九八〇年一一月）、同「紀伊湊と吹上浜」（『和歌山の研究』第一巻地質・考古編、清文堂出版、一九七九年三月）。

（7）　この木簡は、当初『平城宮発掘調査出土木簡概報』五（一九六八年二月）に報告された。その時の釈文は、

□部郡可太郷黒□里〔戸主カ〕□□与止万呂調塩三斗神亀五年九月　031

というものであった。

（8）　里（郷）は、本来は戸の集合であって地域を区分したものではないので、原理的には境界は存在しない。しかし、ある里（郷）に属する戸を構成する人々が多く居住している地域という意味で、里（郷）の「範囲」「所在地」などの言葉を便宜的に用いることにする。

（9）　寺西貞弘「紀伊国和名抄郷の再検討」（『地方史研究』二五六、一九九五年八月）は、「本木簡の墨書が正しく「黒江」と読めたとしても、それを現海南市の黒江に比定することは困難ではないかと思われる」と述べている。しかし、黒江里を現海南市黒江に比定することが困難である理由が明らかにされていない。

（10）　栄原「村君安麻呂とその一族」（『和歌山県史研究』一二、一九八六年一月、本書第II部第一〇章）。

（11）　この行幸の遊覧的性格については、村山出「山部赤人の玉津島讃歌――基礎的考察――」（『国語国文研究』七二号、一九八四年八月）に指摘がある。また、大嘗祭との関連については、渡瀬昌忠『萬葉集全注』巻第七（一九八五年八月）一七〇ページ、直木孝次郎「万葉貴族と玉津嶋・和歌の浦」（『飛鳥奈良時代の考察』、高科書店、一九九六年四月、もと『東アジアの古代文化』六四、一九九〇年七月）に指摘がある。一方、この行幸で行なわれた「神事」については、北山茂夫「神亀年代における宮廷詩人のあり方について――山部赤人、その玉津島讃歌の場合――」（『北山茂夫・遺文と書簡1』萬葉の世紀とその前後（上）、みすず書房、一九八五年一月、もと『文学』四五―四、一九七七年四月）は国見とし、坂本信幸「赤人の玉津島従駕歌について」（『大谷女子大学紀要』一五―二、一九八〇年一二月）は郊祀、村山論文は禊、直木論文は「神を祭る儀礼」としている。なお、村瀬憲夫「万葉集・和歌の浦玉津島の歌覚え書き」（『和歌山大学教育学部紀要』人文科学三八、一九八九年三月）、同「神代よりしかぞ貴き玉津島山――山部赤人の玉津島讃歌――」（『美夫君志』四三、一九九一年一〇月）、同「赤人の玉津島讃歌と望祀」（『万葉集と漢文学』〈和漢比較文学叢書九〉、汲古書院、一九九三年一月――いずれも『紀伊万葉の研究』、和泉書院、一九九五年二月）参照。

（12）　狩野久「庸米付札について」（『日本古代の国家と都城』、東京大学出版会、一九九〇年九月、もと『木簡研究』

三、一九八一年一一月)。
(13) 以下、年料春米と庸米の輸送については、栄原「奈良時代の海運と航路」(『奈良時代流通経済史の研究』、塙書房、一九九二年二月)参照。
(14) この変更の意味については、栄原「律令時代紀伊国における経済的発展」(『古代を考える』三三、一九八三年五月、本書第II部第六章)。
(15) 松嶋順正編『正倉院宝物銘文集成』(吉川弘文館、一九七八年七月)。
(16) 布目順郎「正倉院の絹製品とその繊維」(『養蚕の起源と古代絹』、雄山閣、一九七九年一月)。
(17) 栄原前掲注(14)論文参照。
(18) 「紀氏集団」とその分裂については、本書第I部第一~五章で検討したので、参照されたい。
(19) 岸俊男「紀氏に関する一試考」(『日本古代政治史研究』、塙書房、一九六六年五月、もと橿原考古学研究所編『近畿古文化論攷』、吉川弘文館、一九六三年二月)。
(20) 海部掌握の重要性については、薗田香融「古代海上交通と紀伊の水軍」(『日本古代の貴族と地方豪族』、塙書房、一九九二年一月、もと坪井清足・岸俊男編『古代の日本』5 近畿、角川書店、一九七〇年一月)参照。
(21) 以上の三屯倉の比定については、薗田香融「岩橋千塚と紀国造」(前掲注20著書)参照。薗田は、三屯倉以外に、亀川流域に三上屯倉なる第四の屯倉の存在を指摘している。これによると、屯倉による「紀氏集団」に対する締め付けは、さらに強力であったことになる。

第八章　古代における紀北四郡の郷の配置

一　はじめに

紀北四郡[1]には、それぞれどのような郷[2]が、どのように分布していたのであろうか。郷名というと、ふつうは『和名抄』がよく用いられる。しかし、『和名抄』の成立は、一〇世紀前半のことである。『和名抄』にみえる郷名が、そのまま八～九世紀にまでさかのぼるかどうかは、別個に検討する必要がある。こうした観点から、史料にみえる郷名を整理したのが表1である（次頁参照）。これにもとづいて、郷の変遷を考えてみたい。

つぎに注意したいのは、『和名抄』における郷の記載順序には一定の原則があるのではないか、という点である[3]。もしそうだとすると、その順序にもとづいて、郷のだいたいの所在地を推測できることになる。各郡について、この視角からの検討を行ないたいが、『和名抄』の郷の配列が乱れているとされる名草郡については、とくにこの点に注意をはらいたい。

なお、郷は、戸の集合体であって地域を区分したものではない。したがって、原理的には境界は存在しないはずである。しかし、ある郷に属する戸を構成する人々が多く居住している地域という意味で、以下では郷の所在

表1　8～10世紀の史料にみえる公郷（紀北四郡）

郡名	8世紀の史料にみえる公郷	9世紀の史料にみえる公郷	『和名抄』にみえる公郷
伊都	指理		賀美　村主　指理 桑原
那賀	那賀　荒川　□前	山前　弥気	名手　橋門　那賀 荒川　山埼　埴埼
名草	大屋　直川　大田　忌部 旦来　片岡	直河　野応　麁香　御木 貴志　埴生	大屋　直川　菀部 断金　野応　有真 荒賀　大野　旦来 大田　大宅
海部	可太　浜中　木本　□	浜中	賀太　浜中

注1：『日本霊異記』にみえる里（郷）名は、同書の最終的な成立の時代を考慮して、9世紀の欄に入れた。
2：8、9世紀欄の下線を引いた郷名は、『和名抄』にみえるものである。
3：『和名抄』欄の下線を引いた郷名は、8、9世紀の史料にみえるものである。

地という表現を用いることとする。

また、歴史地理学の分野では、条里型地割の分布から郷の所在地を推定するという方法がとられる(4)。たしかに水田の近くに農民は居住していたであろうし、水田は郷の経済的中心であるから、この方法は一定の意味を持つ。しかし、水田の所在地と郷の人々の居住地とは、かならずしも一致しない。また、昨今の発掘調査の結果によると、現在の地表面にある条里型地割が古代にまでさかのぼりうるかどうかは、慎重に考慮しなければならない(5)。

二　伊都郡の郷

まず、伊都郡では、八世紀の史料として、つぎの木簡が出土している(6)。

・紀伊国伊都郡指理郷白米五斗
・　天平六年三月
89・20・4　032　平概16-10　木研5-12(7)

これは、年料舂米の荷札である。郷里制の施行下にもかかわらず、郷までで里を記していない。指理郷は、現かつらぎ町東部の西飯降、中飯降あたりと考えられている。

つぎに、『日本霊異記』中巻第一一話に「紀伊国伊刀郡桑原之狭屋寺」とある。郷名として表記されていないが、おそくとも八世紀末から九世紀初頭ごろには、桑原郷があったとみてよかろう。この「狭屋寺」は現かつらぎ町西部の佐野にある佐野廃寺にあたるとみられる。したがって、同郷もその付近にあったのであろう。

『和名抄』流布本は、[8]まず神戸（高山寺本にはない）をあげてから、賀美（高山寺本は賀茂）・村主・指理・桑原の各郷を列挙している。このうち、賀茂・村主郷については、いまのところ八～九世紀の史料がない。しかし、『和名抄』に配列されたうしろ二つの郷が、現かつらぎ町の紀ノ川ぞいの平地部に東西に並んでいたとみられる点からすると、伊都郡の四郷は、紀ノ川上流地域から下流地域に向かって、『和名抄』の配列順に並んでいたのであろう。

これによると、賀茂郷は現橋本市東部、村主郷は、現橋本市西部から現高野口町あたりに分布していたと考えられる。そうすると、賀美郷は、紀ノ川沿いのもっとも上流にあたることになるから、高山寺本の賀茂よりも流布本の賀美のほうが適当かもしれない。

さきに述べたように、『和名抄』流布本では、神戸が冒頭にあげられている。そこで、紀伊七郡における神戸の配列を見ると、伊都・那賀二郡がいちばんはじめに並べられているのに対して、名草[9]・在田・牟婁郡は、一括してそれぞれの末尾に並べられている。このちがいが何によるのか、いまのところ考えがおよばないが、この点からすると、神戸の配列は公郷のそれとは別あつかいになっている可能性が高い。これによると、伊都郡の神戸の所在地は、冒頭に並べられているからといって、紀ノ川のもっとも上流側に考える必要はない。

この神戸は、丹生都比女神社の神戸で、紀ノ川南岸側にその所在を想定する通説にしたがっておきたい。

三　那賀郡の郷

那賀郡では、八世紀の史料にみえるのは那賀郷、荒川郷、□前郷の三郷である。まず、那賀郷は、天平二〇年（七四八）四月二五日の「写書所解」（『大日本古文書（編年）』三巻七八ページ、以下三ノ七八のように略記）に、

　大伴連蓑万呂 年廾九 紀伊国那賀郷戸主大伴連伯万呂戸口 労三年

とあるもので、写経生である大伴連蓑万呂の本貫地としてみえている。おそらく那賀郡が抜けたのであろう(10)。郡名と同じ名をもつこの郷は、那賀郡の中心的な郷と考えられ、紀伊国分寺があった現打田町東国分から、那賀郡家に想定されている西国分II遺跡・岡田遺跡(11)や西国分廃寺などが集中する現岩出町西国分にかけてのあたりが、もっともふさわしいと思われる。

荒川郷は、八世紀の史料に二回みえる。一つは、天平一七年（七四五）九月二一日の「優婆塞貢進文」（二五ノ一三二）で、

　日置造石足 年十九 紀伊国那名郡荒川郷戸主日置造白麻呂戸口

とある。もう一つは、年料舂米の荷札で、郷里制の地名を記した木簡である。

・荒河郷酒米五斗
・賀美里　　145・24・6　032　平宮 2-2266

同郷の名称は、中世の荒川荘にひきつがれていった。現桃山町の平地部分あたりであろう。また、つぎにのべる弥気里や埴埼郷との位置関係からすると、現貴志川町の平地部分もふくまれていた可能性がある。

のこりの□前郷は、藤原宮の東面北門あたりで出土したつぎのような木簡にみえるものである。年紀がないが、「郡」字を用いているので、大宝令施行以後のものである。

・長郡□前里□□□□□□□□□□
・　□□□□□□□　　039　藤概6-14

長・那賀・那珂・那可・奈何などと表記される郡は、伊豆・武蔵・常陸・紀伊・阿波・讃岐・筑前・日向などの諸国にある。しかし、これらの諸郡の郷名で～前郷と表記される可能性があるのは、紀伊国の那賀郡の山埼・埴埼と、常陸国那賀郡の全隈郷だけである。

後者のクマは、用例によると、熊の字で表現されることが多かったらしい。また、この木簡と同じ場所から、これ以外にも紀伊国の木簡が出土しているから、紀伊国那賀郡のものとみてよかろう。この□前里については、のちに検討する。

九世紀では、山前郷と弥気里の史料がある。前者は、承和一二年（八四五）一二月五日の「那賀郡司解」（国立歴史民俗博物館所蔵）[12]に、「山前郷狛村大縁野并萩原村野田等」などとみえる。山前の地名は中世の大伝法院領の山崎荘に継承された。この山崎荘の所在地からみて、山前郷は現岩出町西部あたりにあったとみられる。

弥気里は、『日本霊異記』下巻第一七話に「紀伊国那賀郡弥気里」とあるものである。この「里」がたんなるサトの意味ではなく、地方行政制度としての郷をあらわしているとすると、弥気里（郷）は『和名抄』にはみえない。しかし、その所在地は、現和歌山市上三毛・下三毛のあたり（小倉地区）とみられる。

つぎに、『和名抄』にみえる郷について検討しよう。『和名抄』流布本は、神戸につづいて、右手（高山寺本は石手）・橋門・那賀・荒川・山埼・埴埼の六郷をあげている。すでに八～九世紀の史料にみえていた那賀・荒川・山埼の三郷以外は、石手・橋門・埴埼の三郷である。

右（石）手郷は、早くから指摘されているように、名手郷の誤りで、正暦五年（九九四）一二月二八日の「太政官符案」（高野山正智院文書）や平治元年（一一五九）五月の「紀伊国司庁宣」（陽明文庫所蔵文書）にみえる

「那賀郡名手郷」が、これに相当するのであろう。

前者の史料やこれと関係する正暦二年一一月二八日の「太政官符写」（興国寺文書）によると、名手郷に属する粉河寺領の鎌垣東西村の四至は、南北が山、東西が現名手川と現松井川であったとみられる。また、現名手川の東側に名手上・名手下・名手市場などの地名がある点からみて、名手郷は現名手川よりさらに東の現穴伏川あたりにまで及び、伊都郡の桑原郷ととなりあっていたとみられる。

つぎに、埴埼郷をとりあげよう。この郷は現和歌山市吐前のあたりとみてよかろう。ところが、この吐前のすぐ東に、さきにみたように現和歌山市上三毛・下三毛がある。そこで弥気里との関係が問題になる。この付近（現和歌山市小倉地区）は、地形的には、南側の城ケ峰から東にのびる山なみと北側の紀ノ川にはさまれ、一まとまりの地域となっている。したがって、弥気里と埴埼郷の比定地は、事実上重なることになる。

この両者の関係は、つぎのように考えておきたい。弥気里は『和名抄』にみえず、埴埼郷も、いまのところ八、九世紀の史料には姿を見せない。そこで、九世紀段階の弥気里は、『和名抄』段階までに埴埼郷と名称が変わったのではなかろうか。このようにみると、埴埼郷という郷名は古くまでさかのぼらない可能性が高いから、さきにあげた八世紀の木簡にみえる□前郷は、山前郷のことであろう[13]。

以上の検討によると、『和名抄』にみえる六郷のうち、名手郷が紀ノ川のもっとも上流側に位置し、那賀―荒川、山埼―埴埼の各郷が、紀ノ川をはさんで上流側と下流側にそれぞれ位置していることになる。紀ノ川北岸には名手・那賀・山埼の諸郷が、南岸側では荒川・埴埼郷が上流から下流にかけて並んでいたのである。『和名抄』は、上流側から順に郷をならべる原則をとり、うしろ四郷については、そのうえで北岸→南岸→北岸→南岸の順にならべていることになる。

『和名抄』の配列順が以上のようであるとすると、現地比定の手がかりがない橋門郷は、名手郷と那賀郷の間の地域、すなわち現粉河町西端部分から現打田町東部あたりに存在したと考えられるのではなかろうか。

四　『和名抄』名草郡条の検討

名草郡の各郷の所在地を比定しようとする場合、遺存地名が残っていて、比較的わかりやすいものもあるが、非常に困難なものも多い。その原因の一つは、『和名抄』流布本の名草郡の部分（表2―①欄）が、かなり混乱している点にあると考えられる。そこで、しばらくこの点について検討したい。

表2『和名抄』(流布本)名草郡条の整理

①	②	③
東急本などの記載	整理後の記載	配列整理後の状態
大屋	A 大屋	A 大屋
直川	直川	直川
菀部	菀部	菀部
大田	B 大田	C 断金
大宅	大宅	駅家
忌部	忌部神戸	野応
誰戸	C 断金	E 有真
断金	駅家	荒賀
駅家	野応	大野
野応	D 津麻神戸	F 旦来
津麻	国懸神戸	B 大田
神戸	嶋神戸	大宅
国懸	E 有真	忌部神戸
嶋神戸	荒賀	
有真	大野	D 津麻神戸
大屋	F 旦来	国懸神戸
八荒賀	G 日前神戸	嶋神戸
大野	伊太杵曽神戸	G 日前神戸
旦来	須佐神戸	伊太杵曽神戸
日前神戸		須佐神戸
伊太		
杵曽		
神戸		
須佐神戸		

『和名抄』の名草郡の記載について注目すべき見解を示したのは、薗田香融である。[14] 薗田の見解のうち、当面関係する点は、つぎのように整理できる。

(1) 高山寺本で重複している「大屋」の一方は「大屋神戸」である。

(2) 高山寺本の「津摩」「国縣」は神戸である。東急本などの「津麻」「神戸」は一つの「津麻神戸」で、「国懸(縣)」のほうは「神戸」の文字が落ちている。

(3) 東急本などの「伊太」「杵曽」「神戸」は一つの「伊太杵曽神戸」である。

(4) 『新抄格勅符抄』の神社の封戸と比較すると、忌部神の一〇戸がみえない。

(5) 以上によると、名草郡は一三公郷、七神戸、一駅家から成り立っていた。

(6) 一三公郷のうち「誰戸」の比定地はまったく不明である。

(7) 須佐神戸は、在田郡の須佐神社の神戸である。

これらのうち、(2)と(3)は妥当である。しかし、(4)と(6)に関して、『和歌山県の地名』[15]は、「誰戸」を「神戸」とみる説を紹介し、これを公郷としての「忌部」とは別の「忌部神戸」であるとしている。

このうち、誰戸を神戸と解するのは卓見である。ところが、忌部郷とは別に忌部神戸の存在を想定したのは、天平勝宝二年(七五〇)三月二一日の「大伴若宮連大淵勘籍」(二五ノ七四)に、

大伴若宮連大淵年廾八 紀伊国名草郡忌部郷戸主大伴若宮連部良戸口

とあって、忌部郷の存在が確かめられるからであろう。しかし、~神戸が~郷と表記される例はほかにもあるから、[16] これは「津麻神戸」「伊太杵曽神戸」の場合とおなじく、『和名抄』の記載上の混乱で、「忌部」「誰戸」で一つの「忌部神戸」とみるべきであろう。[17] これによって、薗田の(4)と(6)の疑問は解消する。

薗田の(1)については、「大屋」は記載の重複であるから、一方は削除するほうがよい。また、(7)については、

『和名抄』流布本の在田郡条には、配列の末尾に「須佐」があげられている。これは、高山寺本にあがっていない点からみて、「須佐神戸」の「神戸」が落ちたものである可能性が高い。神戸が末尾に配列されている点は、後述する名草郡や牟婁郡と共通しており、この点も、右の推定を支えている。そうすると、在田郡と名草郡の両方に須佐神戸があったことになる。しかし、これはありえないことではなかろう。

以上にもとづいて『和名抄』流布本の記載を整理したのが、表2—②欄「整理後の記載」である。これによると、名草郡には、一一公郷、六神戸、一駅家があったことになる。ところが、これによってもまだ混乱があるらしく、配列の原則が分かりにくい。そこで、この欄をよくみると、三つずつでグループが形成されていることが注意される。

すなわち、津麻神戸・国懸神戸・嶋神戸の三神戸（D）が公郷のあいだに入りこんでいる。また、忌部神戸と津麻神戸のあいだも、断金・駅家・野応（C）と三つになっている。さらに、最初の大屋・直川・菀部の三郷（A）は、のちに述べるように、いずれも紀ノ川北岸側にあり、南岸側にあるつぎの大田・大宅郷とは別のグループをなしている。

このように、記載上の混乱を正したあとの『和名抄』の配列からは、あきらかに三つずつのグループが読みとれるのである。このことは、本来の『和名抄』が、このグループを基礎にして記載されており、また、その後このグループを単位として混乱が生じたことを思わせる。したがって、逆にこのグループを単位として本来の配列を復原することができるのではないか。

表2—③欄「配列整理後の状態」は、その作業の結果を示したものである。その際に留意したのは、日前神戸・伊太杵曽神戸のグループ（G）が末尾に並んでいる点であった。これは、本来の配列では、神戸が末尾に集められていた状態を伝えているとみられる。そこで、すべての神戸が末尾に集まるようにするには、どのように

グループ単位で移動させたらよいか。実はこの点は、BとDの二グループをうしろに移動させるという、きわめて単純な操作で解決できるのである。

こうして、表2―③欄の配列こそが、『和名抄』の本来の配列であったと考えられる。それではこの配列が、どのようにして②欄やさらには①欄のように混乱していったのであろうか。②欄から①欄への変化は、さきに検討したように、③欄から②欄への混乱がさらに拡大したものであるから、問題は③欄から②欄への混乱がどのようにして起きたのか、その道筋である。

そこで気づくのが、さきに移動させたB・Dグループが一つおきであるという点である。この点に注意すると、①欄から②欄への変化は、つぎのように説明できることになる。すなわち、本来の『和名抄』の記載は、A―C―E―FとB―D―Gの二行に書かれていた。ところが、ある時点でAのつぎにとなりのBが写され、つぎにC―Dというように、左右、左右と進む写し方で写された結果、②欄のような配列になってしまったと考えられる。[18]このように、③欄から②欄への変化がごく単純に説明しうることも、③欄の配列が本来のものであることを示している。こうして、③欄の配列が、『和名抄』本来のものである可能性が、ますます高まったであろう。

そこであらためて③欄の配列をみてみると、神戸がうしろに集まっている点はすっきりしているが、駅家が公郷のなかに入りこんでしまっている点がおちつかない。このようなことが起きたのには、それ相当の理由があったにちがいない。しかし、その点については、各公郷の所在地の検討を経てから、ふたたび考えることとしよう。

五　名草郡の郷

以上の『和名抄』の本来の配列を念頭において、名草郡の各郷の所在について検討を加えることとする。

八世紀の史料にみえる郷は、大屋・直川・大田・旦来・片岡の五郷である。まず、近年長屋王邸跡から出土し

たいわゆる長屋王家木簡のなかに、

名草郡大屋里　（重ネ書キ省略）　107・25・3　011　平概23-14

と記されたものがある。長方形の材で、両面にこれ以外に異筆の書き込みがある。大屋郷は、『和名抄』にもみえる。この郷の所在地は、現和歌山市宇田森に大屋都姫神社があるので、その付近であろう。また、このあたりに同社の神戸もあったとみられる。

つぎの二つの「優婆塞貢進文」（二五ノ七八・一二三）にも郷名がみられる。

紀伊国名草郡大田郷戸主大宅直広麻呂直乙麻呂年十八

□□□（邇布直カ）諸嶋年十六 紀伊国名草郡直河郷戸主邇布直文得戸口

前者の「大田郷」は『和名抄』にもあり、現和歌山市太田あたりとみて問題ない。後者の「直河（川）郷」は現和歌山市直川あたりとみられる。直川郷は、九世紀の貞観三年（八六一）二月二五日の「直川郷墾田売券」（神宮文庫所蔵）[19]にも、「名草郡直川郷酒部村」とみえ、『和名抄』にもあがっている。

旦来郷は、『続日本紀』の和銅元年（七〇八）七月乙巳（一五日）条の叙位記事のところに、写本によっては「紀伊国名草郡旦来郷壬戌歳戸籍」という一四文字がはいりこんでいる場合がある。これを戸籍の継目裏書がまぎれこんだものとみると、「壬戌歳」は延暦元年（七八二）、承和九年（八四二）、延喜二年（九〇二）のいずれかの可能性があると考えられている。[20]この郷は、『和名抄』にも名があがっている。旦来郷の所在地は、現海南市旦来あたりと考えられる。

八世紀の史料にみえる郷の最後は、片岡里である。『続日本紀』神護景雲三年（七六九）一一月己丑（二五日）条に、

陸奥国牡鹿郡俘囚外少初位上勲七等大伴部押人言、伝聞、押人等、本是紀伊国名草郡片岡里人也。（下略）

とある。この里は、『和名抄』にはみえない。片岡里の所在地としては、和歌川西岸の現和歌山市片岡町あたりが比定されている。これによると、この地域は名草郡に属すのであるから、同郡の郡境はここよりもさらに西側にあったことになる。

一般に、紀ノ川南岸における奈良時代の名草郡の郡境は、現在の和歌川あたりであったとされている。紀ノ川の旧本流であった和歌川を郡境とすることは、きわめて妥当であると思われる。しかし、右の比定が妥当だとすると、郡境が和歌川の流路からはなれて、現和歌山城の建っている丘陵の西側をとおっていた時期もあったことになる。なお、片岡里はその後の史料にみえず、『和名抄』にもみえない。

つぎに、九世紀の史料にみえる郷は、直川・野応・夁香・御木・貴志・埴生の六つである。このうち、直川郷については、さきにみた。

野応郷については、『日本霊異記』下巻第一六話に「名草郡能応里」とあり、同三〇話にも「名草郡能応村」「能応寺」などとあり、『和名抄』にもみえる。しかし、これらの史料には、比定地に関する手がかりは含まれていない。この郷の所在地は、古来問題のある点であるので、のちにふたたびふれることにする。

つぎに、『日本霊異記』下巻二八話には、「名草郡貴志里」、同三四話には「名草郡埴生里」がそれぞれみえている。これらの「里」が郷をあらわしているとすると、『和名抄』にはみえないことになる。貴志里は、現和歌山市貴志地区のあたりであろう。埴生里については、これまで注意されていないが、正徹の私歌集である『草根集』巻三[21]にみえる「土丹生」が、あるいはこれと関係するかもしれない。もしそうだとすると、土丹生は紀三井寺の近くにあったようである。しかし、これは一五世紀段階の史料であるので、『日本霊異記』の地名と直接結び付けてよいか、なお問題がある。

九世紀の史料にみえる郷名で残るのは、御木・夁香の二郷である。これらは、大同二年（八〇七）に斎部広成

によってつくられた『古語拾遺』に、

故、其裔今在紀伊国名草郡御木・麁香二郷、採材斎部所居、謂之御木、造殿斎部所居、謂之麁香、

とみえるものである。まず、御木郷については、薗田が「材を採る斎部」にふさわしい場所として、現和歌山市上三毛・下三毛にあてている。これについては、那賀郡弥気里・埴埼郷との関係が問題になる。さきにみたように、この両者はともに現和歌山市上三毛・下三毛から同吐前にかけての地域（現和歌山市小倉地区）に比定される。そこでわたくしは、弥気里から埴埼郷へ名称が変わったと考えている。これによると、御木郷の比定地は、これらと重なってしまうことになる。

この点については、当面二つの案を提出しておきたい。一つは、現和歌山市小倉地区の所属が、名草郡から那賀郡に変更になったと考えることである。『古語拾遺』自体は平安初期の成立であるが、古い伝承を伝えているとみて、現和歌山市小倉地区はもと名草郡に属しており、そこに御木郷があったとする。一方、弥気里がみえる『日本霊異記』下巻第一七話は、宝亀年間の話である。このころから『日本霊異記』が最終的に成立した弘仁年間までのころには、同地区はすでに那賀郡に入っていたとすると、前後矛盾なく説明できることになる。

この地区には、河南平野を灌漑する生命線ともいうべき宮井用水が流れている。薗田によると、この用水の原形は名草溝といい、古墳時代の初頭に紀国造勢力によって開削されたという。時期は別として、これによると、この地区は、古くから名草郡地域と一体の関係にあった可能性はある。

第二の案は、御木郷の比定地をほかに求めることである。これを現和歌山市上三毛・下三毛にあてたのは、音が通じるという点と、採材にふさわしい場所であるという点である。しかし、採材を伐採だけでなく、紀ノ川水運による運漕までふくめて考えると、紀ノ川旧本流の和歌川に沿う現和歌山市三木町あたりに御木郷をあてることも、あながちおかしくはない。

この二案は、いずれも那賀郡弥気里・埴埼郷と名草郡御木郷との関係を矛盾しないようにするために発想したものであって、なお積極的な論拠にとぼしい。当面の案として示しておきたい。

つぎに、忌香郷は、『和名抄』の荒賀郷に相当する。永仁三年（一二九五）三月の「大田郷検田畠取帳[22]」によると、大田郷内に「アラカ」という小地名があり、また、「諸郷畠田段別名寄帳[23]」によっても、黒田郷内に「アラカ」という小地名があった。従来この郷は、後者の史料によって現和歌山市黒田に比定されている。しかし、前者の史料を考慮すると、現和歌山市太田から黒田にかけての地域に比定されることになる。

『和名抄』の名草郡条には、さきにみたように、本来一一公郷、六神戸、一駅家が列挙されていた。このうち、八〜九世紀の史料にみえた公郷は、いまのところ大屋・直川・野応・荒賀・旦来・大田の六郷である。のこるのは菀部・断金・有真・大野・大宅の五郷である。このうち、菀部郷は現和歌山市園部に、断金郷は同永穂にそれぞれ比定されているが、異存はない。

つぎに、有真郷は、永承三年（一〇四八）分の「名草郡郡許院収納米帳進未勘文[24]」に「有真村」とみえている。名草郡にあった四院のうち、郡許院の管轄区域内にあった村である。日前・国懸神社の社領に本有真郷・新有真郷があったと伝えられており、現和歌山市鳴神に「有馬」という小字がある。したがって、古代の有真郷もこのあたりにあったのであろう。

大野郷は、現海南市大野中あたりであろう。最後の大宅郷は、史料的な明証はないが、のちの小宅郷にあたると考えられる。小宅郷は、現和歌山市手平あたりと考えられている。

以上、一一の公郷の所在地について検討してきた。そこで、その結果を、さきにみた『和名抄』の本来の配列と比較してみよう。そうすると、まず問題となるのは、先にも指摘したように、公郷のなかにはいりこんでいる「駅家」の配列位置である。そこで、駅家より前にならんでいる大屋・直川・菀部・断金の四郷の所在地を見ると、いずれも紀ノ川北岸側にある点で共通している。この点からすると、『和名抄』は、紀ノ川北岸側の公郷を左回りにまず配列し、その最後にやはり北岸側の駅家をおいたのではないかと推測できる。

このように考えると、駅家よりあとに配列されている野応・有真・荒賀・大野・旦来・大田・大宅の七公郷は、とうぜん紀ノ川南岸側にあったと考えなければならないことになる。その場合、問題になるのは野応郷である。それ以外の六公郷は、いずれも南岸側と考えて問題ない。

野応郷の所在地については、古来議論のあるところである。その比定案は、現和歌山市納定とするものと、同山口字藤田あたりや、それをふくめて同上野・北野まで広げるものとの二つに整理することができる。

現和歌山市山口字藤田とするのは、『大日本地名辞書』で、本来の郷名は「野にて応は添声に過ぎざるべし」とする。薗田が、この説に「魅力を感ずる」と表明して以来、通説となっている。しかし、『大日本地名辞書』の比定説はいま一つ分明でないし、薗田説にしても、魅力の内容はあきらかでない。上野・北野と関係づける方が、まだしも根拠があるといえる。これに対して、納定にあてるのは『紀伊続風土記』である。その根拠は、納定は納生・能生とも書かれるという点にあるらしい。ノオが納生・能生と書かれ、つぎにこれがノウショウ・ノウジョウと読まれるようになり、さらに転じて納定と書かれるようになったという考えであろう。

わたくしは、以上の両説を比較すると、後者の方がはるかに筋がとおっていると考えるが、いまのところ「能生」という表記がどこまでさかのぼるかあきらかにすることはできない[25]。

後者の比定説が正しいとすると、野応郷は紀ノ川南岸側にあったことになる。そうすると、『和名抄』の本来の配列で、駅家のつぎに並べられている七公郷は、いずれも紀ノ川南岸側にあったと考えてさしつかえないことになる。

つぎに、この七公郷の配列をみると、その順に三つのグループに分けることができると思われる。すなわち、第一グループが野応・有真・荒賀、つぎが大野・旦来、第三が大田・大宅の各郷である。この配列は、まず日前・国懸神社を中心とするいわゆる河南条里区（日前宮条里区と和田条里区）[26]の北側の野応・有真・荒賀三郷を最初にならべ、つぎに南側の大野・旦来の二郷を配列し、最後に西側の大田・大宅二郷をならべていると解することができる。これによると、紀ノ川南岸側の七公郷の配列は、ばらばらなものではなく、一定の基準があったことになる。

以上のように、駅家をはさんでその前後が紀ノ川北岸側と南岸側にきれいに分かれ、両岸それぞれの公郷の配置にこのような基準を見いだせることも、ひるがえって、さきにおこなった『和名抄』本来の配列の復原が妥当であることを示している。本来の『和名抄』は、まず紀ノ川北岸側にある四公郷を左回りにならべ、その最後に、やはり北岸側にある駅家を配列した。そしてつぎに南岸側にうつり、日前・国懸神社を中心とする地域の北側、南側、西側の順に七公郷をならべ、最後に神戸を配列していたと考えられる。[27]

六　海部郡の郷

八世紀の史料にみえる海部郡の郷は、可太・浜中・木本・□の四つである。

まず、可太郷の中心部分は、現和歌山市加太あたりとみられる。この郷については、平城宮跡から五点の木簡が出土している。そのうちの一点は、つぎのような郷里制関係のものである。

〔海カ〕
□□部郡可太郷黒江里戸主神奴与止麻呂調塩三斗神亀五年九月　280・38・7　031　平宮3-3078

この釈文は、概報の段階では「黒□里」とされていた。そのため地名考証がしにくかったが、正報告書で黒江里とあらためられた。[28]これが現海南市黒江あたりであるとすると、可太郷はここまで広がっていたことになる。[29]

名草郡と海部郡の郡境は複雑な変遷をたどったらしいが、八世紀では紀ノ川北岸では土入川、南岸では和歌川あたりが郡境であった時期があるといわれている。加太郷は、これらより西側の陸地部分を点々とつなぐような広がりを持っていたのであろう。黒江里の部分は、そのいちばん南の端にあたるとみられる。

つぎに浜中郷は、『日本霊異記』下巻第二五話に、光仁天皇のころのこととして「海部郡浜中郷」とあるのが、これまでに知られている史料であった。しかし最近では、いわゆる二条大路木簡として、

紀伊国海部郡浜中郷大原里御贄安遅魚一斗　228・22・3　031　平概 22-38

紀伊国海部郡浜中郷大原里御贄安遅魚一斗　225・27・4　031　平概 22-38

という二点の木簡が出土し、八世紀にも存在していたことが確認された。

浜中郷の所在地については、『日本霊異記』下巻第二九話が参考になる。それによると、「海部郡仁嗜之浜中村」から真南に「玉坂」をこえる山道があり、それをとおると安諦郡の「秦里」に出るという。

ここにみえる「仁嗜」「浜中村」については、中世以降、現下津町の平地部分の東部を「仁義庄」といい、西部に近衛家領浜仲庄があった。しかし、この『日本霊異記』の書き方からすると、浜中村は仁嗜の一部分であったようである。したがって、古代では、仁嗜の範囲は、現下津町平地部の西部にまで及んでいたのであろう。いずれにせよ、浜中郷は現下津町あたりにあったとみられる。「大原里」については、遺存地名はみあたらないようである。

なお、『日本霊異記』中巻第一話には、「海部郡椒抄奥嶋」という地名がみえる。現有田市初島町には、かつて西椒庄があり、現在も地ノ島・沖ノ島があるので、このあたりはもと海部郡に属していたのであろう。また、現日高郡由良町あたりも、中世以来海部郡に属していた。古代もその可能性がある。『和名抄』によると、海部郡には、賀太・浜中の二郷と、賀太にあった駅家のほかに、余戸があげられている。現由良町あたりをこの余戸にあてることは、根拠はないが、あながち否定できない。

さて、八世紀の史料には、以上のほかに木本郷と□里がみえる。これらは、ともに『和名抄』にはみえない。まず木本郷は、天平一九年（七四七）二月一一日「大安寺伽藍縁起并流記資財帳」の墾田地の項（二ノ六五一・六五五）に、

　在紀伊国海部郡木本郷佰漆拾町
　　四至　東百姓宅并道　西牧　北山　南海
　海部郡木本郷葦原
　　四至　東川　南松原　西百姓熟田　北山之限

とあるものである。

木本郷の所在地は、現和歌山市木ノ本あたりとみられるが、その範囲は、前者にあるように、南側は海にまで及んでいたらしい。そうすると、可太郷との関係が問題になる。同郷が、さきにみたように現和歌山市加太から海岸づたいに現海南市黒江あたりまで広がっていたとすると、木本郷はそのあいだに割り込むように入り、可太郷を分断していたことになる。

つぎに□里は、藤原宮の東面北門あたりの外濠から出土した木簡の一つに、

　紀伊国海マ郡□里木本村海マ宇手調　(221)・(15)・4　039　藤概 6-14　木研 3-18

とみえる。この木簡には年紀がないが、郡の表記があるので、大宝令が施行された大宝元年（七〇一）以降、藤原宮跡から出土したので、平城遷都の和銅三年（七一〇）以前のものである。

□里の里名は判読できないが、一文字のようである。しかし、和銅六年五月には、郡里名は二文字の好字にあらためられたとみられる。この□里がどのような里名になったのか史料はない。しかし、この木簡によると□里内に木本村があったらしいから、木本里（霊亀元年からは木本郷）になったとみておきたい。すなわち、この□

里は、さきの「大安寺伽藍縁起并流記資財帳」の木本郷の前身とみられるのである。

以上によって、八世紀の海部郡は、可太・浜中・木本の三郷と一駅家、一余戸からなっていたと推定しておきたい。しかしその後、木本郷は廃止されたらしく、『和名抄』にはみえない。おそらく可太郷に吸収されたのであろう。このうち、可太郷・浜中郷の配列順序は、北から南になっている。これは、紀ノ川を基準にしていうと、紀ノ川北岸側のつぎに南岸側が配列されていた名草郡の場合と、大局的にみて同じであるといえる。

七　むすび

本章は、紀北四郡の各郷の所在地を、現時点にたってあらたに検討しなおしたものである。その際、木簡を中心とする新出史料の利用と、『和名抄』における本来の郷の配列からの推定という二つの方法と、郷の配置の時代的変遷という視角によって考えてみた。その結果、従来の比定で妥当であると思われる郷が多かったが、なかには新しい観点を提示できた場合もあったと考える。

しかし、問題が残っていることも確かである。とりわけ名草郡の八、九世紀については、片岡・御木・貴志・埴生など、『和名抄』にみえない郷が多い。このことは、名草郡の郷の配置が『和名抄』のように定着するまでに、かなりの変遷があったことをうかがわせる。この変遷をあとづけることが必要である。

また、『和名抄』の郷の配列が、とくに名草郡で激しく混乱したのはなぜか。このことは、右の点と密接に関係しているとみられる。本章では一応の私見を提示したが、その理由をさらに考えていくことも必要であろう。

さらに、史料が少ないとはいえ、紀南三郡については、考察が及ばなかった。いずれも、今後の課題としなければならない。

（1）本章の考察の対象を紀北四郡にかぎったのは、本章の目的に関係する史料が、紀南三郡にはまだ少ないからである。今後の史料の増加を待って、紀南三郡に関する考察も果たしたい。
（2）本章では、五〇戸一里の里もふくめて、郷と表現する。
（3）筆者は、『木津町史』本文編（一九九一年三月）で、山背国相楽郡の場合について検討したところ、記載順序の原則を見いだすことができた。
（4）服部昌之『律令国家の歴史地理学的研究――古代の空間構成――』（大明堂、一九八三年二月）第三部四、中野榮治『紀伊国の条里制』（古今書院、一九八九年五月）。
（5）本章では、郷の比定については、『紀伊続風土記』（復刻、臨川書店、一九九〇年一一月）、吉田東伍『大日本地名辞書』（冨山房、一九〇〇年三月～一九〇七年一〇月）、邨岡良弼『日本地理志料』（復刻版、臨川書店、一九六六年九月）、『和歌山県の地名』（日本歴史地名大系31、平凡社、一九八三年二月）などを参照したが、とくに必要がないかぎり繁をさけていちいち断わっていない。
（6）『和歌山県史』古代史料一（一九八一年一月）刊行以後、紀伊国関係の木簡はかなり出土した。また、その後刊行された正報告では、『県史』が依拠した概報の釈文が訂正されている場合がある。これらを含めて、一九九〇年一〇月までに出土し、かつ公表された紀伊国関係の木簡は、栄原「紀伊国関係出土木簡集成」（『和歌山県史研究』一八号、一九九一年三月）にまとめておいたので、参照されたい。
（7）以下、木簡の釈文については、奈良国立文化財研究所編の『平城宮発掘調査出土木簡概報』『飛鳥・藤原宮発掘調査出土木簡概報』『平城宮木簡』などによる。これらは、それぞれ平概、藤概、平宮と略記し、号数とページ数を示す。また、平宮については、木簡番号も示す。
（8）以下、『和名抄』流布本というのは、版本・大東急記念文庫所蔵本・神宮文庫所蔵本をさす。
（9）『和名抄』の名草郡部分の配列は、四節で検討する。
（10）この文書の案文とみられる「写書所解案」（二〇ノ二六五）にも「紀伊国那賀郷」とある。
（11）岩出町教育委員会『那賀郡岩出町所在岡田・西国分II遺跡発掘調査概報――町道岡田西国分バイパス線岡田字中線建設にともなう緊急発掘調査――』（一九八一年三月）。

(12) この文書については、原本調査の結果を報告したので参照されたい。栄原「『紀伊国那賀郡司解』の史料的検討」(『粉河町史研究』一五、一九八六年三月、本書第Ⅲ部第一一章)。

(13) 寺西貞弘「紀伊国和名抄郷の再検討」(『地方史研究』二五六、一九九五年八月)では、山崎郷を河南の公郷と断言している。これによれば、紀ノ川南岸の上流から下流に向けて、荒川・山崎・塡崎の三郷が並んでいたことになり、私見よりはるかに『和名抄』の配列の法則性を説明しやすい。山崎荘と山崎郷が紀ノ川の北岸から南岸にまで広がっていたことは、小山靖憲(「中世の宮井用水について――紀の川灌漑史序説――」、『和歌山大学紀州経済史文化史研究所紀要』三、一九八二年三月)や寺西の指摘するように認められる。しかし、そうであったとしても、山崎荘の主要部分はやはり紀ノ川北岸にあったとみてよく、さらに承和一二年(八四五)一二月五日「那賀郡司解」の記載を重視すれば、山崎郷を紀ノ川南岸の公郷と言い切れるか、なお疑問がある。

(14) 薗田香融「岩橋千塚と紀国造」(『日本古代の貴族と地方豪族』、塙書房、一九九二年一月、もと関西大学文学部考古学研究室紀要『岩橋千塚』、一九六七年三月)。以下、薗田の見解はすべてこれによる。また、この雄編を参照した点が多いことをあきらかにしておく。

(15) 前掲注(5)。

(16) 天平二年の「大倭国正税帳」に「都祁神戸」とあり、神亀六年二月九日「小治田安麻呂墓誌」に「都家郷」とある。神亀六年の「志摩国輸庸帳」に「伊雑神戸」とあり、平宮2-2248に「伊雑郷□理里」とある。『粟鹿大明神元記』に「粟鹿郷」とあり、天平一〇年の「但馬国正税帳」に「粟鹿神戸」とある。

(17) 寺西貞弘は、私見であげた〜神戸が〜郷と表記されている三例について、神戸が公郷に内包されていても公郷として表記されていることを指摘して、忌部郷のうちから忌部神戸一〇戸が充てられていたであろうが、『和名抄』では単に忌部とのみ表記されていたはずであるとして、私見を否定している(「紀伊国名草郡の和名抄郷」、『日本書紀研究』二一、一九九七年六月、以下、寺西説はこの論文による)。これは傾聴すべき批判である。私見では、神戸が「嶋神戸」「日前神戸」のように〜神戸と表記されたり、公郷と同様に表記されたりしたことになる。一方、寺西説では、公郷に内包される神戸は『和名抄』では表現されないことになり、「嶋神戸」「日前神戸」「神戸」などは神戸のみからなっていたことになる。神戸が『和名抄』でどのように表記されていたのかは、まだ十分に解明されていないので、今後考えていきたい。

(18) Fグループは一郷だけなので、Eグループを写してからGグループに進む前に、EグループといっしょにFグループも写したと考えられる。

(19) この文書の原本調査の結果は、栄原「『紀伊国直川郷墾田売券』について」(安藤精一先生退官記念会編『和歌山地方史の研究』、一九八七年六月、本書第Ⅲ部第一二章)参照。

(20) 岸俊男「『続日本紀』写本と壬戌歳戸籍」(『日本古代文物の研究』、塙書房、一九八八年一月、もと『続日本紀研究』二〇〇号、一九七八年一二月)。

(21) 『私歌集大成』五。

(22) 薗田香融・山口隆・吉村正代「史料紹介　永仁三年大田郷検田畠取帳」(和歌山市教育委員会・太田・黒田地域総合調査団『和歌山市太田・黒田地域総合調査地理・歴史調査概報』一九六九年三月)。

(23) 紀俊編『官幣大社日前神宮国懸両大神宮本紀大略』(一九一六年三月、一九八四年三月復刻)。

(24) 薗田香融「古代末期のある徴税文書—永承三年紀伊国名草郡許院収納米帳の復原——参考史料　紀伊国名草郡郡許院収納米帳並進未勘文(復原)」(同氏『日本古代財政史の研究』、塙書房、一九八一年六月、もと『史泉』三〇号、一九六五年三月)。

(25) この部分は、旧稿では「「能生」という表記は、どこまでさかのぼるかあきらかでないが、『官幣大社日前国懸両大神宮本紀大略』の「古代神領郷名之事」の項にみえている」と記していた。しかし、寺西貞弘の教示により、削除した。また、寺西は、野応郷を現和歌山市和佐地区に比定している。これは、戦国時代の中郷に「野上」という地域名称が存在したことを明らかにした上で立論されたもので、注目すべき見解である。しかし、『和名抄』の郷の配列という観点からの説明が必要なように思われる。

(26) 薗田香融「第二章第三節　歴史的環境」(前掲注14)で「河南条里(区)」といっているものは、前掲注(4)の二著では日前宮条里区と和田条里区とに分けられている。

(27) 名草郡にあった六神戸の本来の配列が、ある原則によって行なわれていたのかどうかについては、いまのところ成案がない。

（28）　奈良国立文化財研究所編『平城宮発掘調査出土木簡概報（五）』（一九六八年二月）、同編『平城宮木簡』三（一九八一年三月）。

（29）　本書第Ⅱ部第七章注（９）に述べたように、寺西貞弘はこの点を困難とするが（「紀伊国和名抄郷の再検討」、『地方史研究』二五六、一九九五年八月）、私見を変更する必要はないと考えている。

第九章　滋野氏の家系とその学問——九世紀における改氏姓の一事例——

一　はじめに

『和歌山県史』古代史料一の編纂作業を進める過程で、紀伊国人である名草直（宿祢）豊成・安成らが、九世紀の「学問」の世界で重きをなしていたことを知った。そこで、彼らについて調べを進めてみると、いろいろと問題点のあることが明らかとなった。

すなわち、のちに詳述するごとく、名草直（宿祢）は滋野朝臣と改氏姓されるが、その事情は、九世紀における改氏姓の一事例として興味深い問題を含む。また、滋野氏の家系や事蹟については、解明しなければならぬ点が多く残されており、さらに、滋野氏と「学問」との関係も、検討を要する。本章は、この紀伊国出身の学者たちに関する諸問題を、改氏姓の事情を中心に、検討することを目的としている。

さて、仁寿二年（八五二）一二月、名草宿祢安成は滋野朝臣の氏姓を賜った（『日本文徳天皇実録』同月庚午（九日）条、以下『文徳実録』と略記）。ところが、滋野朝臣なる氏姓は、平安時代には、この第一のもののほかにも存在が認められるのである。

まず、第二の滋野朝臣として、延暦一七年（七九八）、伊蘇志臣家訳に滋野宿祢の氏姓を賜り、さらに弘仁一四年（八二三）、宿祢から朝臣に改姓された（以上、『日本三代実録』貞観元年（八五九）一二月二二日癸卯条、以下『三代実録』と略記）。この系統の滋野朝臣は、本章の主題とかかわるので、のちに改めてとりあげることとしたい。

第三には、『外記補任』（『続群書類従』四上）正暦三年（九九二）条に、「改姓事」との頭注のもと「少外記滋野朝臣善言改姓」とある。この人物は、同じ『外記補任』によると、永祚元年（九八九）正月に権少外記となり、翌二年（正暦元）正月、少外記となり、同二年にも同じ地位で名のみえる小槻善言（姓不明）のことであろう。[1]そうすると、彼は、正暦二年から同三年の間に、小槻から滋野朝臣に改氏姓されたことになる。彼は、一時散位となるが、長保四年（一〇〇二）大外記に復帰し、以後、寛弘六年（一〇〇九）まで在任が確かめられる。[2]しかし、それ以後は、『外記補任』が中断するので、いつまで在任したか明らかではない。また、この改氏姓が、彼個人に限定されたものなのか、それとも彼の周辺にまで及んだのかどうかも、いまのところ確認できない。

第四は、『滋野氏系図』『信州滋野氏三家系図』（ともに『続群書類従』七上）などに、清和天皇後裔の善淵王について、「延喜(長)[3]五年始賜滋野朝臣」[4]とあるものである。しかし、この延喜(長)五年（九〇五／九二七）の賜氏姓については、管見のかぎりでは、他に確認できる史料はない。[5]

以上、九～一〇世紀において、滋野朝臣と称したか、もしくは、そう伝えられているものに、管見のかぎりで、合計四系統あることを指摘した。[6・7]本章では、このうち、紀伊国に関係し、また相互に密接に関連しあう前二者をとりあげることとする。

二　名草直（宿祢）の系統

さて、名草直（宿祢）の系統については、『続日本後紀』承和六年（八三九）九月辛丑（二三日）条に詳しい。

すなわち、

紀伊国人直講正六位上名草直豊成・少外記従六位上名草直安成等、賜姓宿祢、兼貫附右京四条四坊、元右京人宗形横根、聚紀伊国人名草直弟日之女、生男嶋守、養老五年、冒母姓隷名草氏、嶋守即豊成之祖父也、

とある。これによると、宗形横根と紀伊国人である名草直弟日の女との間に生れた嶋守は、養老五年（七二一）の、おそらくは生後はじめての造籍に際して、母方の名草直の一員として貫附され、以後、その子孫たちは、名草直を称し、紀伊国の戸籍に登録されていた。そして、承和六年にいたって、豊成・安成ら[8]は、名草直から名草宿祢に改姓されると同時に、平安京の右京四条四坊に貫附されたという[9]。

ところで、本居内遠[10]は、右の豊成を、第三二代紀伊国造の豊成にあて[11]、その祖父嶋守を、最初[12]は国造豊成の祖父広島と同一人とし、のちには、第二七代国造豊島の弟広国にあて、また、広国と嶋守を別人ともしている。さらに、嶋守の母や母方の祖父名草直弟日をも国造系譜の中に組み込んでいる。しかし、これらは、結局、豊成の名が共通すること以外に、さしたる根拠はない。やはり名草直と紀直とは、一応区別して考えるべきであろう。

さて、前引史料に、「嶋守即豊成之祖父也」とあるように、嶋守と豊成の間には一世代存する。薗田香融は、この人物に道主をあてている[13]。道主は、大同―弘仁ごろに活躍しているので、時期的に妥当であり、また、後述する彼の経歴からみても、豊成の父にふさわしい。薗田の推定は妥当であろう。さすれば、道主の本貫は紀伊国としてよいであろう[14]。

つぎに、右史料にみえる豊成と安成の関係は、いかがであろうか。これを明示する史料はないが、早く本居内遠は、豊成は安成の弟かと推定し、薗田も、両者を兄弟としている[15]。しかし、この推定には、やや問題がある。豊成は、斉衡元年（八五四）八月に八三歳で没しているので（『文徳実録』同月丁丑（一五日）条）、宝亀三年（七七二）に生まれたことになる。これに対して、安成の方は、貞観一〇年（八六八）六月に六八歳で死んでいる

図１　名草直（宿祢）系図

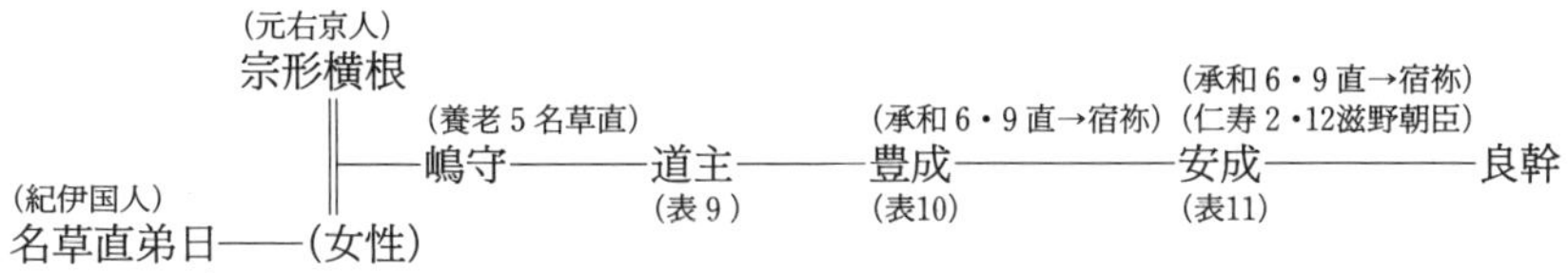

ので（『三代実録』同月一一日癸酉条）、延暦二〇年（八〇一）に誕生したこととなる。したがって、両者の年齢は、約三〇歳もひらいているのである。この点からみて、両人を兄弟とすることは、まったく不可能というわけではないが、首肯しにくい。親子とする方が、むしろ自然ではあるまいか。

この安成は、先に述べたように、仁寿二年（八五二）一二月、滋野朝臣の氏姓を与えられた（『文徳実録』同月庚午〔九日〕条）。しかし、父の豊成については、その後の斉衡元年（八五四）にいたっても、安成の改氏姓を記したと同じ『文徳実録』に、名草宿祢と表記されているので（同年正月壬辰〔七日〕条、八月丁丑〔二五日〕条）、この賜氏姓は、父豊成にはおよばなかったらしい。[16] 安成は、前述のごとく、貞観一〇年六月に没するが、その卒伝（『三代実録』同月一一日癸酉条）に「良幹之父也」とある。

以上の名草直（宿祢）の系統を図示すると、図１のごとくである。

これ以外に、この氏に属するとおもわれる人物に、滋野朝臣恒蔭がいる。『外記補任』によると、貞観六年（八六四）正月一六日、滋野安成が大外記から刑部大輔へ転出したのと同じ日に、恒蔭は少内記から少外記に任じられている。このように、外記のポストが、安成から恒蔭にうけつがれているところからみて、恒蔭もこの氏の一人かと推定される。彼は、貞観一〇年正月、信濃介に任じられている[17]（『三代実録』同月七日壬寅条）。

また、時代は、さかのぼるが、天平ごろの名草直高根女も、この氏の一員である（『続日本紀』天平一四年（七四二）一〇月戊子〔一七日〕条）。

三　楢原造・伊蘇志臣の系統

つぎに、楢原造・伊蘇志臣系の人々について、やや煩雑にわたるが検討を加えたい。まず、『続日本紀』天平勝宝二年（七五〇）三月戊戌（一〇日）条に、

駿河国守従五位下楢原造東人等、於部内廬原郡多胡浦浜、獲黄金献之、（錬金一分、沙金一分、）於是、東人等賜勤臣姓、

とある。これによると、駿河守であった楢原造東人等は、同国廬原郡多胡浦浜で獲た黄金を献上したことによって勤臣姓を賜った、という。これによって、楢原造東人は、以後、勤臣東人と称することとなり、『続日本紀』にもこの用字で姿をあらわす（天平勝宝二年一二月癸亥（九日）条、天平宝字元年（七五七）五月丁卯（二〇日）条）。

後述のごとく、同年中に伊蘇志臣内麻呂なる人物の存在が確かめられるので、このときの改氏姓は、東人個人のみを対象とするものではなく、「東人等」とあるごとく、その周辺にも及んだと考えられる。ついで、その二カ月後の同五月丙午（一九日）条には、「伊蘇志臣東人之親族卅四人、賜姓伊蘇志臣族」とある。(18)

ところで、「勤臣」と「伊蘇志臣」の用字について、一言述べておきたい。東人は、『続日本紀』に両方の用字でみえるが、同じ『続日本紀』でも、他の人物については、すべて「伊蘇志臣」と表記されている。また、『続日本後紀』『新撰姓氏録』『正倉院文書』などの史料でも、同様である。すなわち、東人についてのみ、「勤臣」と表記することがあるのである。

しかし、とりわけ『正倉院文書』のように、後世の編纂物ではない一次史料に「伊蘇志臣」とあることは、注意すべきである。結局、滋野貞主卒伝に、東人の黄金献上に対して、「帝美其功曰、勤哉臣也、遂取勤臣之義、賜姓伊蘇志臣」（『文徳実録』仁寿二年（八五二）二月乙巳（八日）条）とあるのが、この間の事情をよく説明しているであろう。勤臣は意味に傾いた表現であり、正式の用字は伊蘇志臣であったと見られる。よって、本章では、

以下「伊蘇志臣」の用字を用いることとする。

さて、楢原造から伊蘇志臣への改氏姓の事情は、伊蘇志臣内麻呂[19]に関する一連の史料を検討することにより、その一端が明らかとなる。

「伊蘇志内万呂」の名が、年紀の確実にわかる文書にはじめてあらわれるのは[20]、天平勝宝二年（七五〇）六月付の「写書所解案」（一一ノ二九七、続々修四一ノ五）である。この史料は、同年八月一九日以後に作成されたものである[21]。ところが、この文書と内容的に密接に関連し、日付も等しい三通の写書所解案（一一ノ二八二、二八五、二九一）には[22]、「楢原内万呂」などと見えるのである。そしてこの三通の文書が、楢原と見える最後である。すなわち、彼は、内容的に密接に関連し、相前後して作成され、日付を同じくする四通の文書に、楢原・伊蘇志の両様であらわれるのである。

したがって、彼は、おそらく東人と同時に、天平勝宝二年三月に伊蘇志臣と改氏姓されたのであるが、しかし、この改氏姓の処置はすぐには官僚機構の末端まで徹底せず、五カ月以上をへた八月ごろにいたって、彼の勤務先である写書所で、ようやく伊蘇志臣が用いられはじめるのである。律令政府中枢部での決定が、末端部局にまで徹底するまでの時間的ギャップを示す事例の一つといえるであろう。

さて、東人以後のこの氏の系統は、どのようになっているであろうか。まず、滋野貞主卒伝（前出）には、次のようにみえる。

曽祖父大学頭兼博士正五位下楢原東人、……父尾張守従五位上家訳、延暦年中賜姓滋野宿祢、

また、滋野貞雄卒伝（『三代実録』貞観元年〔八五九〕一二月二二日癸卯条）にも、

父従五位上家訳、延暦十七年、改伊蘇志臣、賜滋野宿祢、弘仁十四年、改宿祢賜朝臣、貞雄、是家訳之第三子也、

とある。この両卒伝によって、われわれは、多くの事実を知ることができる。

まず第一に、東人の孫に家訳なる人物がいたこと、第二に、家訳は、延暦一七年（七九八）に、伊蘇志臣から滋野宿祢へと改氏姓されたこと、第三に、弘仁一四年（八二三）に、さらに宿祢から朝臣へ改姓されたこと、第四に、家訳には、少なくとも三人以上の男子がおり、貞主と貞雄がそのうちの二名で、貞雄は第三子にあたること、などである。以下、これらの各点について検討を加えていきたい。

まず第一点については、東人の子、すなわち家訳の父にあたる人物の名は、右の史料では明らかではない[23]。

つぎに第二点はどうか。貞主・貞雄卒伝では、滋野宿祢への改氏姓は、家訳個人に対する処置であったかとも思わせる表現となっている。しかし、翌延暦一八年（七九九）の時点で、すでに滋野宿祢船白（代）なる人物の存在が確認されるので（『日本後紀』同年四月巳丑〔一五日〕条、九月辛酉〔二〇日〕条）、延暦一七年の改氏姓は、家訳個人に対するものではなく、彼とともに、一族の中心部分の人々も、同時に改氏姓されたと考えられる。なお、「滋野」という氏の名称の由来は明らかでない[24]。

また、弘仁六年（八一五）に再撰された[25]『新撰姓氏録』に、滋野宿祢（右京神別）とともに伊蘇志臣（大和神別）がみえ、さらに、承和二年（八三五）三月の時点でも、従七位下伊蘇志臣広成（右京人）・正六位上伊蘇志臣人麻呂（大和国人）なる人物がいたことからみて（ともに『続日本後紀』同月癸丑〔八日〕条）、延暦一七年の改氏姓の対象外であった人々がおり、彼らは、そのまま伊蘇志臣を称しつづけたと考えられる。

第三点については、弘仁一四年（八二三）における宿祢から朝臣への改姓が、どの範囲に及んだのか、正確には明らかではない。しかし、家訳の子貞主は、改正前の弘仁一一年（八二〇）正月には宿祢姓であったが（『類聚国史』九九、職官四、叙位四、同月庚辰〔七日〕条）、改姓後の天長四年（八二七）五月には朝臣姓を帯びている[26]（『日本紀略』同月庚辰〔二〇日〕条）。また貞雄は、天長四年一二月には朝臣とみえる（『類聚国史』九九、同前、同月壬子（二五日）条）。したがって、この改姓は、少なくとも家訳だけでなく、その子にまで及んだと考えられる。[27]

ところで、この改姓は、家訳の子貞主の東宮学士就任と関係するのではなかろうか。すなわち、貞主は、その卒伝に、「（弘仁）一四年、仁明天皇初在儲之日、遷東宮学士」とあるごとく、同年四月の正良親王立太子とともに東宮学士となり、将来の藩邸の旧臣たるの地位を手中にする第一歩をふみ出した。おそらくこれにともなって、貞主の姓が宿祢から朝臣へと改められ、その際、父家訳についても改姓されたのであろう。

最後に第四点。家訳の第三子貞雄は、貞観元年（八五九）一二月に六五歳で没しているので（前出）、延暦一四年（七九五）生まれとなる。これに対して、貞主は、仁寿二年（八五二）二月、六八歳で没しているので（前出）、延暦四年（七八五）生まれとなる。したがって、貞主は貞雄の兄にあたることになる。すると、貞雄の兄がもう一人存在したことになるが、それは、あるいは貞道ではなかろうか。

貞道は、弘仁八年（八一七）正月、従六位上から従五位下に入内しているが（『類聚国史』九九、職官四、叙位四、同月丁卯（七日）条）、貞主は、弘仁一一年（八二〇）正月に外従五位下に昇っているので（同前、同月庚辰（七日）条）、従五位下への入内は、これよりさらにおくれる。また貞雄は、天長四年（八二七）一二月に入内している（同前、同月乙巳（一八日）条）。

このように、貞道・貞主・貞雄の三人は、前後一一年の間にあいついで入内しているが、その中では貞道がもっとも早いのである。また、名前に「貞」の字が共通していることも参考となるであろう。これらからみて貞道は、他二名とともに家訳の子であり、貞道・貞主・貞雄の年齢順であったと推定される。[28]貞道は、上記弘仁八年（八一七）正月の一回しか史料にみえない。彼の活躍時期の『日本後紀』が欠けているためかもしれないが、あるいは早世したのかもしれない。

家訳に、この三人の他に、さらに男女があったかどうかは明らかでない。

以上、前掲の貞主・貞雄の卒伝から知られる四点について検討してきたが、つぎに、家訳の孫・曽孫の世代について検討しておきたい。まず、次男貞主の卒伝（前出）には、

長女縄子、心至和順、進退中規、　仁明天皇殊加恩幸、生本康親王・時子内親王・柔子内親王、少女奥子、頗有風儀、閫訓克脩、為　天皇所幸、生惟彦親王・濃子内親王・勝子内親王、

とあり、彼の長女縄子が仁明天皇の、また、少女奥子が文徳天皇の後宮にそれぞれ入り、皇子女をもうけたことが記されている。

長女縄子[29]は、右の史料によれば、仁明天皇との間に、本康親王・時子内親王・柔子内親王の一親王二内親王をもうけたことになっているが、そのほかに、もう一人皇子がいたと考えられる。

すなわち『続日本後紀』天長一〇年（八三三）五月乙卯（二九日）条に、「皇子年六歳者殤焉、侍女滋野氏所産育也」とみえるのである。この侍女滋野氏は、新訂増補国史大系編者の校定するごとく、縄子としてよい。天長一〇年五月に六歳であったこの夭死せる皇子は、天長五年（八二八）生まれということになる。したがって、縄子はそのころには、すでに皇太子正良親王（仁明天皇）の「侍女」となっていたのであろう[30]。

さて、この夭死せる皇子は、仁明天皇の何番目の皇子にあたり、また、名を知られている仁明皇子のうち、そのいずれかに該当するのであろうか。

まず、道康親王（文徳天皇）は、『文徳実録』即位前紀に、仁明天皇の長子で承和九年八月、一六歳で立太子したとあり、また、同書天安二年（八五八）九月甲子（六日）条には、三二歳で没したとあるから、天長四年生まれということになる。

つぎに、宗康親王は、薨伝に「仁明天皇之第二子也」（『三代実録』貞観一〇年六月一一日癸酉条）とある。また、承和元年（八三四）八月に七歳であったから（『続日本後紀』同月乙酉〔七日〕条）、夭死した皇子某と同じ天長五

年生まれということになる。しかし、誕生月日が不明なので長幼関係は明らかでない。

また、時康親王（光孝天皇）は、『三代実録』即位前紀によれば、仁明天皇の第三子で、天長八年（八三一）に生まれたとある。

以上によれば、上述の夭死した皇子は、道康親王の弟、時康親王の兄にあたり、宗康親王との長幼関係は明らかでないことになる。したがって、彼は、仁明天皇の第二または第三皇子ということになる。『文徳実録』『三代実録』に記す仁明天皇の皇子の順序は、夭死したためか、この皇子を勘定に入れておらず、系図類にもこの皇子は見えない。[31]

ところで、縄子所生の本康親王の生年は明らかでない。しかし、『古今和歌集』に七〇の賀歌が見えるので、それ以上の年齢で延喜元年（九〇一）一二月に没したことになる（『日本紀略』同月一四日条）。したがって、天長八年（八三一）以前の生まれである。彼は、八条宮と号し（『尊卑分脈』）、仁明天皇の第五子（『花鳥余情』一八、『薫集類抄』上）とも第七子（『河海抄』一二）ともいう。彼の経歴は、表1のごとくである。また、『尊卑分脈』によると、彼には一〇男（雅望王・行忠王・修平王・惟時・兼似・兼仁・朝鑑・朝憲・由道・保望）と二女（廉子女王・元子女王）がいた。[32]

つぎに、同じく縄子所生の時子内親王については、『本朝皇胤紹運録』に「斎院、母同本康」とある。その経歴は表2のごとくである。縄子所生の皇子女の最後、柔子内親王は、承和一五年（嘉祥元・八四八）四月初笄（『続日本後紀』同月癸卯〈一四日〉条）、貞観一一年（八六九）二月に薨じている。時に無品であった（『三代実録』同月二八日丙辰条）。[33]

以上の、貞主の長女縄子が産んだ皇子女に対して、同じ貞主の少女奥子は、前掲貞主卒伝によると、文徳天皇の後宮に入り、惟彦親王・濃子内親王・勝子内親王の一親王二内親王をもうけている。このうち最年長の惟彦親

表1　本康親王の経歴

年・月・日	事　　跡	出　典
天長8以前	誕生	——
承和3・11・3	近江国野洲郡の空閑地35町を賜る	続日本後紀
4・1・22	河内国の荒廃田30町を賜る	〃
15・4・14	清涼殿にて源朝臣冷とともに初冠、同産の柔子内親王は初笄	〃
嘉祥2・1・7	授4品(無品)	〃
3・1・15	為上野太守(4品)	〃
3・5・17	為上野太守(4品)	文徳実録
斉衡ごろか	高橋朝臣文室麻呂から、時康親王(光孝天皇)とともに鼓琴を習う(貞観6・2・2高橋文室麻呂卒伝)	三代実録
貞観2・2・14	為弾正尹、上総太守如故(4品行上総太守)	〃
3・3・14	清和天皇に従って東大寺無遮大会に参加(4品弾正尹)	〃
5・2・10	為兵部卿(4品弾正尹)	〃
5・2・14	帯剣を賜る(4品兵部卿兼上総太守)	〃
8・3・2	時康親王・源多・源冷・源光とともに、深寂の還俗と賜氏姓を請う(貞観5・9・20)(4品兵部卿兼行上総太守)	〃
11・2・16	為上総太守、兵部卿如故(4品守兵部卿)	〃
13・1・7	授3品(4品行兵部卿兼上総太守)	〃
16・8・21	侍従局における宴会に出席(3品行兵部卿兼上総太守)	〃
18・12・26	為大宰帥、兵部卿如故(2品行兵部卿)	〃
元慶6・6・26	為右相撲司別当(3品行兵部卿)	〃
7・1・7	授2品(3品行兵部卿)	〃
8・2・4	奏言する(2品行兵部卿)	〃
8・2・5	帯剣を賜る(兵部卿)	〃
8・3・9	為式部卿(2品行兵部卿)	〃
8・4・23	紫宸殿における式部省による諸国銓擬郡司擬文奏上の儀式に出席(式部卿)	〃
8	為左相撲司別当(2品行式部卿)(仁和2・6・26条)	〃
仁和2・10・13	源多・源冷・源光とともに上表し、清実の賜氏姓を請う(2品行式部卿)	〃
寛平3・10・19	輦車に乗って宮中に出入りすることを聴される(式部卿)	公卿補任 西宮記裏書
延喜1・12・14	薨(1品式部卿)	日本紀略 扶桑略記

表2　時子内親王の経歴

年・月・日	事　　　跡	出　典
天長8・12・8	賀茂斎内親王に卜定された由を賀茂社に申す(女王)	類聚国史5 日本紀略
承和2・7・12	讃岐国三野郡の空閑地百余町を賜る(以下、内親王)	続日本後紀
2・10・30	河内国の荒廃田85町を賜る	〃
3・11・2	山城国綴喜郡の乗陸田2町、河内国の荒廃田33町を賜る	〃
10・11・15	摂津国嶋上郡の古荒田18町8段を賜る	〃
14・2・12	薨(无品内親王)	〃

表3　惟彦親王の経歴

年・月・日	事　　　跡	出　典
嘉祥3	誕生	——
貞観9・1・7	授4品(无品)	三代実録
10・1・16	為常陸太守(4品)	〃
15・1・13	為弾正尹(4品)	〃
16・8・21	侍従局における宴会に出席(弾正尹4品)	〃
17・2・27	為上総太守、弾正尹如故(4品守弾正尹)	〃
18・2・15	為常陸太守、尹如故(4品守弾正尹兼行上総太守)	〃
18・12・26	為中務卿、常陸太守如故(4品守弾正尹兼行常陸太守)	〃
元慶5・1・15	為上野太守、中務卿如故(4品守中務卿)	〃
7・1・29	薨34歳(4品守中務卿兼大宰帥)(文徳天皇第3皇子)	〃

王は、文徳天皇の第三皇子であり、元慶七年（八八三）正月、三四歳[34]で没しているので（『三代実録』同月二九日丙申条）、嘉祥三年（八五〇）の生まれである。[35]したがって、その時には、奥子はすでに入内していたことになる。

右の惟彦親王の経歴は、表3のごとくである。『尊卑分脈』は、彼の子を一人だけあげているが（惟世王）、この他にも、直子女王[36]（『日本紀略』寛平元年（八八九）二月二七日己丑条）、藤原忠邦母（『尊卑分脈』）がいた。

また、濃子内親王は、延喜三年（九〇三）九月に薨じている（『日本紀略』同月一〇日丁未条）。勝子内親王は貞観一三年（八七一）七月、無品で薨じている（『三代実録』同月二八日壬申条）。

さて、貞主卒伝には、その子として以上の長女縄子、少女奥子の二人しか子をあげていないが、この表現自体、ほかにも女子がいたことを予想させる。はたして、『尊卑分脈』によると、藤原内麻呂の孫吉備雄に参議滋野貞主の女が嫁し、春海をもうけた旨記されている。この女子の名は不明であるが、長女縄子、少女奥子の間に入るものと思われる。この三人の女子の他に、さらに女子がいたか否か、また、男子の有無などはあきらかでない。

つぎに、家訳の第三子貞雄の子孫について検討したい。貞雄卒伝（前出）には、

女従五位上岑子、文徳天皇納之、誕二皇子二皇女、並賜姓源朝臣、

とある。貞雄に、岑子のほかに男女があったか否かは、あきらかではない。

さて、右にみえる岑子所生の二皇子二皇女には、源朝臣を与えられているというが、どのような人々であろうか。まず、『尊卑分脈』の前田家所蔵脇坂氏本・前田家所蔵一本・内閣文庫本の三本には、[37] 文徳天皇皇子の本有について、「母滋野氏、貞雄女岑子、仁寿三賜源姓」とあり、同書前田家所蔵訂正本や『尊卑分脈脱漏』『本朝皇胤紹運録』『皇胤系図』などにも、一致して母を滋野貞雄の女とする記載がある。これらからみて、彼を岑子所生の二皇子の一人としてよいであろう。

また、『本朝皇胤紹運録』『皇胤系図』には、載有について、「母同本有」と注記している。他にこれを裏づける史料は見あたらないが、彼も岑子所生の男子としてさしつかえないであろう。

この本有・載有兄弟は、仁寿三年（八五三）六月、ともに源朝臣を与えられ、左京職に貫附されているが（『文徳実録』同月庚午（一一日）条）、この点も、岑子所生の男女に源朝臣が与えられたとする貞雄卒伝の記載と合致する。両者の経歴は、表4・5のごとくである。また、『尊卑分脈』は、本有の子として綏之を、載有の子として邦紀・清廉の両名をあげている。

つぎに、『三代実録』貞観三年（八六一）四月二五日己巳条に、「文徳天皇皇子、男二人女三人、未定名号、是

表4　源本有の経歴

年・月・日	事　　跡	出典
仁寿3・6・11	源朝臣の氏姓を賜り、左京職につけられる	文徳実録
貞観10・1・7	授従4位上(無位)	三代実録
12・1・1	為次侍従(従4位上)	〃
12・1・25	為越前権守(従4位上)	〃
元慶6・1・7	授正4位下(従4位上行周防権守)	〃
仁和1・1・16	為治部卿(散位正4位下)	〃
2・8・14	在原行平・橘広相・源長猷らとともに為送斎内親王使(治部卿正4位下)	〃

表5　源載有の経歴

年・月・日	事　　跡	出典
仁寿3・6・11	源朝臣の氏姓を賜り、左京職につけられる	文徳実録
仁和2・8・20	四友王・雅望王・源有らとともに為斎内親王入伊勢大神宮前駆(散位従4位上)	三代実録
?	正4位下周防守	尊卑分脈

日、或為親王、或為朝臣、(中略)源朝臣淵子母滋野氏是也」とあり、源淵子[38]がその一人であることが判明する。彼女は、延喜一一年(九一一)四月に薨じている(『一代要記』)。

岑子所生の残る一皇女について、『尊卑分脈』『同脱漏』は、儀子内親王以外に皇女を載せず、「皇女儀子内親王以下廿一人也」と記す。これに対して『本朝皇胤紹運録』は、合計二〇名の皇女をのせているが、このうち、岑子所生の女子の条件である源姓を与えられたものは、憑子・謙子・奥子・列子・済子・富子・滋(淵)子の七名である。[39]この七名のうち、淵子は、上述のごとく、岑子の子であり、富子の母が菅原氏であることは、『三代実録』貞観三年(八六一)四月二五日己巳条に明らかである。そうすると、岑子所姓のもう一人の女子は、憑子・謙子・奥子・列子・済子のうちの一人である可能性が高いことになるが、今のところ特定できない。

この五人の皇女は、岑子の子と考えられる本有・載有の二皇子を含む四皇子とともに、仁寿三年(八五三)六月に源朝臣の姓を与えられ、左京職に貫附されている

図２　檜原造・伊蘇志臣系図

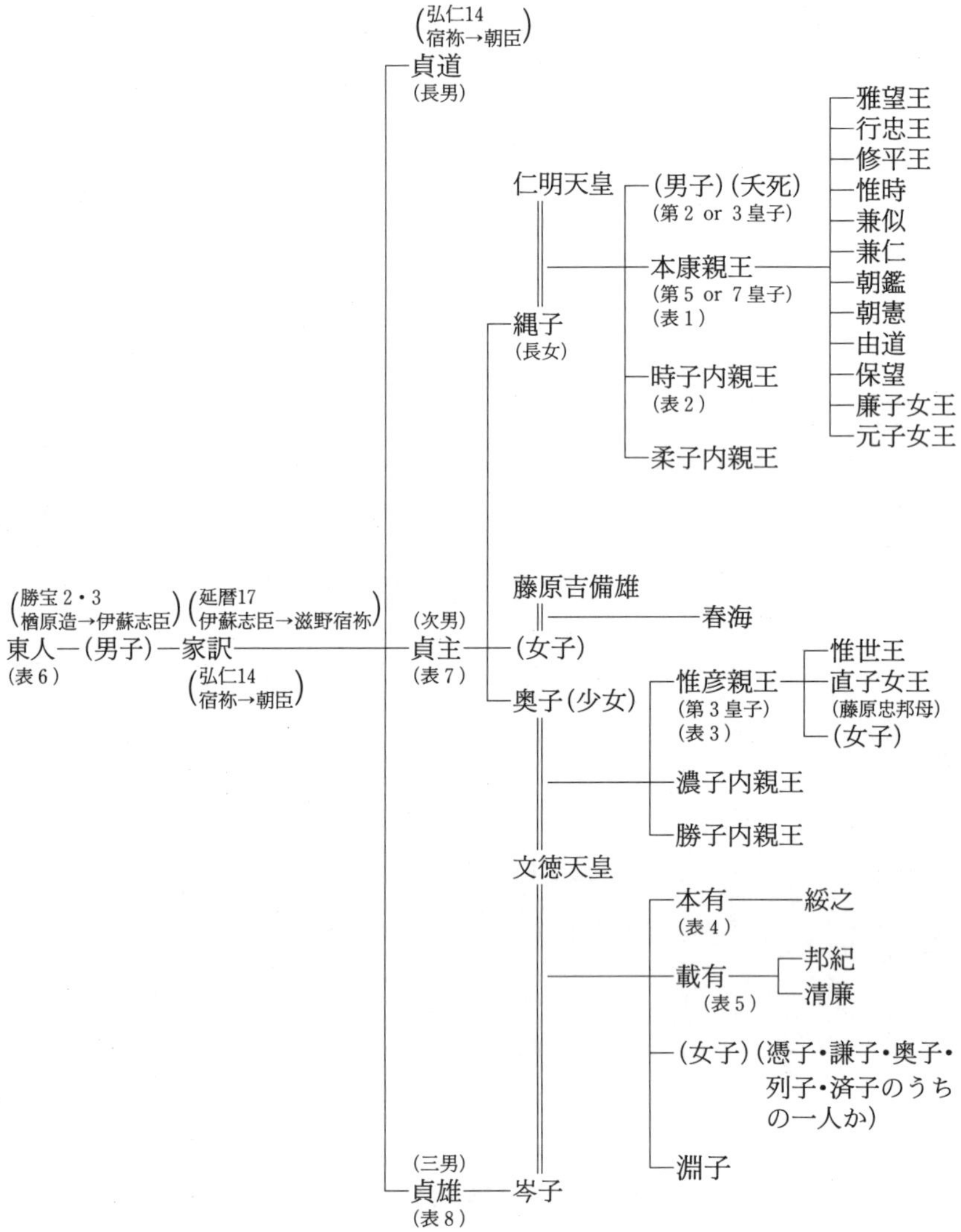

（『文徳実録』同月庚午〔一一日〕条）。そしてこのときが、本有・載有および五皇女のいずれも初見なのである。これらの四皇子五皇女のうち、三人が岑子の子であるとすると、仮に三人が年子として、いちばん上の子の懐妊からいちばん下の子の出産までの期間を考慮すると、岑子は、このときより少なくとも三十数カ月以前には、文徳天皇の後宮に入っていたことになる。

以上、楢原造・伊蘇志臣系の滋野朝臣について検討してきたが、その結果にもとづいて系図を作成すると、図2のごとくである。

前述の名草直（宿祢）系の滋野朝臣は、仁寿二年（八五二）一二月に改氏姓されて始まったのであるから、それ以前にあらわれる滋野姓をなのる人々は、楢原造・伊蘇志臣系の人々ということになる。また、名草直（宿祢）系は、滋野宿祢を称したことはないので、この氏姓を負うものもすべて楢原造・伊蘇志臣系の人物である。そのような人物として、さきにあげた滋野宿祢船白（代）の他に、滋野朝臣善蔭・善根の兄弟（『三代実録』貞観四年一二月二〇日甲寅条）をあげることができる。兄の善蔭[40]は、承和一三年（八四六）正月に、滋野朝臣姓を負って姿を見せる（『続日本後紀』同月己酉〔七日〕条）。弟の善根が姿を見せるのは、斎衡元年（八五四）正月のことである（『文徳実録』同月壬辰〔七日〕条）。この善蔭・善根兄弟の名からみて、『経国集』に四首をおさめる滋野朝臣善永、また元慶八年（八八四）五月に姿を見せる同善法（『三代実録』同月二六日乙酉条）なども、この兄弟に近い血縁者かもしれない[41]。

四　滋野朝臣の出自

以上、名草直（宿祢）系の滋野氏と、楢原造・伊蘇志臣系の滋野氏について、それぞれの家系とともに、氏姓の変遷について検討を加えてきたが、それを整理すると、図3のごとくである。

図3　滋野氏の氏姓変遷図

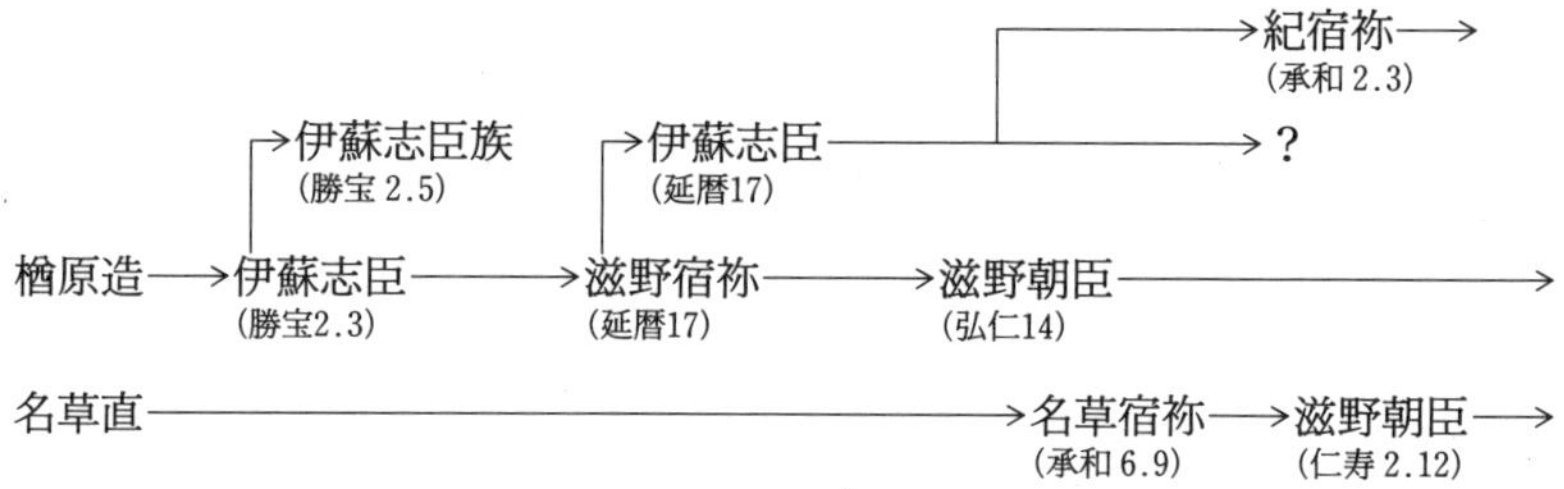

これに明らかなごとく、八世紀以来異なる氏姓を帯びていた二氏が、仁寿二年一二月以降、ともに滋野朝臣という同じ氏姓を称することになったのである。これは、早く喜田新六が指摘した、「賜姓による氏族の統合」の一例である(42)。では、もともと別の氏姓を帯びていた二つの氏が、ともに滋野朝臣を称するにいたった理由は、奈辺にあったのであろうか。そこで次に、この二氏の出自について検討したい。

まず、楢原造・伊蘇志臣の出自を検討しよう。この点で、もっとも注目されるのが、「紀楢原」なる複姓であろう。

天平一七年（七四五）から翌年にかけて、写経所に属し、光明皇后御願のいわゆる五月一日経の写経事業に従事した校生の一人に、「紀楢原豊広」（九ノ一六一）なる人物が存在した(43)。この人物がいかなるカバネを帯びていたか、それともカバネを有しなかったのかは明らかでないが、かかる複姓が存在したという事実は、天平末年ごろ、紀氏と楢原氏の両氏が同族関係にあったことを雄弁に物語っている。

つぎに、承和二年（八三五）三月、右京人伊蘇志臣広成・大和国人伊蘇志臣人麻呂・紀伊国人紀直継成ら一三人が、同じ日に紀宿祢の氏姓を賜った（『続日本後紀』同月癸丑〔八日〕条）。このことは、伊蘇志臣と紀直が従来から関連をもっており、そのことが契機となって、ともに紀宿祢へと改氏姓されたことを示している。

第三に、『新撰姓氏録』には、伊蘇志臣（大和国神別）がみえ、「滋野宿祢同祖」とあるが、滋野宿祢（右京神別）の条には、「紀直同祖」とある。したがって、伊蘇志臣は、『新撰姓氏録』ができた少なくとも弘仁ごろには、紀直と同族関係にあるとされていたことになる。

これらからみて、楢原造・伊蘇志臣は、八世紀中ごろから、すでに紀直・紀宿祢と同族関係にあると信じられていたと考えられる。紀宿祢は紀直から改姓されたものであり、ともに紀国造氏である。太田亮は、楢原造を「紀国造族にして」と述べている（『姓氏家系大辞典』）。その根拠は示されていないが、以上のような諸点からみて、この指摘は妥当なものといいうる。

つぎに、名草直（宿祢）は、いかなる出自の氏であろうか。

豊成・安成らは、前掲史料（第一節）にも明らかなごとく、承和六年（八三九）九月に、平安京の右京四条四坊に貫附されるまでは「紀伊国人」であり、豊成の曽祖母の父、名草直弟日も「紀伊国人」であった（『続日本後紀』同月辛丑（二三日）条）。また、宝亀八年（七七七）三月、紀伊国名草郡人の直諸弟ら二三人に、紀名草直の姓が与えられている[45]（『続日本紀』同月壬戌（一〇日）条）。紀直の複姓の場合、紀打原直（天平六年出雲国計会帳、一ノ五九三）と内原直（『続日本紀』天平宝字八年七月丁未（一二日）条）や、前述した紀楢原と楢原など、「紀」が省略されることがままあるので、ここにみえる紀名草直と、本章で問題にしている名草直とは、同じ氏であるとみてよいであろう。したがって、名草直は、紀伊国名草郡に本拠を有する氏で、紀直（宿祢）の同族の一つと考えられる[46]。

以上、楢原造・伊蘇志臣と名草直（宿祢）の出自を検討したが、それによって、まったく別の氏姓を称する両氏は、実は、ともに紀国造紀直（宿祢）と同族関係にあるという点で、共通項をもっていたことが判明した。この点に、九世紀中葉にいたって、両氏がともに滋野朝臣を称するようになる理由の一班が存在したことはまちがいあるまい。喜田新六は、「賜姓による氏族の統合」の原因を、一氏族からの分裂後もよく保持せられていた同族意識を前提とする氏族の人々の利害関係に求めた[47]。それは、その限りで妥当性をもつ。しかし、一歩ふみこん

表6　楢原造（伊蘇志臣）東人の経歴

年・月・日	事　　　跡	出　典
天平1	「宿儒」の1人に数えられる	武智麻呂伝
10・4	近江大掾に在任	大古24ノ75
10・閏7・16	大宰大典に在任（従6位上）	2ノ132
17・1・7	授外従5位下（正6位上）	続日本紀
18・1	雪見の宴にて作歌（巻17ノ3926左注）	万葉集
18・5・7	授従5位下（外従5位下）	続日本紀
19・3・10	為駿河守（従5位下）	〃
勝宝2・3・10	駿河国部内で発見された黄金を献上、勤臣の姓を賜う	〃
2・5・19	親族34人に伊蘇志臣族の姓を賜う	〃
2・12・9	授従5位上（駿河国守従5位下）	〃
宝字1・5・20	授正5位下（従5位上）	〃
?	大学頭兼博士正5位下	文徳実録（貞主卒伝）

で考えるならば、それのみで不十分なことは明らかである。

すなわち、紀直（宿祢）の同族としては、『新撰姓氏録』によっても、滋野宿祢・大村直・大家首（以上右京神別）、大坂直・伊蘇志臣（以上大和神別）、大村直田連（河内神別）、物部連・和山守首・和田首・高家首・大村直・川瀬造・直尻家・高野（以上和泉神別）などがあり、また氏姓からみて、紀打原直・紀楢原・紀神直・紀忌垣直なども同様である。さらに、薗田香融は、湯直・大宅直・瀰布（丹生）直・且来直・直の各氏も、紀直（宿祢）同族にあげている[48]。

このように、紀直（宿祢）の同族は、数多く存在する。しかし、そのなかで、なぜ楢原造・伊蘇志臣と名草直（宿祢）の二氏のみが、ともに滋野朝臣と改氏姓されたのであろうか。この点は、単なる同族意識の有無強弱からのみでは説明しえない。両氏のもつ固有の条件を明らかにする必要があるであろう。

五　滋野朝臣と「学問」

では、両氏のもつ固有の条件とは、一体何であろうか。結論を先にいえば、それは「学問」であったと考えられる。そこでまず、楢原造・伊蘇志臣系の人々と「学問」の関係について見ることとする。

楢原造から伊蘇志臣への改氏姓のきっかけは、前述のごとく、楢原造東人（表6）が駿河守在任中の天平勝宝二年（七五〇）三月、部内で発見された黄金を献上したことにあるが（『続日本紀』同月戊戌〔一〇日〕条）しかし、この東人は、奈良朝においては、むしろ「宿儒」として名を知られていた。

すなわち、『家伝』下（武智麻呂伝）神亀六年（天平元・七二九）条に、守部連大隅・越智直広江・背奈行文・箭集宿祢虫麻呂・塩屋連古麻呂らの「宿儒」とともに、彼の名も見えるのである。[49] この点は、彼の曽孫滋野貞主の卒伝（『文徳実録』仁寿二年〔八五二〕二月乙巳〔八日〕条）に、「楢原東人、該通九経、号為名儒」とあることと照応する。

また同卒伝には、「大学頭兼博士正五位下楢原東人」とある。彼が大学頭や大学博士に任ぜられたことは、この後世の卒伝以外に史料がないが、さきの「宿儒」と称された点からみて、ありうることであろう。すなわち、楢原東人は、儒学の大家としてその名を知られ、大学寮の教官ともなっていた可能性が高いのである。

彼の孫の家訳が、「学問」に秀でていたか否かは明らかでないが、東人の「学者」としての資質は、曽孫たちにうけつがれた。

まず、滋野貞主（表7）は、大同二年（八〇七）に文章生試に及第して文章生となっている。[50] 彼の弟貞雄は、一般科としての明経道に入学したらしいので、[51] 兄貞主も同様の道をたどり、しかるのち文章生となったのであろう。そして、四年後の弘仁二年（八一一）少内記として出身した。[52] 以後、大内記・図書頭・東宮学士・式部大輔などの、「学問」と関係が深く、漢籍の素養を要する官職を歴任している。

この間、大内記時代には、『文華秀麗集』（序）と『内裏式』（序）の、また東宮学士時代には『経国集』（序、『日本紀略』天長四年〔八二七〕五月庚辰〔二〇日〕条）の編纂にそれぞれ関与し、天長八年（八三一）には、勅を

表7　滋野貞主の経歴

年・月・日	事　　　　跡	出　典
延暦4	誕生	——
大同2	文章生試及第、文章生となる	文徳実録(卒伝)
弘仁2	為少内記	〃
2頃	従7位上	凌　雲　集
6	為大内記	文徳実録(卒伝)
6頃	文華秀麗集編纂	文華秀麗集序文
11・1・7	授外従5位下(正6位下)	類 聚 国 史 99
11	為因幡介	文徳実録(卒伝)
12・1・30	内裏式奏上	内 裏 式 序 文
12	授従5位下	文徳実録(卒伝)
12	為図書頭、因幡介如故	〃
14・4	遷東宮学士、因幡介如故	〃
天長4・5・20	経国集編纂を命じられる	日　本　紀　略
6・1・7	授従5位上(従5位下)	類 聚 国 史 99
8	秘府略を編纂する	文徳実録(卒伝)
9	兼為下総守	〃
10・3・6	授正5位上(従5位上)	続 日 本 後 紀
10・3・13	為内蔵頭、下総守如故(正5位上)	〃
10・12・7	為宮内大輔、下総守如故(内蔵頭正5位上)	〃
承和1・1・7	授従4位下(正5位上)	〃
1	兼相模守	文徳実録(卒伝)
1・10・25	山城国愛宕郡の空閑地6町を賜う(従4位下)	続 日 本 後 紀
2・8・14	為兵部大輔、相模守如故(従4位下)	〃
5・11・20	為弾正大弼(従4位下)	〃
6・1・7	授従4位上(従4位下)	〃
6・1・11	為兼大和守、弾正大弼如故(従4位上)	〃
7・8・22	為大蔵卿(従4位上)、大和守如故	文徳実録(卒伝)
8・1・13	為兼讃岐守、大蔵卿如故、罷大和守(従4位上)	続 日 本 後 紀 文徳実録(卒伝)
9・1・13	為兼式部大輔、讃岐守如故(参議従4位上)	続 日 本 後 紀
9・7・25	為参議(従4位上)	〃
9・12・20	献楯列山陵神宝使(参議従4位上式部大輔献讃岐守)	〃
10・11・16	任校畿内田使大和長官(参議従4位上)	〃
10・12・26	文室宮田麻呂を推問	〃
11・4・30	西寺南の居宅(城南宅)を捨てて慈恩院(寺)とする(参議式部大輔従4位上)	〃 文徳実録(卒伝)
11・10・3	除班田使大和国長官(参議従4位上)	続 日 本 後 紀
11・11・14	為兼勘解由使長官、式部大輔讃岐守如故(参議従4位上)	〃

12	陳便宜十四事	文徳実録(卒伝)
14・12・19	右大臣橘氏公の喪事を監護(参議従4位上行式部大輔兼勘解由長官)	続日本後紀
15・6・3	左大臣以下とともに上表(班大和国田使長官参議従4位上式部大輔)	〃
嘉祥2・春	兼尾張守	文徳実録(卒伝)
2	大宰府につき上表	〃
2・9・26	為兼宮内卿、尾張守如故(参議従4位上)	続日本後紀
3・3・22	為後次第司長官(参議宮内卿従4位上)	文徳実録
3・3・22	尾張守滋野朝臣在京	平安遺文No.99
3・4・2	先皇七々日御斎会司の一人となる(参議宮内卿従4位上)	文徳実録
3・4・17	授正4位下(従4位上)	〃
3・8・5	為相模守、宮内卿如故(参議正4位下)	〃
3・9・23	山崎橋の地をみる(参議)	〃
3・10・5	柏原山陵に遣わされる(参議正4位下)	〃
仁寿2・2・8	卒68歳	〃

表8　滋野貞雄の経歴

年・月・日	事　　跡	出　典
延暦14	誕生	——
?	幼遊大学	三代実録(卒伝)
弘仁7	為主殿少属	〃
?	掃部権允	〃
?	右衛門少尉	〃
?	遷掃部助	〃
?	兼左近衛将監	〃
天長 4・12・18	授従5位下(正6位上)	類聚国史99
?	除備前権介	三代実録(卒伝)
承和5	為備前介	〃
5・11・29	授従5位上(従5位下)	続日本後紀
?	拝少納言、兼侍従	三代実録(卒伝)
12・1・11	為丹波守(従5位上)	続日本後紀
13・1・7	授正5位下(従5位上)	〃
嘉祥3・1・7	授従4位下(正5位下)	〃
3・3・22	為養役夫司(前丹波守従4位下)	文徳実録
仁寿1・1・11	為但馬権守(従4位下)	〃
天安2	為摂津守	三代実録(卒伝)
貞観1・1・13	為摂津守(従4位下)	三代実録
1・11・19	授従4位上(従4位下行摂津守)	〃
1・11・22	卒65歳	〃

表9　名草道主の経歴

年・月・日	事　　　跡	出　典
大同3・11・17	授外従5位下(正6位上)	日本後紀
3・12・4	為兼越中権掾(助教外従5位下)	〃
弘仁1・10・2	為大学博士、越中権掾如故(従5位下)	〃
10・1・7	授従5位下(外従5位下)	類聚国史99

表10　名草豊成の経歴

年・月・日	事　　　跡	出　典
宝亀3	誕生	——
天長7	為大宰博士	文徳実録(卒伝)
承和4	為直講	〃
6・9・23	賜姓宿祢、兼貫附右京4条4坊(紀伊国人直講正6位上)	続日本後紀
8	為助教	文徳実録(卒伝)
8・11・20	授外従5位下(正6位上)	続日本後紀
11・1	遥授駿河介	文徳実録(卒伝)
斉衡1・1・7	授従5位下(外従5位下)	文徳実録
1・8・25	卒83歳(散位従5位下)	〃

うけて、諸儒とともに『秘府略』一〇〇〇巻の編纂を行なっている（卒伝）。また、承和一一年（八四四）には、「西寺南居宅一区」（「城南宅」）を西寺に喜捨して同寺の別院として慈恩院（寺）と号したが（『続日本後紀』同年四月壬午〔三〇日〕条、同卒伝）、そこには西書院が付置されていた。彼の蔵書が納められていたのであろう。彼は仁寿二年二月、この西書院で卒した（卒伝）。

彼の女の一人は、藤原吉備雄に嫁し、春海をもうけている。貞主の外孫である春海は、文章生（『西宮記』）をへて文章得業生となり、越前少掾として出身した。仁和二年（八八六）五月に対策し（『類聚符宣抄』二四八ページ）、少内記をへて、寛平三年（八九一）には式部大丞の任にあり（『類聚符宣抄』二五二ページ）、さらに延喜二年（九〇二）に文章博士に就任し（『二中歴』）、延喜四年七月以前に大学頭となり、同月から同六年一〇月まで日本紀を講じている（『日本紀略』『釈日本紀』『日本紀竟宴和歌』）。

つぎに、楢原造東人の曽孫の一人、滋野貞雄（表

8）は、その卒伝に「幼遊大学、頗閑詞賦」とある（『三代実録』貞観元年（八五九）一一月二二日癸卯条）。おそらく明経道の学生となり、文章道的な教科を学んだと考えられるが[53]、文章生となったかどうかは明らかでない。

さらに、この一族と考えられる滋野宿祢船白（代）は、延暦一八年（七九九）四月には式部少録であり（『日本後紀』同月己丑（一五日）条）、大同元年（八〇六）七月には左大史であった（『大日本古文書』家わけ東大寺文書之一、二三九ページ）。また、滋野朝臣善永は、『経国集』に四首採用されている。

以上のように、楢原造・伊蘇志臣は、経済・文学方面にすぐれた人々を多く輩出した点に特色があったのである。これに対して、名草直（宿祢）はどうであろうか。

まず、名草道主（表9）は、大同三年（八〇八）一二月には助教に在任し（『日本後紀』同月辛亥（四日）条）、弘仁元年（八一〇）一〇月に、大学博士に任じられている（『日本後紀』同月己巳（二日）条）。

また、上述のごとく、彼の子と考えられる名草宿祢豊成（表10）は、卒伝（『文徳実録』斉衡元年（八五四）八月丁丑（二五日）条）によると、天長七年（八三〇）に大宰博士となり[54]、承和四年（八三七）直講、同八年助教に任じられ、同一一年正月、七三歳に達していた彼は、老耆の故をもって駿河介を遥授されたが、これは「教授之資」にあてるためであった。彼は、「少学老荘、長読五経、義理頗通、学徒多属」（卒伝）とあるように、老荘の勉強からはじめて、五経の研究へと進んだ人物であり、多くの学徒を教えたようである。

この豊成の子の安成（表11）は、承和四年二月に少外記に任じられ（『外記補任』）、嘉祥三年（八五〇）正月には大外記に（『続日本後紀』同月甲午（一五日）条）、また天安二年（八五八）には権大外記に（『三代実録』『外記補任』[55]）それぞれ任じられている。貞観六年（八六四）八月、刑部大輔であった彼は、少外記善淵愛成らとともに、「天皇系図大臣列伝」の造纂を命じられているが（『類聚符宣抄』一四三ページ）、これは彼の「学者」としての力量を示すものであろう。また、天安二年三月、彼は、勅により老荘を侍従所において講じたが、文章生・学生等

表11　名草(滋野)安成の経歴

年・月・日	事　　跡	出　典
承和4・2・7	任少外記(内匠大属)	外記補任
5	少外記	〃
6・9・23	賜姓宿祢、兼貫附右京4条4坊(少外記従6位上)	続日本後紀
7	少外記	外記補任
8	少外記	〃
9・9・17	少外記	類聚符宣抄
10・1・11	転大外記	外記補任
11・1・7	授外授5位下(正6位上)	続日本後紀
11・10・1	任遠江介	外記補任
嘉祥3・1・15	為大外記(外従5位下)	続日本後紀
仁寿1	大外記(外従5位下)	外記補任
2・12・9	賜姓滋野朝臣(大外記外従5位下)	文徳実録
3・3・7	授従5位下(大外記外従5位下)	〃
斉衡1・11・15	大外記	類聚符宣抄
2	大外記(従5位下)	外記補任
3	大外記(従5位下)	〃
天安1・1・14	為相模介(従5位下)	文徳実録
2・1・13	任権大外記、止相模介(従5位下)	外記補任
2・3・15	侍従所にて老荘を講ず(相模介従5位下)	文徳実録
2・10・26	為権大外記、相模介如故(従5位下行相模介)	三代実録
貞観1・4・9	為上野権介、大外記如故(従5位下行大外記兼相模介)	〃
1・11・19	授従5位上(従5位下権大外記兼上野権介)	〃
2	権大外記(従5位上)	外記補任
3	権大外記(従5位上)	〃
4	権大外記(従5位上)	〃
5・3・30	為次侍従(従5位上)	三代実録
5・4・13	賀茂斎内親王の禊事に奉従(従5位上行大外記)	〃
6・1・16	為刑部大輔(従5位上大外記)	〃
6・8・2	天皇系図大臣列伝の造纂を命じられる(刑部大輔)	類聚符宣抄
7・3・28	為美濃権守(従5位上守刑部大輔)	三代実録
10・6・11	卒68歳(美濃権守従5位上)	〃

五人も聴講している（『文徳実録』同月丙子（一五日）条）。彼は、卒伝に「尤好老荘、諸道人等受其訓説」（『三代実録』貞観一〇年六月一一日癸酉条）とあるように、当時における老荘の学の大家であり、多くの人々が、彼から教示をうけたのである。

つぎに、安成の子良幹は、尾張掾在任中の貞観一五年（八七三）五月、清和天皇の方略宣旨をうけ、文章得業生を経ずに方略試に応じている（『類聚符宣抄』二四九、二五二ページ、『都氏文集』五）。彼は、やはり貞観年中に文章生として方略試をうけた菅野惟肖とともに、後世「起家献冊（策）之輩」のうちに数えられている（『朝野群載』三四六ページ、『都氏文集』五）。その後、仁和三年（八八七）には、大内記に在任している（『三代実録』同年正月七日辛巳・二月一七日辛酉条）。

また、この一族の一人と考えられる恒蔭は、上述のごとく、貞観六年正月、少内記から少外記に任じられ、同九年二月、大外記に転じている（『外記補任』）。

以上、名草直（宿祢）系の人々の学問について見てきたが、そこで特徴的なことは、まず第一に、豊成・安成が、父子二代にわたって老荘の学に長じたことである。この老荘の学を、豊成の父の道主や、安成の子良幹も得意としたか否か不明であるが、さきに仁明天皇が春澄善縄から荘子の講義をうけ（『続日本後紀』承和一四年（八四七）五月乙亥（一一日）条）、また上述のごとく、天安二年（八五八）三月には、安成が文徳天皇に老荘を講義したように、老荘愛好の気運が高まるなかで、[56] この名草直（宿祢）父子は、春澄善縄・安倍真勝・安倍吉人らとともに、その専門家として、異彩を放っていたのである。

第二に、道主・豊成父子は、二代つづいて大学寮の教官に就任しており、一時は教官世襲の勢いを示したが、[57] 安成にいたってその途は断たれた。豊成の場合、老荘とともに五経にも長じていたので、教官の地位を得ることができたが、安成の場合、おそらく老荘の学へと専門化しすぎてしまったため、これを教科の中にとり入れていない大学寮の教官には、なれなかったのではなかろうか。この点で「学者」の家として、家運にかげりがみえはじめていることは注意される。あるいは、かかる事態と関連してか、安成の子良幹は、文章道に学び、秀才試をうけている。しかし、もはや大学寮教官の地位を得ることはできなかった。

第三に、豊成・安成父子は、二代にわたって、多くの人々をあつめる私塾をひらいていたらしい(58)ことも、私塾形成史の観点から興味深い。

以上、楢原造・伊蘇志臣系と名草直（宿祢）系の人々について検討した結果、前者は経学・文学方面に、また後者も、経学・老荘の学の方面にすぐれた人物を輩出したことが判明した。すなわち、両系統ともに、「学問」に秀でる点を特色とする氏族であったのである。古代における大学・国学・府学の教官や学生で、名を知られるものはかなりの数にのぼるが(59)、そのうちで、この両系統以外の紀直（宿祢）同族出身者は、ほぼ皆無といってよい(60)。したがって、「学問」に秀でるという点は、さきにあげた数多い紀直（宿祢）同族の中で、この二氏にのみ見られる固有の特色であったといいうる。

六　滋野朝臣への改氏姓

前節までに、楢原造・伊蘇志臣と名草直（宿祢）両氏の、家系・出自・「学問」との関係などに関する検討を行ってきたが、本節では、これらをふまえて、両氏が滋野朝臣という同一の氏姓を称するに至った事情について考察したいと思う。

図4は、必要な事項を記入し対照させたものである。これによると、まず楢原造・伊蘇志臣の中心部が、弘仁一四年（八二三）に、先に滋野朝臣に改氏姓され、これにおくれて、仁寿二年（八五二）一二月にいたって、名草宿祢の中心部分が、同じ滋野朝臣を称することとなったのである。

図４　滋野氏事績対照図

	名草直	楢原造
		・天平１　東人　宿儒
		伊蘇志臣（勝宝２・３）
		滋野宿祢（延暦17）
	・大同３・12　道主　助教在任	
	・弘仁１・10　道主　任大学博士	
		・弘仁６頃　貞主　文華秀麗集編纂
		・弘仁12・１　貞主　内裏式奏上
弘仁14・４ 淳和天皇即位 正良立太子		
		滋野朝臣（弘仁14）　貞主　任東宮学士
		・天長４・５　貞主　経国集編纂
		・天長５以前　縄子　東宮侍女となる
		・天長５　縄子　皇子某出産
	・天長７　豊成　任大宰博士	
		・天長８以前　縄子　本康親王出産
		・天長８　貞主　秘府略編纂
天長10・２ 仁明天皇即位		
	・承和４　豊成　任直講	
	名草宿祢（承和６・９）	
	・承和８　豊成　任助教	
		・承和９・７　貞主　任参議
		・嘉祥３以前　奥子　入内
		・嘉祥３　奥子　惟彦親王出産
		・このころ　岑子　入内
嘉祥３・３ 文徳天皇即位		
		・仁寿２・２　貞主　卒（68歳）
	滋野朝臣（仁寿２・12）	
		・仁寿３・６以前　岑子　本有・載有・女子出産
	・斉衡１・８　豊成　卒（83歳）	

したがって、氏姓同一化の要因をさぐるためには、それが達成された仁寿二年一二月以前の楢原造・伊蘇志臣系の人々の事蹟と、名草直（宿祢）系の側の要因との両面から検討する必要がある。

前述のごとく、滋野貞主は、「学問」に関係ふかい職を歴任し、『内裏式』『文華秀麗集』『経国集』『秘府略』の編纂に従事するなど、学問・文学方面で活躍をつづけたが、他方、弘仁一四年（八二三）には、「学問」文芸上の実績を背景に、東宮学士に任ぜられ、皇太子正良親王と個人的に結びつくきっかけをつかんだ。このことが、滋野宿祢から朝臣への改姓と密接に関係することは、前述のごとくである。

そして、天長五年（八二八）以前に、長女縄子を正良皇太子の「侍女」とし、同年には、第二ないし第三皇子をえている。この皇子某は、仁明天皇即位直後の天長一〇年五月に、わずか六歳で夭死してしまうが、その前の天長八年（八三一）以前には、本康親王が誕生している。このような姻戚関係と、「学問」文芸上の功績により、藩邸の旧臣たる貞主は、承和九年（八四二）七月、参議に栄進するのである（『続日本後紀』同月丁巳〔二五日〕条）。

その後も、嘉祥三年（八五〇）以前には、少女奥子が道康親王（文徳天皇）に嫁し、嘉祥三年に惟彦親王を出産している。貞主自身は、仁寿二年（八五二）二月に卒するが、彼の弟貞雄は、嘉祥三年ごろ以前に、女の岑子を道康親王（文徳天皇）にとつがせているのである。

このように、仁寿二年一二月以前における滋野貞主とその一族は、まさに「一家繁昌」（貞主卒伝）といえる状態にあったのである。滋野朝臣なる氏姓は、当時の官人貴族たちの間において、「学問」文学界の権威、皇室の姻戚として、重い意味をもっていたと考えられる。

これに対して、名草直（宿祢）系は、どのような状況にあったのであろうか。かりに改氏姓前の嘉祥三年（八五〇）の時点をとると、豊成は、七九歳の高齢で、すでに助教の地位を去っており[61]、その子安成は、すでに五〇歳に達しているにもかかわらず、大学寮教官となりえていないのである。その理由が、安成の老荘への傾倒にあったらしいことは、前述のごとくであるが、かかる事態は、父祖の代より「学問」の伝統を有し、すでに二代にわたって大学寮教官のポストを得ていた名草直（宿祢）氏、とりわけ豊成・安成にとって、容易ならぬことであった。この点に、彼らが滋野朝臣なる氏姓に着目する要因があったと考えられる。

多くの紀直（宿祢）同族の中でただ一氏、「学問」に秀でる点で、滋野朝臣貞主一族と共通項をもつ名草直（宿祢）は、同族関係と、それに加えて「学問」面での共通点を利用しつつ、滋野朝臣への改氏姓、すなわち、「繁昌」せる滋野朝臣貞主一族との氏姓の同一化を果たしたものと思われる。彼らは、上述のごとく、官人貴族たちの間で、当時重い意味をもっていた滋野朝臣という氏姓を称することをテコに、かげりをみせはじめた家運をもりかえそうとしたのではなかろうか。

七　む　す　び

以上、滋野朝臣なる同一氏姓を称するにいたった名草直（宿祢）と楢原造・伊蘇志臣の両氏について検討を加えてきたが、その結果は大よそつぎのごとくである。

(1)　両氏の家系は、図１・２のごとくである。

(2)　両氏はともに紀直（宿祢）と同族関係にある。

(3)　両氏は、「学問」に秀でた人々を輩出した点で、共通点をもっていた。

(4)　以上の(2)(3)の点をふまえて、両氏は滋野朝臣という同一姓を称するにいたった。

さて、滋野朝臣への改氏姓には成功したものの、名草宿祢安成は、ついに大学寮の教官となることはできなかった。安成の子良幹も、やはり同様であった。そのかぎりでは、滋野朝臣なる氏姓を称することは、期待したほどの効果を発揮しなかったのであるが、それは、次のような要因によると考えられる。すなわち、滋野朝臣なる氏姓が、九世紀の官人貴族たちの間で重きをなしえたのは、もっぱら貞主の存在による。弟貞雄も、「学問」文芸に秀でたらしいが、兄貞主に比ぶべくもない。また、この兄弟が、その女を仁明・文徳両天皇の後宮に送り込みえたのも、貞主が、仁明天皇の皇太子時代から、東宮学士として側近にあり、やがてその即位とともに、藩邸の旧臣として重んじられたことを最大の要因としている。

このように、滋野朝臣の「繁昌」は、貞主の存在をぬきにして考えることはできないのである。しかるに、貞主の最大の庇護者である仁明天皇は、嘉祥三年（八五〇）三月に没し、さらに貞主自身も、仁寿二年（八五二）二月に卒してしまう。貞主を外戚とする本康・惟彦両親王は無事成長しつつあり、また、弟貞雄も健在とはいえ、貞主の死の意味するところは大きい。滋野朝臣の官人貴族間において占める位置は、このころを境として低下に向かったと考えられる。

名草宿祢から滋野朝臣への改氏姓が行なわれた仁寿二年一二月は、皮肉にも、貞主・貞雄一族の家運が傾きはじめた時期にあたっていたのである。滋野朝臣を称することに成功したにもかかわらず、そのことが期待したほどの効果を発揮しなかったのは、このような事情によると考えられる。

（1）『小槻略』（『尊卑分脈』）、『小槻系図略』（『群書類従』五）、『小槻系図』『小槻氏系図別本』（ともに『続群書類従』七上）、『系図纂要』所収小槻氏系図など、各種の小槻氏の系図には、いずれも彼の名はみえない。

（2）同年二月の時点で、彼は、「主税頭兼大外記播磨権介」であった（『政事要略』六〇二、六〇四ページ）。なお『日本紀略』寛弘六年二月五日辛卯条参照。

（3）『系図纂要』『滋野親王外伝』『滋野世紀』などは、いずれも延長五年とする。

（4）『信州滋野氏三家系図』による。『滋野氏系図』には「朝臣」の二字がない。

（5）まず第一に、善淵王は、『尊卑分脈』『本朝皇胤紹運録』『皇胤系図』には見えない。『滋野親王外伝』は、清和天皇皇子貞保親王の子基淵を善淵にあてるが、誤字説以上の論拠はない。第二に、清和天皇から善淵王にいたる系譜については、異同が多い。たとえば、『滋野氏系図』『信州滋野氏三家系図』では、清和天皇―貞保親王―目宮王―善淵王とあるのに対し、『増田望月系図』には、目宮王はみえない。また、『一本滋野系図』（『姓氏家系大辞典』所引）・『滋野世紀』には、清和天皇―貞元親王―善淵王とある。第三に、右と関連して、『信州滋野氏三家系図』の奥の「張紙」なる記載に、信州海野の白取大明神の祭神は、清和天皇皇子の貞秀親王で、これを滋野天皇と称した、とあるのに対して、『滋野世紀』は、同大明神の祭神を貞元親王とし、『滋野親王外伝』では、滋野天皇と称したのは貞保親王とする。このように、善淵王なる人物の実在性には問題があり、延喜（長）五年の賜氏姓の信頼度は低いと思われる。なお、太田亮も、これらを「信ずるに足ら」ずとしている（『姓氏家系大辞典』）。

（6）『尊卑分脈』には、光孝天皇の子国紀の子公忠について、「号滋野」とみえる。太田亮『姓氏家系大辞典』は、光孝源氏系統の滋野氏として特に一項をたて、公忠の子孫の系図を『尊卑分脈』によって掲げている。しかし、『三十六歌仙伝』『拾芥抄』『河海抄』などに、公忠について、「号滋野井弁」とあるごとく、彼は右大弁にして滋野井と号していたとするのが正しい。なお、『群書解題』一（「滋野氏系図」の項）は、太田と同じ誤ちをおかしている。

（7）時代は下るが、この他にも、滋野を称したものがいたことについては、太田亮『姓氏家系大辞典』参照。

（8）安成は安城とも表現される（『三代実録』貞観一〇年〈八六八〉六月一一日癸酉条）。『日本三代実録索引』（六国史索引四）は、両方の項目をたてているが、同一人である。

（9）このとき改姓の対象とならずに、名草直を称しつづけた人々がいたかどうか、明らかでない。

（10）本居内遠「紀伊国造職補任考」（『本居春庭・大平・内遠全集』吉川半七、一九〇三年二月）。

（11）『紀伊続風土記』は、両者は「別人なるか詳ならす」としている。また、薗田香融はこれを否定している（「岩橋千塚と紀国造」、『日本古代の貴族と地方豪族』、塙書房、一九九二年一月、もと関西大学文学部考古学研究室紀要『岩橋千塚』一九六七年三月）。以下、薗田の説は、すべてこの論文による。

（12）前掲注（10）論文の奥書に、「天保七年九月初稿、嘉永二年閏四月増刪再記」とある。

（13）前掲注（11）論文、四八四ページ。桃裕行は、「恐らく近親と思はれる」としている（『上代学制の研究』、目黒書店、一九四七年五月、七三ページ)。

(14) 桃裕行は、道主の「本居」を「紀伊カ」としている(前掲注13著書七一ページ)。

(15) 本居前掲注(10)論文および薗田前掲注(11)論文、四七四・四八四ページ。

(16) 安成の子良幹は、貞観一五年(八七三)に滋野と称しているから(『類聚符宣抄』一二五二ページ)、この改氏姓は、あるいは安成個人だけでなく、その子にも及んだかもしれない。

(17) 太田亮『姓氏家系大辞典』にひく『一本滋野系図』に、「恒蔭(信濃守)」なる人物がみえるが、この人物の実在性は不明で、いま問題にしている恒蔭(信濃介)との関係は明らかでない。

(18) この一連の措置ののちに、なお楢原造を称するものが残ったかどうかは明らかでない。

(19) 彼のカバネが「臣」であることについては、「経師筆墨紙充帳」(続々修三六ノ一、『大日本古文書』編年一〇巻四一八ページ、以下一〇ノ四一八と略記)参照。

(20) 『日本古代人名辞典』は、伊蘇志内麻呂が、天平一五年(七四三)から東大寺写経所に出仕していたとするが、その根拠である「写経借帳」(続修後集四二、八ノ三六三)の日付は不明である。かりに、文中にみえる良弁の天平一五年一一月一三日の宣に近いころのものとすると、楢原造東人に対する改氏姓以前から、「伊蘇志」なる姓が存在したことになってしまう。つぎに、彼は、天平勝宝二年(七五〇)三月(塵芥二、一一ノ一二五)、五月(塵芥二、一一ノ一三一)に千部法華経の書写に従事したが(いずれも「千部法華経本充帳」)、この文書の作成は、早くとも天平勝宝三年六月以降と考えられるので(一一ノ一二〇)、前年三〜五月ごろの姓を記すとは限らない。また、「千部法華経上帳」(続々修五ノ一、一一ノ一三七)にも彼の名がみえるが、この文書の日付も明らかではない。

(21) この文書は、天平勝宝二年六月「写書所解」(続々修四一ノ五裏、一一ノ二八五〜七)の次に、同年八月一九日付の前欠「作礎功食奉請注文」(続々修四一ノ五裏、一一ノ三六六)を貼り継いだものの裏に記されているので、後者文書の日付以後に作成されたことになる。

(22) 合計四通の写書所解案を、『大日本古文書』の配列順に①〜④とすると、「伊蘇志内万呂」とみえるのは、④である。この四通の相互関係は、詳述の余裕はないが、ほぼ次のごとく考えられる。すなわち、③の加筆訂正にもとづいて、再整理を加えて浄書したのが①で、これをさらに整理して浄書したのが②である。また、③の記載を、①とは別の観点から整理したのが④である。以上の③→①→②と③→④の両系統の関係は不明だが、先に②が作成され、その後その裏に④が記入された。

(23) 東人の子、家訳の父にあたる可能性のある人物としては、つぎのような人々があげられる。(a)天平末年以前、楢原造総麻呂として、五衛府の一つの少志の任にあり（『平城宮木簡一』六一号木簡）、宝亀六年（七七五）正月に、伊蘇志臣総麻呂として外従五位下に昇り（『続日本紀』）、やがていつのころか従五位下に入内し、その女を藤原葛野麻呂に嫁せしめた（『尊卑分脈』）人物、(b)延暦四年（七八五）正月、外従五位下に昇叙され、同七月に主船正に任じられた（いずれも『続日本紀』）伊蘇志臣真成、(c)または彼らと同世代の人物である。

(24) 新野直吉は、滋野宿祢への改氏姓を、「地名によって」としているが（『群書解題』八「秘府略」の項）、その根拠は示されていない。また、富岡知明『滋野親王外伝』には、「或人」の説として、滋野氏の祖たる貞保親王は、滋野井の御所にいたことにより、滋野親王と称した、としている。これも、その根拠は明らかでない。

(25) 佐伯有清『新撰姓氏録の研究』本文篇（吉川弘文館、一九六二年七月）。

(26) 『凌雲集』『文華秀麗集』には宿祢でみえ、『経国集』には朝臣とみえる。

(27) このほか、天長四年（八二七）ごろ成立したと考えられる『経国集』に、「蔭子無位滋野朝臣善永」なる人物がみえる。彼が家訳の子であるかどうかは明らかでないが、仮にそうではないとすれば、改姓の対象は、家訳とその子よりも、さらに広範囲であったことになる。

(28) 太田亮は、貞主・貞雄の兄弟として、貞秀なる人物を想定している。そして、清和天皇の皇子には「貞」の字がつき、しかも時代も同じころであることから、貞主の兄弟の貞秀を、清和天皇の皇子と混同し、貞秀親王と称したとしている（『姓氏家系大辞典』）。この「貞秀親王」は、『信州滋野氏三家系図』の「張紙」部分にみえる。

(29) 『続日本後紀』『文徳実録』『尊卑分脈』（故実叢書本）『尊卑分脈脱漏』『本朝皇胤紹運録』『皇胤系図』は「縄子」とするが、『尊卑分脈』（新訂増補国史大系本）は「統子」、『公卿補任』『帝王編年記』『一代要記』は「綱子」とある。いま六国史に従う。

(30) 『尊卑分脈』『尊卑分脈脱漏』は、彼女について、「女御」と注している。

(31) 『尊卑分脈』『尊卑分脈脱漏』『本朝皇胤紹運録』『皇胤系図』など。また『系図纂要』にもみえない。

(32)『本朝皇胤紹運録』は、兼似以下については源姓を付している。

(33)『本朝皇胤紹運録』には、「母同成康」とある（成康親王については、「母女御藤貞子」とある）。しかし、貞主卒伝や『三代実録』貞観一一年（八六七）二月二八日丙辰条のごとく、貞主女縄子所生としてよい。なお、『皇胤系図』には「母同本康」とある。

(34)『三代実録』（宮内庁書陵部蔵谷森健男旧蔵本、元慶七年正月二九日丙申条）は四四歳とするが、『日本紀略』は三四歳としている。いま四四歳とすると、惟彦親王は承和八年（八四一）生まれとなる。ところが、彼の兄の第二皇子惟条親王は、貞観一〇年九月に二三歳で没しているので（『三代実録』同月一四日甲辰条）、承和一三年（八四六）生まれとなり、生年が逆転してしまうことになる。ゆえに、惟彦親王の没年齢は、『日本紀略』によって三四歳とすべきである。

(35)第四皇子惟仁親王（清和天皇）は、『三代実録』即位前紀によると、嘉祥三年三月二五日生まれであるので、第三皇子惟彦親王は、同年の三月二五日以前に誕生したことになる。

(36)『尊卑分脈』は、彼女を惟条親王の女としている。また『本朝皇胤紹運録』は、惟彦の子とするが、真子につくる。

(37)『本朝皇胤紹運録』は滋子とし「貞観三四賜姓、母滋野氏」とある。『皇胤系図』も滋子とし「母同本有」とする。

(38)『新訂増補国史大系』の校訂による。

(39)『皇胤系図』は、皇女を一七名あげるが、源姓を与えられた七名については、『本朝皇胤紹運録』に一致する。

(40)従五位下の昇進時期からみて、善蔭の方が兄であろう。

(41)なお、以上のほかに、系譜上の位置づけは不明だが、管見のかぎりで、次のような人々が滋野姓を称している。

滋野宿祢馬沢……「越中国官倉納穀交替帳」（平安遺文二〇四号）に、大同二年（八〇七）九月一四日現在の越中少目としてみえる。

滋野宿祢継長……「同右」に、大同三年七月四日現在の越中大目としてみえる。

滋野宿祢弘基……『外記補任』によると、貞観一三年（八七一）正月二九日に、勘解由判官から小外記に任じられ、同一六年正月一五日に大外記となり、翌年二月七日従五位下に叙せられ、同一八年正月一四日因幡介に任じられている。

滋野朝臣直子……『日本紀略』延喜一五年（九一五）正月一九日庚戌条などに、典侍正四位下とみえる。『三代実録』仁和二年（八八六）九月三〇日乙巳条にみえる「更衣滋野朝臣直子」と同一人物か。

滋野朝臣某………承平四年（九三四）一一月一九日「伊賀国夏見郷刀祢解案」（平安遺文二四四号）に、伊賀守としてみえる。

滋野朝臣有城……天慶四年（九五一）二月二日「因幡国司牒」（『大日本古文書』家わけ東大寺文書之二、四二四ページ）に因幡守としてみえる。

滋野幸子………『日本紀略』天暦元年（九四七）六月二五日戊寅条などに、典侍とある。

滋野恒蔭………『外記補任』によると、天元元年（九七八）に大外記とみえる。

勝算…………『元亨釈書』一一に「姓滋野氏、洛城人」とある。

(42) 喜田新六「姓の性格の変化と氏族の分合」（『中央大学文学部紀要』二〇・史学科六）、一九六〇年一一月）。ただし、喜田は統合の例を列挙しているが、そのなかに、この滋野朝臣の場合はみえない。
(43) 彼の名は他にも「紀豊広」としてみえる（二ノ四八六、八ノ五九三、九ノ二〇二・二〇三）。
(44) この「直」なる氏については、薗田前掲注(11)論文参照（四七三〜四ページ）。
(45) 薗田香融は、このとき同時に与えられた紀神直・紀忌垣直について、「日前宮の祭事組織とのつながりが想像される」としている（薗田前掲注11論文四七ページ）。また、志田諄一も、「紀神直・紀名草直・紀忌垣直の改賜氏姓は、紀伊国懸神（日前国懸社）の祭紀（ママ）氏族に対してのものであり」と述べている（「平安時代初期の氏族について」、『歴史教育』一六―九、一九六八年九月）。
(46) 薗田香融も、すでに同じ指摘をしている（注11論文四七四ページ）。
(47) 喜田前掲注(42)論文。
(48) 薗田前掲注(11)論文四七一〜八三ページ。なお、『系図纂要』は、天道根命を祖とする氏として、紀直・伊蘇志臣・滋野宿祢・大村真神田直・大坂直・物部連・和山守首・和田首・高家首・川瀬造・紀伊瀬直の一一氏をあげている。
(49) なお、『続日本紀』養老五年（七二一）正月甲戌（二七日）条には、文武医卜方術の各分野にわたって、「堪為師範者」をあげているが、この宿儒六名のうち、楢原造東人の名のみみえない。
(50) 『凌雲集』に「進士貞主」とある。
(51) 桃前掲注(13)著書六四ページ。
(52) この出身が、秀才または進士の登庸試に及第したことによるのか、それとも、文章生試及第以後の年労によるものか、明らかではないが、おそらく後者であろう。
(53) 桃前掲注(13)著書六三〜四ページ。
(54) 新訂増補国史大系本は、底本たる宮内庁書陵部蔵谷森健男氏旧蔵本に「大宰」とあるのを、久原文庫蔵広橋伯爵家旧蔵本の傍書、寛政八年再刻印本所引一本および内藤広前校本によって、「大学」と改めている。しかし、大学博士→直講→助教の歴任順序は不自然であるので、底本のままでよいと思われる。
(55) 任じられた日を、『三代実録』は一〇月二六日、『外記補任』は正月一三日とする。
(56) 川口久雄『三訂 平安朝日本漢文学史の研究 上——王朝漢文学の形成——』(明治書院、一九七五年一二月)一五六ページ以下参照。
(57) 久木幸男は、「第一三表・九世紀を中心とする教官世襲化の実例」に、この両名を表示するが、父子の印を付していない(『大学寮と古代儒教——日本古代教育史研究——』、サイマル出版会、一九六八年三月)九七ページ。
(58) 久木幸男は、豊成について、「大学寮教官としてのかたわら、私塾を開いていた」と解している(前掲注57著書一七五〜六ページ)。また、同氏は安成の私塾が彼一代で廃絶したと思われる、としているが(同前一七三ページ)、この私塾が、おそらく父の代からうけつがれたものであるらしい点については、言及していない。
(59) 桃前掲注(13)著書。
(60) 例外は、丹波国医師大村直諸縄で(『類聚国史』七八、賞宴下、賞賜、天長元年(八二四)四月丁未(二八日)条)、彼は、同族五人とともに紀宿祢に改氏姓された丹波国人で右近衛医師の大村直福吉(『続日本後紀』承和二年(八三五)一〇月乙亥(四日)条)の同族と考えられる。
(61) 豊成は、承和八年(八四一)助教となったが、斉衡元年(八五四)八月に卒したときは散位であった(ともに卒伝)。この間、いつ助教を辞したか、正確には明らかでない。しかし、助教の定員が二名であることを手がかりとすると、ある程度の推定は可能である。すなわち、佐夜部首（善友朝臣）穎主は豊成と同じく、承和八年五月に助教となり、同一四年二月まで在任した（『文徳実録』仁寿元年（八五一）六月庚午（一九日）条卒伝）。そのあとをうけたと思われる春日部（春日臣・大春日朝臣）雄継は、承和一四年八月以前（『続日本後紀』同月丁未（一五日）条）に助教となり、嘉祥三年（八五〇）五月に大学博士となっているので（『文徳実録』同月甲午（一七日）条）、それまで助教の地位にあったと考えられる。ところが、西漢人（滋善宿祢）宗人は、卒伝（『三代実録』貞観五年正月二〇日癸未条）の記載順序からみて、嘉祥三年正月の外従五位下授位（『続日本後紀』同月丙戌（七日）条）以前に、助教となったと考えられる。したがって、嘉祥三年正月以前の西漢人宗人の助教就任時から、同年五月までの間、助教は二名いたことになる。したがって、西漢人宗人の助教就任以前、豊成は助教を辞していたとしなければならない。

第一〇章　村君安麻呂とその一族

一　はじめに

正倉院文書には、いくつかの勘籍史料が含まれている。これらは、広義の官人の出身法や、戸籍の機能、家族・村落の実態と地方行政制度との関係を考える貴重な史料であり、すでに研究も進展している。

これらの勘籍史料の一つに次のようなものがある（丹裹古文書、第五二号、外包裏、『大日本古文書（編年）』二五巻一〇八ページ、以下、書名は大日古、巻ページ数は二五ノ一〇八と略記）。

村君安麻呂年卅七 紀伊国牟婁郡栗樔郷戸主村君辛兄之男
天平十八年籍所貫栗樔郷戸主村君辛兄之男同部安麻呂年卅三
天平十二年所貫栗樔郷戸主村君辛兄之男同部安麻呂年廿七
天平五年所貫岡田郷戸主村君辛兄之男同部安麻呂年廿
神亀四年所貫岡田郷戸主村君辛兄之男同部安麻呂年十四
養老五年所貫栗樔郷戸主村君庭麻呂戸口君辛兄之男同部安麻呂年八

天平勝宝二年二月廿一日

ここには、紀伊国牟婁郡に本貫をもつ村君安麻呂という人物がみえる。[1] 彼は、平城京で行なわれた写経事業に従事したため、正倉院文書の中には、名が散見される。また村君という氏族についても、いくつか史料がある。[2] このため村君安麻呂とその一族については、これまで阪本敏行によって研究が進められ、[3] おおかたのことが明らかにされている。しかし、わずかだが論すべき点が残されていると考える。以下、私なりに考え得た点を述べることとする。なお、本章は、写経生の個別事例の検討をもめざしている。

二　村君安麻呂の履歴

(1) 勘　籍

村君安麻呂の史料的初見は、上記の勘籍である。この勘籍をはじめとして、正倉院文書に残る数通の勘籍の作成事情については、すでに多くの研究があるので、[4] ここではふれない。ただ彼は、勘籍作成の契機となった造東大寺司関係者への一斉叙位の対象となっているので、天平勝宝二年（七五〇）正月（もしくは同元年一二月）[5] の時点では、すでに造東大寺司に出仕していたとみられる。

「経師上日帳」（続修後集四〇裏、天平勝宝元年八月〜二年七月）[6] には、彼は「自政所来舎人」（三ノ三一〇）の一人として、六月の上日が記録されている。[7] これは、造東大寺司によって把握され、同司政所に出仕している未選舎人が写経所に出向したものの意と解される。彼が造東大寺司に出仕しはじめた時期、また未選舎人として把握される以前に、「里人」その他の呼称のもとに、ある期間、造東大寺司などに出仕していたか否か等々については不明である。

⑵仁王経疏一〇〇部

さて、彼は、写経所においていくつかの写経事業に関係した。その第一が、仁王経疏の写経事業である。

この写経事業は、仁王経疏（一部三巻）一〇〇部、計三〇〇巻を書写せんとするものである。のちに内裏に奉請されている点からみて（後述）、内裏からの指示によって書写されたのであろう。

天平勝宝二年四月二日から本経の借用と（「仁王経疏本奉請帳」続々修九ノ四、一一ノ一八〇）、政所よりの用紙の供給がはじまり（「請経疏紙筆墨軸緒幷継打界帳」続々修九ノ一、一一ノ一八一・一八五、「請疏紙筆墨幷継打界帳」続々修三二ノ五、一一ノ一八九）、翌三日には、筆と墨を政所からうけとりはじめるとともに（同前一一ノ一八四、一八八、同前一一ノ一九〇）、紙筆墨を経師たちに支給開始している（「仁王経疏紙筆墨充帳」続々修九ノ二、一一ノ一九一〜二〇〇、「仁王経疏充紙帳」続修後集一五、三ノ三七八〜三八八）。充紙は、一人（二六日）をのぞいて、すべて四月二三日までに終了している。

本経・紙筆墨の支給をうけた経師たちは、ただちに書写作業にとりかかり、終了した巻々からつぎつぎと事務担当者に提出した（「写仁王経疏上帳」続々修九ノ三、一一ノ二〇一〜二二三）。これは、四月七日からはじまり、同二八日に及んでいる。すなわち、書写作業は、四月中に終了したのである。

四月一三日には軸三〇〇枝を、翌一四日には緒七六丈を、それぞれ政所から支給されている（前掲「請経疏紙筆墨軸緒幷継打界帳」一一ノ一八四〜五・一八八〜九）ので、このころから成巻作業がはじまったとみられる。成巻までを含めた全作業がいつごろ終了したかは明らかでない。しかし、天平勝宝二年七月二一日「写書所経幷疏惣帳」（続々修一六ノ六、一一ノ三四五〜七）には、「仁王経疏三百巻 料給了 奉請内裏已訖」とあるので、このときまでに、すでに完成し、布施の支給もおわり、内裏に奉請してしまったことが判明する。

以上が、仁王経疏一〇〇部三〇〇巻の写経事業の大要である。この写経事業に村君安麻呂は経師として関係した。彼の活動のあとは充紙筆墨帳と上帳によって知ることができる。

まず、充紙筆墨帳は、上述のごとく、二通現存している。改めて示すと、

(1)「仁王経疏充紙帳」（続修後集一五、三ノ三七八〜三八八）

(2)「仁王疏紙筆墨充帳」（続々修九ノ二、一一ノ一九一〜二〇〇）

の二つである。ところがこの両者に記されている村君安麻呂に対する充紙の記録は、相互に異なっている。前者の「下巻」の項には、

(1)　村君安麻呂　四日卌五日卌十日廿十二日卌廿三日十三十八日十五

とあり（三ノ三八五）、後者の「三巻」の項に、

(2)　村君安麻呂四月四日紙卌 筆一墨半　五日卌　十日廿　十二日廿　廿二日十　廿三日三

とあるのである（一一ノ一九九）。そこで、両者の違いについて見たい。

(2)の帳簿は、右端に題籤がつけられているので、右軸で右から左へ巻いている。その右端裏に「不」の端裏書が記入されている。また、擦消、抹消、訂正、書込みが多い。これに対して、(1)にも、大日古は記さないが、右端に題籤（「充仁王経疏紙筆墨帳」）が付されている。しかし、(2)のような端裏書はない。また、全体にきれいで、(2)を清書したのが(1)であるとみてよい。

これらからみて、まず(2)の帳簿が作成され、これを台帳として種々の訂正、帳簿操作が加えられ、その結果としてまとめあげられたのが(1)であるとみられる。ただし、(2)に対する訂正記入だけでは、(1)の数字を説明できない点も多いので、両者に介在する帳簿もしくは覚書のようなものが、別に存在していた可能性は否定できない。したがって、村君安麻呂に関する記載についての(1)と(2)の食違いは、帳簿操作の結果と見なければならない。

つぎに、彼の書写作業の結果を示す上帳を検討したい。ところが上帳も二通現存している。

(3)「写仁王経疏上帳」（続々修九ノ三、一一ノ二〇一～二一二）
(4)「写仁王経疏帳」（同右、一一ノ二一二～二一三）

である。両者は、現状ではともに続々修九ノ三に収められている。しかし、両者とも右端下方に付箋が貼られており、また両者の間には、白い紙がはさまれている。これらの点からみて、両者は本来別に巻をなしていたが[8]、明治期の正倉院文書整理時に、現状のように貼り継がれたものとみられる。(3)の右端裏には「任王疏文　古案」という端裏書があり、(3)の訂正が(4)では直されているので、(3)が古い段階、(4)が新しい段階の帳簿と考えられる。

この両者を比較すると、(3)の「二巻、三巻」が(4)の「中巻、下巻」となっている他は、違いがない。ここでは、(4)を掲げておく（一一ノ二一九）。

（中巻）村君安麻呂　十二日上用卅一　十五日上用卅二　廿日上用卅

（下巻）村君安麻呂　八日上用卅五

これによると、村君安麻呂は中巻三巻、下巻一巻の計四巻を写したことになっている。しかし、(4)の下巻の項には、これ以外にも次のような記載が二カ所みえる（一一ノ二二〇・二二二）。

大伴嚢万呂　八日上用卅六　十三日上用卅七　十六日上用卅六 空一

　　廿一日上用卅四　之中嚢万呂廿一枚 十三村君安万呂

若倭部益国　廿四日廿四日（ママ）用卅四之中　益国九 村君安万呂廿五

この両者は(3)にはみえない。しかし、(3)(4)にはこれに類する記載が、他の経師についても散見される。これらは、「写仁王経疏注文」（続々修九ノ九、二五ノ五～六）の記載に概ね対応する。村君安麻呂については、

若倭部益国名村君安万呂写廿五

とあるのが対応する。これらによると、村君安麻呂は、上記四巻以外に右の二巻の一部分を写していたことがわ

図1　村君安麻呂に対する充紙と疏上（仁王経疏100部）

日	1	4	5	8	10	12	15	18	20	21	22	23	24
(1)		30	30		20	30		15				13	
(2)		30	30		20	20					10	3	
(4)				35 下		31 中	32 中		30 中	13 下			25 下

注：横線は時間の経過を示す。その下の数字は日である。左端の(1)(2)(4)は、本文に記した史料の番号。それぞれの列の数字は紙数を示す。(4)の中下は仁王経疏の中巻・下巻の意味。

かる。

以上、村君安麻呂の書写作業について述べてきたが、これを整理すると図1のごとくである。これによると、紙の支給枚数や、それが、上中下巻のいずれの巻のための紙であるか、という点と、書写終了して提出した巻の紙数、上中下巻の別とが、かなり齟齬している。その原因は帳簿操作にあるとみられる。しかし、その帳簿操作を追求して、現実の数値を導き出すことは、残念ながらできない。

以上、村君安麻呂が、天平勝宝二年四月に行なわれた仁王経疏一〇〇部三〇〇巻の写経事業に経師として関係し、数巻を写したことを述べた。彼が次に関係したのは、千部法華経の写経事業である。

(3)千部法華経

千部法華経八〇〇〇巻の写経事業は、皇后宮職系統の写経機関が行なった写経事業の中でも最大級に属するものである。正倉院文書の中には、比較的多くの関係史料が残っている。それによって、この写経事業の大様を述べると、次のごとくである。[9]

天平二〇年（七四八）正月一〇日から経紙、翌一一日から筆墨の写経所に対する供給が始まる（「千部法華経料納物帳」正集三九裏、三ノ一、「千部法華経料納物帳」続々修五ノ六[10]、三ノ二一六〜）。このうち、経紙はただちに装潢に充てられ、彼らによって継―打―界の作業がほどこされた。こうして二〇紙ずつ貼り継がれた白紙の巻物は、正月一二日から事務担当官のもとに上げられはじめた（「千部法華経料紙納物帳并打上帳」続々修五ノ七、一ノ五二〜、「千部法華経料納紙帳」正集二四裏、三ノ二七〜）。

こうして準備の整えられた経紙と、筆墨とは、正月一二日から経師らに支給されはじめ（「千部法華経料紙筆墨充帳」正集二四裏、一〇ノ六五など）、経師たちによる書写作業が開始された、途中、中断期間をはさみつつ、投入される経師の数はどんどん増加し、急ピッチで書写作業が進められていった。書写作業は、天平勝宝三年五月には終了した。校正作業は、天平二〇年二月下旬からはじまり、天平勝宝三年五月中に終了した（「千部法華経校帳」続修二裏、三ノ五二〜）。

軸・緒は、天平二〇年二月一〇日という、かなり初期から写経所に供給されているので（紙筆墨供給の史料に同じ）、校正作業がおわるにしたがって装潢にまわされ、成巻されていったものと思われる。成巻作業まで含めて全体が完成した時期は明らかでないが、五〇部四〇〇巻ずつ櫃に納め、天平勝宝三年七月五日から東大寺に奉請して返納されている（「千部法華経奉請寺家帳」続々修五ノ一一、[11] 三ノ五三九、「千部法華経櫃納帳」続々修五ノ一〇、一ノ七五）。

以上が、千部法華経八〇〇〇巻の写経事業のごく大略である。この写経事業に、村君安麻呂は経師として関係した。その状況は、充本帳においてうかがうことができる。充本帳は、現状では多くの断簡にわかれており、いずれも塵芥文書として整理されている（「千部法華経充本帳」塵芥五、三ノ九〜二七、「千部法華経充本帳」塵芥一七、二四ノ五六三〜五八四、「千部法華経本充帳」塵芥三、一一ノ四九〜六八、「千部法華経本充帳」塵芥二、一一ノ一一五〜一三六）。その配列の復原の検討は、杉本一樹・森明彦によって行なわれている。[12] そのうち、村君安麻呂に関係する点に限って述べよう。彼に関する充本帳の記載は、次の四カ所である。

(1) □部村君安万呂 四月廿六日　用百五十七帳空三　上五月十六日筆　（一一ノ一二八）

(2)　七部（村君安万呂／五月廿日）　用百五十七帳（空三）　上十二月十六日　（一一ノ一一七）

(3)　六部（二部）（七月十七日／大宅人上）　用百五十八帳（入村君安万呂名）（空二／破二）　上八月九日　（一一ノ一一七）

(4)　□□□　用百六十帳（麻三／入村君安万呂名）（空二／破二）　上十一月廿二日　（一一ノ一二一）

まず(1)は、大日古編者の配列通り、第七五〇部としてよい。

つぎに、(2)(3)は同じ断簡（一一ノ一一五〜八）に属する記載である。大日古編者は、いたみによる欠損のため、この断簡の記載が第何部目から第何部目に及ぶのか認識しえていない。したがって、(2)(3)が第何部目なのかも明らかにされていない。しかし、私見によると、この断簡は第八二六〜八五八部を記載したものである。したがって、(2)(3)はそれぞれ第八四七部・第八五六部に相当する。

(4)の属する断簡（大日古は記していないが、一一ノ一二〇の七行目と八行目の間で切れている。したがって(4)の属する断簡とは、それ以後〜一二三ページまでとなる）について、大日古編者は、第五四七〜五八四部としている。しかし、これは誤りで、この断簡は、第八八七〜九二四部について記したものである。したがって、(4)は、第五六二部ではなく第九〇二部である。

以上の検討の結果、充本帳によると、村君安麻呂は、第七五〇部と第八四七部の本経をあてられて、これを書写するとともに、第八五六部・第九〇二部の書写にも関係をもったことが判明する。このうち、(3)(4)は、本経が大宅人上と某に充てられたのに対して、「入村君安麻呂」という書込みが行なわれている。この意味は、後述する布施の支給にあたって、(3)第八五六部と(4)第九〇二部の布施はすべて村君安麻呂の名で支給する、ということである。

次に、彼が右の各経巻の書写に従事した時期について見ておきたい。充本帳の部数名のすぐ下に、二行書きで人名と月日が記されているが、これが本経を充てられた経師名とその月日である。また下段には、「上……」の文字の下に月日（場合によっては年月日）が記されている。これは、経師たちが経巻の書写を終了して、事務担当者に本経を返上した日付である。したがって、後者の日付は、各部の書写の終了時点に近接していると考えることができる。

村君安麻呂の場合、(1)〜(4)のいずれも年未詳であるが、充本帳の記載の全体的な検討からすると、いずれも天平勝宝二年と判明する。すなわち、彼は、天平勝宝二年四月二六日〜五月一六日に第七五〇部を書写し、つづいて同年五月二〇日〜一二月一六日に第八四七部を書写したが、この間、七月一七日〜八月九日に第八五六部、？〜一一月二二日に第九〇二部の書写にも関係したのである。

このような書写作業に対して、村君安麻呂には布施が与えられた。千部法華経の写経事業に従事した経師・題師・装潢・校生たちに対する布施を写経所が上級官庁に請求した文書の案（布施申請解案）は、布施帳とでも称すべき形に貼り継がれてまとめられている。大日古は、これらを一通ごとに分解して、三・一一・一二の各巻の各所に年代順に配列している。したがって、大日古によっては、現状を知ることができない。

村君安麻呂に対する布施の記載がみえるのは、次の二点である。第一は、天平勝宝二年七月一九日「写書所解案」（続修別集二二、一一ノ三三七〜三四五）で、これは、天平勝宝二年五月一日〜七月二九日の千部法華経に関する作業に対する布施額を申請したものである。その経師五五人の中に、

(イ)　村公安万呂　写一部　布四端

とある。第二は、天平勝宝二年一二月一六日「写書所解」（続修別集二二、一一ノ四三〇〜四三九）である。これは、同年八月一日から一二月一五日までの間の布施を申請したもので、経師六五人の中に、

(ロ)　村公安万呂　写二〔三〕部　布八〔十二〕端

とある。これらを、先に検討した充本帳の記載と比較してみると、(イ)は第七五〇部、(ロ)は第八四七・八五六・九

○二部に対応すると考えられる。

このほか、村君安麻呂と千部法華経の写経事業とのかかわりを示す史料に、「請千部法華経筆墨帳」（続々修五ノ五、一〇ノ一〇〜五一）がある。これは、写経所が筆墨を申請し受納したことに関する記録で、完全な形で一巻が残っている。このうちの天平勝宝二年四月二九日「経師受筆墨注文」（一〇ノ四五）に列挙されている経師の一人として、村君安麻呂の名がみえる。これは、前述のごとく同年四月二六日に、第七五〇部の本経をあてられ、千部法華経の写経事業に関係しはじめたことと時期的に近接し、両者は関連があるとみられる。

また、天平勝宝二年八月五日「山口新家経師等浄衣進上注文」（続々修三八ノ一裏、一一ノ三六〇〜一）の追筆部分にも「村公安万呂」とみえる。時期的にみて、千部法華経の写経事業期間に属し、上述してきた彼の活動期間にもかさなるが、千部法華経に関するものかどうか、今のところ断定できない。

以上、千部法華経の写経事業と村君安麻呂とのかかわりをみてきた。そこで、さきの仁王経疏の写経事業に対する関係の仕方と比較したい。彼は、天平勝宝二年四月四日から仁王経疏の書写に従事し、同月二四日には、これを終了した。そのあと彼はすぐに千部法華経の書写にまわされ、二日後の四月二六日には、最初の本経を充てられている。そして、千部法華経の写経事業には、関係史料の示すところによると、一二月一六日まで関係していた。

右に述べた時期の村君安麻呂の勤務状況を示すのが、上日帳である。上述した「経師上日帳」（三ノ二八〇〜三一二）の「自政所来舎人」の項には、

(1)　村君安万呂（天平勝宝二年）六月廿七 廿六　七月日　（三ノ三一〇）

とあり、また「経師上日帳」（続修別集四〇、三ノ四二六〜四五八）の「散位寮散位」の項には、少初位下を帯位するものの一人として、

(2) 村君安麻呂

(天平勝宝二年) 八月日廿六 夕廿三　九月二日 夕一　十月日五 夕三　十一月不　十二月日十八 夕十八　正月日二　二月他所　（三ノ四四六）

と見える。この位階は、前述した一斉叙位によるものであろう。彼が写経事業に従事していることが確かめられる天平勝宝二年四〜五月の上日が(1)に見えないのは不審である。しかし、以後六〜一二月までの上日が、(1)(2)に記されている。これは、上述の諸史料と合致する。その後、天平勝宝三年正月についても、わずかな上日が記録されているので、彼の写経所への出勤は、三年正月のごくはじめにまで及んだと考えられる。同二月には「他所」とあるので、写経所をはなれて他の官庁に配転されたらしいが、その所属は明らかでない。

(4)百部法華経

村君安麻呂が関係した写経事業の第三は、天平勝宝六年（七五四）の百部法華経の場合であった。同年八月三日に経紙の支給をうけているので（「経紙出納帳」続々修三七ノ四、三ノ六〇六）[13]、これ以前のある時点に発願されたらしい。しかし、その時期と発願者は不明である。ついで、八月七日に山階寺から本経として法華経一〇部を借用した（「造東大寺司牒」一三ノ九九）。この本経はただちに同日から経師たちに充てられはじめ（「百部法華経充本帳」四ノ一五〜一九、松岡茂春氏所蔵、「梵網経法華経充紙筆墨帳」続々修一〇ノ二七、一三ノ七三〜七七）、さらに経紙も同日から充てられはじめている[14]（「百部法華経充紙帳」続修後集一四、四ノ一九〜二七）。また、筆墨の納入は、八月九日から史料にみえている[15]（「写書所請間写筆墨帳」続々修三四ノ七、一二ノ二八三）。経紙の支給は、一例（大友真高）をのぞいて、すべて八月中に終了している。

したがって、書写作業は遅くとも九月のごく初旬には終了したであろう。本経が九月六日に返却されている（前出「造東大寺司牒」一三ノ九九の追筆部分）のも、これと対応している。

以上が百部法華経の写経事業の概要である。村君安麻呂は、これまでと同様に、経師としてこの写経事業に参加した。

彼は、第七一部目の書写を担当し（前掲充本帳、四ノ一八）、次のように経紙の支給をうけた（前掲充紙帳、四ノ二五）。

村君安万呂 十二日六 廿八日八　十四日一　十六日三　十九日七　廿一日二　廿三日八又三枚　廿四日五

この写経事業には、計一〇三人の経師が動員された。その約半数弱は、八月七日から経紙の支給をうけはじめている。かれは、のこりの半数の経師たちとともに、これよりおくれて、同一二日からうけはじめている。支給の最後が二八日であるので、彼は、九月の初めごろまでは、書写作業に従事していたと思われる。これらは上日帳の記載とも対応する。

「写経所経師以下上日帳」（続々修三八ノ六裏、一三ノ一〇六～一一〇）は、年欠である。しかし、閏月からみて、大日古編者の配列通り、天平勝宝六年八月～七年七月までの上日帳の断簡である。その中に、

村公安万呂

八月日十九 夕十八　　九月日六 夕五

とある（一三ノ一〇七）。これによると、八月の出勤日数一九日は、同月一二日前後から出勤しはじめたのに適当な日数である。[16] また、九月の六日間もほぼ妥当な数字であろう。

さて、上掲充紙帳の記載では、第四巻の経紙の充紙記録が欠けている。二三日の項が抹消されていることと関連があるのか、今のところ明らかでない。書写を終わった経巻は、装潢にまわされて、成巻された。これを記録したと思われる帳簿（「充百部法華経装潢帳」続々修五ノ三、一三ノ七八～八二）には、

村君安万呂 （異筆）「六三一二四五七八」　（一三ノ八〇）

とある。数字は、装潢にまわされた第七一部の巻数であろう。

⑸般若心経一〇〇巻

村君安麻呂が関与した写経事業の第四は、天平勝宝九歳（七五七・天平宝字元年）における般若心経一〇〇巻の書写であった。

この写経事業は、紫微内相（藤原仲麻呂）の六月一四日の宣によってはじめられた（前掲「経紙出納帳」三ノ六一一）。これをうけて、翌一五日付けで、必要物資の申請解が写経所より提出された（後欠「写書所解案」続々集二四ノ七裏、一三ノ二二二～三、前欠「写書所解案」続々集四二ノ五、一三ノ二二一）。ついで翌一六日には、写経所に対して経紙が支給された（前掲「経紙出納帳」）。

その後、この写経事業の進展の詳細は明らかでない。しかし、六月食口に、経師九人・装潢三人・校生二人・舎人一三人（いずれも単口、舎人一三人の中には、公文紙に関する単口も含まれているので、般若心経関係はこれより少ない）がみえており（天平勝宝九歳六月三〇日「写書所解」続々集三八ノ六裏、四ノ二三三～四）、七月食口としては、題師一人・装潢二人が上げられているので（天平勝宝九歳七月三〇日「写書所解」続々集三八ノ六裏、四ノ二三六～七）、書写作業と校正は六月中に終了し、六月から七月初めにかけて、成巻と経題の書込みが行なわれたらしい。ついで、七月九日付けで、布施の申請が行なわれている（後欠「写書所心経布施注文」続々集四二ノ一裏、一三ノ二二三～四、前欠天平勝宝九歳七月九日「写書所解」正集四五裏、四ノ二三五～六）ので、このころまでには、成巻作業も終了したのであろう。

村君安麻呂は、以上の写経事業に、経師として関係した。右述の布施申請解案によると、彼は三人の経師の一人として、三四紙（三四巻分）を写し、布施布三丈四尺を申請されている（四ノ二三五）。彼が、本経や経紙をどのように支給され、それにもとづいて、書写作業にいかに従事したのか、という点は不明である。しかし、彼は六月中に書写を終えたはずである。なお、右の布施申請解案は、彼の終見史料である。

⑹小　結

以上、正倉院文書にみえる村君安麻呂関係史料の検討を行なった。彼は、天平勝宝二年二月の勘籍に姿を見せて以後、断続的に四つの写経事業に、いずれも経師として関係した。これらの写経事業の間の時期、彼がいかなる生活をおくっていたかは明らかでない。また彼は、橘奈良麻呂の変のまっただ中の時期に史料より姿を消すが、その理由、その後の消息も明らかでない。

三　村君一族とその分布

前節では、村君安麻呂と写経所・写経事業とのかかわりを検討してきた。彼は、冒頭に掲げた勘籍史料によると、紀伊国牟婁郡に本貫をもっていた。平城京から遠く離れた紀伊国の南端に本貫をもち、しかも村君という氏姓から推して、村首・村祝・村長・村刀祢などと同様の小豪族の一員である彼と平城京との距離は、一見するとたいへん大きい。それにもかかわらず、彼が現に平城京に関係をもちえたのは何故であろうか。この問題を考えるためには、彼の属している村君という一族について検討しなければならない。

村君を称する人々の分布を示す史料の第一は、『続日本紀』和銅六年（七一三）年七月丁卯（六日）条である。

大倭国宇太郡波坂郷人、大初位上村君東人、得銅鐸於長岡野地而献之、高三尺、口径一尺、其制異常、音協律呂、勅所司蔵之

これによると、大和国宇陀郡波坂郷を本貫地とする村君東人なる人物の存在が知られる。波坂郷の比定につい

ては、見解の対立がある。『大和志』は平井村（現菟田町）にあて、村尾元融『続日本紀考證』、邨岡良弼『日本地理志料』、『大和志料』、『奈良県の地名（日本歴史地名大系三〇）』などが、この説を紹介している。特に最後のものは、平井村に小字ナメン坂の存在を指摘している。これに対して、吉田東伍『大日本地名辞書』は、松山町・神戸村・政始村の付近（現大宇陀町）にあてている。今これらの当否を判断する材料をもちあわせていないが、桜井市東方の山間盆地部に比定する点には従いたい。

村君の分布を示す第二の史料は、『新撰姓氏録』である。その山城国皇別の項に、

村公
天足彦国押人命之後也
度守首
村公同祖

とある。しかし、これだけでは、山城国内のどの地域に存在するのかは明らかでない。この点を考える手がかりとなるのが、承和八年（八四一）一〇月九日「石川宗益家地売買券文」（『大日本古文書（家わけ一八）東大寺文書（東南院文書）二』三九七〜九ページ、『平安遺文』七〇号）である。これは、四断簡にわかれた手継の連券の第二断簡にあたるもので、五条上堤田外里にあった土地の売買に関する文書である。[19] その証刀祢たちが自署を加えた次に、

郷長村公「浄長」

という自署がみえるのである。これは、宇治郡賀美郷[20]の郷長が、当時は村公浄長という人物であったことを示している。ここにみえる「村公」が、上述の『新撰姓氏録』の「村公」と対応するのではなかろうか。

このことは、次の点からも考えられる。すなわち、賀美郷の位置は、現宇治市木幡付近と考えられる。[21] この地

に近接して岡屋津が存在し、また宇治津も近くであった。したがって、宇治川の渡河点近くに村公一族が郷長として存在していたことになる。この事実は、上述の『新撰姓氏録』に、村公同祖として「度守首」があげられていたことと関連する。度守首の氏名については、宇治渡・考羅渡・与等渡との関連が指摘されている。[22]とりわけ、考羅渡を現宇治市槇島町大川原・中川原付近とすると、この地は岡屋津にきわめて近く、賀美郷にも近接している。

いずれにせよ、『新撰姓氏録』に、村公と度守首が同祖関係で並べられている点は、この両氏が宇治付近に存在したと考えるとき、うまく説明できるのである。

村氏の分布を示す史料群の第三は、東大寺領石名庄に関するものである。康和三年（一一〇一）七月二三日「大和国石名荘住人等解」（『平安遺文』一四四五号）には、

石名御庄住人村永元等解　申請本寺　政所裁事

（中略）

康和三年七月廿三日御庄住人村永元

同是時

僧良能

とあり、また、年欠「大和国石名荘坪付案」（『平安遺文』三二七一号）にも、「村石丸」という人名がみえる。これらによって、石名庄が村氏と深い関係にあったことは明らかである。

同庄の所在地については、次の史料が参考となる。『東大寺要録』巻六、封戸水田章所収の、永観二年（九八四）のものと思われる「湛照僧都分付帳」[23]に、山辺郡内の庄の一つとして、「石名庄四町一段二百歩」とある。また、応保二年（一一六二）二月「春日社預下文案」（『平安遺文』三一九〇号）に「山辺郡中小太郎名」のことが

みえるが、その端裏書に、「案文　石名庄」とある。これらによって、同庄が山辺郡内に存在したことがわかる。

さらに、上述の年欠「大和国石名荘坪付案」には、

石名庄四町一段二百歩　村石丸負

左京職田二町七段二百廿歩

十一条四里十八坪一町　十二条四里卅二坪七反　卅四坪四段

卅五坪一反百六十歩　五里三坪四反　五坪一反六十卜

公田畠

十二条四里卅三坪三反　卅五坪二反廿卜　五里五坪二反三百歩

十三条四里十四坪百八十　十六坪五段

とある。この坪付を、遺存地割による条里復原研究[24]と照合すると、現天理市九条・筑紫・横広の集落の付近に散在することが判明する。

以上、村君（村）を称する人々の分布を示す史料を検討してきた。これに村君安麻呂の例を加えると、その分布は、次のように整理できることとなる。

(1)　紀伊国牟婁郡栗櫟（岡田）郷……村君安麻呂、同庭麻呂、同辛兄

(2)　大倭国宇太郡波坂郷……………村君東人（大初位下）

(3)　大和国山辺郡石名庄……………村永元、同是時、同石丸

(4)　平城京……………………………村君安麻呂（散位寮散位少初位下）

(5)　山城国宇治郡賀美郷……………村公浄長、村公

これらがみな同族であるとすると、村落の小豪族程度としては、比較的よく展開しており、一部は中央官僚機

構の末端に入りこんでいることになる。これらは、いかにして可能であったのだろうか。

わたしは、その手がかりを、前掲『新撰姓氏録』の記載に求めたい。これによると、村君は天足彦国押人命の後とされている。天足彦国押人命は孝昭天皇の子で、いわゆるワニ氏同族系譜の始祖にあたる。すなわち、『新撰姓氏録』によると、村君はワニ氏同族なのである。この観点から、さきに検討を加えた史料群(2)(3)(5)を見なおすと、興味深い点に気づかれる。

まず、(3)(5)は、ワニ氏同族の分布地にいずれも近接している。(3)は、ワニ氏の本拠である天理市櫟本町和爾を中心とする奈良盆地東北部に近接している。また、(5)も、ワニ氏の同族小野氏の分布する山背国宇治郡小野郷(京都市山科区醍醐付近)に近いのである。

これに対して、(2)の宇陀郡波坂郷は、ワニ氏との関係は認めがたい。しかし、宇陀郡波坂郷を本貫とする村君東人が銅鐸を得たという「長岡野地」について考えてみる必要がある。『大和志』は、旧政始村大字小和田に所存する岡田小秦命神社のある岡田の地をこれに比定するが、その根拠は明らかでない。銅鐸発見者の本貫が宇陀郡波坂郷であったとしても、発見地を波坂郷近辺に限る必要はない。

大和には、古史料にみえる長岡という地名が、管見のかぎりで二カ所存在する。第一は、垂仁紀二五年三月丙申条の分註にみえる「大市長岡岬」という地名である。この大市は城上郡大市郷と関係すると思われる。その比定地は、現桜井市芝付近とされている。[25] この周辺に長岡という地名に見あたらない。しかし、すぐ北方に、もと式上郡上下長岡村が存在した(現天理市柳本町)。

また、『続日本紀』天平神護元年(七六五)一〇月壬申(一四日)条には、紀伊国への行幸の途中、いったん大和国高市郡の小治田宮に入った称徳女帝が、「巡歴大原長岡、臨明日香川而還」ったことがみえている。この長岡も天理市柳本町の長岡である可能性がある。『続日本紀考證』は、これら二史料にみえる「長岡」が銅鐸発見地である可能性を示唆している。

第二は、『行基年譜』の「年代記」の部分[26]に、菅原寺の西岡に長岡院を起こしたとあるものである（八二歳条）。その地は明らかでないが、奈良市菅原町の西方にあたるのであろう。

以上、古史料にみえる長岡の地を二カ所あげた。このいずれが銅鐸発見地であっても、ともにワニ氏との関係が考えられる。すなわち、前者は石名庄に近接しており、後者は、ワニ氏の勢力圏に含まれるのである。

以上から、上述の(2)(3)(5)が、いずれもワニ氏と結びついてくることが明らかとなった。このことは、(2)(3)(5)が、相互に関係あることを意味すると考えられる。遠く紀伊国牟婁郡地方を本拠とする村君一族は、古代の雄族ワニ氏と結びつくことにより、大和や平城京への進出を果たした可能性が高いと推定される。

では、村君一族は、何を契機としてワニ氏と結びつくことができたのであろうか。このことは、ワニ氏という氏族の性格と、牟婁郡地方という地域の特質とを検討することによって明らかにできると考える。

まず、ワニ氏は、すでに研究があるように、大和を本拠とする豪族で、初期の倭王権と緊密に結びつき、多くの皇妃を輩出した有力氏族であった[27]。ワニ氏は、天皇家との関係が特に深い氏であったということができる。

一方、牟婁郡地方とは、どのような地域であったのであろうか。この点を考える手がかりとして、紀伊国の貢進物荷札に注目したい。紀伊国の荷札木簡は、すでにかなり多く出土しているが、そのうち贄の荷札やそれと推定されるものには、つぎの九点がある[28]。

(1)	紀伊国海部郡浜中郷大原里御贄安遅魚一斗	228・22・3	031	平概22-38
(2)	紀伊国海部郡浜中郷大原里御贄安遅魚一斗	225・27・4	031	平概22-38
(3)	□太郷黒江里御贄安除魚一斗	(157)・27・2	039	平概31-30
(4)	木本村御贄□〔鯛カ〕	(82)・18・3	081	平概34-31

(5)　无漏郡進上御贄少辛螺頭打　127・18・4　031　平宮2-2284
(6)　紀伊国无漏郡進上御贄礒鯛八升　188・27・4　031　平宮2-2285
(7)　紀伊国牟婁郡□　(72)・25・3　039　平宮3-3071
(8)　紀伊国无漏郡太海細螺八升　278・25・4　031　平概21-33
(9)　紀伊国无漏郡鯛〔贄カ〕□一籠員五　278・28・3　031　平概27-21

これらによると、紀伊国の贄木簡は、現在のところ、海部郡と牟婁郡の二郡のもののみが出土している。その品目は、不明の(7)以外、みな魚介類である。安諦郡・日高郡については、海に面しているにもかかわらず、今のところ贄木簡は出土していない。

ところが、紀伊国の贄については、これ以外にも史料がある。『日本書紀』持統六年（六九二）五月庚午（六日）条には、

御阿胡行宮時、進贄者紀伊国牟婁郡人阿古志海部河瀬麿等、兄弟三戸、服十年調役雑徭、復免挟抄八人、今年調役、

とあるのである。ここでも牟婁郡が贄と関係して姿を見せている。このように、紀伊国内では、牟婁郡は、海部郡とならんで贄の貢納と関係の深い郡なのであった。

海部郡からの贄の貢納が、大嘗祭に用いられる由加物の和歌浦での採取と関係が深いことは、すでに明らかにしたところである。[29]熊野地方をふくむ牟婁郡地方から贄が貢納される理由は、必ずしも明らかでないが、天皇家の大和平定神話における重要地点と意識されていたことと関係があるものと思われる。紀伊国の諸郡のうち、天皇家と関係の深い郡は、海部郡と牟婁郡の二郡であるが、その二郡のみから贄の貢納が確認されているのは、偶然ではあるまい。

以上によると、牟婁郡は、天皇とつながりある郡なのである。村君一族は、このような郡に本貫を有していたのである。

以上、村君一族に関係の深いものとして、ワニ氏と牟婁郡について見てきた。その結果、この両者はともに天皇家と関係が深いという点で共通する点があることが明らかとなった。牟婁郡に本貫をもつ村君氏がワニ氏と同族関係を結びえた背景は、以上の点にあったのではなかろうか。

四　むすび

平城京から遠く離れた紀伊国牟婁郡に本貫をもつ村君安麻呂は、平城京における律令中央官僚機構の最末端に入りこむことに成功した。彼は、平城京において、写経所の写経事業のいくつかに関係した。また、造東大寺司などにも出仕していた。このため、彼の名は正倉院文書に散見された。

彼がこのような地位を確保しえた背景には、村君一族の大和・山背などの畿内主要部への進出があった。この進出は、天皇と関係の深い牟婁郡の出身であることを手がかりとして、ワニ氏と関係を結ぶことによって達成された面が大きかった。

(1) 史料によっては、村公・安万呂ともみえる。本章では、史料以外の文では、「村君安麻呂」に統一する。
(2) 『日本古代人名辞典』『姓氏家系大辞典』。
(3) 阪本敏行「律令時代の牟婁」(『田辺――ふるさと再見――』、あおい書房、一九八〇年一二月)
同「村君安麻呂の経歴に関する覚書」(和歌山県立熊野高等学校『熊高紀要』六、一九八一年一二月)
同「平城京における一地方出身者の生活――村君安麻呂の場合」(和歌山県社会科研究会『会報』三五、一九八三年四月)

同「村君安麻呂の勘籍をめぐる諸問題」（『くちくまの』五三、紀南文化財研究会、一九八二年五月）
同「白浜町及び田辺市の古代史――文献史料とその解説――」（『熊高紀要』八、一九八三年一二月）

（4）野村忠夫「天平勝宝二年山代伊美吉大村の勘籍について――律令制官人構成研究上の一疑問――」、『日本文学史研究』二〇、一九五三年五月）吉田晶「九通の勘籍史料をめぐって」（『日本古代社会構成史論』、塙書房、一九六八年六月、もと「八世紀の家族構成に関する一考察――とくに天平勝宝二年の勘籍史料にみられる流動性について――」、『大阪電気通信短期大学研究論集』人文・社会科学編二、一九六〇年一一月）、野村忠夫「勘籍の本質と機能――官人出身の手続きをめぐって――」（『官人制論』、雄山閣出版、一九七五年五月）が基礎的なものである。

（5）この時の叙位の時期については、中村順昭「律令制下における農民の官人化」（土田直鎮先生還暦記念会編『奈良平安時代史論集』上巻、吉川弘文館、一九八四年九月）参照。

（6）以下、「　」を付して記す正倉院文書の文書名は、大日古編者による命名である。また、長大な帳簿の場合、各断簡の所在は各所に及ぶことが多い。しかし、本章では、接続を含めて、それらを詳述することは避け、必要なかぎりで文書名と巻ページを示すにとどめる。

（7）七月は「七月日」とあるのみで、上日数は記入されていない。

（8）奈良帝室博物館正倉院掛編『正倉院古文書目録』も、両者を二つにわけている。

（9）この写経事業の詳細については、別稿を予定している。なお、その内容の一部は、一九八四年七月六日、皆川完一のゼミ（於東京大学史料編纂所）、および第一〇回正倉院文書研究会（於大阪市立大学、一九九三年一一月六日）において口頭報告した。

（10）大日古は、「大橋本七」から収録しているが、皆川完一の指摘のごとく、続々修五ノ六に収められている。同「正倉院文書の整理とその写本――穂井田忠友と正集――」（坂本太郎博士古稀記念会編『続日本古代史論集』中巻、吉川弘文館、一九七二年七月）

（11）皆川前掲注(10)論文に同じ。

（12）杉本一樹「千部法花経充本帳の断簡整理」（『日本古代文書の研究』、吉川弘文館、二〇〇一年二月、もと『正倉院年報』一五、一九九三年三月）、森明彦「千部法花経充本帳の断簡整理」（『関西女子短期大学紀要』二、一九九二年一二月）。

(13) 大日古は、この断簡を「小杉本紙筆外二」から収録しているが、本文のごとくである。皆川前掲注(10)論文参照。

(14) 支給開始の初日である八月七日の記載をのぞいて、他は原則として、紙の枚数ではなく、その紙を用いて写すべき巻数を記している。これは、一巻分を二〇枚に統一していたためであろう。このような記載の方式は、充紙帳としてはめずらしい。

(15) 経紙の支給開始より遅れている点が気になる。この百部法華経の写経事業は、百部梵網経の写経事業と関連しつつ進められたらしい。七月二七日に、梵網経用の筆墨が納入されているので、これを百部法華経用に転用した可能性がある。

(16) 天平勝宝六年（七五四）八月は小の月である。同月一二日から休みなく出勤したとして、月末までで一八日間となる。

(17) 大日古は、六・七月食口を、「史館本七」から収録している。この点は皆川前掲注(10)論文参照。

(18) 大日古は、「大学本五」から収録している。皆川前掲注(10)論文参照。

(19) この連券については、岸俊男「家・戸・保」（『日本古代籍帳の研究』、塙書房、一九七三年五月、もと竹内理三博士還暦記念会編『律令国家と貴族社会』、吉川弘文館、一九六九年六月）参照。

(20) この郷が宇治郡賀美郷であることは、文書の字面に「宇治郡印」の朱印五七顆があること、他断簡の記載（「賀美郷堤田村」）などから判明する。

(21) 岸前掲注(18)論文（三四八ページの図3）、『宇治市史』1 古代の歴史と景観（宇治市役所、一九七三年一月）。

(22) 佐伯有清『新撰姓氏録の研究　考証篇第二』（吉川弘文館、一九八二年三月）三一一〜二ページの度守首の項。

(23) 「湛照僧都分付帳」は、巻四諸院章にもみえる。そこに同時にみえる「永観二年分付帳」と同じものと思われる。

(24) 奈良県立橿原考古学研究所編『大和国条里復原図——大和国条里の総合的研究　地図編——』（奈良県教育委員会、一九八一年三月）。

(25) 日本古典文学大系『日本書紀』上（岩波書店、一九六七年三月）二七一ページ頭注。

(26) 『行基年譜』の史料批判については、井上光貞「行基年譜、特に天平十三年記の研究」（『日本古代思想史の研究』、岩波書店、一九八二年三月、もと竹内理三博士還暦記念会編『律令国家と貴族社会』、吉川弘文館、一九六九年六月、のち『井上光貞著作集・第二巻　日本古代思想史の研究』に再録、岩波書店、一九八六年二月)、米田雄介「行基と古代仏教政策——とくに勧農との関連から——」(『歴史学研究』三七四、一九七一年七月)、栄原「行基と三世一身法」(赤松俊秀教授退官記念事業会編『赤松俊秀教授退官記念国史論集』一九七二年一二月)、以上三篇いずれも、のち平岡定海・中井真孝編『行基鑑真』日本名僧論集一(吉川弘文館、一九八三年三月)に再録。

(27) 岸俊男「ワニ氏に関する基礎的考察」(『日本古代政治史研究』、塙書房、一九六六年五月、もと大阪歴史学会編『律令国家の基礎構造』、吉川弘文館、一九六〇年一〇月)。

(28) 栄原「紀伊国関係出土木簡集成」(『和歌山県史研究』一八号、一九九一年三月)参照。釈文の掲出の仕方、記号等については、これにならう。

(29) 栄原「和歌浦と古代紀伊——木簡を手がかりとして——」(薗田香融監修/藤本清二郎・村瀬憲夫共編『和歌の浦　歴史と文学』、和泉書院、一九九三年五月、本書第Ⅱ部第七章)参照。

第Ⅲ部　紀伊古代史料の検討

第一一章 「紀伊国那賀郡司解」の史料的検討

一 はじめに

八〜九世紀における売券[1]については、これまでにきわめて多くの研究が発表され、研究水準は非常に精緻なものとなっている。[2]しかし、従来の研究は、ややもすると刊本にもとづいて行なわれる傾向が強かったといえる。そのために、研究は一定の限界に達しているように察せられる。そこで、売券研究をさらに推進するためには、なによりも、個々の売券の原本を精密に観察し、それにもとづいて、それぞれの売券それ自体についての認識を深め、研究を蓄積していくことが必要であると考える。もとより、このような視角からの研究は、多くの研究者によってすでに行なわれてきたところである。しかし、その観察や検討の結果が明らかにされた例は、なお少ない。[3]本章では、以上のような観点から、一通の売券をとりあげたものである。

二 従来の経過

『平安遺文』(以下『平』と略す)七九号に収められている承和一二年(八四五)一二月五日の「紀伊国那賀郡司

解」は、その内容の豊富さ貴重さの故に、従来、多くの角度からとりあげられ、検討が加えられてきた。すなわち、山野における私的大土地所有の展開の一事例として、保証刀祢の史料として、郷長の機能、田領の性格と郡・郷雑任との関係を示す史料として、国郡印の事例として、売券の作成過程を考える史料として、紀伊国の駅と駅路の手掛りとして、などである。(4) したがって、この史料は、多面的な史料的価値を有する重要なものであることは明らかである。

この史料は、もと東寺文書の一つであった。ところが、早く東寺の外に出てしまい、長らく行方不明となっていた。このため、伴信友の『東寺古文零聚(二)』(以下『零聚』と略記。自筆本は小浜市立図書館所蔵、酒井家文庫のうち、伴信友文庫16)や『平』しか、よるべき史料がなかった。そのため、従来の研究では、『平』を用いてこの史料を検討することが通例となってきた。

しかるに、昭和四八年(一九七三)一月にいたり、『弘文荘古文書目録(弘文荘待賈古書目第四四号)』(以下『弘文荘』と略記)が刊行され、この史料の写真と簡単な解説が発表された。これによって、従来に比して格段の研究の便宜が与えられたわけである。

早速、この写真を検討すると、『平』の釈文には、多くの誤りや不適切な点があることが明らかとなった。この点は、『弘文荘』の解説にもすでに、「但し、『遺文』は(中略)七八ヶ所に誤りがある」と指摘されている通りである。その中には、後述のごとく、重大な誤りも存在する。これによって、釈文については、『平』のそれを訂正する必要が生じた。そして、長らく行方不明になっていた原本が姿をあらわしたのであるから、単に釈文のみにとどまらず、原本全体についての調査検討が要請されるにいたった。

一方、わたくしは、和歌山県史編さん専門委員として、かつて『和歌山県史』古代史料一(一九八一年一月、以下『県史』と略記)の編纂作業に加わり、延長六年(九二八)以前の部分を担当する機会にめぐまれた。その際、同書の「平安時代（一）」の一一七号に「那賀郡司解」として、問題の史料を収載した。この時、原本にもとづいて収載すべきであるとの立場から、その所在を調べた。しかし、ついにその行方を知ることができなかった。このため、やむなく『平』によって収録せざるをえなかったのであるが、いかにも心残りの感がいなめなかった。(5)

これに先だって、『和歌山市史』第四巻 古代・中世史料（一九七七年三月）も、この史料を収載している（『平安時代（一）』四三号）。そこでは、出典を「東寺古文書」としているが、内容的には『平』と全く同じである。『平』も出典を「東寺古文書」としている。『市史』は、この史料を『平』によって収録し、出典は『平』の出典を記したのであろう。(6)

さて、『県史』刊行後、西山良平（当時京都大学文学部国史研究室助手、現京都大学総合人間学部教授）から、右述の『弘文荘』について教示をうけ、『県史』の補訂の必要性を強く実感した。

その後、わたくしは、縁あって粉河町史編さん専門委員として、『粉河町史』の編纂事業に加わる機会を得ることができた。その第二巻（史料Ⅰ 古代・中世（Ⅰ）史料篇）の編纂作業を進めた（一九八五年当時）。同巻の「編年文書」の部分では、八～九世紀以前の古い時代については、とくに現粉河町域に限定することなく、広く旧那賀郡全体にかかわる史料を収載する方針をとった。

そこで、この史料も収載することとなった。ふたたび原本の所在を調べたところ、三尾功（粉河町史編さん専門委員、当時和歌山市立博物館学芸課長、現館長）・小山靖憲（当時和歌山大学教育学部教授、現帝塚山大学教養学部教授）より、同文書が、国立歴史民俗博物館に収蔵されているとの教示を得た。すなわち、弘文荘から文化庁が購入し、移管替えにより同館の所蔵となっていたのである。

これをうけて、わたくしは、早速、一九八四年一二月一九日（水）に同館をおとずれ、同館および平川南（当時同館助教授、現教授）の御配慮で、原本を実見することができた。この時には、加藤友康（当時東京大学史料編

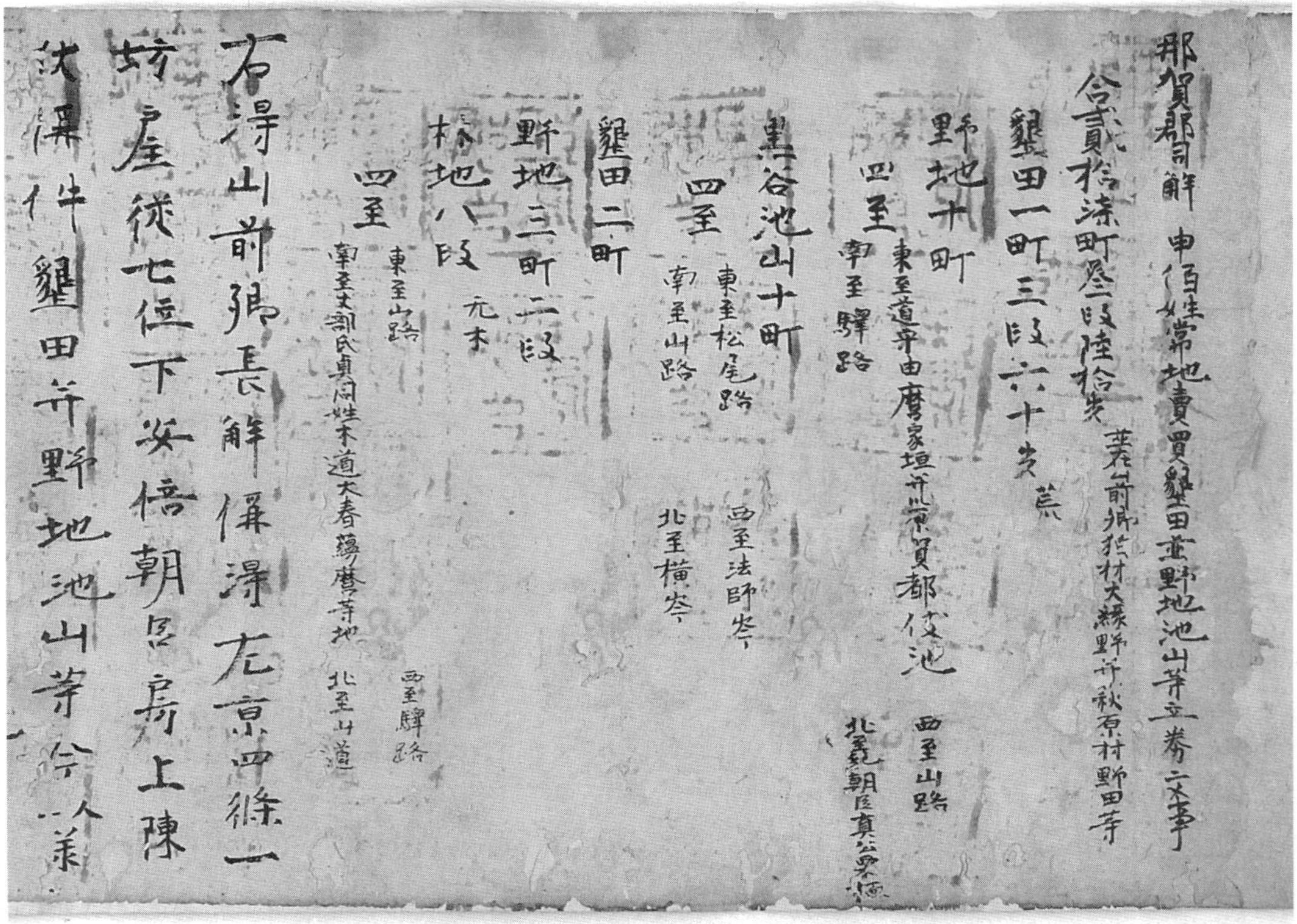
那賀郡司解　申佰姓常地売買墾田并野地池山等立券文事
合弐拾柒町参段陸拾歩　在山前郷拄材大縁野并秋原村野田等
墾田一町三段六十歩　荒
野地十町
四至　東至道并由麿家垣并那賀郡佐池　南至驛路　西至山路　北至紀朝臣真公[illegible]
黒谷池山十町
四至　東至松尾路　南至山路　西至法師岑　北至横岑
墾田二町
野地三町二段
林地八段　元未
四至　東至山路　南至大部氏真同姓木道大春孫麿等地　西至驛路　北至山道
右得山前郷長解偁得左京四條一
坊戸従七位下安倍朝臣房上陳
状偁件墾田并野地池山等合二人[illegible]

写真1　紀伊国那賀郡司解(国立歴史民俗博物館蔵)　(1)

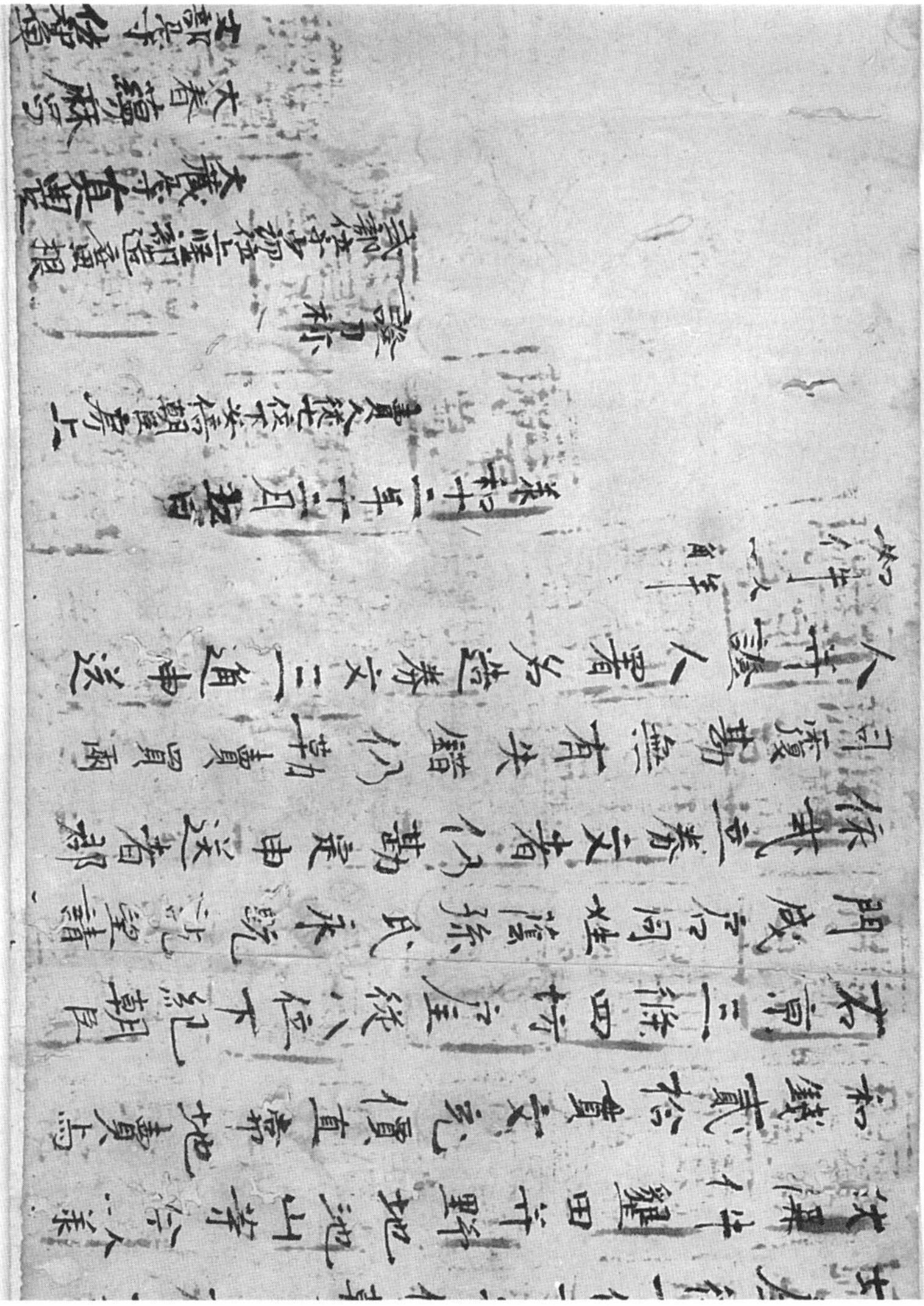

(2)

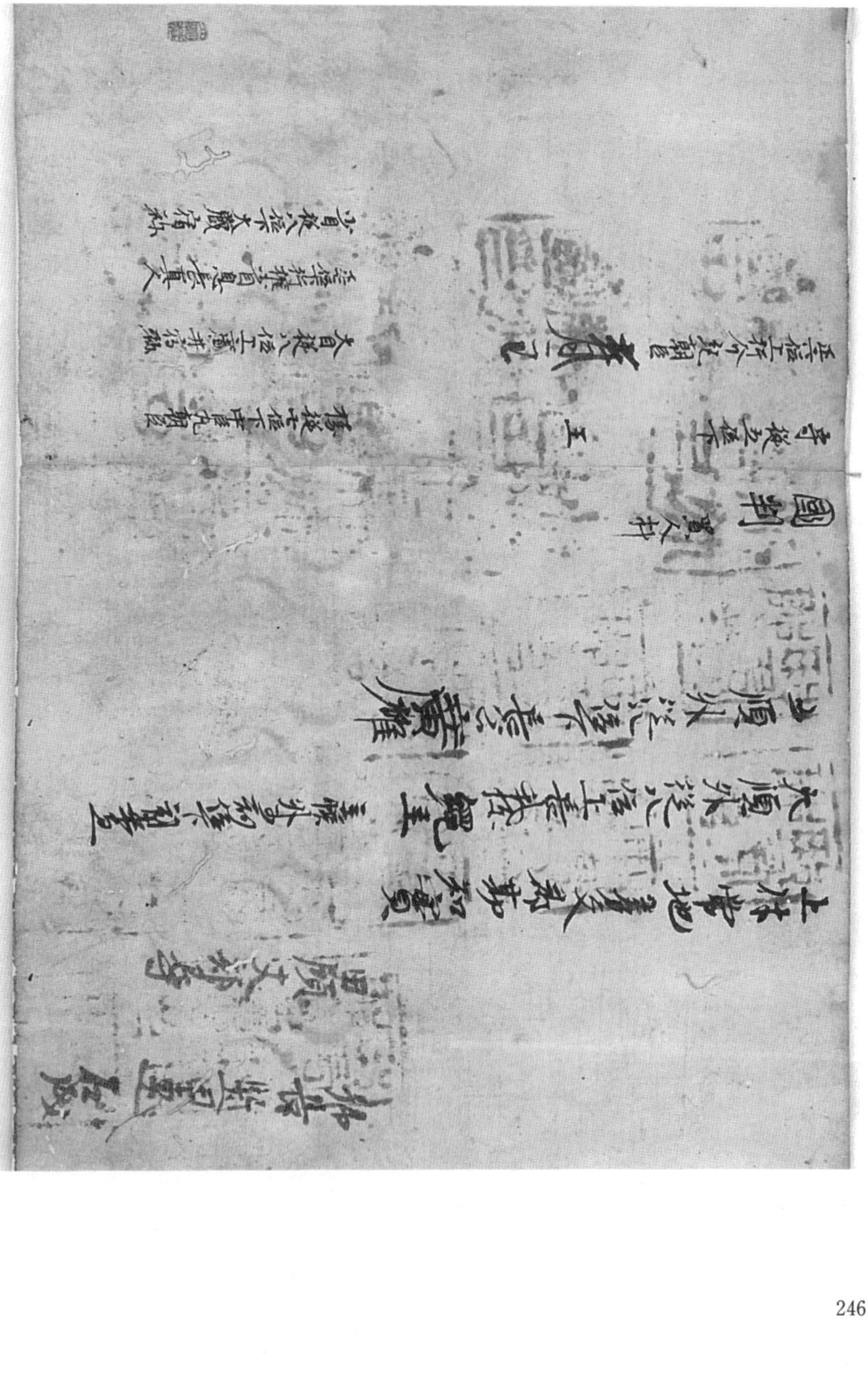

(3)

纂所助手、現教授）にお願いして、同道ねがった。さらにその後、一九八五年一二月二三日（月）に、平川の立会いのもとに、再度原本を熟覧する機会を得ることができた。

これらの原本調査の成果は、『粉河町史　第二巻　史料Ⅰ』（一九八六年三月）に示し、国立歴史民俗博物館の許可を得て、口絵として写真も掲載した。しかし、同書は、なにぶん史料篇であるため、釈文を示すだけにとどまらざるをえず、観察結果の詳細を伝えることができなかった。そこで、あらためて写真を掲載し（許可済／写真1）、同文書原本の調査結果と、それにもとづいて若干考えた点を報告したい。

三　現状と問題点

(1)容器・箱書・所蔵印・表装

「紀伊国那賀郡司解」は、現状では、一巻に表装され、二重の木箱に収められている。外箱は黒漆塗の緒付きで、一端の木口側に貼られた紙に「紀伊國那賀郡司解」とある。その上から、東京国立博物館のラベルが貼られ、「紀伊國那賀郡司解　第三〇五二号」と記入されている。内箱は桐製で、蓋の外側に二行にわけて「紀伊國那賀郡司解承和十二年十二月五日成　原本／紙面に那賀郡印六十二及び紀伊國印八あり」と墨書されている。これらの箱および箱書は、弘文荘によるものである。また、文書面の左端下部に「月明荘」の朱印が捺されている。これも弘文荘のものである。

この文書が、現状のような一巻に表装された時期は明らかでない。しかし、表紙に張られた布地のうち、巻物に巻いた状態で一番外側にあたる部分が、完全にすりきれてなくなっている。この点からみて、かなり古く表装されたと思われる。

(2)使用紙

使用紙は楮紙である。

(3)紙継目

三紙からなっている。『弘文荘』は二紙とするが、誤りである。二カ所の紙継目の位置は、後掲の釈文に示す。二カ所とも、右上左下に貼継がれている。糊代は、第一の継目が四〜五ミリ、第二の継目が五〜六ミリである。第一の継目の上方、第二の継目の上下端付近の表面に、糊のはみ出しがみられる。

両方の継目とも、継目裏書が完存する。同筆で、くずした書風の「□封」の二文字からなる。上の文字は、裏打紙にさまたげられて、判読することができなかった。

(4)左右端部の状況

第一紙の右端、すなわち冒頭部分の下半分は、痛んで破れている。しかし、上方約三分の一弱程度は、原形をとどめている。また、中央付近にも、原形をとどめる部分がわずかに残っている。これらの部分には、約四ミリ幅の糊アトとハガシトリ痕が存在する。したがって、この文書の右方には、かつて何かが貼られていたことになる。この点については、後述する。

これに対応する第三紙の左端は、切断されている。その切断線は直線的で、二カ所の継目にみえる切断線と、おもむきを異にしている。また、この切断線は、ちょうど裏打紙の継目と重なっている。これらの点からみて、第三紙左端は、おそらく表装時に切られた可能性が高い。

したがって、左端側には、本来の端部が、現在では残っていないと思われる。表装時の切断がごくわずかであって、糊代の一部が残っている可能性がないとはいえない。(7) しかし、上述のごとく、端部にはちょうど裏打紙が二重にかぶさっており、糊アト、ハガシトリ痕の有無を確認することはできない。

(5)上下端部の状況

各紙の上下端は、漉き放しのままではなく、耳を截りそろえている。若干いたんでいるが、大むね原形を保っている。ただし、下端部の状況からみると、第一紙は、わずかに左方を上方にかたむけて、第二紙は右方を上方にかたむけて貼継がれている。このため、第一の紙継目付近では、第一紙・第二紙とも、上端と下端がすこし上方にあがっている。しかし、上端は、おそらく表装時に切られている。このため、第一の継目部分における紙高は、数ミリ程度短かくなっている。

(6)紙の大きさ

第一の継目は、下方でやや左にずれている。このため、第二紙の上下端における左右長は、下端の方が短くなっている。第一紙の下端側の左右長は、右端がやぶれているので採寸できない。しかし、上端と中ほどにおける左右長を比べても、後者の方が長くなっている。したがって、第一紙と第二紙を貼り継ぐとき、どちらかの紙の端部が斜めとなっていたため、もう一方の紙もこれにあわせて切った上で継いでいる。そのため、糊代の幅は、上方・下方とも、ほぼ同じになっている。

三紙の長さは、糊代分を加えて示すと、図1のごとくである。

(7)押界

図１　料紙の大きさと押界

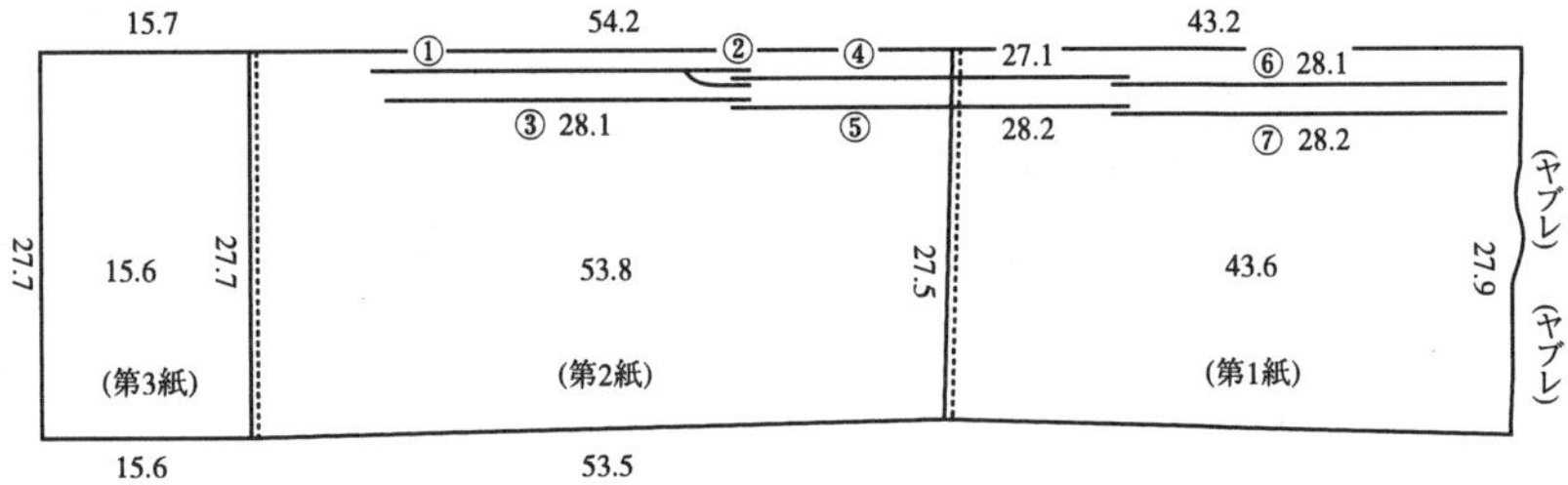

注１：実線は紙の切断線と押界、破線は右側の紙の下に入りこんでいる左側の紙の右端の位置を示す。

２：数字の単位はセンチメートル。各紙の左右幅は、糊代分を含む。

３：①〜⑦は、押界に付した番号（本文参照）。

紙の表面には、上部に押界が二列ひかれている。その位置は、上端から約一八〜一九ミリと、約三三〜三四ミリのところである。

しかし、押界は紙面全体に引かれてはおらず、左方は、郡判の直前までで止まっている。また、右方は紙端まで及ばず、その直前で止められていない。すなわち、郡判と国判部分には、押界は引かれていない。

この上下二段の押界は、図１のように、それぞれ三回にわけてひかれている（それらに仮に①〜⑦の記号を付す）。そのそれぞれについて、アタリは認められない。

これらのうち、①②が注意される。①は、左端から約二二・五センチのところから、斜め右下方にそれている。引き損じたのである。このため、失敗部分について、あらためて②を引き直している。この点からみて、①は左から右に向って引かれたことがわかる。他もおそらく同様であろう。いずれの押界も、右端がわずかに下方にさがっているのは、このためであろう。

失敗なく引かれた③〜⑦の押界の長さは、図１に記した通りである。これによると、その長さは大体同じで、大むね二七〜八センチである。この点からみて、押界は、おそらく一尺の定規をあてて引いたものと想定される。

④〜⑦の左端は、いずれも左側の押界の右端のすぐ下側から引き始

められている。これは、不透明な定規を用いて、アタリなしで押界を引く際、左側押界の右端を目安としたためであろう。したがって、押界の各列は、それぞれ左側のものから右側のものへ、順に引かれたと考えられる。しかし、上列→下列の順に①②→④→⑥、③→⑤→⑦と引かれたか、それとも、上下列を一セットとして、①②→③→④→⑤→⑥→⑦と左から右へ進んだか、いずれかは明らかでない。

押界と紙継目の関係は、次のごとくである。第二の紙継目には、押界はかかっていない。押界④⑤は、いずれも第一の紙継目をこえて通っており、食い違いは認められない。したがって、紙が継がれたあとに押界が引かれたことになる。

次に、押界の引かれた時期と、文字の書かれた時期の前後関係について検討したい。両者を子細に観察すると、たとえば、⒃行目の「右」、⒆行目の「司」などのほか、各所で筆が押界にひっかかっている様子がうかがえる。この点からみて、押界が先に引かれ、そののち文字が書かれたことは明らかである。

押界と文字の位置関係について。⑴行目「那賀郡司解」の部分では、上列の界線は「賀」、下列は「郡」にかかっている。すなわち、⑴行目は、押界にかかわりなく書かれている。これは、紙の上端を意識して書き出されたためであろう。これに対して、⑵行目は、あきらかに上列の押界から書き出されている。このため、「弐」字は下列の押界にかかっている。

⑶〜⑽行目の地目を列挙する部分の第一字は、いずれも下列の押界にかかっている。しかし、頭はそろっている。これは、この部分がいずれも、⑵行目の第二字「弐」に高さをそろえて書き出したためである。しかし、頭がよくそろっているのは下列の押界を目安としたためであろう。

⑿〜(21)行目の事実書の部分は、押界を顧慮することなく書かれている。

(8) 印

印は、郡印と国印の二種類が捺されている。前者は朱印で、郡判部分までの文字の上に、「那賀郡印」を一六列六一顆おしている（図2）。『弘文荘』は六二顆とするが、誤りである。印影の大きさは、五・二センチ四方である。[8] 第一の紙継目の上にかかる印影は、左右幅からみて、完全なものである。

印肉は、大むね押界の凹部にまでしみこんでいる。しかし、たとえば、(12)行目の「得」の付近、(13)行目の「坊」の付近その他で、凹部のために印影がとぎれている箇所がある。したがって、郡印は、押界をひいたあとで捺されたことが確認できる。

国判部分の文字の上には、「紀伊國印」が二列八顆おされている（図3）。印影の大きさは、六・〇センチ四方である。[9] 第一列目の印影は、第二の紙継目にかかっている。これらは、第二列目の印影と比較すると、不明瞭ではあるが、完存しているとみてよい。「紀伊國印」の印影は、他に、天平二年（七三〇）の「紀伊国大税帳」、仁寿四年（八五四）六月七日「在田郡

図2　「那賀郡印」の印影

木内武男『日本の官印』所収図（57頁）を転載。同書には印影の写真が掲載されている。その写真は、本章の主題である「那賀郡司解」の(9)(10)行目の上部に捺されている印影からとったものである。

図3　「紀伊國印」の印影

木内武男『日本の官印』所収図（42頁）を転載。同書に掲載されている印影の写真は、「那賀郡司解」の(36)行目、紀伊介の自署にかけて捺されているものである。

司解」の国判部分などにみえる。前者と比較すると、両者は別のものであることがわかる。『続日本後紀』や『三代実録』によると、この文書の作成されたすぐあとの嘉祥ごろから、国印の改鋳のことがしばしばみえる。紀伊国印についてはみえないが、やはりこれらの国々に先だって改鋳されたのであろう。

つぎに、郡印と国印の印影を比較すると、『弘文荘』も指摘するように、印肉の色が異っている。すなわち、国印の方があかるく、郡印の方はくらい。

郡印の場合、印肉の濃淡によって、一回印肉をつけるごとに、ほぼ四顆ずつ捺印したことがわかる。また、印影の第二列目は、下三顆が右廻りにやや回転して捺されている。他は、上から下に捺していくにつれて、右方向にわずかずつずれていく捺しぐせのようなものが認められる。[10]

(9) 小　結

以上、「那賀郡司解」の表装など、料紙の種類、紙継目の状況、継目裏書、上下左右端部の状況、料紙の大きさ、押界、印などの諸点について、観察結果を明らかにし、あわせて若干のコメントを述べた。そこで次に、これらの諸点にもとづいて、なお言及すべき点をとりあげたい。

まず第一は、この文書が東寺を離れた時期である。この文書は、前述のごとく、伴信友の『零聚』に写されている。同書は、信友が文化八年（一八一一）四月から同一一年二月まで、東寺で行なった古文書調査の結果をまとめたもので、全七冊からなる。[11] 写真2は、小浜市立図書館所蔵の自筆本である。

これによって、当時、この文書がまちがいなく東寺に存在していたことが判明する。したがって、この文書が東寺を離れたのはそれ以後のことである。しかし、今のところ、その時期を明らかにすることはできない。[12] この文書は、その後、弘文荘の手に入り、文化庁をへて国立歴史民俗博物館に収蔵されるにいたったのである。

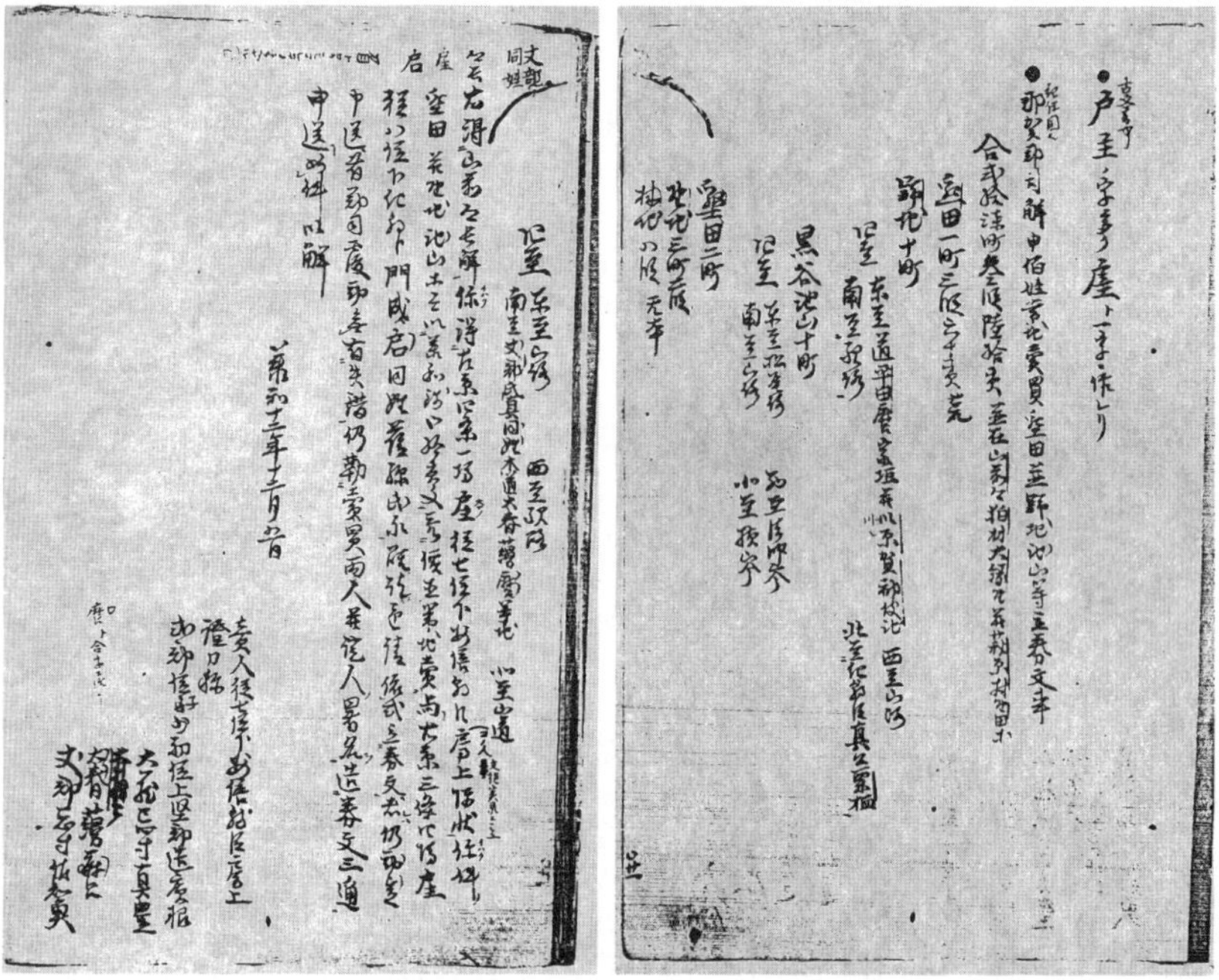

(2)　(1)

写真２　伴信友『東寺古文零聚』所収「那賀郡司解」

問題点の第二は、右端表面に、糊アト、ハガシトリ痕がある点についてである。

この文書は、平安京左京四条一坊の安倍朝臣房上が、同右京三条四坊の紀朝臣氏永に土地を売却した売券である。しかし、この両人は、この時点で、ともに東寺とは関係がない。一方、この文書は、東寺に伝わったものである。この点からみて、この文書で売買の対象となった土地が転売されて、やがて東寺の所有に帰したことから、「買人料」として紀朝臣氏永のもとにあった本文書も、手継として貼り継がれて東寺のものとなったと考えられる。

このように、右端表面の糊アト、ハガシトリ痕は、この文書が、かつて手継連券の一部をなしていたことを示している。しかし、東寺を含めて、連券の他の部分をなした文書は残っていないようである。そこで次の問題は、この文書が、いつ連券からは

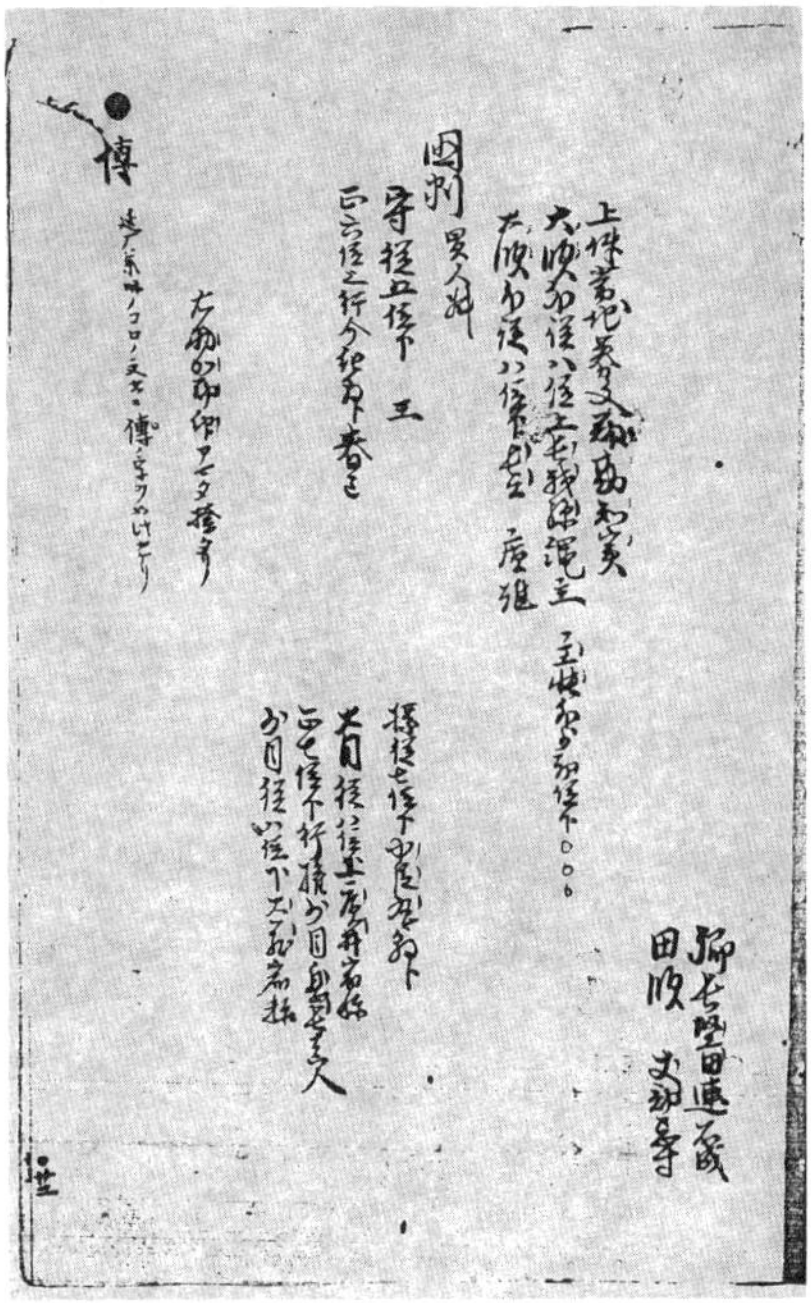

(3)

がされて、現状のような単品とされたか、という点である。

『零聚』には、この文書のみが写されており、手継であるような記載はない。しかし、それだけでは、伴信友がこの文書を見た文化年間における状態を断言することはできない。信友が、手継連券のうち、この文書の部分のみを写した可能性は、皆無とはいえないからである。

信友が実見した段階で、すでに単品になっていたとすると、それ以前のある時に、何らかの理由で、この文書は連券からはがされたことになる。その後、他の連券は亡失したが、この文書のみ東寺に残存したのである。一方、信友の段階でまだ連券のままであったとすると、その後、連券ごと東寺を離れたことになる。しかるのち、この文書は連券からはがされて表装されたことになる。

以上のいずれか、現在のところ決め難い。この点の鍵となるのは、この文書が東寺を出てから弘文荘に入るまでの動きを明らかにすることであろう。

問題点の第三は、この文書の作成過程である。記載内容からの検討は後に行なう。ここでは、料紙の問題を手掛りとしたい。

前述のごとく、二カ所の紙継目は、裏封・押界・印影・文字（第一の紙継目をまたいで書かれている）のいずれも完全である。したがって、継直しは行なわれていない。この点を前提にして、三紙の長さについて考えたい。
各紙の長さは、図1のごとくであった。

八世紀の公文書に使用される紙の一般的な寸法は、縦二八～二九センチ、横五五～五八センチとされている。[13]
この文書は九世紀のものであるが、右と比較すると、縦二七・七～二七・九センチは、ほぼ標準的な長さといえよう。[14]また、第二紙の上端の横幅五四・二センチも、同様である。

ところが、第一紙の横幅は、四三・二～四三・六センチで、第二紙に比べて約一〇センチほど短かい。また、第三紙は約一五・六～一五・七センチしかない。第三紙の左端は、前述のごとく、表装した時に切断されたとみられる。したがって、これは本来の長さではない。しかし、切断はわずかであったと思われるので、本来もこれに近い数字であったであろう。しからば、このような料紙の使い方は、いかにして生じたのであろうか。

その理由として、次の二つの場合が想定しうる。まず第一に、那賀郡家の公文書作成部局には、あらかじめ白紙の巻物が用意されており、ロールペーパーのように、必要なときに必要分だけ切りとって用いたと考えるのである。この文書の前に白紙ロールから紙を切りとったとき、紙継目から約一〇センチばかりのところまでを用いた。そのため、次にこの文書用に紙を使用する際には、第一紙は、もとの一紙より約一〇センチ短かいものとなった。そして、この文書に必要とする長さは、第二の紙継目から第三紙分の長さだけ行ったところにあたるので、そこで切断した。以上が第一の想定である。

第二の想定は、次のごとくである。那賀郡家の公文書作成部局には、巻物ではなく、一紙ごとの白紙が用意されていた。そこから、必要に応じて、一紙全体もしくは必要量を切りとって、貼継いで用いていた。したがって、この文書を作成するに際して用意されていた白紙は、完全な一紙ばかりでなく、一部を切りとられた残りの様々な長さの白紙もあった。この文書を作成するにあたって、ちょうど必要な長さになるような組合せの三紙を選び出して貼り継いだ。もちろん、適当な組合せがみあたらずに、長めに貼り継いだ上で切断したと考えてもよい。
以上の第一と第二の想定のちがいは、那賀郡家の公文書作成部局に用意されていた白紙の形状についての考え方のちがいに由来する。そのいずれを妥当とすべきか、現時点では、決め手を欠く。しかし、なお、本文書の料紙の総長が一一二センチであることは、注意を要する。

この長さは、ほぼ二紙分にあたる。しからば、第二の想定によると、次の点が疑問となる。すなわち、用意されている白紙の中から、なぜ完全な二紙を取出して貼り継がなかったのか、なぜわざわざ短かめの紙を貼り継いで三紙としたのか、説明しにくい。

この点は、第一の想定によると、容易に説明しうる。この点からみて、第一の想定の方が妥当性が高いといえるかもしれぬ。しかし、九世紀の郡家で用いられる紙の標準的な大きさが十分明らかではなく、また、第二の想定でも、たまたま完全な紙が二枚なかった場合や、適当な長さとなる三紙の組合せがあったので完全二紙を用いるには及ばなかった場合なども、ないとはいえない。したがって、なお、いずれかに断定することは、さけたい。

しかし、以上の想定のいずれであれ、この文書の料紙を用意した時には、あらかじめ必要とする紙の長さがわかっていたことになる。そのことを、別の点から証するのが、押界の引き方である。前述のごとく、押界は、郡判の直前の位置から引きはじめている。このことは、押界を引いた人物は、郡判のはじまる位置を、あらかじめ知っていたことを示している。郡判と国判に要する紙の大体の長さは、経験的に知りうるはずである。したがって、少なくとも押界を引いた段階では、この文書に要する料紙の長さは、わかっていたことになる。それは、いかにして可能か。

この点について、わたくしは、この文書（正文）を作成するに先だって、草案が作られたためであると考える。各種のデータ・メモ類を総合して、いきなりこの文書（正文）が作成されたのではなく、あらかじめ草案が作成されていたからこそ、文書全体の長さ、郡判の始まる位置などを前もって知りえたのであろう。

四　釈文・筆跡の検討

(1) 釈　文

原本調査の成果にもとづいて、釈文を示すと、次のごとくである。文字の大きさ、書き出しの位置、字配りなどについても配慮したが、詳細は写真1によられたい。なお、『弘文荘』は四一行とするが、文字が書かれているのは三八行である。

(1) 那賀郡司解[1]　申佰姓常地賣買墾田並[2]野地池山寺[3]立券[4]文事

(2) 合弐拾涞町参段[5]陸拾歩並[6]在山前卿[7]狛村大縁[8]野并[9]萩原村野田寺[10]

(3) 墾田一町三段[11]六十歩荒

(4) 野地[12]十町

(5) 四至　東至道守[13]由[14]麿家垣并[15]川原賀都伎[16]池　西至山路
南至驛[17]路　北至紀朝臣真[18]公栗栖[19]

(6) 黒谷池山十町

(7) 四至　東至松尾路　西至法師岑
南至山路　北至横岑

(8) 墾田二町

(9) 野地三町二段[20]

(10) 林地[21]八段　无木[22]

(11) 四至 東至山路 南至丈部氏貞[23]同姓木道大春藕[24]麿䒭[25]地 西至驛[26]路 北至山道[27]

(12) 右浔[28]山前郷[29]長觧[30]侑[31]浔[32]左京[33]四條一

(13) 坊屋[34]従七位下安倍朝臣房上陳

(14) 伏[35]侑[36]件墾田并[37]野地池山䒭[38]今以羕[39]

(15) 和錢弐拾貫文充價直常地賣点[40]

(16) 右京[41]三條四坊屋[42]従八位下紀朝臣

（第一の紙継目）

(17) 門咸[43]启[44]同蔭藤孫氏永既訖[45]望請

(18) 依式立券[46]文者[47]勘定[48]申送者郡

(19) 司覆[49]勘無有失錯仍勒[50]賣買兩[51]

(20) 人并[52]證人署名造券[53]文三通申送

(21) 如件以觧[54]

(22) 羕[55]和十二年十二月十三■五日

(23) 賣人従七位下安倍朝臣「房上」

(24) 證刀祢[56]

以上A

(25) 「式部位子少初位上堅部造廣根」

(26) 「大蔵忌寸真[57]豊」

(27) 「大春藕[58]麻[59]呂」

(28) 「丈部忌寸佐智奐[60][61]」　以上B
(29) 「卿[62]長堅田連石成
(30) 田領丈部忌寸」　以上C
(31) 「上件常地券文郡勘知實
(32) 大領外従八位上長我孫「縄[63]主」　主帳外少初位下朝[64]来[65]直[66]
(33) 少[67]領外従八位下長公「廣雄」　以上D

（第二の紙継目）

(34) 「國判　買人料
(35) 守従五位下　王　掾従七位下中臣丸朝臣
(36) 正六位上行介紀朝臣「春主」　大目従八位上廣井宿祢[68]
(37) 正七位下行権少目息長真人[69]
(38) 少目従八位下大蔵宿祢[70]」　以上E

(2) 文字の異同

原本と『零聚』『平』の異同を、文字について示すと、次のごとくである。

	原本	『零聚』	『平』
1・30・54	觧	解	解
2	並	並	幷

3	䒭	寺	等
4・46・53	劵	劵	券
5・11・20	叚	忔	段
6	並	並	竝
7・29・62	鄕	マ	郷
8	縁	縁	緑
9・15・37・52	并	并	幷
10・38	䒭	ホ	等
12	地	地	田
13	守	平	平
14	由	田	田
16	伎	伎	伎
17・26	騨	駅	驛
18・57・69	真	真	眞
19	栖	栖	栖
21	地	地	切
22	木	本	本
23	貞	真	眞
24・58	縵	緆	縵

25	䓁	等	（ナシ）
27	道	道	路
28・32	淂	淂	得
31・36	偁	你	偁
33・41	京	京	京
34・42	屋	屋	戸主
35	伏	状	状
39・55	羕	羕	承
40	与	与	與
43	咸	成	成
44	启	启	戸口
45	訖	訖	訖
47	者	者	者
48	定	定	定
49	覆	覆	覆
50	勒	勒	勒
51	兩	兩	兩
56・68・70	祢	祢	禰
59	麻呂	麻呂	麿

60	智	知	知
61	奐	奐	魚
63	縄	縄	縄
64	朝	□	□
65	来	□	□
66	直	□	□
67	小	大	大

原本と『零聚』『平』との文字の異同は、以上のごとくである。なお、『零聚』『平』は、(12)〜(21)行目を追込みとしているが、前掲の釈文のごとき字配りとなっている。

(3)異筆・同筆

この文書は、一見して何種類かの筆で書かれていることがわかる。そこで、この点について検討したい。

まず、(1)行目から(24)行目までは、(23)行目の「房上」の自署部分をのぞいて、一筆と認められる（以上、A)。つぎに、(25)行目から(28)行目の各行は、微妙に墨色や筆づかいが異っている。それぞれ別筆である。したがって、各証刀祢たちは、名のみを自署したのではなく、位階・氏・姓などもあわせて記している（以上、B)。

これらの証刀祢の自署の次に、一行おいて書かれている(29)・(30)行の二行は、墨がうすく、あきらかに他と異っている。この二行は一筆で、[15] 郷長堅田連石成が書いたものである（以上、C)。

この点について、丹生谷哲一は、「郷長及び田領（これは大化前代の田令の存在形態を想起させる）が、証刀禰の中に包含されたこの記載様式は」と述べている。[16] 同氏がこのように理解した根拠は明記されていない。しかし、

(29)・(30)行の郷長・田領は、証刀祢四人との間に、わざわざ一行をおいて書かれている。また、二行とも郷長自身によって書かれている点は、位階・氏・姓・名を自署する証刀祢のあり方と異っている。これらの点からみて、郷長と田領は、証刀祢たちとは区別された存在であったとみた方がよい。

(31)行〜(33)行の郡判は、自署部分をのぞいて一筆である（以上、D）。これは、A〜Cの部分とは別筆である。

(34)〜(38)行の国判部分は、自署をのぞいて一筆である（以上、E）。これは、A〜Dの部分と別筆である。

以上のように、この文書は、筆跡からみて、A〜Eの五つの部分から構成されている。これらはそれぞれ別筆であり、とくにBは、各行がみな別筆である。

(4)小　結

以上、「那賀郡司解」の文字・筆跡について、原本調査の結果を明らかにし、あわせて若干のコメントを述べてきた。ここで、以上の諸点にもとづいて、明らかになった点を指摘したい。

(イ) 8は「緑」ではなく、「縁」である。すなわち、この地名は、「大緑野」ではなく、「大縁野」である。

(ロ) (2)行目9の次の文字は、上部がわずかに破れているが、草カンムリである。したがって、「萩」である。『零聚』『平』も「萩」としている。従来、駅との関係で問題とされてきたこの地名は、「萩原村」と確定された。

(ハ) (5)行目13・14は、「平田」ではなく「守由」である。従来の「道平田麿」では、人名としてやや不審であったが、「道守由麿」であることが明らかとなった。

(ニ) (10)行目21・22は「切」「本」ではなく、「地」「木」である。「林切八段　无本」では、地目として他に類例がなく、意味も通らなかった。しかし、「林地八段　无木」で明瞭となった。小林昌二は、この地目を「伐採後の林」と解している。[17]「伐採」という解釈が「切」の字にもとづいているのならば、再考の必要がある。

㋭　⑾行目23は「真」ではなく「貞」である。すなわち、この人名は、「丈部氏真」ではなく「丈部氏貞」である。

㋬　㉜行目64・65・66は、従来判読していなかったが、「朝来直」であることが明らかとなった。これによって、承和一二年一二月当時の那賀郡主帳の氏姓が判明したことは、貴重である。

㋣　㉝行目67は「大」ではなく「少」である。従来の読みでは、大領が二人になってしまい、不審であった。それゆえ、『平』も（マヽ）と傍注していた。しかし、「少領」であることが判明し、不審な点は解消した。

㋠　この文書の日付の「五日」㉒行目）は、擦消の上に書かれている。「五」の下の文字は、わずかに残った痕跡から判断して「十三」であろう。「日」の下の文字は不明だが、やはり「日」の可能性が強い。

㋷　この文書は、筆跡からみて、A～Eの五つの部分からなる。自署を入れて、別筆は一二に及ぶ。

五　「那賀郡司解」の作成過程

前節までの検討結果にもとづくと、「那賀郡司解」の作成過程と、その後の経過は、以下の如くであったと考えられる。

①　売人安倍朝臣房上の陳伏（状）をうけて、山前郷長の解が発せられた。

②　これをうけて、那賀郡司による覆勘が加えられ、失錯がないことが明らかとなった。そこで、那賀郡司は解の作成にとりかかった。

③　まずはじめに、郡の官人によって、草案が作成された。この草案に国判・郡判部分まで書かれていたかどうかは、明らかでない。しかし、いずれであれ、草案にもとづいて、必要とする料紙の長さが算出された。この場合、国判を得ることを当初から予定し、それに必要とする長さも、計算の中に入れられた。

④ これにもとづいて、白紙の用紙が用意された。これは、あらかじめ那賀郡家の公文書作成部局に用意されている白紙のロールから、必要とする長さだけを切りとるか、もしくは、やはり用意されている白紙の中から、適当な長さになる三紙の組合せを選び出し、これを貼り継いだか、以上のいずれかの方法で行なわれた。

⑤ つぎに、二列の押界が引かれた。これには、一尺の定規が用いられたとみられる。この場合も、おそらく草案によって、郡判のはじまる位置があらかじめわかっていたので、その直前の部分からはじめて、左から右へ各列三回ずつ引き継いでいった。

⑥ 押界を引いた白紙に、郡の下級官人によって、まず(24)行目の「証刀祢」の部分(A)までが書かれた。その際、押界は二行目の書き出しの位置で利用され、(3)〜(10)行目についても目安とされた。しかし、(12)〜(21)行目については、顧慮されなかった。

⑦ その後、売人安倍朝臣房上が(23)行目に自署し、さらに証刀祢四人が、官位氏姓名をそれぞれ自署した(B)。

⑧ これに続いて、郷長堅田連石成によって、郷長と田領について記入された(C)。

⑨ つぎに、(A)の部分を書いた人物とは別の官人（郡に勤務）が、自署以外の郡判部分(D)を書き、さらに、大少領が自署した。

⑩ 以上の郡判部分までの文字の上に、「那賀郡印」の朱印六一顆が捺された。

⑪ この他に、同内容の文書が二通つくられた。これら三通は国に送られた。国では、末尾に自署以外の国判部分(E)が書かれ、ついで介が自署した。

⑫ 国判部分の文字の上には、「紀伊國印」の朱印が八顆捺された。これによって、この文書は完成した。

⑬ この文書は、「買人料」として、紀朝臣氏永に与えられた。一方、売人の安倍朝臣房上の権利を証していた文書も、房上から氏永に渡されたであろう。房上から渡された文書は、この文書の前に貼り継がれて、手継と

された。

⑭ この文書が対象とした土地は、その後、紀氏永の手を離れ、経路・時期ともに不明だが、東寺の所有に帰した。それにともなって、この文書を含む手継連券も東寺に入った。

⑮ その後ある時期に、この文書は連券からはがしとられ、単品とされた。また、文化年間に、伴信友がこの文書を東寺で実見し、『零聚』に写しとっている。したがって、それ以後に、この文書は東寺を離れたことになる。この文書が単品とされた時期と東寺を離れた時期の前後関係は明らかでない。また、この文書と連券を構成した他の文書の存在も、不明である。

⑯ この文書は、やがて弘文荘の手に入り、文化庁をへて、国立歴史民俗博物館の所蔵に帰した。

六 むすび

以上、「紀伊国那賀郡司解」の原本調査の成果を明らかにし、あわせて若干の考察を行なった。もっぱらこの一点の調査結果のみから立論したため、観察の不十分さとあいまって、料紙の使用法、文書の作成の仕方など、解決しえなかった点を多く残した。これらの点は、同時期の文書の原本調査を積み重ね、相互に比較することを通じて、解決しうる点もあると予想される。それは、今後の課題としたい。

従来、八～九世紀の売券の原本調査の結果は、あまり明らかにされていない。しかし、売券研究のさらなる進展のためには、詳細な原本調査とそれにもとづく考察、さらにそれらの相互比較検討を通じて、新しい観点・新しい問題をみつけ出していくことが、ぜひとも必要である。本章では、たまたま縁あったわずか一点の売券しかとりあげることができなかったが、その意図したところは、この点にあった。

（1）以下、本書では、「田畠屋敷地などの財産を売買する際に、契約の成立を確認しその効力を保証するために、売主から買主に渡される証文」（『国史大事典』、須磨千穎執筆）を売券と称する。

（2）その中で、加藤友康「八・九世紀における売券について」（土田直鎮先生還暦記念会編『奈良平安時代史論集』上巻、吉川弘文館、一九八四年九月）と西山良平「平安前期『立券』の性格」（岸俊男教授退官記念会編『日本政治社会史研究』中、塙書房、一九八四年一〇月）は、売券研究の到達点を示すものと考える。これらの論文には、従来の研究の整理がなされている。

（3）前掲注(2)加藤論文のほか、小林昌二「刀禰論序説」（『愛媛大学教育学部紀要』第二部　人文・社会科学七、一九七四年一二月）、波々伯部守「紀伊国直川郷墾田売券をめぐって」（『和歌山市史研究』一一、一九八三年三月）、同「九世紀の『紀伊国四売券』について」（薗田香融編『日本古代社会の史的展開』、塙書房、一九九九年三月）などをあげることができる。

（4）磯貝正義「紀伊の古駅路について――萩原駅の所在をめぐって――」（原題「古代交通路の一研究――紀伊萩原駅の所在をめぐって――」『山梨大学学芸学部研究報告』六、一九五五年一二月、のち、『郡司及び采女制度の研究』、吉川弘文館、一九七八年三月）、梅原隆治「紀伊における古代南海道の駅家と駅路」（関西学院大学高等部『論叢』二三、一九七七年一二月）、加藤前掲注(2)論文、木内武男「日本古印集成」（『ミュージアム』一四九、一九六三年八月）、同『日本の官印』（東京美術、一九七四年一一月）、小林昌二「山野の私的大土地所有の形成と古代村落の変貌」（『原始古代社会研究』3、一九七七年二月）、丹生谷哲一「在地刀禰の形成と歴史的位置」（大阪歴史学会編『中世社会の成立と展開』、吉川弘文館、一九七六年一月）、西山良平「〈郡雑任〉の機能と性格」（『日本史研究』二三四、一九八二年二月）、松岡久人「郷司の成立について」（『歴史学研究』二一五、一九五八年一月）、丸山幸彦「九世紀における大土地所有の展開――持に山林原野をめぐって――」（『古代東大寺領庄園の研究』、溪水社、二〇〇一年二月、もと『史林』五〇―四、一九六七年七月）。

（5）この間の事情については、「『紀伊国那賀郡司解』と売券研究」（『歴史海流』二―四、一九九六年一月、本章付記）に述べている。

（6）『弘文荘』は、「『遺文』は東大史料編纂所所蔵の影写本によったのであろう」とする。しかし、同所には、これ

図4

国書刊行会本『集古十種　第四』（528頁）

に相当するものは所蔵されていない。おそらく、『平』は『零聚』によったことから、出典を「東寺古文書」としたと思われる。

（7） 一般的にいって、表装時の化粧裁ちの切断はわずかなものであって、大幅なものとは考えにくい。

（8） 木内武男「日本官印集成表」（前掲注4『日本の官印』）は、「那賀郡印」の寸法を「四・八糎」とするが、原本によってはかると、五・二センチである。

（9） 同右、木内は「五・八糎」とするが、原本では六・〇センチをはかる。

（10） 『集古十種』印章類の「追加巻之一」には、「承和十二年文書中所印　蔵未詳」として、図4のごとき印影を収めている。これは、図2の「那賀郡印」の印影と非常によく似ているが、やや異なる部分もある。しかし、「承和十二年文書」とは、本章が対象とする「那賀郡司解」とみて、まずまちがいあるまい。すると、図2と図4の差異は、原本の不鮮明な印影から元来の印影を復原する際に生じたものであろう。とすると、この文書が東寺を離れた時期と関連して、『集古十種』編者がこの印影を入手した経路が注目される。しかし、この点については、明らかにしえなかった。

（11） 大鹿久義「伴信友著撰書目稿」（『伴信友全集』別巻、ぺりかん社、一九七九年六月）、同「（小浜市立図書館／酒井家文庫）伴信友文庫目録」（『皇学館論叢』三―五・六、一九七〇年一〇・一二月）。

（12） そこで問題となるのが、前掲注（10）で指摘した『集古十種』印章類（追加巻之一）所収の印影（図4）である。その注記には「蔵未詳」とあるので、遅くとも同書の問題部分が刊行された時には、この印影を踏む文書の所在は、同書編者には不明となっていたらしい。もちろん、ここに「蔵未詳」とあるからといって、東寺を離れていたとは限らないが、反面、その可能性も認められよう。したがって、この注記の由来や『集古十種』の問題部分の刊行年次（『零聚』との前後関係）などが明らかにされる必要がある。ところが、『集古十種』には、寛政一二年（一八〇〇）正月付で広瀬典が執筆した序が付されているが、刊行の年序は明らかでないらしい（図書刊行会本例言など）。問題の部分の刊行年次も明らかでない。また、注記の由来も不明とせざるをえない。問題点を指摘して後考に備えたい。

(13) 石上英一他「料紙の使用法による天平二年越前国正税帳の復原」(『東京大学史料編纂所報』一八、一九八四年三月)、同「料紙の使用法による天平九年和泉監正税帳の復原」(『同』一九、一九八五年三月)。

(14) 前述のごとく、第一の紙継目部分の紙高は二七・五センチである。しかし、この部分は、上端部が切断されているので、本来の長さを示していない。

(15) この点は、西山前掲注(4)論文ですでに指摘されている。

(16) 丹生谷前掲注(4)論文。

(17) 小林前掲注(4)論文。

付記　「紀伊国那賀郡司解」と売券研究

承和一二年(八四五)一二月五日の「紀伊国那賀郡司解」といっても、知る人はそれほど多くはあるまい。現在、国立歴史民俗博物館に収蔵されている一通の土地売買の証文である。かなりマイナーな史料だ。そんな史料に、なぜわたくしは揺さぶられたのか。

わたくしは、一九七五年(昭和五〇)四月から、縁あって『和歌山県史』の編纂に関係することとなった。その最初の仕事が、古代史料編(一九八一年一月刊)の編纂だった。紀伊関係の史料を網羅的に集め、取捨選択する。所定の体裁で原稿をつくり、厳しい校正をくりかえす。その掲載分のなかに、問題の「那賀郡司解」があった。

この文書は、もと東寺文書の一つであった。ところが早く寺外に出て、所在がわからなくなっていた。『県史』は、原本にもとづいて収録するのが基本方針である。このときも、「郡司解」の原本を捜しもとめたが、杳として行方がわからない。やむなく『平安遺文』によって収録したが、残念だった。当時、売券の研究は『平安遺文』で行なうのが通例であったことも、わたくしを油断させた。

ところが、原本が世に現れたのである。三尾功（和歌山市立博物館長）・小山靖憲（帝塚山大学教授）両氏が、国立歴史民俗博物館に収蔵されていることを教えてくださったのである。どうしても見たいと思った。さっそく同館の平川南氏（教授）に連絡し、手続きをとった。一九八四年一二月一九日、わたくしはドキドキしながら、同館をおとづれた。専門家の加藤友康氏（東京大学史料編纂所教授）にご同道願った。それまでに売券の原本に手でふれた経験はなかったから、両氏のご教示のもと、感激しながら調査を行なった。

この調査で、わたくしは、原本がいかに豊富な情報を含んでいるか思い知った。この売券の『平安遺文』には誤りがある。したがって『県史』も誤りを犯してしまった。じつは『県史』には、ほかにも売券を『平安遺文』で収録している。あとで判明したことだが、これにも誤りが含まれていた。とても活字史料なんかで研究していられない。これが実感であった。誤りを含む『県史』を刊行してしまった責任も痛感した。

これをきっかけに、わたくしは、八〜九世紀の売券全部を原本調査するという「願」を立てた。それからの数年間は、憑かれたように全国の売券の原本を調査してまわった。『県史』に納めた売券は、もちろん原本調査の報告を公表した。何ごともそうだが、七〜八合目までは比較的簡単に登れる。目下八合目はすぎたと思うが、あと二合で止まっている。そのうち、登山を再開しなくてはならないだろう。

第一二章　「紀葛成墾田売券」について

一　はじめに

『平安遺文』に四四五六号として収録されている承和一五年（八四八）五月二日「紀葛成墾田売券」は、出典を「大東急記念文庫蔵遊古世帖所収」としている（以下、遊古世帖本）。ところが、これとは別に、横浜市立大学学術情報センターにも、この文書が架蔵されている（以下、横浜市大本）。

かつて、この史料の釈文を『和歌山県史』古代史料一（一九八一年一月）に「平安時代（一）」の一二〇号として収録した際には、『平安遺文』の釈文をもととし、『遊古世帖』にまでさかのぼって検討しなかった。また、その時点では、横浜市大本の存在を知らなかった。

その後、両者の調査を実施したが、その成果を公表するにはいたらなかった。そこで改めて両者にあたって、[1]釈文等を確認するとともに、両者がどのような関係にあるのか、検討したい。

このうち後者については、すでに福田以久生が釈文（以下、福田釈文）を示して解説を加えている。[2]その中で、福田は、両者の関係について、次のような見解を述べている。すなわち、

(a)　『遊古世帖』所収のものは、竹内理三の教示によれば、写本である。
(b)　横浜市大所蔵のものが原本で、
(c)　かつて橋本某氏の所蔵であった。
(d)　橋本氏所蔵の段階で写本が作られ、『遊古世帖』に収録された。
(e)　橋本家より流出したのち、
(f)　端書を切截して、
(g)　軸装され、横浜市大に購入された。

以上の福田の見解は、これまでのところ、この二つの史料の関係を検討した唯一のものである。この見解を手がかりにして、それぞれの史料の性格や両者の関係を改めて考えたい。そのためには、まず両者の史料を十分に観察することが必要である。

二　『遊古世帖』所収の「紀葛成墾田売券」

まず、財団法人大東急記念文庫に所蔵されている『遊古世帖』についてみておきたい。同文庫編『大東急記念文庫書目』（一九五五年八月）には、

〔遊古世帖〕藤原貞幹編　　江戸末　　一冊　　函二五　架三　番号一〇二一

とある。その内訳のなかに、

三五　墾田立券文寫（承和十五・五・二）

とあるのが、問題の文書である。ここには「寫」と明記されている。

『遊古世帖』は、藤原貞幹（以下、藤貞幹／一七三二〜九七）の編になる諸史料の貼り交ぜ本である。紺紙の

表紙・裏表紙と全六〇葉からなる。大きさは縦三三八ミリ、横二四〇ミリである。表紙の左上方に、薄緑色で植物の枝葉の地模様の紙に「遊古苷帖」（縦二三〇ミリ、横四〇ミリ）と書かれた紙箋が貼られている。また、右下隅に大東急記念文庫の緑色の図書ラベルが貼られ、上から25/3/1/1021の数字が青色スタンプで押されている。

内容は、各種文書の写、器物の模写や拓本などを貼り交ぜにしたもので、右記の文庫書目によると、総数は五八点である。

「紀葛成墾田売券」は、『遊古世帖』の三五葉裏から三六葉表にまたがって貼付されている。一紙の大きさは、縦三一八ミリ、横は上端で四五五ミリ、下端で四六一ミリである。その左側七〇ミリ分は折り返されている。

用紙には、平均三一～三二ミリ間隔の線が通っている。しかし、その線は紙端に対して平行ではなく、上方で右に約一〇ミリ前後傾いている。この線の間隔は、どちらかの方向に行くに従って開いていく傾向は認められないので、文書を折りたたんだときの折り目とは考えられない。また、文字も、この線に沿って書かれているわけではない。おそらくは紙漉の際の糸目であろう。

釈文は、のちに掲げる横浜市大本とほぼ同じであるが、注意すべきは、すでに福田も注目しているように、紙面の右上隅に「橋本家蔵」という端書があることである。『遊古世帖』に貼り込まれている諸文書の写で、もとの所在を注記している例はあるが、「橋本家蔵」という注記はこれのみである。

この注記は、遊古世帖本が橋本家に所蔵されている文書を写したものであるという意味に解され、遊古世帖本が、藤貞幹が橋本家の所蔵本そのものを入手したものではないことを示している。

この注記は、売券を写した部分より崩れた書体で書かれており、一見すると別筆のようにみえる。しかし、売券部分は、もとの文書をできるだけ正確に写し取ろうとしているので、筆者の書き癖がうすれているとみるべきであろう。したがって、注記部分と売券部分とでは、文字を書く姿勢が異なっているので、筆の異同は簡単には見きわめにくい。

注記の「橋本家」とは、福田(c)は「橋本某氏」とするにとどまるが、藤貞幹の交友関係から見て、橋本経亮のことであろう。藤貞幹と橋本経亮とは、有職故実の高橋宗直のもとで同門であり、貞幹の『好古小録』の序は経亮が書いている。

橋本経亮は、京都梅宮社の神主橋本家の支流の出身で、有職故実の学を好み、文書の影写と、器物・衣服・道具類の摹作にきわめて熱心であったという(3)。この点からすると、橋本家にあったという「紀葛成墾田売券」が、そもそも影写であった可能性を排除しないでおくのが慎重な態度であろう。

この点から、遊古世帖本の成立については、いくつかの可能性が考えられる。第一に、藤貞幹は、橋本経亮が「紀葛成墾田売券」を蔵していることを知り、貞幹がその模写を作成し、底本の所在を端書として注記した。第二に、貞幹は、経亮に依頼して模写本を作成してもらって受け取り、注記を加えた。第三に、経亮がすでに作成していた写本を貞幹が入手し、注記を加えた。これ以外にもまだあるかもしれないが、主なものはこの三種であろう。

これらによると、売券部分を写したのは、第一では藤貞幹、第二・三では橋本経亮ということになるが、注記部分はいずれであっても藤貞幹の筆ということになる。

三 横浜市立大学所蔵の「紀葛成墾田売券」

(1)容器と装丁

つぎに、横浜市大本の検討にうつろう。本文書は、透明漆塗り緒付きの木箱（縦三六二ミリ、横六一ミリ、高六五ミリ）に収められている。緒は緑色の組紐で、幅一三ミリである。木箱の蓋の表面ならびに裏面には、何も書かれていない。ただし、蓋内側の上部左寄りに紙をはがした後があるが、これは、新しいもののようである。身の下端木口に、青インクで「W210.8/23」と記された図書ラベル（縦三一ミリ、横二二ミリ）が貼られている。また、左側面下端の身部分にもラベル（縦三五ミリ、横四八ミリ）が貼られている。これには、青色で二重の楕円が印刷されており、その中央部に「B-112」と青でペン書きされている。二重の楕円にはさまれた部分には、上半に「横濱市立大學圖書館」、下半に「昭和26年5月29日受入」とある。このうち、年月日の数字部分のみ青色のペン書きである。この日付は、福田が、横浜市立大学が弘文荘から購入したとする日付に合致している。(4)

木箱の中には、巻物一巻のほかに、紙片が二枚入っている。一つは原稿用紙を切ったものの裏に「紀朝臣葛成墾田賣券」と青色でペン書きされている（縦一二八ミリ、横八八ミリ）。もう一片には「紀葛成賣券」と青色でペン書きされている（縦一二七ミリ、横四五ミリ）。後者はやや黄ばんでおり、こちらの方が古いもののようである。

巻物一巻は白絹の布でくるまれている。巻物の内容は「紀葛成墾田売券」一点だけからなる。表題は書かれていない。表紙表の左下隅部分に、木箱の下端木口にあったのと同じ図書ラベルが貼られ、同じ内容が記入されている。(5)

表紙の表は、菊文様などを織りだした布張、裏側（見返し側）も布張で金蒔絵風の文様を染めている。表紙の大きさは、縦三一〇ミリ、横二九一ミリである。右端は八装の金属棒（長さ三三ミリ、幅五ミリ、厚さ一ミリ）を巻き込んで、見返し側に約一二ミリ折り返している。

この部分の上端から約一二センチ以下のところに金具が取り付けられている。金具の大きさは、縦六一ミリ、最大幅二四ミリで、左方に向けて三角形をしている。三カ所に孔があいているが、左側先端部の孔だけ釘で止めている。右側（巻首側）に小さい金属パイプに通して外径九ミリのリングが取り付けられている。緒はこのリングに取り付けられている。紫色の組紐で、全長七二〇ミリである。

表紙の左に、当該文書を表装した一連の紙（計三紙）が貼られている。表紙と当該文書との間に貼られている紙は、縦三一〇ミリ、横七五ミリの縦長の白紙である。その右下隅には、四郭内に「横濱市立大學圖書」とある朱印（縦四〇ミリ、横六ミリ）が捺されている。表紙とこの紙は逆継ぎに貼られており、その糊代は四ミリである。

この紙の左に、当該文書を裏打ちした一紙が順継ぎに貼り継がれている。糊代は三ミリ。当該文書については後述することとして、さらにその左に、縦長の白紙が逆継ぎで貼られている。その大きさは、縦三〇九ミリ、横七五ミリである。これは、先に見た文書と表紙との間に貼られている縦長の白紙とほぼ同じ大きさである。

さらにその左に逆継ぎ（糊代二ミリ）で軸付紙が続く。この軸付紙は縦三〇九ミリで、横三二〇ミリのところから、軸に巻き付けられている（一周と四分の三）。その上半部は青、下半分には紫がかった茶色の文様がある。

軸は漆塗りの木製、断面は円形で、直径二三ミリ、長さ三二二ミリである。上下両端の木口は、わずかな縁を残して約二ミリほど削り込み、上端側はそこに螺鈿製の五弁の桜の花がはめ込まれている。[6]

以上のように、この一巻は、当該文書を裏打ちした一紙を中央にして、その左右に縦長の白紙が貼られ、これらの右には表紙と緒、左には軸付紙と軸が続くという構成になっている。

(2)横浜市大本の伝来

福田は、横浜市大本について、「昭和二十六年五月二十九日付で東京の古書肆反町弘文荘より購入」と記している。このうち、日付については、木箱に貼られた前掲のラベルによって確かめられる。

購入元については、反町茂雄の証言がある。[7]それによると、弘文荘反町茂雄は、昭和二四年一二月はじめに、この文書をふくめてつぎの四点を、大阪の万字屋書店小林秀雄から購入したという。また、万字屋書店は、それらを兵庫県御田の吉田家から購入したとのことである。

① 承和一五年五月二日「紀葛成墾田売券」

② 天平二〇年三月二八日「河原継麻呂解」

③ 天長二年一〇月三日「近江国愛智郡司解」（承和八年の追記あり）

④ 承和七年二月一九日「近江国愛智郡秦公永吉解」

反町は、これら四点の売却先も明らかにしている。それによると、①は横浜市立大学へ、②はF・ホーレーから安田靫彦画伯へ、③もF・ホーレーをへて天理図書館へ、④の行方については定かな記憶なし、とのことである。これによって、①の横浜市大本が弘文荘から購入されたということが確かめられる。

吉田家が代々収集した文書については、東京大学史料編纂所に『吉田文書』一～五（3071.64/22/1～5）という影写本が所蔵されている。このうち一～四は、奥書に、

右吉田文書

摂津国菟原郡住吉村吉田亀之助蔵本明治廿一年六月

修史局編修長重野安繹採訪明年二月影写了

とあって、明治二一年（一八八八）段階で吉田家に所蔵されていた文書類の影写本である[8]。その一に右の③④がみえる。つぎに、後述の吉田渚翁が吉田家の収集物を版行した『聆濤閣帖』（東京大学史料編纂所 5380/127）には②が収録されている[9]。しかし、問題の①は、これらにはみえない。

ところが、東京大学史料編纂所には、①～④すべての台紙付写真が所蔵されている（以下、台紙付写真[10]）。これら四点にはみな、添付写真右側の台紙に「兵庫縣　吉田履一郎氏所蔵」とペン書きがあり、台紙裏面に撮影年月日が「昭和七年貳月九日」とスタンプされている[11]。これらによって、①を含めて四点とも、昭和七年（一九三

二）の時点で吉田家に所蔵されていたことが確かめられる。

正木直彦・清野謙次によると、[12] 吉田家は、摂津国菟原郡住吉村の豪商で、つぎの三代にわたって膨大な文書・典籍・器物・道具類を蒐集したという。

(1) 吉田敬、字は孔夷、号は北渚・道可
　享保一九年（一七三四）～享和二年（一八〇二）、六九歳

(2) 吉田粛、字は子成、号は拙翁・愚心斎、法名は道円
　明和五年（一七六八）～天保三年（一八三二）、六五歳

(3) 吉田敏、字は孚行、号は渚翁
　享和二年（一八〇二）～明治二年（一八六九）、六八歳

このうち、(1)の道可は、歌を日野資枝、書を大炊御門家孝に学び、それらのつてで堂上方や学者・文化人たちとも交流を結んでいたらしい。その中に藤貞幹の名もある。藤貞幹と道可とは、ほぼ同時代の人なのである。道可が、藤貞幹を通じて、末流の公家である橋本経亮の知遇を得た可能性は十分にあると考えられる。そして、その知遇を通じて、吉田道可が橋本経亮から（あるいは藤貞幹を介して）本文書を入手した可能性は高いのではなかろうか。

以上によると、横浜市大本は、もと橋本経亮の所蔵するところであったが、その後、吉田道可の手にわたった可能性が高く、昭和七年まで吉田家に所蔵されてきたことが確かめられる。おそらく終戦後の困難な時期に万字屋書店に購入されたとみられ、さらに弘文荘が入手した。その後、弘文荘によって軸装された可能性が高く、横浜市立大学に入ったのである。

⑶台紙付写真の検討

東京大学史料編纂所所蔵の台紙付写真は、右記のように、昭和七年に撮影されたもので、その当時の本文書の状況を伝えている貴重なものである。以下、留意点を箇条書きにして列挙する。

① 台紙の右下隅に二重楕円のスタンプが捺されている。二重楕円の中心部には 9276/623 とペン書きされ、二重楕円線の間の上半に「東京帝國大學文學部」、下半に「史料編纂所」とある。

② 写真右側の台紙に「直以郷内田券解　兵庫縣吉田履一郎氏所蔵」とペン書きされている。この「直以郷」は「直川郷」とすべきである。反対の写真左側の台紙の下方に「原寸　縦 0.280m　横 0.445m」とペン書きされている。このうち、縦は、後述する実測値とほぼ合致する。ところが、横については、現状では両端が左右の白紙の下に入り込んでいて、正確な計測ができない。したがって、この数値は貴重である。

③ 台紙裏面には、撮影年月日が「昭和七年貳月九日」とスタンプされている。

④ この写真は、各所を針でおさえて撮影されているので、撮影時点では一紙の状態であったようである。四周に約二ミリの縁貼りがなされている。実際の幅は約三ミリ強であろう。ただし、右端上半部と下端中央部では、これが破損している。この縁貼りは、文書の裏にも同じ程度の幅で貼られている。

⑤ ⑸行目下端の「束」、⑻行目の「買」、⑾行目の「成」、⑿行目の「文」の文字の下端が欠損している。これ以前の時点で、化粧裁ちされたのであろう。

⑥ ⑴行目「墾田券文」の「文」の最終画の伸びと右端の位置関係や、「申立常地」の「申」の右上の虫食いと右端の位置関係などと、横浜市大本におけるそれらとを比較すると、横浜市大本の右端は、約三ミリ程度表装紙がかぶさっていることがわかる。

⑦ 下端左隅にある小さな破損の位置関係からすると、左端側もほぼ同様であろう。

⑷横浜市大本の形状と釈文

「紀葛成墾田売券」の⑴行目の下端左側に、四郭内に「横浜市立大学図書館」と書かれた朱印（縦五〇ミリ、横八ミリ）が捺されている。

この文書は、四周を化粧裁ちされている。これは、台紙付写真の段階（昭和七年）では、すでに行なわれている。現状での大きさは、縦は右端付近で二八一ミリ、中央ならびに左端付近で二七九ミリである。横は、左右の白紙の下に入り込んでいる部分を推定しながら計測したところでは、四四六～七ミリであった。しかし、台紙付写真の注記では四四五ミリとされている。

文書の本来の左右両端の状況は、化粧裁ちと左右の上からかぶせて貼られている白紙のために、わからなくなっている。右端の表面側では、確認できる範囲には糊アトやハガシトリ痕はない。また、左端では、裏面にそれらがあるのかどうかは確認できない。

文書面には、墨界・押界・折界などはない。右上隅部分にシミがあり、紙の繊維もよれていて痛んでいる。

釈文は、次頁の通りである。

これと台紙付写真、遊古世帖本や福田釈文と対比しながら、注意すべき点をつぎに列挙する。

① 遊古世帖本の右上隅部分には、前述のように、「橋本家蔵」という端書があるが、横浜市大本・台紙付写真にはない。

② 横浜市大本・台紙付写真では、⑸行目の「二條二坊」の「二」と「條」の間にギョウニンベンを書きかけてやめたような墨痕があるが、遊古世帖本にはない。

③ 福田釈文では、⑹行目「従五位下」とするが、横浜市大本・台紙付写真・遊古世帖本ともに「従伍位下」である。

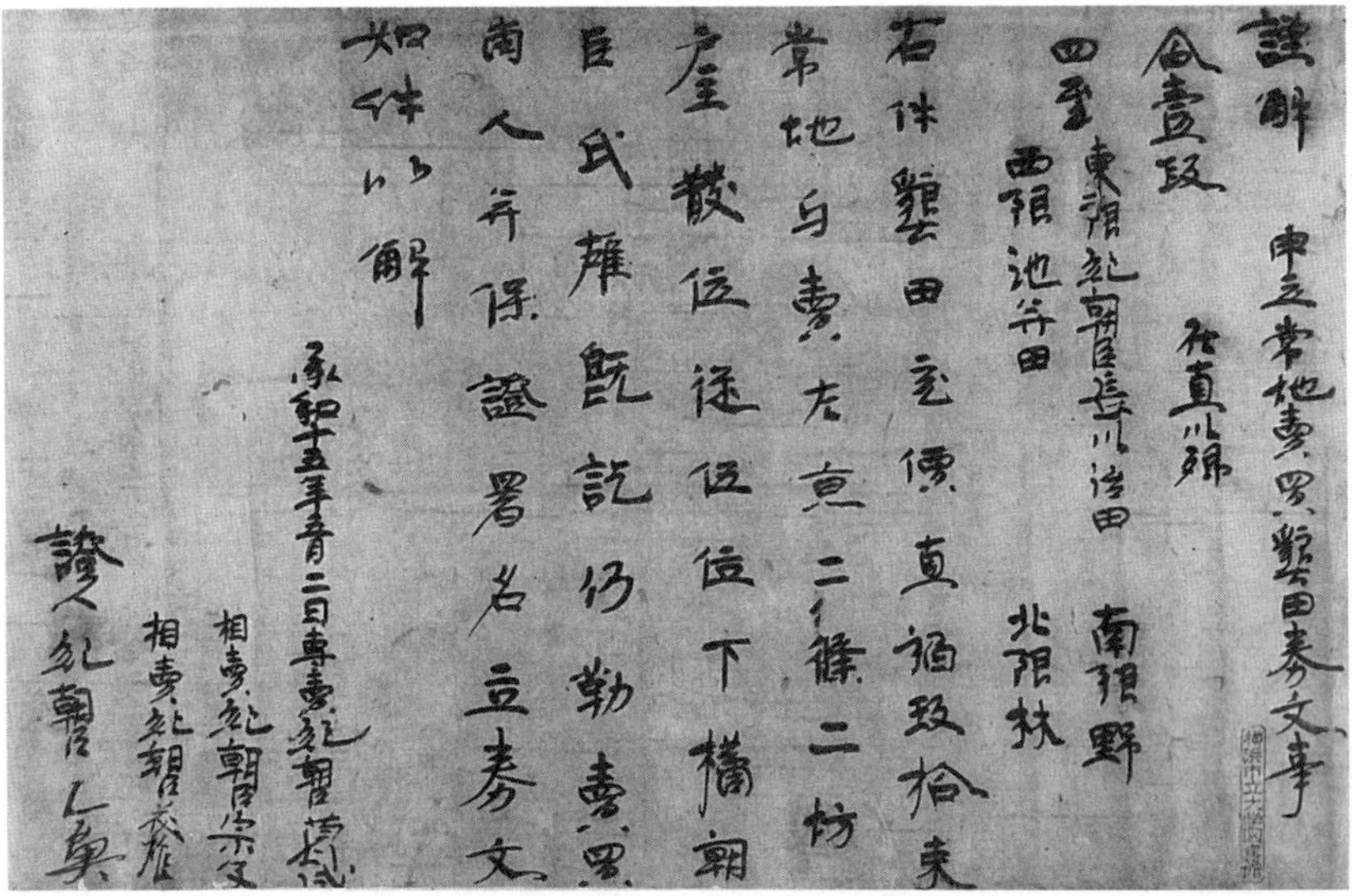

写真１　紀葛成墾田売券（横浜市立大学学術情報センター蔵）

(1) 謹解　申立常地賣買墾田券文事

(2) 合壹段　　在直川郷

(3) 四至 東限紀朝臣長川治田　南限野 西限池并田　北限林

(4) 右、件墾田、充價直稲玖拾束、

(5) 常地与賣左京二條二坊

(6) 戸主散位従伍位下橘朝

(7) 臣氏雄既訖、仍勒賣買

(8) 両人并保證署名、立券文

(9) 如件、以解、

(10) 承和十五年五月二日紀朝臣葛成

(11) 相賣紀朝臣宗文

(12) 相賣紀朝臣茂雄

(13) 證人紀朝臣乙魚

④　福田釈文では、⑽行目の年紀と「紀朝臣葛成」との間を約六字分あけているが、横浜市大本・台紙付写真・遊古世帖本ともに、つめて書かれている。
⑤　福田釈文では、⑿行目の人名を「紀朝臣美雄」としているが、「茂雄」であろう。
⑥　横浜市大本・台紙付写真では、年紀とそれに続く専売・相売・證人の部分は、自署部分を除いて、しだいに墨が薄くなっており、一筆で書かれたものと見られる。
⑦　横浜市大本・台紙付写真では、⑽～⒀行目の自署部分は、それぞれの行の氏姓などの部分とは墨色が異なっている。
⑧　横浜市大本・台紙付写真では、五行目下端の「朿」、⑻行目の「買」、⑾行目の「成」、⑿行目の「文」の文字の下端が切れてしまっている。化粧裁ちのためであろう。なお、上端側では、文字が切れているところはない。これに対して、遊古世帖本では、このようなことはない。

⑸横浜市大本の性格

以上、遊古世帖本・横浜市大本・台紙付写真について検討してきたが、その結果によると、冒頭にあげた福田以久生の指摘のうち、(a)(c)(d)(e)(g)については妥当であると考える。しかし、(f)によると、横浜市大本にも、もともと「橋本家蔵」という端書があったことになるが、これまでの検討結果からすれば、その可能性は極めて乏しい。

そこで、残るところは(b)である。福田は、横浜市大本を「原本」としているが、その意味するところは不明確である。藤貞幹の写本に対する原本の意味とも、承和一五年に作成された原文書の意味ともとれて、定かでない。前者の意味ならば妥当であると考えるが、後者であるとすると、すこしく検討を要する。

（横浜市大）　（神宮文庫）

写真２　紀朝臣乙魚の自署

本文書に見える紀葛成は、神宮文庫所蔵の貞観三年（八六一）二月二五日「紀伊国直川郷墾田売券」にもみえる。[13] この直川郷墾田売券には、専売一人、相売三人、相知一人、買人一人、当里刀祢一二人、郷長一人、田領一人の合計二〇人が自署を加えている。これらと横浜市大本に「自署」しているものとを比較すると、当里刀祢の紀朝臣乙魚のみが共通することがわかる。

そこで、この二つの「自署」を比較してみると（写真２）、同一人の書いたものとは判断しにくい。直川郷墾田売券は、貞観三年に作成された文書そのものであるから、この「自署」によるかぎり、横浜市大本が承和一五年の原文書である公算は小さいと判断される。

前述のように、横浜市大本は、もと橋本経亮の所蔵していたものである可能性が高いが、これによって、原文書ではなく、写本である公算が大きいことになった。そこで私は、これは橋本経亮が作成した写本なのではないかとの思いを抱かざるを得ない。

しかし、仮にそうだとしても、このような文書を橋本経亮が無から作り出したとは思えないから、そのもととなった原文書がどこかに存在したのではなかろうか。経亮は、文書の影写に秀でていたというから、横浜市大本は、そのもとの原文書の様態をよく伝えている可能性がないとはいえない。

四　むすび

以上、『平安遺文』にもとづいて『和歌山県史』古代史料一に収録した承和一五年五月二日「紀葛成墾田売券」について、『平安遺文』が典拠とした藤貞幹編『遊古世帖』収録本（遊古世帖本）、横浜市立大学学術情報センター所蔵本（横浜市大本）および東京大学史料編纂所所蔵の台紙付写真について調査検討してきた。各史料の伝来・性格に関して、その結果を整理すると、次の四点にまとめることができる。

①　遊古世帖本は、橋本経亮が所持していたものを、橋本経亮自身もしくは藤貞幹が写し、それを藤貞幹が入手し、「橋本家蔵」という端書を藤貞幹が書き入れた上で『遊古世帖』に貼り込んだものである。

②　横浜市大本は、もと橋本経亮の所蔵するところであったが、その後、吉田道可の手にわたり、昭和七年まで吉田家に所蔵されてきたことが確かめられる。台紙付写真は、この段階の写真である。おそらく終戦後に万字屋書店に購入され、さらに弘文荘が入手した。おそらく弘文荘によって軸装され、横浜市立大学に入った。

③　横浜市大本は、承和一五年の原文書ではなく、その写本である公算が大きい。写本を製作したのは橋本経亮である可能性がある。

④　横浜市大本は、原文書の様態を伝えている可能性がないとはいえない。

そこで問題は、橋本経亮がどうして横浜市大本を所持していたのか、また、横浜市大本が経亮の作成した写本であるとすると、どうして写本の作成が可能であったのか、という点である。

しかし、残念ながら、今回の調査と考察では、その手がかりをつかむことはできなかった。この点は、実は本文書の考察にとってもっとも重要な問題なのであるが、他日を期さざるをえない。

（1）　遊古世帖本は、一九八七年三月二八・二九日、同年一〇月二〇日、二〇〇二年九月七日、横浜市大本は一九八七年一月一九日、二〇〇二年九月六日に調査した。

（2）　福田以久生「横浜市立大学図書館所蔵の古文書について（その一）」（『横浜市立大学論叢』二三―二・三合併号、一九七三年三月）。

(3) 橋本経亮については、木村捨三「橋本経亮の家系と日記（上、中、下の一～六）」（『集古』丙子四号、丁丑二～五号、戊寅三～四号、己卯二号、一九三六年九月、一九三七年三・五・九・一一月、一九三八年五・九月、一九三九年三月）、羽倉敬尚「故実家橋本経亮」（『國學院雑誌』六三―一二、一九六二年一二月）参照。

(4) 福田前掲注(1)論文。福田は、何にもとづいてこの日付と購入元を記したのか、明らかにしていない。

(5) 厳密にはW-210.8/23のWと210.8との間にハイフンがある。木箱のラベルにはこのハイフンはない。

(6) 下端側には、この花模様の装飾はない。ただし、糊アトがあるので、かつては存在したが、その後はずれたものと考えられる。

(7) 反町茂雄「摂津吉田家聆涛閣宝籍の放出」（『一古書肆の思い出』4 激流に棹さして、平凡社、一九八九年八月）。

(8) 『吉田文書』五の奥書は、以下のようである。

右

吉田文書　五

兵庫県武庫郡住吉村　　吉田履一郎氏所蔵

昭和七年三月影写了

(9) 『聆濤閣帖』や吉田家の収集古文書については、正木直彦「聆濤閣古文書と集古帖」（『美術研究』四、一九三二年四月）、清野謙次「聆濤閣帖」（『日本考古学・人類学史』上巻、岩波書店、一九五四年九月）、反町前掲注(7)著書などがある。

(10) ①「直以郷内田券解」(623/9276)、②「河原継麻呂解断簡」(622/9272)、③「近江愛智郡司解田券解」(623/9273)、④「近江愛智郡大国郷依知秦公永吉田券解」(719/9275)。

(11) ①～④の写真は、撮影年月日と『吉田文書』五の奥書(前掲注8)の年月日から見て、『吉田文書』五の影写に際して、撮影されたものと考えられる。

(12) 正木・清野前掲注(9)論文。

(13) この文書については、栄原「『紀伊国直川郷墾田売券』について」（安藤精一先生退官記念会編『和歌山地方史の研究――安藤精一先生退官記念論文集――』、一九八七年七月、本書第Ⅲ部第一四章）で検討した。なお、『平安遺文』一三〇号に収録されている。

第一三章 「紀伊国在田郡司解」の史料的検討

一 はじめに

八〜九世紀の売券の研究は、原本にもとづいて行なわなければならない部分が多い。もちろん、活字本や謄写本・影印本・写真などによって、知りうることは多い。しかし、原本には、これらの媒体によっては伝達されえない情報も、豊かに刻み込まれている。これらの情報を、原本を精密に観察することを通じて、的確に取り出す作業を行なう必要がある。この作業を積み重ねることによって、八〜九世紀の売券の研究は、一定の進展が期待できると考える(1)。

わたくしは、これまでに、多方面の御援助のもとに、いくつかの売券の原本を観察することができた。その貧しい成果の一部は、すでに公表の機会を得ている(2)。本章では、これらをうけて、著名な「紀伊国在田郡司解」を対象としてとりあげる。その観察結果を報告するとともに、若干の考察を行ないたい。

さて、仁寿四年(八五四)六月七日付の「紀伊国在田郡司解」は、現在では『東寺文書』の「礼五」に整理されている。この文書は、墨痕鮮明で、印影の朱色もあざやかである。このため、早くから注目を集めてきた。松平定信[3]、藤貞幹[4]、伴信友[5]、冷泉為恭[6]、東京帝国大学史料編纂掛[7]その他[8]によって謄影写されている。

一方、活字本の史料集としては、早く『平安遺文』に一一五号として収録された。ついで、一九八一年には、『和歌山県史』古代史料一が刊行され、その「平安時代（一）」の一三七号として、本文書が収められた[9]。また、最近では、上島有編著『東寺文書聚英』（一九八五年）に、写真と解説が掲載されている（18号）。

以上のように、本文書については、すでに多くの謄写本・影写本・活字本・写真版が作成公表され、それらにもとづいて研究も進んでいる[10]。したがって、本章ごときは、すでに周知のことを、あらためて述べるにすぎないのかもしれない。しかし、この文書の原本の観察結果が、十分な形で公表されたことは、まだない。この点に、本章のなにほどかの存在意義があると考える。

わたくしは、幸いにも、東寺の格別の御好意と、多くの方々の御配慮によって、この文書の原本を、再三観察する機会を与えていただいた。これによって、原本には、従来指摘されたことのない点や、気づかれてはいても、ほとんど注目されなかった点が、いくつかあることが明らかになった。その中には、この文書の作成過程にかかわる重要点も存在する。

以下、本章では、第一～二節で、観察の結果を明らかにし、第三節では、観察にもとづいて考察を加える。そして、第四節で、それまでの観察・考察にもとづいて、この文書の作成過程を考えることとする。

二 「紀伊国在田郡司解」の現状

本文書を史料として活用するためには、まず原本の現状を、できるだけ正確に把握する必要がある。本節では、売券としての文面以外の形態について、観察結果を述べる。

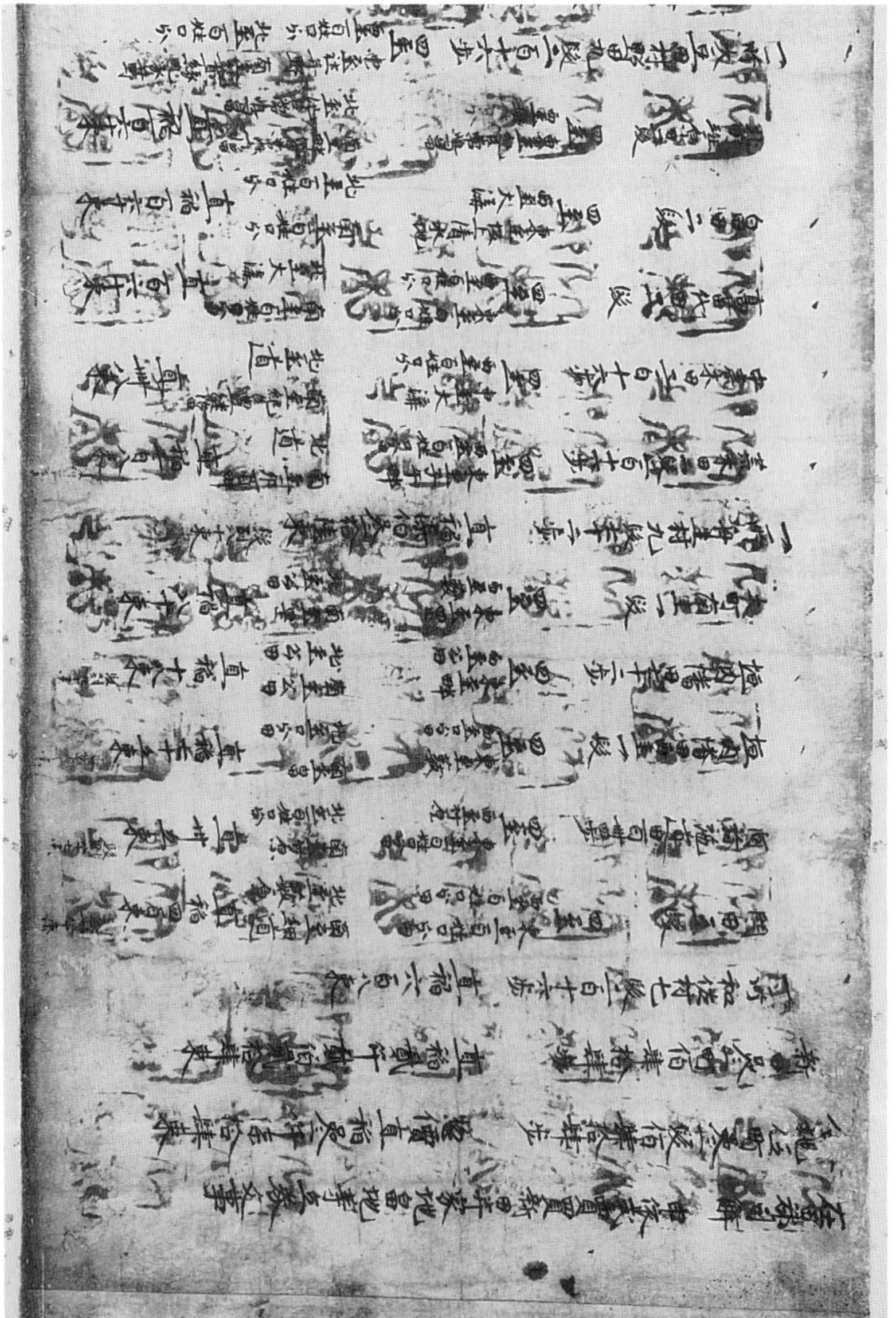

写真1　「紀伊国在田郡司解」(東寺蔵東寺文書)　(1)

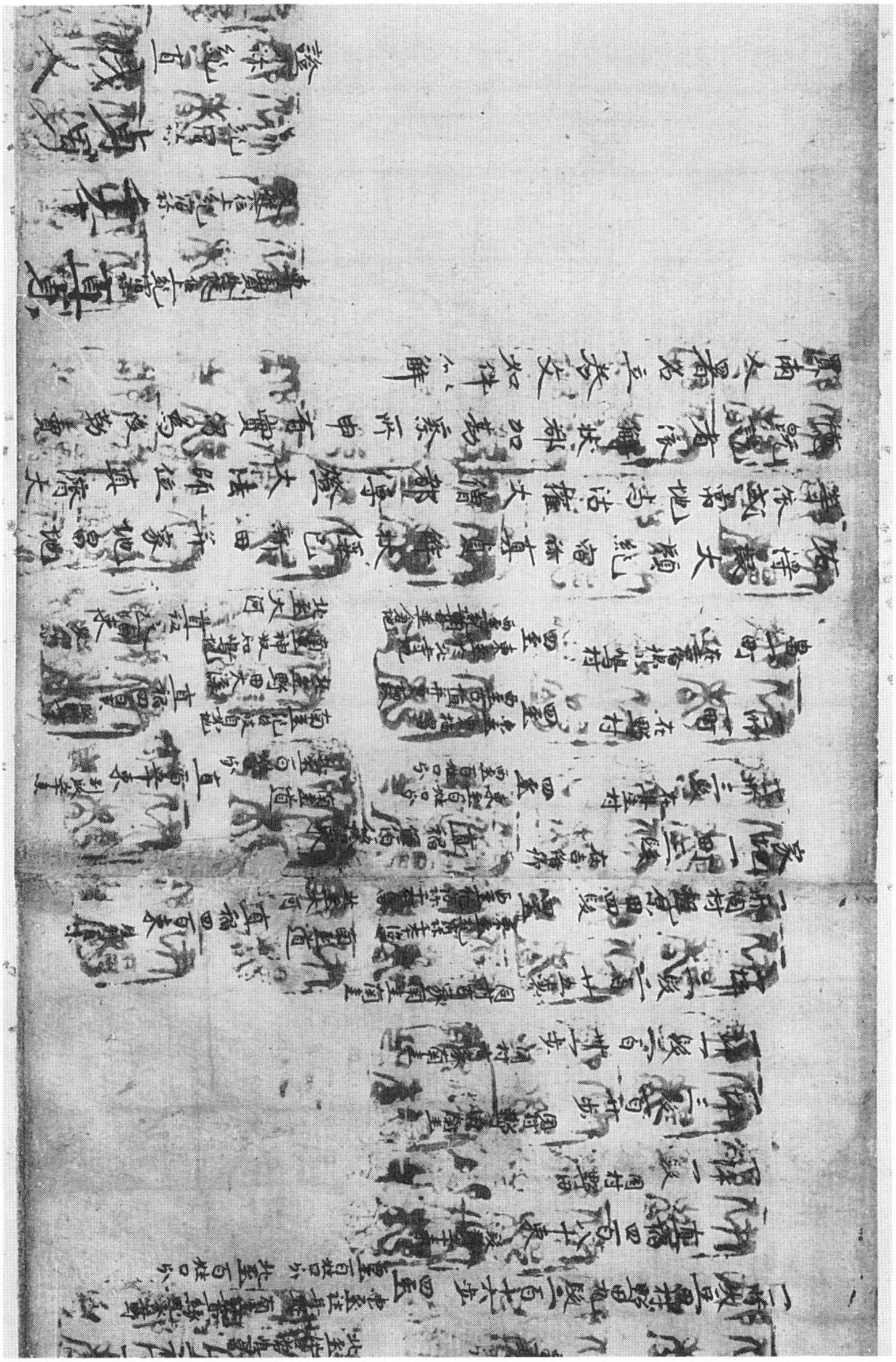

(2)

(3)

(1)軸その他

本文書は、現状では、これのみで一巻に表装されている。この状態は、寛政年間(一七八九~一八〇〇)ごろ、松平定信の命によって白河本が作成されたとき、すでに同じであったと考えられている。[11]

左軸で、左端に全長約三八〇ミリの水晶軸が付けられている。表紙裏に東寺宝物館のラベルが貼られている(E・013-05/東寺文書礼五)。表紙に題字はない。

緒の先端付近に、小さな木製の付札が結びつけられている。白木で、四隅を丸く整形し、下方にいくにしたがって、左右幅がやや小さくなっている(上端で一五ミリ、下端で一二ミリ)。上下長五一・五ミリ、厚さ三ミリである。一面に「東寺」、他面に「札ノ五」と墨書されている。後者の面の下端付近に、小紙片(八×二〇ミリ)が貼られている。これには「八十一号」と書かれている。この小紙片と数字の意味は、明らかでない。

(2)各紙の状況

この文書は、現状では四紙からなる。[12]以下、一紙ごとに観察結果を記そう。

〔第一紙〕

第一紙には、文字が書かれていない。第二~四紙は、いずれもやや褐色がかった色合いをおびており、同種の紙のようである。これに対して第一紙は、紙質は第二~四紙と同じであるとみられる。しかし、色調は少し白っぽく、第二~四紙と異っている。

第一紙の右端は、多くの部分で、現在の裏打紙の継目の線と一致している。したがって、現表装時[13]に切断されたとみられる。しかし、下端から約七〇ミリの部分までは、端部[14]が残っている。これは、現表装時以前の紙端が、右上から左下に、わずかにまがっていたため、現表装時に切断されずに、残ったものであろう。この残った端部には、糊アトやハガシトリ痕は認められない。

左端は、第二紙に貼り継がれている。第一紙を上、第二紙を下にしている。糊代は約三ミリ、継目の線は、中ほどから下の部分で、わずかに左にまがっている。

上端は、右上隅部分が破損している。左端から右に約一三ミリまでの部分は、現表装時の切断とみられる。したがって、現表装時以前の端部は、残存していない。

下端は、裏打紙が下に三～四ミリ幅で見えており、端部が保存されている。これは、現表装が、第三紙の下端にそろえて行なわれたためである。すなわち、第三紙は、後述のごとく、第一・二紙よりわずかに下方にずれて貼り継がれている。このため、第三紙の下端にそろえて表装すると、第一・二紙の下端部は、裏打紙の下端から二～四ミリ上方に来ることになる。

以上、第一紙の四端の状況を観察した。これにもとづいて、第一紙の大きさを計測する。上下長は、紙継目付近で二八三ミリである。しかし、前述のように、上端は端部が保存されていない。したがって、現表装時以前は、これよりわずかに長かったであろう。

左右長は、上端では、右上隅部が欠けているので、計測できない。しかし、上端から約六〇ミリさがったところでは、七二ミリを測る。この場合も、右端が現表装時に切断されているので、それ以前は、これより長かったであろう。下端部では、左右端とも端部が保存されている。これによると、左右幅は七五ミリである。

〔第二紙〕

第二紙の右端は、第一紙の下に入りこんでいる（順継ぎ）。継目の第二紙側付近には、はみ出した糊がひろがっている。

左端は、第三紙に貼り継がれている。第二紙が上、第三紙が下である（順継ぎ）。はみ出した糊が、第二紙の左端側にもすこし付いている。継目は、中ほどより下方で、わずかに左方へ斜めになっている。糊代は、上方で三ミリ、下方で約三・五ミリである。継目の下端部分では、両紙の間に、修理時に加えられた薄紙がはさまれている。[15]

第二紙は、第三紙より上方に、約二～三ミリ程度ずれて貼り継がれている。このため、第二紙の下端は、端部が全体にわたって保存されている。しかし、反対に上端は、現表装時に切断されている。これは、第三紙の上端付近を基準として表装したため、それより上方に出ていた第二紙の上端部分を切断したのである。

上端の右端から左へ約一八〇ミリ付近までは、一部をのぞき破損している。しかし、それより左方は、現表装時の切断線がつづいている。したがって、第二紙の上端では、現表装以前の端部は、残存していない。

第二紙の大きさは、次のごとくである。上下長は、右端部で二八三ミリ、左端部で二八四ミリ、中央部で二八四ミリである。上述のごとく、下端部は保存されているが、上端部は、現表装時に切断されている。したがって、現表装時以前の上下長は、これよりやや長かったとみられる。つぎに左右幅は、上端付近で五四五ミリ、下端で五四二ミリである。

〔第三紙〕

第三紙の右端は、第二紙の下に入り込んでいる（順継ぎ）。中ほどより下方に糊のはみ出しがある。一方、左端は、第四紙に貼り継がれている。第三紙が上、第四紙が下である（順継ぎ）。糊代は二ミリで、他より細い。継目は、中ほどから下方で、わずかに左方へ斜めになっている。

上端は、ほとんど全て現表装時に切断されている。しかし、右端部にわずか一三ミリほどであるが、端部がのこっている。[16] 一方、下端は、右端より左方一八九ミリのところまでは、現表装時に切断されている。しかし、それより左方では、下端部が残っている。これらの点からみて、第三紙は、わずかに右を下に左を上にして、やや斜めに第二・四紙に貼り継がれていたと考えられる。したがって、上端の左方、下端の右方が、上下に出ていたことになる。そして、現表装時に、これらの部分が切断されたのである。

第三紙の大きさは、次の通り。上下長は、右端部分で二八六ミリ、中央部で二八五ミリ、左端部分で二八四ミリである。しかし、上下端ともそろって端部を残している箇所は、どの部分においてもない。したがって、現表装時以前には、上下はこれよりやや長かったことになる。左右長は、上端で五四七ミリ、中央部で五四七ミリ、下端で五五一ミリである。

〔第四紙〕

第四紙の右端は、第三紙の下に入り込んでいる（順継ぎ）。糊のはみ出しあとがある。左端は、直線的に切断されている。現表装時の切断であろう。左端裏側の状況は、裏打紙にさまたげられてはっきりしない。しかし糊アトやハガシトリ痕は、ないようである。むろん左端表側にもない。本来なかったのか、それとも、もとは存在したが、現表装時の切断によってなくなったのか明らかでない。

上端は、若干いたんだ部分があるが、現表装時に切断されたとみられる。下端は、裏打紙が二ミリほどみえている。したがって、端部が残っている。

第四紙の上下長は、左端付近で二八四ミリである。もとは、上方にもうすこし長かったであろう。左右幅は、上端で三七ミリ、下端で三〇ミリである。両方で数値が異なるのは、右端が、中ほどより下方で左の方へ斜めになっているのに対して、左端が直線的に切断されているためである。

(3) 印影

この文書には、表面に三種類、裏面に一種類、合計四種類の印が捺されている。このうち、裏面の印については、次項で述べる。ここでは、表面の三種類の印について検討したい。

⑴〜㊳行の文字の上に、全面に捺されている。印文については、後述する。[17] 文字二行にかけて捺すことを原則とする。しかし、㉟行目と㊱行目は、それぞれ一行だけで捺されている。

〔郡印〕

印影の大きさは、縦四一〜二ミリ、横四〇〜一ミリである。[18]

印影の数は、合計八九顆である。[19] おおむね問題ないが、次の二か所は注意を要する。

(イ) 第一三列目の最上部の印影は、二重になっている。ほぼ妥当な位置に捺された印影に重ねて、左方に約一五ミリずれて、さらに一顆捺されている。

(ロ) 第一四列目では、最上部の印影と二番目の印影との間隔が約一六ミリで、他に比して多くあいている。このため、最下部では、印影一顆全部が納まりきれなくなっている。上述のごとく、第三紙のこの部分の下端は、現表装時に切断されている。しかし、それはわずかであるとみられる。したがって、最下部の印影の下半分は、もともとこの文書からはみ出していたと考えられる。

つぎに、郡印と紙継目との関係を検討したい。問題となるのは、第二紙と第三紙の継目である。この部分には、第一一列目の五顆の印影がある。不鮮明な部分が多いが、最下段の印影では、朱が継目をまたいで連続しているようにみえる部分がある。しかし、最上部や上から四番目の印影で、朱が継目で途切れている箇所がある。とくに上から四番目の場合、下になっている第三紙側の朱が、第二紙側に続いていない場合がある。この点からすると、この継目では、切り縮めや貼り直し時のズレがある可能性がある。少なくとも、押印時の継目のままではない。

一方、この継目にかかる印影の横幅は、計測可能な最下部の印影の場合、四〇ミリである。これは、紙継目にかからない他の印影とほぼ同じである。したがって、切り縮めや貼り直し時のズレがあったとしても、きわめてわずかであったであろう。[20]

〔国印〕

国印は、国判部分に合計六顆捺されている。[21] 色調は、茶褐色である。しかし、郡印に比べて、国印の方がすこし薄い。印影の大きさは、六一ミリ四方である。

国印影に関する問題点の第一は、次の点である。⑷⑴行目の介の位置部分には、一顆の印影がある。その下部には、もう一顆捺されていてもおかしくない。子細に観察すると、「介紀朝臣」の文字の左下方に、朱らしきものがかすかにみえる。朱は薄れやすいことを考慮すると、この部分は、かつては印影が一顆あった可能性が、まったくないとはいえない。しかし、現状では、一顆の印影にまとまるほどの広がりはもたない。したがって、現状では、介の位置部分の国印影は、一顆とせざるをえない。

第二に、⑷⑵⑷⑶行目の大少目の位置部分についても同様のことがいえる。この部分にも、印影は上半分に一顆あるのみで、下半分には、現状では印影は認められない。[22・23]

第三に、⑷⑽⑷⑴行目の最下段の印影には、問題がある。すなわち、その外郭の左辺が、約三ミリの間隔をおいて、二重になっている点である。上述のごとく、この部分の左隣りには、現状では印影は認められない。したがって、この二重の線の左側のものは、左方の印影の外郭線の右辺とは考えられない。しからば、印影がすこし左方にずれて、全体的に二重になっているかというと、そうもなっていない。ただ外郭部の左辺のみが、二重になっているだけである。

これは、私見では、押捺に際してのためらいのあとではないかと考える。この印影は、上方でわずかに左に傾いている。そのような状態で押捺する場合、左辺側のみでわずかに紙面にふれたあと、あらためて捺し直したという状況はありうることである。

第四に、国印影と紙継目の関係を検討しよう。対象となるのは、第三紙と第四紙の継目である。この紙継目をまたいでいるのは、二顆である。

まず、介の位署部分に捺されているものの左方は、非常にうすれている。しかし、かすかに痕跡をたどることができる。それによると、下端の外郭線は、紙継目をこえてつづいているようにもみえる。しかし、この印影の左右幅は、最大で五七〜八ミリであり、六一ミリに達しない。また、継目をこえて朱が続かない部分がある。一方、大少目の位署部分に捺されている国印でも、第四紙側の朱が途切れている箇所がある。これらの点からみて、この紙継目では、切り縮めまたは貼り直しによる短縮が、わずかにある可能性がある。

第五に、大少目の位署部分の印影は、その左辺が、現表装時の切断によって欠けている。[24] しかし、左上隅部分がわずかに残っている。この点からみて、切断による印影の欠損は、ごくわずかであろう。この文書は、この印影からみるかぎり、かつてはさらに左方に続いていた可能性がある。

〔不明印〕

この文書には、以上の国印・郡印とは別に、さらに一種類の印が捺されている。それは、第四紙左端の上端から、四〇〜一〇三ミリの部分にかけて、斜めに捺されているものである。[25]

この印影の朱色は、国印のものと微妙に異っている。[26] 朱そのものは薄れているが、外郭線などは、極めて明瞭に識別できる。印文は判読し難い。残画からみると、「紀伊国印」の文字とは異るようである。押捺の位置は、国判部分からは、ずれている。また、末尾近くに斜めに捺されている点からみても、国判とは関係ないとみられる。これらの点から考えて、この印影は、国印とは別の印影であろう。

さて、現存するこの印影の大きさは、上辺が三六ミリ、下辺が五〇ミリである。後者の左下方側（第四紙左端

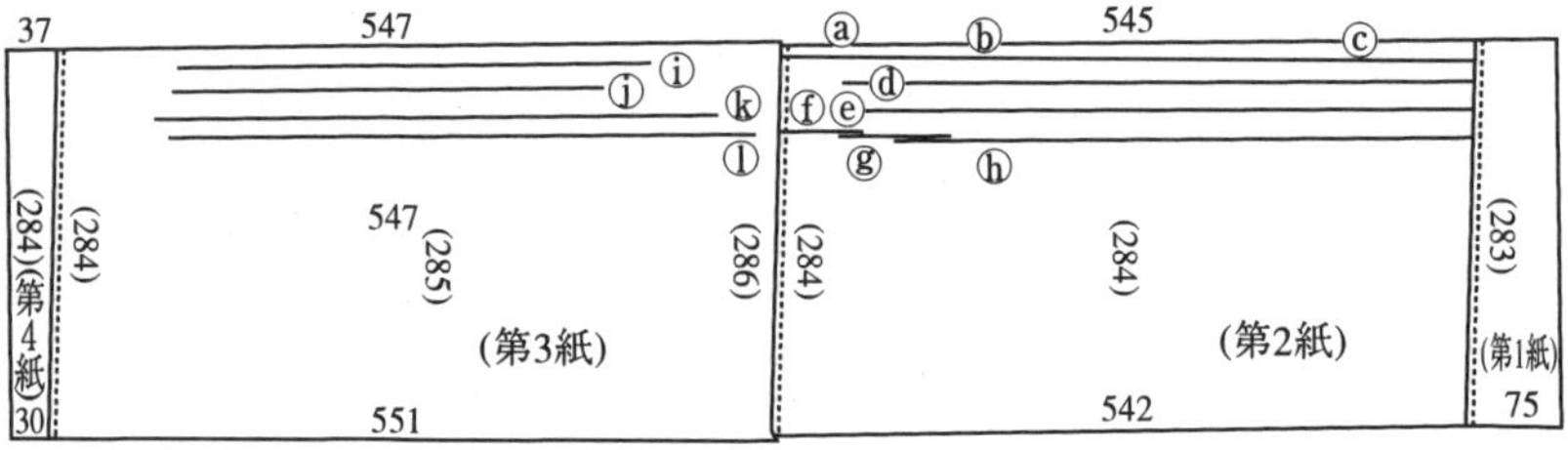

図1　押界の概略

部分）に、印影の隅部はない。したがって、この印の一辺は、五〇ミリより大きかったはずである。

⑷ 押　界

この文書には、現状ではかなり薄れているが、押界が引かれている。このことを最初に記録したのは、冷泉為恭であった。彼の謄写本には、正確ではないが、押界が写しとられている。[27]

さて、押界は、第二紙と第三紙にあり、第一・四紙には存在しない。[28]第二紙の押界は、引き損じの箇所や、二重に引かれた箇所があり、複雑である。詳細は図1に譲り、要点のみを述べる。

第二紙の右端は、表面から見える端まで押界が通っている。ただし、第一紙の下になっている部分については、不明である。

左端では、上端から七・五ミリ下のところから、押界ⓐが引かれている。しかし、これは、右方に一四五ミリ行ったところで途切れる。これに対して、押界ⓐの一・五ミリ下に別の押界ⓑが引かれている。これは、押界ⓐの引き直しの意味をもつと考えられる。この押界ⓑはそのまま右方に伸びる。しかし、右方へ約四〇〇ミリ程度行ったあたりから、途切れや紙の破損で断続しながら、右端まで及んでいる。

ところが、左端から右へ約一八五ミリの地点から、押界ⓒが引き始められる。これは、はじめ押界ⓑの下側にごく接近しているが、次第に押界ⓑからはなれ、右端にまで及んでいる。つぎに、押界ⓓⓔは、左端側では断続しているが、やがて続いて右端にまで及ぶ。押界ⓕは、左端から約六〇ミリ続くが、そこで途切れてしまう。これにかわって、左端から約三七ミリのところから、押界ⓖが引かれる。しかし、これも左端から一三三～四ミリ付近で途切れる。そこで、さらに、左端から七三ミリのところを起点に、押界ⓗが引き始められる。この押界ⓗが、右端まで続くのである。以上の押界ⓕⓖⓗは、引きなおしが繰り返されたと解される。[29]

このように、第二紙の押界は、複雑であった。これに対して、第三紙の押界は単純である。押界ⓘⓙⓚⓛは、程度の差はあれ、断続的に続いている。引き損じや引き直しはない。いずれも右端側が不明瞭である。しかし、現在確認できる押界の状況からみて、かつては右端まで引かれていたものが、伝来の過程で薄れてしまったものとみられる。[30]

第三紙の押界の特色は、むしろ左端側にある。すなわち、押界ⓘは、第三紙の左端から右へ約九六ミリ行ったあたりから始まっている。これは、押界の痕跡の強さなどからみて、この地点から引き始められたと判断できる。押界ⓙは約八八ミリ、ⓚは約六八ミリ、ⓛは約七三ミリのところから、それぞれ始まっている。これらも押界ⓘと同様に、これらの地点から引き始められたと判断できる。[31]

このように、第三紙の押界は、左端から約七〇～九〇ミリ程度右へ行ったところから、そろって引き始められている。第四紙に押界がないのは、このためであった。

つぎに、押界と紙継目との関係を検討しよう。第二紙と第三紙の継目では、両紙の押界は、食い違っていた可能性が高い。この継目では、郡印影は上下にズレていない。したがって、押界の食い違いは、継ぎ直しによって生じたものではない。第二紙と第三紙に、別々に押界が引かれ、その後に貼り継がれた結果である。[32]

押界を引くに際してのアタリらしきものは、認められない。第二紙と第三紙の右端は、それぞれ前の紙の下に入り込んでいるので確かめられない。これに対して、左端側は端まで観察できるが、アタリらしきものはない。したがって、第二～三紙の押界は、おそらく目分量で引かれたのであろう。

押界と文字との位置関係は、大よそ次のごとくである。

第二紙の⑴行目は、押界ⓑを基準として書き始めている。⑵行目の上部は、一部分紙が破損しているが、やはり押界ⓑを基準に書き始められている。⑶行目はⓓ、⑷⑽⒃㉒行目の新田内訳項目はⓔ、⑸～⑼・⑾～⒂行目はⓗ、⒅～㉑行目はⓕⓖⓗを基準としている。

第三紙では、㉓行目がⓙとⓚの中間付近から書き始めていて、押界との関係が判然としない。しかし、㉔㉕行目はⓚ、㉖行目はⓙを基準としている。また㉗～㉚行目はⓘを基準に書き始めている。郡判の㊲㊳行目も、ⓘを基準に書き出しているとみられる。

⑸裏　封

この文書には、二種類の裏封が存在する。

(イ)　第一は、「実相寺」の墨書と「実相寺印」の朱印影とで、一組となっているものである。これらは、三箇所の紙継目裏のすべてに存在する。しかし、第一紙右端と第四紙左端の裏側には、ともに墨書と印影の半分は、残っていない。

墨書は、きわめて特色ある筆跡で、三箇所とも同筆である。その書き出しの位置は、第一紙と第二紙の継目裏が、下端から一〇九ミリ、第二紙と第三紙の継目裏が、同じく一一二ミリ、第三紙と第四紙の継目裏が一〇三ミリである。いずれも、ほぼ同じ高さから書き始められている。

朱印は、この文字の上にかぶせて、上方で左に傾けて捺されている。継目裏ごとに一顆ずつで、いずれも同じ印による印影である。印影の大きさは、五〇ミリ四方である。[33]

以上の継目裏書と印影は、裏打紙にさまたげられて、十分には観察できない。しかし、いずれも継目でズレてはいないようである。

第一紙と第二紙の継目裏の印影の最左端から、第一紙裏の左端までは、三七ミリである。また、第三紙と第四紙の継目裏の印影の最右端から、第四紙裏の右端までは、一〇ミリである。

(ロ)　この文書の裏封の第二は、第二紙と第三紙の継目裏、第三紙と第四紙の継目裏に存在するものである。しかし、第一紙と第二紙の継目裏には、これに対応するものは認められない。

この継目裏書は、ともに上端から約一三〇ミリのところに、一文字ずつ存在する。いずれも裏打紙にさまたげられて、判読できなかった。しかし、上記の「実相寺」の墨書とは、別筆のようである。

(ハ)　なお、以上とは別に、第二紙と第三紙の継目裏の、上端から約六五ミリ付近にも、一文字の墨書の存在が認められる。これに対応するものは、他の継目部分にはない。このため、継目裏書か否か、判別しにくい。文字は、裏打紙のため、判読できない。しかし、上記の二種類の墨書とは別の文字で、別筆であるようである。

三　「紀伊国在田郡司解」の文字

前節では、この文書の売券としての文面以外の部分の現状について、観察結果を述べた。そこで次に、文面に焦点をあわせて検討したい。

(1)釈　文

原本調査の成果にもとづいて、次に釈文を示す。文字の位置、大きさ、字配り等についても配慮した。ただし、字体は新字体に改めた。しかし、活字組みでは限界がある。詳細は、写真を参照されたい。
なお、余白は、第二紙右端側に約二〇～二五ミリ、第四紙左端側に約八ミリほど存在する。また、(35)～(36)行の行間は、約五〇ミリあいている。

（紙継目）

在田郡司解　申依式売買新田并家地畠地等立券文事
合地伍町参段佰肆拾肆歩　惣価直稲参仟涞拾肆束
新田参町佰肆拾肆歩　直稲弐仟弐佰弐拾肆束
「丶」[1]　一所和佐村七段二百十六歩　直稲六百八束[2]
門田五段　四至 東至百姓口分田 西至百姓口分田 南至細道 北至藪原　直稲四百束別段八十束
阿弥施道田百卌四歩[3]　四至 東至百姓口分田 西至竹原 南至竹原 北至百姓口分　直卅五束段別八十七束
「丶」[4]　垣内幡田西圭一段　四至 東至藪 西至口分田 南至畠 北至口分田　直稲七十五束[5]
「丶」[6]　垣内幡田七十二歩　四至 東至畔 [7]西至公田 南至公田 北至公田　直稲十八束段別九十束
「丶」[8]　大町南圭一段　四至 東至疋 西至藪 南至疋 北至公田　直稲八十束[9]
一所舟[10]生村九段七十二歩　直稲柒佰参拾陸束[11]段別八十束
「丶」[12]　荒木田三段三百十六歩　四至 東至子午畔 西至百姓口分田 南至卯酉畔 北道[14]　直稲二百八束[13]
「丶」[15]　中荒木田二百十六歩　四至 東至大溝 西至百姓口分 南至紀臣豊継治田 北至道　直卌八束
「丶」[16]　高苗代田二段　四至 東至百姓口分 西至百姓口分 南至百姓口分田[17] 北至大溝　直百六十束

(14) 「、」[18] 畠田二段　四至東至坂上清水地 西至大溝 南至百姓口分 北至百姓口分　直稲百六十束

(15) 北町斑原田二段　四至東至紀臣常嶋畠 西至斑□□分[20] 南至畔紀臣常嶋治田[19] 北至紀臣常嶋畠　直稲百六十束

(16) 「、」[21] 一所大豆田村九段二百十六歩　四至東至社并野 西至百姓口分[22] 南至紀直縁丸家并野 北至百姓口分

(17) 直稲四百八十束段別五十束

(18) 一坪一段[23]同村野田

(19) 一坪三段百廿歩同村野田南圭[24]

(20) 一坪一段二百卅同村古家南圭

(21) 一坪三段百廿五歩同村古家南圭南圭

(22) 「、」[25] 一所同村梶原田四段　四至東至紀宿祢千本治田 西至紀宿祢千本畠 南至道 北至大河　直稲四百束段別百束

（紙継目）

(23) 家地一町三段　在吉備郷　直稲伍佰伍拾束

(24) 一所三段在丹生村[26]　四至東至百姓口分 西至百姓口分 南至道 北至百姓口分　直百五十束段別五十束

(25) 一所一町在野村　四至東至栗栖畠 西至古垣并栗栖林 南至紀臣波自女地 北至野田大溝　直稲四百束段別卅束

(26) 畠一町在吉備郷小嶋村　四至東至於比寺地 [27]西至紀朝臣並倉地 南至神奴知嶋地 北至大河　直参佰束段別卅束

(27) 右得擬大領紀宿祢真貞解状偁已新田并家地畠地

(28) 寺依式常地焉沽権大僧都伝灯大法師位真済大

(29) 徳既訖者依解状郡加勘察所申有実仍為後勒売

(30) 買両人署名立券文如件以解

(31) 専売外従八位上紀宿祢「真貞」[28]

(32) 父従六位上紀宿祢「千本」

(33) 弟紀宿祢「貞男」

(34) 証刀祢紀直「成人」

(35) 紀[29]朝臣「今麿」

(36) 「買人料」　仁寿四年六月七日主帳外少初位下大海連[30]

(37) 副擬大領外正八位下紀朝臣「公能[31]」(34)

(38) 擬少領无位紀朝臣

(39) 国判参通買人料

(40) 守従五位下紀朝臣「□高」〔真カ〕(35)　正六位上行掾当麻真人

(41) 正六位上行介紀朝臣　従六位上勲八等行権掾伴宿祢「宗守[32]」

(42) 従七位上行大目道守臣

（紙継目）

(43) 従七位下行少目難破連

(2) 釈文に関する留意点

つぎに、右の釈文について、注意すべき点を記す。ただし、字体、字配りについては、謄写本・影写本や活字本との異同は、いちいち記さない。

1・21・25　やや薄い墨で書かれている。単なるよごれではなく、意識的に記されたものである。「新田」の内訳四か所のうち、三か所に付されている。この三つは、後述する「一所」の内訳に付された同様の記号より高い位置に記されており、明らかに区別されている。これらの点を記録した謄写本・影写本などは、管見のかぎりではない。

2　もと「段□□□束」とあり、その後擦消されている。白河本・内閣文庫本・宮内庁書陵部本・冷泉為恭本・伴信友本・福田文庫本は、何も記していない。史料編纂所本は、「段別□□束」と記し、擦消のように記している。また、『平安遺文』は「段別□／□束」と二行割に記し、『和歌山県史』は「段　束」とする。これらの活字本はいずれも、擦消された文字であることを記さない。

3　伴信友本は「卅」とする。

4・6・8・12・15・16・18　いずれも「一所」の内訳の各項に付されている。高さもほぼ等しく、1・21・25と区別されている。これらの点を記録したものは、管見のかぎりではない。

5　もと「□束」とあり、その後擦消されている。白河本・内閣文庫本・宮内庁書陵部本は「□」、伴信友本は「（　）」、冷泉為恭本は何も記さない。史料編纂所本は擦消のように記す。福田文庫本は、一応何らかの墨を読みとっているが、「不詳」と朱書している。『平安遺文』『和歌山県史』は「□別(段)□束」とする。これらの活字本はいずれも、擦消された文字であることを記さない。

7　『和歌山県史』では「南」としたが、「西」の誤りである。

9　白河本・内閣文庫本・宮内庁書陵部本は「□」とする。しかし、ここに文字や擦消のあとはない。

10　冷泉為恭本では「丹」とする。伴信友本では「舟」とし、「本ノマ、古文書ノ例丹ヲ舟ト書タルヿ多シコ、モ丹ノ字ナリ」と注記している。

11 「段別八十束」は擦消の上に書かれている。もとの文字は判読できない。『平安遺文』『和歌山県史』は「段別八／十束」と二行割にする。本章で参照した謄写本・影写本・活字本類は、擦消のことにふれていない。

13 もと「段別□□束」とあり、その後擦消されている。白河本・内閣文庫本・宮内庁書陵部本は「□」とする。伴信友本・冷泉為恭本・福田文庫本・史料編纂所本、および活字本類は、擦消について何もふれない。

14 伴信友本は、道の下に「◯」を加え、文字があるように記している。しかし、この部分に文字はない。

17 白河本・内閣文庫本・宮内庁書陵部本では、「田」の字を欠いているが、誤り。

19 伴信友本では、「庄」としているが、誤り。

20 「□□分」の部分は、墨が薄れている。擦消によるものか、紙面の痛みのためか、明らかでない。白河本は「班原口分」、内閣文庫本、宮内庁書陵部本は「班原分介／口田」、伴信友本は「斑　」、冷泉為恭本は「斑分」、福田文庫本は墨痕をうつし、「マ、」と朱書している。史料編纂所本では「班」の文字を記し、その下を擦消のようにしている。また、活字本類は、いずれも「班原□分」とする。

22 『和歌山県史』では、「分」が右行の「野」の下に移ってしまっている。これは誤りである。

23 「段」の偏は、墨がうすれている。擦消のためか、紙面の痛みのためか、明らかでない。

24 「野田」の二字は、擦消の上に書かれている。下の文字は判読できない。本章で参照した謄写本・影写本、活字本類は、いずれもこのことにふれていない。

26 白河本は「舟」、内閣文庫本、宮内庁書陵部本は「舟」とする。

27 「至紀朝臣並」は、擦消の上に書かれている。下の文字は判読できない。本章で参照した謄写本・影写本、活字本類は、いずれもこのことにふれていない。

28　白河本・内閣文庫本・宮内庁書陵部本は、いずれも「直憲」とするが、誤り。また、福田文庫本は、字形をうつしとり、「真貞カ」と朱書している。

29　(34)行目と(35)行目の間に、三文字ほどの擦消のあとがある。しかし、判読はできない。本章の参照したものでは、史料編纂所本のみが、擦消のあとをうつしている。他はいずれも、これにふれていない。

30　『和歌山県史』は、「連」の文字を(37)行目の冒頭においている。これは誤りである。

31　本章で参照した謄写本・影写本は、いずれもこの自署をそのまま写す。また活字本はいずれも「(草名)」とする。しかし、草名ではなく、本文のように判読した。

(3)同筆・異筆

同筆・異筆の判定は難かしいが、各位の御教示も参照しつつ、観察の結果を述べよう。

まず、(1)〜(30)行目と、(36)〜(38)行目の年月日・位署の部分は、同筆のようである。しかし、(36)行目の「買人料」と(37)行目の署名は、異筆である。

(36)行目の日下には、署名がない。したがって、この文書は、主帳大海連某を作成責任者とする形式をとりながら、実際に以上の部分を書いたのは、在田郡家の公文書作成部局の下級官人であったとみられる。また、(36)行目の「買人料」の文字は、異筆であり、かつその上に郡印が捺されている。したがって、これを書いたのは、同郡家の公文書作成部局の、別の下級官人であったことになる。

第二に、(31)〜(35)行目の部分は、署名部分をのぞいて、以上とは別筆の可能性がある。また、この部分のうち、(35)行目は墨色が薄く、(31)〜(34)行目とは別筆の可能性が強い。(31)〜(34)行目は、共通する「紀」の文字では、微妙なちがいがある。しかし、筆の異同は判断しかねる。

また、(31)〜(35)行目では、位置部分と署名が、それぞれ同筆である可能性がある。特に(35)行目は、位置部分だけでなく、署名も墨色が薄く、両者の墨色はよく似ている。したがって、同筆の可能性がある。

第三に、(39)〜(43)行目の国判部分は、署名をのぞいて同筆である。

四 「紀伊国在田郡司解」に関する考察

前節までに、この文書の観察結果を述べてきた。それにもとづいて、以下、若干の考察を行ないたい。

(1) 押界

まず、この文書における押界の引き方について考えたい。

上述のごとく、第四紙には押界は引かれていなかった。また、第三紙では、左端から七〇〜九〇ミリほど右に行ったところから、押界が引き始められていた。この部分は、国判の始まる付近である。すなわち、押界は、国判を意識して引き始められているとみられる。以上のことは、押界が引かれる以前に、次の諸点が決まっていたことを意味する。

(1) 第三紙の末尾あたりから国判が始まること。

(2) 第二紙には、国判が来ないこと。

(3) 第四紙は、第三紙の左に来ること、すなわち第四紙は、第二紙と第三紙の間や、第二紙の前には来ないこと。

などである。これらは、要するに、第二〜四紙は、この順に貼り継がれるべきことが、押界を引く以前に、あらかじめ決められた、ということになる。

第二～四紙は、後述のごとく、同時に用意された可能性が高い。この点を考慮すると、用紙が用意された手順は、次のごとくであったことになる。

まず、完全一紙二枚と、裁断された紙片一枚が用意された。つぎに、その三枚の使用位置が決められた。その後、各紙の使用位置にしたがって、それに適合する押界が引かれた。もしくは、引かれなかった。そして、最後に、決められた順で三紙が貼り継がれた。以上である。

ところで、この文書の作成にあたって、右のように用紙が用意されたとすると、それは次の点と関連してくる。すなわち、さきに「紀伊国那賀郡司解」の原本について考察した際、用紙の用意のされ方として、つぎの二つの場合を想定した。[36]

第一は、那賀郡家の公文書作成部局に、あらかじめ白紙の巻物が用意されており、必要なときに必要な長さだけロールのようにくり出し、切りとって用いたと考える場合。第二は、あらかじめ集積されていた一紙ごとの白紙（完全一紙や裁断された紙片、貼り継がれていない）を、ちょうど必要な長さになるように、組合せて三紙えらび出して貼り継いだ、と考える場合である。

では、この文書の場合は、どうであろうか。この文書では、上述のような押界のあり方からみて、まず一紙ごとに押界が引かれ、その後に貼り継がれている。この点からみて、前者の場合は成立しない。[37]

(2)第四紙

第四紙は、上述のごとく、第二・三紙と紙質・色調を同じくする。また、第三・四紙の継目は、第二・三紙の継目と同様に、中ほどから下で、左方にわずかに斜めになっている。これらは、第四紙が、第二・三紙と同時に用意され、同時に貼り継がれたことを示す、と考えられる。このことは、上述の押界のあり方から想定したところと一致する。すなわち、第四紙は、この文書の用紙が用意された当初から、存在したことになる。

このことは、第三紙の末尾まででは、国判を含む全文を書き切れないことが、あらかじめわかっていたことを意味する。すなわち、この文書のための用紙が用意された時点で、記載が第四紙に及ぶことが、わかっていたのである。

これは、押界の引き方とも関連する。上述のごとく、第三紙の押界は、国判の始まる位置をあらかじめ知った上で、その付近から引き始められていた。

これらのことは、この文書が作成される以前に、所用の紙長、文字の位置が事前に知られていたことを意味する。このようなことは、いかにして可能か。わたくしは、この文書の作成に先だって、下書きが作成されたためと考える。先に、「那賀郡司解」を考察した際にも、下書きの存在が想定できるという結果を得た。この「在田郡司解」の場合も、同様に考えうると思う。

(3) 印　影

〔郡印の印文〕

まず、郡印の印文について検討したい。郡印の印影は不鮮明である。そのため、従来種々の見解が提出されてきた。

第一に、藤貞幹は、『金石遺文』に、「伊都郡印」として、図2のような印影を掲げ、「仁寿四年六月七日／紀伊国伊都郡解所／用」と説明を加えている。

第二に、寛政一二年（一八〇〇）正月の序文をもつ『集古十種』は、「伊都郡印」として、図3のような印影をかかげ、「仁寿四年六月七日紀伊国伊都郡解所印」と注記している。『集古十種』が、この印影をどこから収録

図2　郡印影(1)

藤貞幹『金石遺文』

図3　郡印影(2)

国書刊行会本『集古十種第四』（482頁）

図4　郡印影(3)

伴信友『東寺古文零聚』

したか、明らかでない。

第三に、伴信友は、文化八〜一一年（一八一一〜四）、東寺で文書調査を行ない、『東寺古文零聚』を作成した。それによると、本文の末尾に、図4のような印影をかかげている。そして、「右仁寿四年ノ文書ニ伊都郡々印八拾許捺タリ／悉ク磨滅セルヲソココ、ヲウツシアツメタル也」と記し、さらに「藤貞幹ガ摸シタルハイタク私ワザアリ」と述べている。これによって、伴信友が、藤貞幹の採取した印影を批判しながらも、印文は、貞幹と同じく、「伊都郡印」と考えていたことがわかる。

本文書の郡印影の印文を「伊都郡印」とすることは、戦後も踏襲されている。第四に、木内武男は、「仁寿四年伊都郡解」の「伊都郡印」とともに、「仁寿四年在田郡司解（東寺文書）」の「在田郡印」を表示している。[38] また、「仁寿四年・承和四年、紀伊国伊都郡解（東寺文書）」の「伊都郡印」とともに、「仁寿四年、紀伊国在田郡司解（東寺文書）」の「阿蹄郡印」をあげている。[39] これらは、同一の文書を別々に表示してしまった結果である。

以上によると、本文書の郡印の印文については、混乱もあるが、「伊都郡印」「在田郡印」「阿蹄郡印」などの考えが出されてきたことになる。印影は不鮮明で、明確に読みとりにくい。しかし、その文字を「在田郡印」の四文字と見ることは、到底できない。「伊都郡印」がもっとも蓋然性がある。[40]

この郡印影の大きさは、上述のごとく、縦四一～四二ミリ、横四〇～四一ミリであった。これと、紀伊国の他の郡印影と比較しよう。まず、「紀伊国那賀郡司解」にある「那賀郡印」の印影は、五二ミリ四方であった。また、「紀伊国直川郷墾田売券」の印影は、「名草郡印」と考えられる。その大きさは、四六ミリ四方であった。

これによると、紀伊国内の郡印は、大きさに統一性はなかったことになる。[41]

〈国印の印文〉

つぎに、国印の印文について考えたい。

まず、藤貞幹は、『金石遺文附録』に、図5のような印影をかかげている。そして、「仁寿四年六月七日／紀伊国在田郡解所／用」と注している。また、『集古十種』に掲げられた印影は、図6のようなものである。注記は、「仁寿四年六月七日紀伊国在田郡解所印」とある。これらでは、郡印の説明に見られたような、在田郡司解と伊都郡司解との混同は、正されている。

さらに、伴信友は『東寺古文零聚』に、図7のような印影をかかげている。そして、「右仁寿四年ノ文書守云々ヨリ已下此ノコトク／紀伊国々印拾バカリ捺タリコレモ辛クシテ／如此写エタリ／伴信友」と記す。また、「右二印（国印と郡印─栄原）貞幹ガ印譜ニ併セ見ルニ印譜ノ写ハ／大ニアヤマリタリ」と批判している。

紀伊国印を捺した九世紀以前の文書は、(1)本文書、(2)天平二年（七三〇）「紀伊国大税帳」、(3)承和一二年（八四五）一二月五日「紀伊国那賀郡司解」の三つが現存している。このうち、(2)と(3)の国印は、別のものである。また、(1)と(2)の国印も別である。

そこで、(1)と(3)の国印影を対比したい。(1)の国印影の大きさは、上述のごとく、六一ミリ四方であった。これに対して、(3)の国印影の大きさは、六〇ミリ四方であった。朱のにじみ等を考えると、この程度のちがいは、誤

図5　「紀伊国印」の印影(1)

藤貞幹『金石遺文附録』

図6　「紀伊国印」の印影(2)

国書刊行会本『集古十種　第四』(476頁)

図7　「紀伊国印」の印影(3)

伴信友『東寺古文零聚』

差の範囲内といえよう。印文の方は、(1)(3)とも朱の薄れているところがあり、単純には比較しにくいが、両者はよく似ている。これらの点からみて、(1)(3)の国印影は、同一の印によるものであり、天平末年に改鋳された国印(42)である公算が大きいと思われる。

〔不明印〕

第四紙の左端には、性格不明の印が捺されていた。その印影の長辺は、五〇ミリまで残っている。いま、この印を、かりに最小限一辺五〇ミリで、方形と想定する。これによると、この印影は、かつては、さらに四一ミリ左方にまで続いていた計算となる。この印の一辺は、五〇ミリよりも大きかったと思われる。したがって、印影は、これよりさらに左方にまで続いていたであろう。

この点については、いくつかの解釈が可能である。

(1) かつて第四紙は、もっと左方にまで続いていた。しかし、ある時点（たとえば現表装時など）に、切断された。このため、印影は半分以下しか残らなかった。

(2) この印は、第四紙からはみ出すことを承知の上で捺された。第四紙は、上述のごとく、さらに左方に続いていた。しかし、現表装時に切断されたのはわずかで、それをはみ出して捺印された。

(3) 第四紙の左方には、かつて別の紙が貼り継がれていた。その紙継目にまたがって、この印が捺された。

(4) 後述するように、真済個人から実相寺への権利移転を証する文書は、この売券の右側に貼り継がれた。ところが、その後、さらに実相寺から東寺への権利移転がなされたのではなかろうか。そして、そのことを証する文書は、今度は、この売券の左側に貼り継がれたと想定される。このように考えると、第四紙左端の不明印は、この新たな文書との継目印の一部分と考えられることとなる。

第四紙左端の印影については、以上のような解釈ができると思う。しかし、これらには、それぞれ問題がある。(1)(2)の場合は、いずれも、この印が捺された理由が、うまく説明できない。また、(1)では、この印影があるにもかかわらず、これを両分する形で、第四紙を切断したと考えるわけである。この点、やや不自然である。(2)では、この印を押せる場所は他にある。それにもかかわらず、わざわざ第四紙からはみ出すように捺したことになる。これも不自然である。

(3)では、第四紙の左に貼り継がれていたと想定する紙の性格が、十分に把握できない。この売券による権利移転の次の段階の権利移転を証する文書は、後述のごとく、この売券の右側に貼り継がれて、連券とされたとみられる。この連券は、新たな権利保有者に渡されたはずである。後述のごとく、この新たな権利保有者である実相寺は、この文書に裏封を加えた。このとき、第四紙の左方にさらに紙が貼り継がれていたと仮定すると、当然、第四紙とその左方の紙の継目にも、同時に裏封を加えたはずである。ところが、上述の推定によれば、現表装時の切断によっても、その裏封の一部は十分に残るはずであるにもかかわらず、その痕跡はない。そうすると、第四紙の左に紙が貼られていたという仮定そのものが成り立たないか、貼られていたと仮定した紙が、実相寺が裏封を加えるに先だって、離されていたことになる。後者の場合、そのような紙とは、いかなる性格の文書か把握

表1 一紙の大きさ

文書名	紙	上下長	左右長	参照
那賀郡司解 (承和12.12.5)	第1紙 第2紙 第3紙	279 277 277	— 535～42 —	本書第11章
在田郡司解 (仁寿 4.6.7)	第1紙 第2紙 第3紙 第4紙	(283) (283～4) (284～6) (284)	— 542～ 5 547～51 —	本書第13章(本章)
名草郡直川郷墾田売券 (貞観 3.2.25)	第1紙 第2紙 第3紙	— 300～1 301	— 534 —	本書第14章

しにくい。

(4)は、第四紙の左方に貼り継がれていたと仮定する文書を、それ以後の権利関係を証する文書であるとする考え方である。この場合、不明印は、東寺関係の印である可能性が出てくる。

以上、いくつかの想定を検討した。印文が不明であるため、この印の押捺の理由は考えにくい。問題点を指摘して、後考に備えたい。

(4)一紙の大きさ

この文書に使用された紙の大きさは、前述の如くである。これを、他の紀伊国の文書の例と対比すると、表1になる。これによると、上下長では、那賀郡司解の各紙が短く、直川郷墾田売券の各紙が長い。また、左右長では、在田郡司解のものが、もっとも長い。したがって、同一国内であっても、時期・地域により、一紙の大きさには、ばらつきがあるようである。

一紙の大きさは、紙の生産の問題と関係する。したがって、単に大きさだけでなく、紙質も同時に考慮しなければならない。いずれにせよ、さらにデータを増やす必要がある。ここでは参考史料として掲げるにとどめる。

⑸第一紙

つぎに、第一紙について考えたい。

この文書の記載は、第二紙から書き始められ、第四紙に及んでいる。しかし、もし第一紙から書き始めたとすると、第三紙までで記載は終了する。すなわち、記載すべき分量と対比すると、第一紙と第四紙は、いずれか一方が存在すれば、十分なのである。ところが、上述のごとく、第四紙は、この文書の作成当初から存在していた。しからば、第一紙は、必要な紙の長さからみて、この文書の作成時に、わざわざ貼り継がれる必要はなかった、ということになる。

この点は、第一紙に押界が引かれていないこととも照応する。もし、第一紙から書き始める予定で、第一紙が用意されたとすると、当然押界が引かれていてしかるべきである。ところが、押界は、第二・三紙のみに引かれ、第一紙にはない。このことは、第一紙が、この売券の文字を記載すべき紙として貼り継がれたのではないことを示している。

また、第一紙は、上述のごとく、第二〜四紙とは、わずかに色調が異なっていた。すなわち、第一紙と第二〜四紙とは、別様の紙のようである。

以上の諸点からみて、第一紙は、この文書には、当初は貼り継がれていなかった、と考えられる。しからば、第一紙は、いつ、いかなる理由で貼り継がれたのであろうか。

この点で参考となるのが、裏封の存在である。上述のごとく、第一紙と第二紙の継目裏には、「実相寺」の墨書があり、さらにその上に、「実相寺印」一顆が、斜めに捺されている。しかも、注目すべきことは、第二〜四紙の継目裏にも、これらと同じ裏封が存在することである。このことは、第一紙が、第二〜四紙とともに、実相寺の手にあった時期があることを示してる。

さて、この文書によると、家地田畠を買得したのは、真済であった。この文書は、「買人料」と明記されているので、真済に与えられたものである。一方、真済は、東寺の塔頭である実相寺を建立したとされる人物である。(43) この点からみて、真済個人の買得した家地田畠は、その後、実相寺に権利移転された公算が大きい。その際、その権利移転を証する文書とともに、この文書も、実相寺に引き渡されたのであろう。実相寺では、この二通の文書を貼り継いで連券とし、裏に封を加えた。

しかるに、その後、何らかの理由によって、二通の文書は分離されることとなった。その際、右方に貼られた文書の末尾部分に余白があったので、そこで切断されたのである。その場合、継目ではがされることなく、現状程度の長さの第一紙を残して切断されたのは、裏封の存在を意識したからではなかろうか。

すなわち、継目ではがせば、裏封が二つにわけられてしまう。そこで、余白部分で切断したのである。しかも、切断によって裏封を切ってしまわないように、印影の左端から約四〇ミリほどの余裕をもって切断したのである。(44)

五 「紀伊国在田郡司解」の作成過程

以上、この文書の観察結果と、それにもとづく考察を述べた。本節では、以上によって、この文書の作成と伝来の過程について考えたい。

① 売人である擬大領紀宿祢真貞が、「新田并家地畠地」を真済に売却した旨の解状を在田郡家に提出した。

② これをうけて、在田郡司によって、「勘察」が加えられた。その結果、右の解状に誤りのないことが確認された。そこで、在田郡司は、解の作成にとりかかった。

③ まずはじめに、在田郡家の公文書作成部局の下級官人の手で、草案が作成された。この草案にもとづいて、必要とする用紙の長さが算出された。

④　これにもとづいて、白紙の用紙が用意された。在田郡家の公文書作成部局にあらかじめ用意されている白紙の中から、適当な長さになるような組合せの紙が選び出された。完全一紙二枚と、裁断された紙片一枚の計三枚である。

⑤　この三紙の配列順序が決められた。

⑥　草案によって、国判のはじまる大体の位置をおさえ、それより以前の部分に押界を引いた。該当するのは第二紙と第三紙で、両者には別々に押界が引かれた。

⑦　第二〜四紙が貼り継がれた。

⑧　公文書作成部局の下級官人によって、事書（(1)行目）、田畠家地の内訳（(2)〜(26)行）、事実書（(27)〜(30)行）、文書の日付と郡判の位置（(36)〜(38)行）が書かれた。

⑨　売人側三名の位署・署名（(31)〜(33)行）、証刀祢の氏姓名と署名（(34)(35)行）が書かれた。

⑩　郡司の署名（副擬大領のみ）が加えられた。

⑪　(36)行目の上部に、「買人料」と記入した。これを記入した人物は、公文書作成部局の下級官人と考えられるが、⑧の人物とは別人である。なお、記入時期は、⑧—⑨の間、⑨—⑩の間、⑩の後などが考えられる。

⑫　以上の記載部分の上に、在田郡の郡印（朱印）が、八九顆捺された。

⑬　以上と同内容の文書が、この他に二通作成された。これら三通は、紀伊国府に送られた。

⑭　紀伊国府の公文書作成部局の下級官人によって、「国判参通買人料」（(39)行目）の文字と、国司四等官の位署（(40)〜(43)行目）が記された。

⑮　守と権掾が署名を加えた。

⑯　以上の国判部分の文字の上に、「紀伊国印」の朱印が六顆捺された。

⑰　この文書は、「買人料」として、真済に与えられた。

⑱　この文書によって真済の所有に帰した田畠家地は、その後、真済から実相寺へと権利移転された。それにともなって、この文書も実相寺に渡された。

⑲　実相寺では、真済からの権利移転を証する文書の左にこの文書を貼り継ぎ、各継目の裏側に、「実相寺」と墨書し、その上に「実相寺印」の朱印を斜めに捺した。

⑳　その後、実相寺から東寺へさらに権利移転が行なわれ、それに伴う文書が第四紙の左側に貼り継がれ、第四紙の末尾に不明印が一顆捺された、という可能性を考えることもできる。

㉑　その後、ある時期に何らかの理由から、この連券は二つないし三つにわけられた。その際、裏封の存在を意識して、第一紙と第二紙の継目（すなわち、二通の文書の継目）ではがされることなく、一通目の文書の末尾の余白で適当に切断された。

㉒　この文書は、東寺に残り[45]、やがて『東寺文書』の礼五として整理された。なお、この文書と連券を構成した他の文書の存在は、不明である。

六　むすび

現在と同じく、九世紀においても、もちろん田畠家地等の不動産の売買は、重大事であった。このため、買人と売人の利害が交錯する。したがって、この権利移転を証明する文書は、慎重に作成された。文書は、国府・郡家・郷の各部局間、買売両人や保証人などの間を次々と通り、種々の作成手続きがつみ重ねられていった。このことを通じて、文書は、次第に証拠能力を高めていった。

したがって、個々の売券の機能、作成過程を考えるにあたっては、関係機関や関係者のかかわり方をきめ細かく考えることが大切である。

つぎに、売券の分析は、書かれた文字のみに注目していたのでは、おのずから限界がある。用紙の使用法、同筆・異筆の関係、印の押捺の仕方、界線の引き方、継目の状況、端部の状況、裏封のあり方、その他を十分に観察して、その売券の原本が含んでいる豊かな情報を、のがすことなくキャッチしなければならない。そして、それらと、文字で伝えられている内容との関係を考慮し、全体的に考えていく必要がある。

もちろん、わたくしに、原本に刻み込まれている豊富な情報を、十分に引き出しうる能力はない。このため、以上の「紀伊国在田郡司解」について、不十分な考察しかできなかったのは、心残りである。今後、同時期の売券の原本の観察をつみ重ねて、目をきたえていきたい。

(1) 加藤友康は、個々の売券の原本に則した検討の必要性を、売券研究の課題の一つとして強調している(「八・九世紀における売券について」、土田直鎮先生還暦記念会編『奈良平安時代史論集』上巻、吉川弘文館、一九八四年九月)。筆者はこの立場に共感するものである。

(2) 栄原①「『紀伊国那賀郡司解』の史料的検討」(『粉河町史研究』一五号、一九八六年三月、本書第Ⅲ部第一一章)。

同②「『紀伊国直川郷墾田売券』について」(安藤精一先生退官記念会編『和歌山地方史の研究――安藤精一先生退官記念論文集――』、一九八七年七月、本書第Ⅲ部第一四章)

同③「関西大学図書館所蔵『近江国大国郷長解』について」(『古代史の研究』第七号、一九八七年一二月)

同④「川越治郎氏所蔵『承和天安貞観田券文』について(上)」(大阪市立大学文学部紀要『人文研究』第三九巻第十一分冊、一九八七年一二月)

同⑤「八・九世紀土地売券の形態と内容――筆と墨を例として――」(三島海雲記念財団『第二五回事業報告書昭和六二年度』一九八八年三月)

同⑥「口絵写真解説　近江国坂田郡大原郷長解　弘仁一〇年（八一九）二月一六日」（『日本歴史』四八七号、一九八八年一二月）

同⑦「川越治郎氏所蔵『承和天安貞観田券文』について（下）」（大阪市立大学文学部紀要『人文研究』第四〇巻第一一分冊、一九八八年一二月）

同⑧「『近江国坂田郡大原郷長解』について」（『日本歴史』四九七、一九八九年一〇月）

（3）国立国会図書館所蔵『東寺百合古文書』（と188-8）第九〇冊。以下、白河本と称する。

（4）内閣文庫所蔵『東寺文書』三〇冊（159函322号）、宮内庁書陵部蔵『東寺文書』二五冊（255函50号）、京都大学文学部国史研究室蔵『東寺文書（阿波国文庫本）』二五冊などは（以下、それぞれ内閣文庫本、宮内庁書陵部本、阿波国文庫本と称する）、藤貞幹の写本の再転写本とされる（「東寺百合文書について」、京都府立総合資料館『図録東寺百合文書』一九七〇年一二月）。また、網野善彦は、「藤井貞幹による書写」として、後二者をあげている（『中世東寺と東寺領荘園』、東京大学出版会、一九七八年一一月、七〇・七八ページ）。私見によると、内閣文庫本、宮内庁書陵部本は、「紀伊国在田郡司解」では、ともに白河本の重大な誤りを踏襲し（後述）、かつ改行も一致する。したがって、この三者に、深い関係を有する部分があることは明らかである。一方、内閣文庫本には、和学講談所の印が捺されている。網野の指摘するごとく、同所による写本であろう。この内閣文庫本には、藤貞幹の注記が写されている。したがって、この本が、藤貞幹の写本と関係を有することも確かである。藤貞幹の写本の位置づけは、難しい。しかし、以上によると、内閣文庫本、宮内庁書陵部本には、藤貞幹本を介して、白河本と密接な関係を有する部分がある。そこで、藤貞幹本と白河本の関係を検討することが重要になると考える。

（5）小浜市立図書館所蔵『東寺古文零聚』二（丼16-2）（酒井家文庫、伴信友文庫）。以下、伴信友本と称する。同書については、大鹿久義「伴信友著撰書目稿」（『伴信友研究』伴信友全集別巻、ぺりかん社、一九七九年六月）、石上英一「弘福寺及び東大寺を中心とした古代寺領荘園の歴史地理学的研究」（『東京大学史料編纂所報』一九号、一九八五年三月）を参照。この文書を写した部分の末尾に、「右墨附三枚字体本書ノマ、ニウツセリ／文化九年戊三月八日展覧ノ中児信近ニ課セテ書シメ、即座ニ一校ス　信友」とある。これによって、この文書の謄写は、信友の長男の信近（信好）が行い、信友が校正したものであることがわかる。

（6）金刀比羅宮所蔵『冷泉為恭旧蔵文書』（貴文一八）。以下、冷泉為恭本と称する。なお、この謄写本については、皆川完一・鈴木茂男・今泉淑夫「四国中国地方史料調査」（『東京大学史料編纂所報』九号、一九七五年三月）、石上前掲注（5）論文、栄原前掲注（2）⑦論文を参照。なお、冷泉為恭については、逸木盛照『冷泉為恭』（中外出版株式会社、一九二五年五月）。東京国立博物館『冷泉為恭』（一九七九年三月）、中村溪男編『冷泉為恭と復古大和絵』（『日本の美術』二六一号、至文堂、一九八八年二月）参照。

（7）東京大学史料編纂所蔵影写本『東寺文書』（礼一之一二）（3171,62-1-2）。以下、史料編纂所本と称する。

（8）大阪市立大学図書館所蔵の福田文庫に『東寺文書』全三冊（210-TOJ）がある。以下、福田文庫本と称する。この謄写本については、別に紹介したい。

（9）この部分を担当したのは、筆者であった。そこでは、いくつかの誤りを犯している。本章は、その補訂の意味を込めている。

（10）この文書を史料として用いた研究は多い。そのうち主なものは、次のごとくである。戸田芳実「領主的土地所有の先駆形態」（『日本領主制成立史の研究』第四章、岩波書店、一九六七年二月）、丸山幸彦「九世紀における大土地所有の展開――特に山林原野をめぐって――」（『古代東大寺領庄園の研究』、溪水社、二〇〇一年二月、もと『史林』五〇―四、一九六七年七月）、高田実「中世初期の国衙機構と郡司層」（東京教育大学文学部『史学研究』六六、一九六八年三月）、小林昌二「刀禰論序説」（『愛媛大学教育学部紀要』第二部 人文・社会科学七、一九七四年一二月）、丹生谷哲一「在地刀禰の形成と歴史的位置」（大阪歴史学会編『中世社会の成立と展開』、吉川弘文館、一九七六年一月）、増田弘邦「九世紀における庄園制的土地所有の成立について」（和歌森太郎先生還暦記念論文集編集委員会編『古代・中世の社会と民俗文化』、弘文堂、一九七六年一月）、小口雅史「九世紀における墾田・村落の史的展開」（『弘前大学国史研究』八一、一九八六年一〇月）。

（11）上島有「東寺文書の伝来と現状について」（京都府立総合資料館『資料館紀要』創刊号、一九七二年三月）、同「東寺文書について」（同編著『東寺文書聚英 解説篇』、同朋舎出版、一九八五年一〇月）。

（12）伴信友本は、「墨附三枚」とする。また、冷泉為恭本には、各紙継目が記されている。これらは、この文書が全四紙からなることを、認識していたと考えられる。

(13) この文書が、現在のように表装される以前の状況は明らかでない。現在の表装以前に、すでに表装が行なわれていた可能性を考慮して、現在の表装を、以下、現表装と称する。
(14) ここでいう「端部」とは、現表装以前の紙端をさすにとどまる。現表装以前に別の表装が行なわれ、その際に切断された紙端である可能性を含む。すなわち、この文書の作成当初の紙端であったか否かまでは、問題としていない。
(15) この礼五の巻子は、一九五七年(昭和三二)～五八年に、文化財保護法にもとづいて、修理が行なわれた(上島前掲注11論文)。その要修理箇所(本紙損傷度)は、上島論文によると、「虫穴・折れ」である。この文書は、現状では、各所に極めて細長い紙が裏打され、破損部分にも薄紙があてられている。この薄紙がはさまれたのは、この修理のときであろう。
(16) これはイタミともみられるが、周囲の保存状況がよいことからみて、端部が残っているものと判断した。
(17) これは、はじめから二行ずつとってくると、(35)行目が一行あまること、(35)行目と(36)行目の間が、約一行分(約五〇ミリ)空いていること、(39)行目から国判がはじまるので、(37)行目と(38)行目の二行にかけて押印すると、(36)行目が余ること、などによる。
(18) 木内武男「日本古印集成」(『ミュージアム』一四九号、一九六三年八月)では、「伊都郡印」(後述)の方一辺の寸法を、「一寸三分五厘(四・一糎)」とする。また、同『日本の官印』(東京美術、一九七四年一一月)では、「伊都郡印」の寸法を「四・〇糎」としている。
(19) 『平安遺文』『東寺文書聚英』解説は八七顆、『和歌山県史』は八八顆とする。これらは、本文に指摘した二顆、もしくはいずれか一方を、勘定に入れなかったか、見落としたのであろう。なお、伴信友本は、個々の印影は写していないが、「八拾許」とする。冷泉為恭本は、本文の二か所の印影の印郭を、正確に写しとっている。史料編纂所本では、本文の(ロ)の輪郭は正確に写しとられている。しかし(イ)では、左にズレた方の印影の輪郭を写しとっていない。
(20) なお、白河本では、四丁目表の上部に、「大和守印」の印影を薄紙に朱色絵で模したものを貼付している。この部分は、専売人や証刀祢の自署部分にあたる。この部分には、前後と同じ郡印が捺されており、「大和守印」などは捺されていない。白河本の意図は解しがたいが、参考までに注記しておく。なお、内閣文庫本では、冒頭部分と、右記箇所と国判のはじまる部分に、それぞれ朱筆で「伊都郡印」「大和守印」「紀伊国印」と記入している。とくに、「大和守印」と記した部分には、後掲図2〜4に類似する印影を記し、抹消している。そしてさらに、この文書の末尾に、①図2〜4に類似する印影、②白河本が貼付する印影に類似するもの、③紀伊国印の印影、の三つを朱でうつしている。宮内庁書陵部本も、これら三つの印影を、末尾に朱でうつしている。これらも、この文書の印影についての情報が、混乱していたことを示す。

(21) 伴信友本は、国印影の数を「拾バカリ」とし、『平安遺文』と『和歌山県史』は六顆、『東寺文書聚英』解説は八顆とする。

(22) (42)行目の下方には一か所、点のように朱がおちている。これは朱が散ったものであろう。

(23) 冷泉為恭本では、下半部分に印影の輪郭の一部を記し、逆に上半部分に何も記していない。しかし、これは誤りである。

(24) 史料編纂所本は、この印影を、第四紙の紙端よりも右方に記している。これは位置関係がおかしい。

(25) この印影の存在に注目しているのは、管見のかぎりでは、冷泉為恭本と史料編纂所本である。これらが、この印影を国印影と別のものと見ていたか否かは、明らかでない。

(26) なお、この印影の朱と同じとみられる朱が、この印影の右下方約二〜三センチ付近の部分にちらばっている。

(27) 冷泉為恭本には「筋堺也」とある。なお、白河本、内閣文庫本、宮内庁書陵部本、伴信友本、史料編纂所本には、押界は記されていない。

(28) 冷泉為恭本では、第一紙には押界を引いていないが、第四紙には引いている。第四紙については、誤りである。

(29) 冷泉為恭本では、第二紙の押界として、四本の直線を記すのみである。本文に述べたような複雑な状況は記していない。

(30) 冷泉為恭本では、第三紙の右端まで、押界の線を引いている。

(31) 冷泉為恭本では、第三紙の左端まで押界の線を引いている。しかし、本文で述べたごとく、これは誤りである。

(32) 冷泉為恭本では、第二〜三紙、第三〜四紙の継目の両方とも、継目をまたいで押界を連続して引いている。しかし、前者の継目では、押界は通っておらず、後者の継目付近には、押界はない。

(33) ただし、第二紙と第三紙の継目裏の印影は、四九×四七ミリである。この印影と他の二箇所の印影とは、同じ印によるものとみられる。しかし、わたくしのくりかえしの計測によると、これだけが、やや小さめの数値になってしまう。文書の裏面で計測しにくいために生じた誤差かもしれぬ。後の検討に備えて、データとして提示しておきたい。

(34) 本章の初出論文では、自署を「□□(公脹カ)」としていたが、波々伯部守「九世紀の『紀伊国四売券』について」(薗田香融編『日本古代社会の史的展開』、塙書房、一九九九年三月)の指摘に従い、「公能」と改めた。

(35) 本章の初出論文では、紀伊守の自署を「□(奥カ)高」としていたが、波々伯部前掲注(34)論文の指摘に従い、「□(真カ)高」と改めた。

(36) 栄原前掲注(2)①論文(本書第Ⅲ部第一一章)。

(37) しかし、「在田郡司解」に第一の場合が成立しないことは、「那賀郡司解」でも第一の場合が成立しないことを意味しない。郡家によって、紙の用意のされ方に違いがあったかもしれない。今後、事例のつみ重ねをまちたい。

(38) 木内前掲注(18)論文。

(39) 同右。

(40) 本章の初出では、在田郡司解に伊都郡印が捺されることはまずありえないとして、この郡印は「阿蹄郡印」である蓋然性がもっともある、とした。この点については、鎌田元一の批判によって、本文のように改めた。鎌田元一「日本古代の官印——八世紀の諸国印を中心として——」(『日本古代官印の研究』平成七年度科学研究費補助金〔一般研究B〕研究成果報告書、一九九六年三月)。なお、国立歴史民俗博物館『日本古代印集成』(一九九六年三月)も「伊都郡印」とする。

(41) 木内前掲注(18)論文・著者の表によると、紀伊国以外でも、郡印の大きさには、かなり差がある。

(42) 鎌田前掲注(40)論文。

(43) 上島有編著『東寺文書聚英』解説(同朋舎出版、一九八五年一〇月)。

(44) 以上と関連して、第二～四紙の継目裏に存在する別種の墨書に言及しておきたい。上述のごとく、裏打紙にさまたげられてはっきりしないが、両継目の文字はよく似ている。もし両者が同じものであるとすると、大へん興味深い。すなわち、この継目裏書は、第二～四紙の継目裏に存在し、第一紙と第二紙の継目裏にはない。とすると、これは、第二～四紙からなる在田郡司解（第一紙が貼り継がれる以前の状態）にかかわるものである可能性があることになる。

(45) 東寺の子院である実相寺（院）の文書が、どのようにして東寺文書の一点として残ったのか、明らかでない。

第一四章　「紀伊国直川郷墾田売券」について

一　はじめに

さきにわたくしは、多くの方々の御援助によって、「紀伊国那賀郡司解」（国立歴史民俗博物館所蔵）の原本を観察する機会にめぐまれた。そして、その観察結果と、それにもとづく若干の考察を、第一一章のように示すことができた。この作業を通してわたくしは、次のような点を強く感じた。

すなわち、原本には、従来のこの文書に関する刊本史料に盛り込まれていない事実や、また盛り込みにくいような情報が、豊富に刻み込まれている。そして、そのような事実や情報の中には、この文書の作成過程や性格を考えるうえで、きわめて重要と思われる事柄も存在する、ということである。これは自明の事柄であるが、この点から、わたくしは、売券について、原本をよく観察し、それにもとづいて考察する必要があることを痛感した。(1)

本章では、このような観点から、貞観三年（八六一）二月二五日「紀伊国直川郷墾田売券」(2)（神宮文庫所蔵）をとりあげることとする（写真参照）。

さて、この売券は、『平安遺文』に収められている（一三〇号）。その「解説」（古文書編第一一巻三〇六頁）の

紀伊国直川郷墾田売券（神宮文庫蔵）

(1)

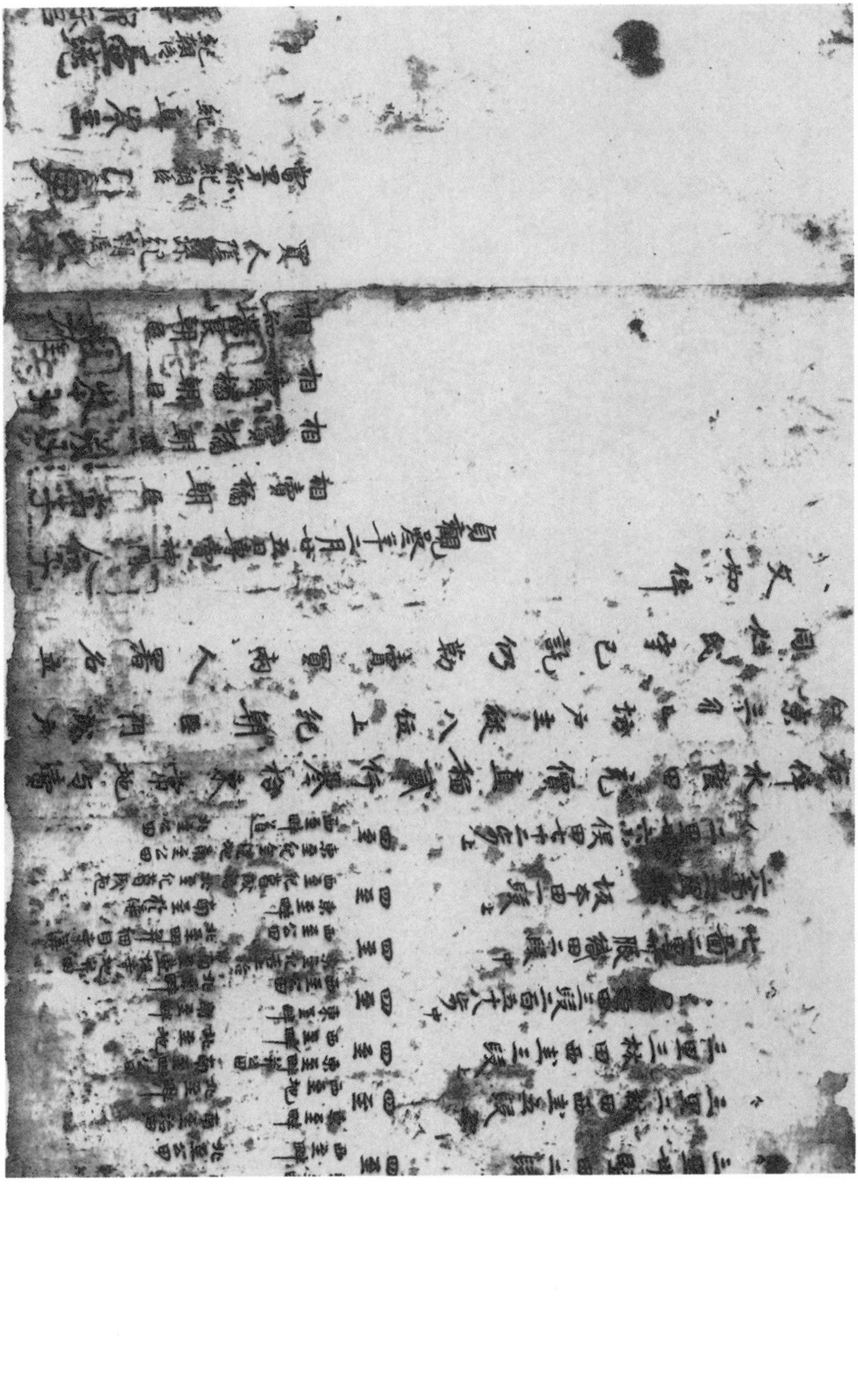

(2)

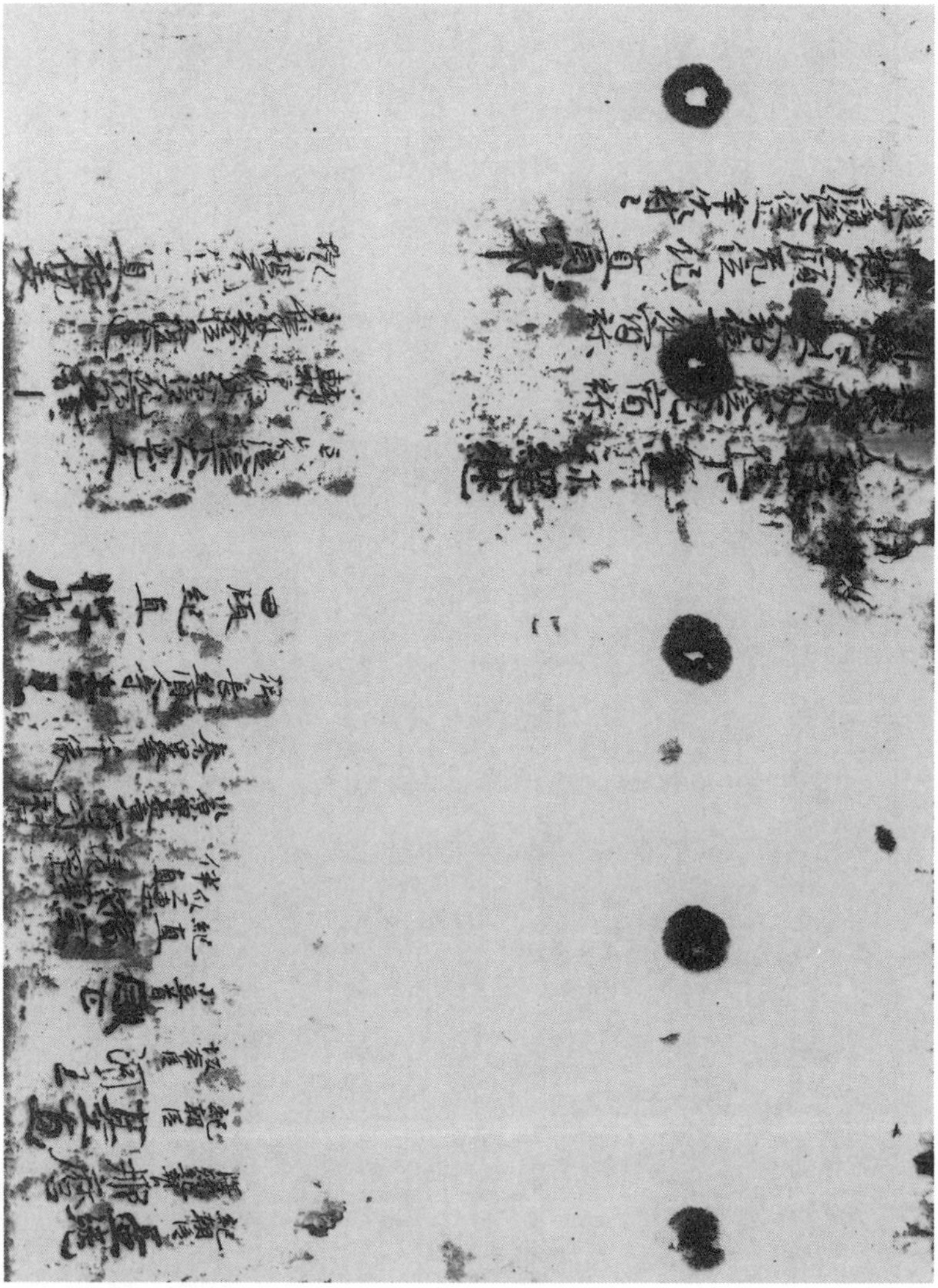

(3)

「89神宮文庫所蔵文書」の「⑧東寺文書」の項には、次のようにみえる。

「神宮文庫図書目録」では「貞観延喜年間文書」[3]となっているが、内容からみると東寺文書と思われる。何れも原本である。

その後、一九七七年三月発行の『和歌山市史』第四巻 古代・中世史料は、口絵にこの売券の写真を掲載し、その釈文を収録している（「平安時代（一）」五七号、六六〜七頁）。ついで、わたくしは、『和歌山県史』の編纂事業に加わる機会を与えていただき、その『古代史料一』（一九八一年一月）の「平安時代（一）」の一五一号（二七四〜五頁）として、この売券の釈文を収録した。この釈文は、一九七九年一一月一二日（月）に行なった簡単な原本調査と、神宮文庫より頒付をうけた写真とを参考にして作成した。しかし、その釈文は極めて不十分なものであった。本稿は、その補訂の意味も込めている。

以上の三点は、いずれも史料集である。このため、釈文のみが示されるにとどまり、この売券についての具体的な説明はなされていない。

一方、小林昌二[4]・波々伯部守[5]によって、あいついでこの売券の原本調査の成果と、それにもとづく研究が発表された。とくに波々伯部の研究は、文書の伝来や継目、異筆などに簡単に言及している点で、注意される。しかし、両氏の研究は、ともにこの売券の記載内容の分析に主眼がある。そのため、文書それ自体についての検討は、十分ではない[6]。

こうした中で、わたくしは、上述の一九七九年につづいて、一九八六年六月九日（月）および同年一〇月六日（月）、神宮文庫の御好意で、この売券の原本を観察させていただくことができた。以下は、これまで三回の原本観察の結果と、それにもとづく拙ない考察を述べるものである。

二 『貞観延喜古文書』の検討

この売券は、現状では、『貞観延喜古文書』(第五門丙五、2488)という一巻の巻子の中に貼り込まれている。そこで、まずこの巻子全体について検討しよう。

この巻子は、紫緒つきの漆塗りの木箱(縦三六一、横七一、高六二ミリ)に納められている。この木箱は、さらに白木の箱に納められている。漆塗りの箱の蓋の表面には、黒漆で「貞観延喜古文書　一巻」と書かれている。また、身の下方の木口にも、黒漆で「貞観」「延喜」と二行に書かれている。上方の木口にはラベルが貼られている。それには、横書きで「神宮文庫〔五〕2488号　1冊」とある。

蓋裏の下方に貼紙(縦一三〇、横五六ミリ)がある。それには、次のような墨書と朱印影がある。

内宮

藤波家

鳳彩

朱印影の大きさは、縦横とも一八ミリで、文字と囲線が陰刻されている。[7] この貼紙によって、この一巻が、かつて伊勢内宮神官藤波家の所蔵に帰していた時期のあったことが判明する。

この巻子は、現状では左軸で、紫布を貼った紙が、表紙として右方に付されている。この表紙見返し右上方に、ラベルが貼られている。横書きで「受入番号 27324、受入月日昭和12年5月20日」とある。

以上の箱蓋裏の貼紙と表紙見返しのラベルの記載内容は、この巻子の左奥裏に捺されている朱印の内容と関連する。それは、

> 昭和十一年六月一日奉納
> 神宮御文庫
> 大阪市八田兵次郎

というものである。これによって、この巻子が、昭和一一年（一九三六）六月に、大阪市の八田兵次郎[8]から神宮文庫に奉納されたものであることがわかる。

『神宮文庫増加図書目録　第十五号（自昭和十二年五月／至同年六月）』（神宮広報第二三四号附録）は、八田兵次郎が神宮文庫に奉納した典籍文書類の目録である。これによると、同氏は、三七五部一一四一冊に及ぶ大部のものを奉納したことがわかる。[9]この巻子は、同書の第五門、丙、（五）の項に、

貞観延喜古文書　写　　貴巻

○延喜廿年九月七日丹波国多紀郡田野地林開墾解状写　一通

○貞観参年二月廿五日紀伊国名草郡眞川郷酒部村陸田賣買券　一通

○貞観十八年三月七日土地賣買解状（仁和二年三月十一日買返奥書）　一通

とある。これによって、この巻子が、八田兵次郎の奉納品の一つであったことが確認される。同氏の奉納品には、すべてについて確かめたわけではないが、上記と同じ朱印が捺されている。八田兵次郎が、奉納にあたってわざわざ朱印を作ったのは、奉納品の点数が多かったことにも一因があろう。

また、この巻子は、『貴重図書解題』[10]（昭和一八年八月、神宮文庫編）にも、次のようにみえる（三一七～八頁）。

○貞観・延喜古文書　（朱書）「第五門　歴史　二四八八号」

巻冊体裁　一　一巻。巻子本、古文書三通ヲ貼リ継ギ一巻トナス。竪一尺〇寸三分、横七尺二寸五分。虫喰、湿損、

其他ニヨル破損多ク文字不明ノ箇所多シ、表装裏巻末ニ、昭和十一年八田兵次郎氏奉納印アリ。錦布包。漆塗箱入、蓋表ニ「貞観延喜古文書　一巻」トアリ、同裏ニ「内宮藤波家　彩鳳」ノ付箋ヲ張レリ。

（中略）

摘要

本巻子収ムル所ハ

第一文書。延喜廿年（紀元一、五八〇）九月七日付、丹波国某寺庄田ニ関シ、政所ニ望請ノ文書、一通。

第二文書。貞観三年（紀元一、五二一）二月廿五日付、在紀伊国名草郡直川郷酒部村墾田賣買ニ関スル券文、一通。

（券面全部ニ埴ヲ用ヒシ印ヲ捺セリ）

第三文書。仁和二年（紀元一、五四六）三月十一日付、某所土地賣買ニ関スル券文、一通。

（中略）

本書モ亦藤波家ノ旧蔵書ノ一ニシテ大阪市八田兵次郎氏ノ手ヲ経テ昭和十一年本文庫ニ奉納セラレタルモノナリ。

以上によって、この巻子は、もと伊勢内宮神官藤波家に所蔵されていたものであったが、その後、八田兵次郎の手にわたり、同氏から神宮文庫に奉納されたものであることが判明する。八田兵次郎の奉納品の中には、上述の増加図書目録によると、藤波家旧蔵品が多く含まれている。(11) この巻子も、その中の一つであったわけである。

この巻子が神宮文庫に所蔵されるにいたった経過は、右の如くであった。そこで、幾つかの疑問点が生じる。第一に、この巻子は、いつから、どのようにして藤波家に所蔵されるようになったのか。第二に、八田兵次郎がこれらの文書を入手したとき、どのような状態であったのか。すでに現状の巻子の状態になっていたのか、それとも別の形態にあったのか、八田兵次郎の手で現在の状態に仕立てられたのか。

以上の疑問点のうち、前者については、現時点では不明である。後者については、若干後述する。

さて、この巻子には、上述の引用にも明らかなように、三点の文書が貼られている。次にあらためて示そう（文書名は『平安遺文』による）。

① 延喜二〇年（九二〇）九月七日「東寺伝法供家申状案」（『平安遺文』四五五五号）
② 貞観三年（八六一）二月二五日「紀伊国直川郷墾田売券」（同右一三〇号）
③ 貞観一八年（八七六）三月七日「左京土師吉雄田地売券」（同右一七一号）

調査は、この三点すべてについて行なった。それぞれ重要な問題点を含んでいることが明らかとなった。しかし、本章では、②のみをとりあげる。①③については、別の機会に報告したい。

三　「紀伊国直川郷墾田売券」の現状と問題点

(1) 裏打紙

文書①のいたみの激しい部分、とくに左端から下端近くにかけての部分には、現在の表装紙とは別に、下に貼られた紙がみえている。青みがかった灰色の紙である。これは、もとの裏打紙であると思われる（第一次裏打）。現在の裏打（第二次裏打）を行なったとき、①のいたみの激しい部分については、第一次裏打紙をはがしきれずに、残されたものであろう。

つぎに、文書③には、表面からみえないが、裏面の各所に、小紙片が残っている。また、②の裏面にも、③よりさらに少数だが、小紙片が残っている。②③裏面の小紙片は、現在の裏打紙にさまたげられて確認できないが、青みがかった紙のようである。上記①の第一次裏打紙と同質の紙である可能性が強い。

もしそうであるとすると、①②③は、かつて同質の紙によって裏打ちされていたことになる。したがって、第一次裏打が行なわれた段階では、少なくとも①②③の三文書は、同じ巻子に貼り込まれていたと推定される。その後、この第一次裏打紙ははがされ、第二次裏打紙によって裏打ちされ直して、現状となったわけである。この第二次裏打紙が行なわれた時期は、藤波家もしくは八田兵次郎の所蔵であった時である可能性が高い。しかし、なおその時期を決めることはできない。

⑵料紙・紙継目・いたみの程度

文書②は三紙よりなる。紙面に界線は引かれていない。第一紙と第二・三紙とは、紙質が異なる。第二・三紙は、同質の紙で、楮紙である。

三紙はいずれも右上左下に貼り継がれている。第一・二紙の継目（第一の紙継目）の糊代は三ミリ、第二・三紙の継目（第二の紙継目）の糊代は四ミリである。二箇所の紙継目には、いずれも、裏書・裏封・印影などはない。

第一紙のいたみは激しく、右端、上下端は完全に失なわれている。左端のみは、第一の紙継目部分に一部分だけ残っている。現存左右最大幅は一一七ミリ、現存上下最大値は一七五ミリである。

第二紙は、右端から上端右方にかけての部分が、よくいたんでいる。しかし、右端の一部は、第一の紙継目部分に残っている。一方、左端は、ほぼ完全に残っている。そこで、右端が残存している上下のほぼ中央付近の部位で第二紙の左右幅を測ると、五三三ミリである。つぎに、上端は、ところどころで残っている。これに対して、下端は、ほぼ残っている。[12] そこで上下幅を測ると、後掲釈文の⑾行目付近で三〇〇ミリ、左端で二九九ミリである。

第三紙は、上下左右各端とも、よく残っている。上下の真ん中付近と下端での左右の幅は、それぞれ四八九、四九〇ミリである。上下幅は、右端部分で三〇二ミリ、(37)行目、(44)行目付近で三〇三ミリを測る。

以上の三紙を全体としてみると、いたみの程度は、第一紙→第二紙→第三紙の順に激しい。とくに第一紙のいたみ工合は、相当なものである。

(3) 印 影

第二紙と第三紙には、二種類の朱印影がある。第一紙には、印は捺されていない。第一の朱印は、売人側署名部分(22)～(26)行目)をのぞく全面に捺されているものである。これらは、印肉の色調、磨滅の状態、印影の大きさなどからみて、同じ印を捺したものと判断される。印影の大きさは、計測しにくいが、縦・横ともほぼ四六ミリ程度である。

これはかなり磨滅した印であり、印文はとても判読できない。『平安遺文』、小林論文では、「郡印」としている。しかし、印影そのものからは、「郡印」の二文字を読みとることはできなかった。だが、上述のごとく、郡判部分の印影と、その他の部分の印影とは、同じものであるとみられる。したがって、これらの印影は、郡判部分に郡司が自署を加えたのちに捺された可能性が高い。しからば、この印は名草郡印である可能性が高いことになる。

印影の数を、『平安遺文』、『和歌山市史』、『和歌山県史』、小林論文、波々伯部論文は、いずれも十数顆とする。しかし、非常に数えにくいが、すくなくとも十数顆ということはありえない。むしろ数十顆とする方が妥当である。

これに対して(22)～(26)行目付近に、第二の朱印が三列七顆捺されている。第一列は、(22)～(23)行目の上に三顆、第二列目は、(24)～(26)行目の上に二顆捺されている。第三列目の二顆は、すでに波々伯部が指摘しているように、第二紙の左端で途切れている（後述）。この二顆は、ともにやや左方に傾いて捺されている。これは、第二列目上方の印影が、やはりやや左方に傾いていることと、同じ傾向を示している。この二顆の印影の残存左右長の最大は、下方の印影の下端部分で、八ミリを測る。

この第二の印影の大きさは、縦・横ともに四六ミリ。第一の朱印とほぼ同じ大きさである。しかし、この第二の印影の朱色は、第一の印影の朱色に比べて暗い。また、印の磨滅の程度も、第一の朱印よりかなりましである。これらの点からみて、両者が別の印であることは明らかである。

両印影は、(21)行目あたりで一部重複している。この部分について観察を集中したが、捺印の前後関係は、ついに明らかとならなかった。

印影の前二文字（右半の上下）は極めて不明瞭で、判読は全く不可能である。後二文字（左半の上下）は、これに比べれば、やや明らかである。しかし、残念ながら、現在のところ、この二文字も判読できない。

この印について、波々伯部は、「『紀伊国印』と思われる」とする。しかし、そうではあるまい。

まず第一に、第三文字目（左上）は、「国」ではない。第二に、「紀伊国印」の印影は、承和一二年（八四五）一二月五日「紀伊国那賀郡司解」[13]や、仁寿四年（八五四）六月七日「紀伊国在田郡司解」[14]の国判部分、天平二年（七三〇）「紀伊国大税帳」[15]などにみえる。その大きさは、順に六〇ミリ四方、六一ミリ四方、六〇ミリ四方である。いずれも、第二の朱印と大きさが異なる。第三に、国印押捺の慣例からみて、売券の日付や売人側署名部分にのみ、国印が捺されることは考えがたい。まして、この文書は、郡判までにとどまり、国判を得ていないのであるから、なおさらである。

これらの点からみて、第二の朱印は「紀伊国印」ではない。

つぎに、「紀伊倉印」の存在も知られている。[16] しかし、第二の朱印影の第三文字目(左上)は「倉」ではなく、印影の大きさも異なる。したがって、第二の朱印は、「紀伊倉印」でもない。

さらに、第一の朱印が、前述のごとく、名草郡印である可能性が高いとすると、第二の朱印は名草郡印ではないことになる。[17]

第二の朱印の印影の濃さは、第二列下、同上、第一列下、同中、同上の順に、次第にうすくなっている。この五顆は、印肉を一回つけて、この順に捺したものと判断される。

第一列の上の印影は、この文書の年紀「貞観」の「観」字の中央やや下部より下方に存在する。専売・相売両人の箇所のみに捺すのなら、第一列目下および中の捺印で充分カバーできている。ところが、さらに第一列目の上の印を捺したのは、年紀部分にも捺印する意志があったことを意味する。年紀部分に捺印するのなら、「貞」の字にかかるように、約二センチ程度上の地点から下方に捺すのが自然である。しかるに、そのように捺されていないのは、やや不審である。しかし、上記の順に捺印されたとすると、納得できる。

(4) 釈　文

この売券の釈文は、上述のごとく、これまで種々示されている。しかし、いずれも誤りがあったり、紙幅の関係で、字配り等が、原文書の体裁を伝えていない場合が多い。そこで、あらためて、次に釈文を示すこととする。

なお、第二紙の右端上方は破損している。このため、文字の有無は不明である。しかし、第(1)行目の前の余白は、約一七~八ミリである。行間隔からみてここに一行あったとは考え難い。したがって、この売券は、本来第(1)行目から書きはじめられたものである。一方、第三紙の末尾には、約七〇ミリの余白がある。

（第1の紙継目）

「□」[ⓐ][1]賣買立墾田券文事
□[2]〔段カ〕貳佰渋拾歩在紀伊國名草郡直川郷酒部村
四至東限治田 南限治田 西限溝 北限溝 充直稲参佰伍拾束
□[3]壹町玖段貳佰渋拾歩
□□□[4]二歩 充直稲九百廿束段別百束
□[5]段百九十八歩 充直稲六百卌束段別八十束
下田二段 充直稲百廿束段別六十束
□[6]畐二里八三西圭一段下 四至東至畔 南至畔 西至公田 北至畔古川
□里九猪垣北町三百歩中 四至東至畔於溝 南至畔 西至於溝 北至紀宿祢吉上地
三里十六口利南圭一段下 四至東至畔 南至公田 西至畔古川 北至川
「〃」[ⓑ]三里卅堅田二段中 四至東至畔 南至畔 西至畔 北至公田
「〃」[ⓑ]三里二林田西圭五段[7]上[8] 四至東至畔 南至治田 西至地 北至畔
三里三林田西圭三段上 四至東至畔并公田 南至畔公田 西至畔 北至地
「〃」[ⓑ]□里四猪垣田三段二百五十八歩中 四至東至畔 南至畔 西至公田 北至畔
七畐二里卅服織田二段中 四至東至紀吉上治 南至壷阪寺地并畔 西至公田 北至畔并細目寺溝
「六畐」[ⓒ]二里七[9][10][11] 坂本田一段上 四至東至畔 南至於溝 西至紀葛成治 北至紀葛成地
「〃」[ⓑ][12]二里卅六小俣田七十二段上[13] 四至東至紀全継地 南至公田 西至畔道 北至公田
右件水陸田充價直稲貳仟参拾束常地与賣

(19) 右京三條四坊戸主従八位上紀朝臣門成戸

(20) □[14]同姓氏守已訖仍勒賣買兩人署名立

(21) □[15]文如件

(22) 貞観参年二月廿五日専賣神門「今子」

(23) 相賣橘朝臣「常子」

(24) 相賣橘朝臣「茂子」

(25) 相賣橘朝臣「岑子」

(26) 相知　蕃良朝臣ⓐ」「新雄」

（第2の紙継目）

(27) 「買人陰孫紀朝臣ⓓ」「氏守」

(28) 「當里刀祢紀朝臣ⓔ「乙魚」

(29) 紀直「岑主[16]」

(30) 紀朝臣「益継」

(31) 陰孫紀朝臣「那麿」

(32) 紀朝臣「基直」

(33) 坂本臣「河主」

(34) 小豆首「□[17]正[18]」

(35) 紀直「福宗」

(36) 「爪工連ⓕ」「岑[19]葉」

伴　直「□罡」[20]　(37)
川原伊美吉「尊麿」　(38)
秦伊美吉ⓔ「千依」　(39)
ⓖ「郷長紀酒人忌寸」「吉主」　(40)
ⓗ「田　領　紀　直」「枚成」　(41)
ⓘ「〔郡〕[21]□半」　(42)
大　領　従　七　位　下　紀宿祢「縄継」　主政外従八位下大宅直　(43)
転擬大領外正八位下紀宿祢　轉擬主政大初位下紀宿祢「次雄」　(44)
副擬大領大初位下　紀宿祢　主帳外少初位下榎本連　(45)
権　擬　大　領　无　位　紀　直「貞常」　擬　主　帳　无　位　紀　直ⓘ「祐佐美」　(46)
擬少領　従八位上　牟佐村主　(47)

(5)釈文の注意点

以上の釈文の文字について、次に注意すべき点を列挙する。ただし、字体そのものについては、あまりに煩雑にわたるので、ここではふれない。適宜写真を参照されたい。なお、以下の略号を用いる。『平安遺文』→平安、『和歌山市史』→市史、『和歌山県史』→県史、小林論文→小林、波々伯部論文→波々。

1　平安・小林は一字分をあける。しかし、用紙上端との位置関係からみて、約四字分ほど欠失しているとみられる。市史・県史・波々も約四字分をあけている。

2　平安・市史・県史は、約三文字分のワク、波々は四文字分のワクをおき、小林はなにも記さない。しかし、残画から文字の存在が確認できるのは一文字分のみで、「段」であろう。厳密には、三ないし四文字あったか否かはわからない。

3 市史・県史・波々は（合カ）とする。しかし、残画からみて、「合」でない可能性が高い。

4 平安・市史・県史・小林・波々のいずれも、六文字分のワクをならべ、（上田九段七十カ）と傍注している。しかし、残画によって文字の存在が確かめられるのは三文字のみで、厳密には六文字あるか否かは不明である。六文字とするのは、記載内容からの推測である。この推測は正しいであろうが、釈文のあり方としては、適当でない。

5 平安・市史・県史・小林・波々のいずれも三文字分のワクをおき、（中田八カ）と傍注する。しかし、残画から存在が判明するのは一文字のみ。その上に何文字あるかは、明らかでない。

6 波々は（八カ）とする。しかし、残画からは、その可能性は低いと思われる。

7 「圭五」付近の下に文字がうっすらとみえる。しかし判読できない。

8 「上」は擦消の上に書かれている。しかし、もとの文字は判読できない。

9 もとは「二」。下方に横線一本を加えて「三」とし、次に一番上の横線を墨沫し、ふたたび「二」としている。

10 「七」は擦消の上に書かれている。しかし、もとの文字は判読できない。

11 一字分あいている。平安・市史・県史・小林・波々のいずれも、あけていない。

12 平安・小林は二文字分、市史・県史・波々は一文字分のワクをあけている。しかし、ここには不明の文字はない。ワクは不用である。

13 平安・市史・県史・小林・波々のいずれも、「田」の字をおとしてる。

14　平安・小林は、一文字の存在を認めない。市史・県史・波々はこれを認め、「□（ロカ）」としている。

15　平安・小林は「券」、市史・県史・波々は「□（券）」とする。

16　平安・小林は「生」とする。しかし、「主」である。市史・県史・波々も「主」とする。

17　平安・小林は「股」、市史・県史・波々は「成」とする。いずれも妥当ではなかろう。「服」の可能性があるが、断定はひかえる。

18　平安・小林は「世」、市史・県史・波々は、「正」とする。「正」であろう。

19　平安・小林は「叔」、市史・県史・波々は、「岑」とする。これは「岑」が正しい。

20　平安・市史・県史・小林・波々のいずれも「継」とする。しかし、断定しがたい。

21　旁のリットウの上半部分にあたるところに擦消のあとがある。しかし、下半部には及んでいない。ところが、下半部にはリットウがない。つまり、この文字は「判」ではなく「半」である。

⑹別筆・同筆

この売券をよく観察すると、自署以外にも、いくつかの筆で書かれていることがわかる。この売券の筆跡について言及したのは、小林昌二と波々伯部守である。

まず、小林は、㊱行目の記載について、「位置、文字の大きさも異なる別筆である」と指摘し、さらに、「爪工連叔葉は、原本を見ると、平安遺文の記載と異って、後からの筆になるもので、彼の署名を除いては等間隔の行間をなしている。その『紀直福宗』と『伴直継岡』と連続している行間に、小さな文字で書き込んだものである」と述べている。また、波々伯部は、第二紙と第三紙の記載の「両者は異筆で、前紙の書体は美しく、それに比して後紙は稚拙である」とする。また、「爪工連」（㊱行目）の部分に、「（異筆）」と注記している。

これらの指摘は、それぞれ貴重であるが、しかし、不十分である。以下、自署以外の部分について、私見をのべたい。

ⓐ (1)〜(26)行目までは、ⓑⓒを除いて、一筆と判断される。とくに、(22)〜(26)行目の売人側部分についても、「賣」「朝臣」の文字などを比較すると、一筆とみてよかろう。

ⓑ しかし、右のうち、(11)(12)(14)(17)行目の冒頭の「仌」は、地の文とは別筆である。ただし、(11)(12)(14)行目のそれと(17)行目のそれとは墨色が異っている。別筆の可能性もあるが、断定できない。なお平安・小林は、これらの文字の存在を記さず、市史・県史・波々は異筆としていない。

ⓒ 「六畐」の二文字は異筆である。

ⓓ (27)行目の「買人陰孫紀朝臣」は、別筆と判断される。「買」「人」は(20)行目のそれと異っており、「陰孫」は(31)行目のそれと、また「紀朝臣」「朝臣」も、(19)(23)〜(26)(28)(30)〜(32)などとそれぞれ調子を異にする。

ⓔ (28)〜(39)行目は、ⓕをのぞいて一筆と判断されるが、他とは別筆のようである。これらは、墨色が同じで、「紀」「朝臣」「直」などは相互によく似ている。しかし、ⓐⓓⓖⓘなどとは異っている。

ⓕ (36)行目の「爪工連」は、小林・波々の指摘するごとく、ⓔとは、別筆である。行間書込みの上、墨色も異っている。

ⓖ (40)行目「郷長紀酒人忌寸」は、他と調子が異っている。「人」は、(20)、(27)行目の「人」とかなり異っており、「酒」も(2)行目と異なる。また、「紀」も、(19)(27)(28)〜(32)(35)(43)〜(46)の「紀」と異なるようである。

ⓗ (41)行目「田領紀直」も、他と調子を異にするようである。しかし、ⓖと同筆か否かの判断は困難である。

ⓘ (42)〜(47)行目の郡判部分は、明らかに他と別筆である。これらは一気に書かれたものらしく、大領から擬主帳にいたるにしたがい、次第に乱雑になっている。

以上、筆の違いについて観察結果を述べた。筆の異同についての判断はむずかしく、断言しえない場合が多いが、私見として提示したい。

私見によると、この売券は、自署や訂正（ⓒ）、追記（ⓑⓕ）をのぞくと、五筆（ⓖⓗを同筆として）ないし六筆からなりたっていることになる。すなわち、ⓐ(1)〜(26)行目、ⓓ(27)行目、ⓔ(28)〜(39)行目、ⓖ(40)行目、ⓗ(41)行目、ⓘ(42)〜(47)行目である。これを記載内容からみると、ⓐ本文と売人側署名部分、ⓓ買人側署名部分、ⓔ当里刀祢の署名部分、ⓖ郷長署名部分、ⓗ田領署名部分、ⓘ郡判部分となる。

四　若干の考察

(1)かつての状態

さきに、この売券の紙のいたみの程度は、第一↓第二↓第三紙の順に激しいことを指摘した。このことは、かつてこの三紙が左から右に巻かれ、第一紙が巻物の外側に来ていた状態が、かなり長く続いていたことを意味すると思われる。

このことは、別の点からも言いうる。すなわち、第三紙の上端から約八センチさがったところを中心に、一見してそれとわかる特徴的なシミが、左右に五カ所連続して並んでいる。このシミは、左方ほど濃く、右方ほど薄れている。そして、第二紙の左端近くに、かなり薄れてはいるが、明らかに第三紙のシミに連続するシミが一個ある。

この左右に連続する計六個のシミの間隔は、それぞれの心々で測って、左から右に順に約八六ミリ、約九〇ミリ、約九三ミリ、約九六ミリ、約九七ミリである。もちろん、計測点のとり方で差が生じるから、この数値に固執するつもりはない。ただ、大体の傾向として、左から右へ、徐々にシミの間隔がひろがっていることが確認でられる。

きればよい。このことは、かつて紙が、左から右に巻かれていたことを示している。シミの濃さが、左から右に薄くなっていることからみて、このシミは、紙の内側からつき、巻物の外側にむかってしみ通っていったと考えられる。

同様のことは、第二紙にあいた小孔からも推測しうる。第二紙の上端から約五五ミリほどさがったところを中心に、上下に長い不整形の小孔が、左右に四カ所ならんでいる（もっとも右のものは、ヤブレとつながっている）。この小孔は、右から左へだんだん小さくなっている。第三紙右端近くの小孔は、これらに連なるものとみてよい。

この五個の小孔の間隔は、左から右へ順に心々間で約八一ミリ、約八五ミリ、約八九ミリ、約九三ミリである。これも計測位置のとり方で、数値は多少前後するであろう。しかし、この場合も、左から右へ、間隔が次第にひろがっていることが認められる。このような状況は、この巻子が、かつて左から右に巻かれており、その外側から穴があいたと考えると適合する。

これらの点からみて、[18]第二紙と第三紙は、かつてかなり長期間、左から右に巻かれた状態でおかれていた、とみられる。そして、紙のいたみ具合いからみて、第一紙も同様に考えてよいと思われる。

また、以上にあげたシミや小孔は、この売券②の前後に表装されている①③の文書には続かない。[19]したがって、この売券②が、右述のように巻かれていた時には、①③とは別々の状態にあったと推測される。

ところで、②の第三紙の左端は、後述のごとく、左右長からみて、切り縮められている可能性は少ない。したがって、もとの端部を残しているとみられる。この第三紙の左端表面には、糊アトやハガシトリ痕はない。また、上下角を切ることも行なわれていない。一方、左端裏側には、裏打紙をすかしてみたかぎりでは、糊アト、ハガシトリ痕はないようである。これらからみて、第三紙の左端には、かつて軸がつけられていた痕跡はなく、また、左にさらに紙が貼り継がれていた形跡もない。

したがって、この売券は、かつては単独で、第三紙左端をもっとも内側にして、軸なしで右方に巻かれていた時期があったことになる。

⑵第一紙

第一紙は、前述のごとく、第二・三紙と紙質を異にする。また、紙のいたみ工合からみて、第二・三紙が右述の状態で巻かれていたとき、すでに貼付されていたとみられる。かかる第一紙の存在は、どのように考えらるか。

この売券にみえる買人の戸主紀朝臣門成は、(A)承和一二年一二月五日「紀伊国那賀郡司解」や、(B)承和一五年五月二日「紀葛成墾田売券」にもみえる。[20] これら三通の売券によって、紀朝臣門成とその子たちが、紀伊国の名草・那賀両郡にわたって、土地を集積し、一部を売却していたことがわかる。

このように、相互に関係ある文書が現存したのは、単なる偶然とは考えにくい。おそらくある段階まで、同じ伝来の仕方をしていたものであろう。紀朝臣門成（葛成）関係の三文書のうち、(A)は、かつては東寺文書であった。[21] この点からみて、この売券も、かつては東寺に所蔵されていた可能性が高い。[22] すなわち、この売券によって紀朝臣氏守が買得した土地は、やがて東寺の所有に帰したと考えられる。

とすると、紀朝臣氏守から東寺への転売あるいは相博または譲与等の過程にかかわる文書類が存在したはずである。これらの文書類は、手継の形で、この売券の右側に次々と貼り継がれていったのであろう。以上のように考えた上で、第一紙は、第二紙の右に貼り継がれた文書の一部が残ったものと判断したい。

その場合、第一紙が現状のようにひどくいたんだのは、巻子の外側に来ていたためであろう。すなわち、この売券は、ある時期に手継の連券から、もとの第一紙の途中で切り離されて単品とされた。そして、単品のまま巻物とされたため、第一紙が外側に来ることとなり、いたんだのであろう。

(3)第二の朱印

第二紙の(22)～(26)行目の部分には、前述のごとく、第二の朱印が三列七顆捺されている。その第三列目の二顆の朱印影は、第二紙の左端で途切れている。このことは、何を意味するか。いくつかの可能性が考えられる。

第一に、第二紙の次に、まず現在の第三紙とは別の紙が貼り継がれた。つぎに、文字が書かれ、朱印が捺された。しかし、その後、この紙は何らかの事情ではがしとられた。そして、新たに現在の第三紙が貼り継がれた、と考える場合である。

第二は、次のような想定である。すなわち、第二紙につづけて、完全な一紙がはじめから貼り継がれた。ついで文字が記入され、継目にかかって朱印も捺された。その後、何らかの理由で第三紙がはがしとられ、その右方が少し切り取られた。その後、第二紙と切り縮められた第三紙とが継ぎ直された、と考えるのである。

以上のいずれが妥当か、確定することは難かしい。しかし、わたくしは、後者の可能性が高いと考える。

まず、この印影の欠失は、四六～七ミリである。糊代三～四ミリを考慮すると、この印影は、かつて貼り継がれていた紙の右端から左方へ、最大で五一ミリあたりのところまで及んでいたことになる。現状では、第三紙側に印影は全くない。第二紙の下になっている糊代部分にもない。したがって、かつて貼り継がれていた紙の右端を、最小限五一ミリ分切り取れば、印影は完全に取り除くことができる。

そこで、第三紙の現存長四八九～四九〇ミリに五一ミリを加えると、五四〇～一ミリとなる。一方、第二紙の左右長は五三三ミリである。これを完全一紙とすると、右の数字はこれに近いことになる。この点からみて、第二・三紙は、もとそれぞれ完全一紙であったが、その後、第三紙を切り縮めて継ぎ直した可能性が高いと考える。

一方、第一の想定の場合、第三紙は、はじめから現在の長さであったことになる。とすると、一紙よりも短い紙をわざわざ貼り継いだことが疑問となる。

なお、第三紙の左端でも切り縮めが行なわれたと考えると、もとの第三紙の左右長は、五四〇〜一ミリよりさらに大きかったと考えねばならなくなる。そうすると、完全一紙とみられる第二紙の左右長とのひらきが大きくなる。したがって、第三紙の左端では、切り縮めはないと思われる。

以上、第三紙右端が切り縮められて、第二紙に継ぎ直されたことを想定した。しかし、この切り縮めが、第二の朱印の押捺以後、どの段階で行なわれたか、明らかでない。

さきに、紙のいたみ具合い、シミ、虫損のあり方などからみて、この文書は、左から右に巻かれた状態に長くあったことを指摘した。その際とりあげたシミと小孔は、第二紙と第三紙に連続していた。したがって、このシミと小孔ができたとき、この切り縮めは、すでに行なわれていたことになる。このことは、この切り縮めが、かなり早い時期に行なわれたことを示している。

つぎに、第二の朱印が捺された理由を考えたい。

この朱印については、第一に、押捺箇所を、売人側署名部分と年紀部分に限定している点が注意される。また、第二に、この印の印文は、残念ながら判読できない。しかし、上述のごとく、紀伊国印・紀伊倉印・名草郡印ではなく、直川郷印でもないと考えられる。とすると、この印は、売人側の私印である可能性が高いであろう。

以上の点から、わたくしは、この印を売人側の売却意思を確認するために、売人側によって捺されたものと考える。

一方、この売券の(1)〜(26)行目は、前述のごとく、一筆である。売人側署名部分の(22)〜(26)行は、もちろん、この中に含まれている。そうすると、まず(1)〜(26)行の部分が書かれ、つぎに売人側の自署が加えられ、しかる後に、売人側によって、売人側署名部分のみに、確認のための私印が捺されたことになる。このことは、この売券が、まずはじめに売人側で作成されたことを意味する。

波々伯部は、この売券が郷長解や郡司解の形式をとらない点は一考を要する、と指摘した。この点や、事実書部分が、売人を主格として記されている点は、右のように考えれば説明がつく。

五　「紀伊国直川郷墾田売券」の作成過程

以上、論述多岐にわたったが、前節までの検討結果にもとづき、この売券の作成・伝来の過程を整理したい。

㋑　まず、売人側で、完全二紙を貼り継いだ用紙が用意された。

㋺　つぎに、売人側で、事書、売却対象地、日付、売人側署名などが記入された。その文字は、もとの第三紙の右端部分にまで及んでいた。

㋩　ついで、売人と売人側の相売・相知の人々が、自署を加えた。

㊁　年紀と売人側署名部分に、売人側の私印と考えられる第二の朱印が捺された。その印影は、もとの第三紙の右端付近にまで及んでいた。

㋭　つぎに、この文書は買人側にまわされ、ⓓが記入され、自署が加えられた。

㋬　ついで、ⓔが記入され、当里刀祢が順次自署を加えた。

㋣　さらにⓖⓗが記され、郷長と田領が自署を加えた。

㋠　その後、この売券は名草郡家にまわされた。そこでⓘが記され、郡司たちが自署を加えた。

㋷　以上の㊁〜㋠のいずれかの段階で、もとの第三紙の右端付近にまで及んでいた売人側の記述に、何らかの問題のあることが明らかとなった。そこで、第三紙のこの部分が切り縮められ、あらためて第二紙に貼り継ぎ直された。

㋦　売人側署名部分をのぞく全面に、名草郡印が数十顆捺された。

ル　この売券の対象地は、その後、転売・相博・譲与を経て、やがて東寺の所有に帰したと思われる。この転売等を証する文書は、この売券の右端に貼られ、手継連券とされた。この手継連券は東寺に所蔵されていたと考えられる。

ヲ　その後、この売券は、第一紙（したがって、右に貼り継がれていた文書の最終紙）の途中で切断され、単品とされた。この切断の時期が、東寺にあった間か、それとも流出後かは明らかでない。

ワ　単品とされたこの売券は、左から右に巻かれ、その状態で長期間おかれていたらしい。このため、外側に来た第一紙やそれにつづく第二紙の右方は、かなりいたんだ。また、シミの浸透や破損・虫損も進んだ。

カ　この一巻は、時期不明だが、東寺から流出し、経路不明だが、伊勢内宮神官藤波家の所蔵に帰した。

ヨ　この売券②は、文書①や③とともに、第一次裏打を施され、三文書あわせて一巻に仕立てられた。その時期と、藤波家の所蔵に帰した時期との前後関係は明らかでない。

タ　この一巻（『貞観延喜古文書』）は、その後さらに表裏のやりなおし（第二次裏打）が行なわれ、現状となった。

レ　この一巻は、その後、藤波家から、大阪の八田兵次郎の手にわたった。タの第二次裏打がなされた時期が、その前か後か明らかでない。

ソ　昭和一一年（一九三六）六月一日、八田兵次郎は、この一巻をはじめとする多くの典籍文書類を神宮文庫に奉納した。これにより『貞観延喜古文書』は、神宮文庫の所蔵となり、現在にいたっている。

六　むすび

土地の売買では、売人と買人の利害がぶつかりあう。両者のさまざまな思惑の妥協として、土地売買は成立するのである。その証拠文書である売券には、こうした両者の関係が、何らかの形で反映するであろう。売券の作成にあたっては、両者の微妙な関係を定着させるために、幾重もの手続きが積重ねられ、証拠能力が高められたと考える。こうして、売券には、売買人両者の関係や売券作成手続きが、さまざまな形で刻み込まれたと思われる。

本章が対象とした売券にも、このことはうかがえた。まず売人側で作成が開始された。その後、売人・当里刀祢・郷長・田領・郡司に文書が廻されていった。売人以下の自署以外の部分の記載が、それぞれ別筆である点からみて、郷または郡の事務機構が、何回となく関与したと考えられる。この売券は、このような幾重もの手続きをへて、次第に完成されていったのである。逆に、このような手続きを経ることが、売券の完成には必要であったのであろう。

つぎに、この売券が、郷長解の形式をとらず、売人側がその作成に大きな役割を果たしてことも注目される。郷長・郡司の自署があるので、郷レベルをへて郡に送られたことは確かである。しかし、実際の作成については、神門今子の家政組織の果たした役割が大きかった。この事実は、売券作成にあたって、郡—郷の官僚機構と売買人の家政組織との関係が、多様でありうることを示している。

以上、「紀伊国直川郷墾田売券」の原本調査の結果を報告し、あわせて拙い考察を行なった。この売券の歴史的位置づけや、印文、伝来その他、未解決の点を多く残した。これらは、同時期の文書の原本調査を積み重ねる中で、さらに検討していきたい。

（1）　こうしたことは、もちろん売券のみに限られることではない。

（2）　この文書については、後掲『神宮文庫増加図書目録　第十五号』『貴重図書解題』その他のように、種々の名称がつけられている。本文に掲げたのは、『平安遺文』の命名による。ただし、『平安遺文』（初版）は「真川郷」とするが、これが「直川郷」の誤りであることは、小林後掲注(4)論文に指摘されている。管見のかぎりで、「貞観延喜年間文書」とするものは見あたらなかった。

(3) 後述する神宮文庫関係の目録では、いずれも「貞観延喜古文書」と称されている。

(4) 小林昌二「刀禰論序説」(『愛媛大学教育学部紀要』第二部 人文・社会科学七、一九七四年一二月)。以下、小林の見解は全てこの論文による。

(5) 波々伯部守「紀伊国直川郷墾田売券をめぐって」(『和歌山市史研究』一一号、一九八三年三月)。以下、波々伯部の見解は全てこの論文による。

(6) このほか、この売券を用いた研究の主なものとして、加藤友康「八・九世紀における売券について」(土田直鎮先生還暦記念会編『奈良平安時代史論集』上巻、吉川弘文館、一九八四年九月)、谷岡武雄「紀ノ川流域における条里」(藤岡謙二郎編『河谷の歴史地理』、蘭書房、一九五八年三月)、西山良平「〈郡雑任〉の機能と性格」(『日本史研究』二三四号、一九八二年二月)、丹生谷哲一「在地刀禰の形成と歴史的位置」(大阪歴史学会編『中世社会の成立と展開』、吉川弘文館、一九七六年一月)、畑井弘「八～一〇世紀の林田農業と家地経営――中世的土地所有成立の一前提――」(『律令・荘園体制と農民の研究――焼畑・林田農業と家地経営――』、吉川弘文館、一九八一年二月、もと『史林』五九―三、一九七六年五月)、服部昌之「太田・黒田地域の歴史地理的環境」(『律令国家の歴史地理的研究――古代国家の空間構成――』、大明堂、一九八三年二月、もと和歌山市教育委員会『和歌山市太田・黒田地域総合調査 地理・歴史調査概報』、一九六九年三月)などがある。これらの諸論考についても、本文のごとく言いうる。

(7) 「彩鳳」の朱印を用いた藤波氏が誰か、不明である。

(8) 八田兵次郎の名は、『人事興信録』の第六版をのぞく第四版から第一二版にみえる。これらによると、同氏は、はじめ「兵庫県平民」であったが、第九版(昭和六年六月)から「大阪府在籍」となっている。また、第四版(大正四年一月)以降、「大阪株式取引所取引員」「大阪株式取引所一般取引員」「大阪堂島米穀取引所取引員」などのほか数社の役員となっている。第四版・第五版(昭和七年九月)には、「君又公共心に富み曩に済生会に金一万円を寄付し其他大阪神戸の各図書館大阪京都神戸の各小学校等に幾多の書籍金品を寄付せり」とある。これらの点からみて、この人物こそ神宮文庫に『貞観延喜古文書』その他を奉納した八田兵次郎と同一人物であろう。

（9）同書末尾に「（注）右目録ハ八田兵次郎氏ヨリ奉納ヲ受ケシモノ三七五部一一四一冊ヲ採録スルモノナリ」とある。

（10）神宮文庫の内部資料。同文庫の御好意で閲覧させていただいた。神宮司庁の原稿用紙にまとめられたもので、次の二つの部分からなる。第一、昭和一八年八月末までの受入分のうちの貴重図書類の解説。第二、昭和二一年一月の御巫清白氏献納本の貴重図書の解説。

（11）たとえば、「氏経卿神事記藤波氏経日記原本」「藤波家旧蔵神官祠官叙位補任文書」「藤波家旧蔵譲与貸借売買文書」などである。

（12）上下端は、すでに第一次裏打の際に、切り整えられている可能性がないとはいえない。したがって、現時点で、本来の上下端が残っているという保証はない。このことは、次に述べる第三紙の上下端、左端についてもいえる。これらについて端部が残存云々という場合の端とは、必ずしも本来の端を厳密に指すわけではなく、虫損や破損などによって失なわれる以前の端、という程度の意味である。

（13）木内武男『日本の官印』（東京美術、一九七四年一一月）四二ページ、本書第一一章。

（14）藤貞幹『金石遺文　附録』、『集古十種』印章部（国書刊行会本四七六ページ）に印影が収録されている。なお、この文書については、拙稿「『紀伊国在田郡司解』の史料的検討」（直木孝次郎先生古稀記念会編『古代史論集』下、塙書房、一九八九年一月、本書第Ⅲ部第一三章）参照。

（15）穂井田忠友『埋麝発香』、木内前掲注(13)著書四一ページに印影収録。

（16）藤貞幹『金石遺文』（「長和元年一二月廿、日紀伊国々司牒合縫所印」）、『集古十種』印章部（国書刊行会四八二ページ、「長和元年十二月廿□日紀伊□々司牒合縫所印」）に印影が収められている。ただし、ともに「紀伊守印」とする。木内前掲注(13)著書の「日本官印集成表」では、「紀伊倉印」とし（「長和元年、紀伊国司牒」）、寸法を五・〇センチとする。

（17）郷印は、現在のところ、四例知られている。すなわち、「伊保郷印」（印面縦三三ミリ×横三三ミリ）、「伊保郷印」（縦三三ミリ×横三一ミリ）、「次田郷印」（縦三四ミリ×横三四ミリ）、「余戸郷印」（縦三三ミリ×横三一ミリ）

で、いずれも印そのものが伝存している（国立歴史民俗博物館『日本古印集成』一九九六年三月）。これらは、第一に、ともに第三文字目（左上）に「郷」の字を配している。これに対して、第二の朱印の左上の文字は、明らかに「郷」ではない。また、第二に、大きさも、第二の朱印の方が、一まわり大きい。この二点は、いずれも決め手にはならないが、第二の朱印が直川郷印でない可能性は、かなり高いと思われる。

(18) 同様のことは、下端から約一〇センチ上にある虫損からもいえる。この虫損は、第三紙から第二紙にかけて、七箇所存在する。その間隔は、左から右に一〇四、一〇八、一一五、一二〇、一二六、一三二ミリである。やはり右に行くほど間隔がひろがっている。

(19) ③の文書に、同じようなシミがみえる。しかし、②の売券のものに比べてやや薄く、間隔も異っているので、②と③の文書が、かつて重なってついたものではない。

(20) 波々伯部前掲注(5)論文、丹生谷・畑井注(6)論文。波々伯部守は、その後、紀葛成と紀門成とを別人と見た方がよいのではないか、としている（「九世紀の『紀伊国四売券』について」、薗田香融編『日本古代社会の史的展開』、塙書房、一九九九年三月）。現時点では、私見もこれに傾いているが、別人であると断言することもできないので、しばらく本文のままとしておく。

(21) 本書第Ⅲ部第一一章参照。

(22) 前述のごとく、『平安遺文』の解説では、根拠は示されていないが、『貞観延喜古文書』所収の三文書を、ともに東寺文書と推定している。

第一五章　「平田福刀自子家地充文案」と「延喜天暦保延古文書」

一　はじめに

延喜一一年二月二三日「平田福刀自子家地充文案」は、『平安遺文』に二〇五号として収められている。この文書を、かつて『和歌山県史』古代史料一（一九八一年一月）に「平安時代（二）」二一号として収録した際には、『平安遺文』の釈文によるにとどまり、原本による確認をしなかった。この点を反省して、同書の刊行後に原本調査を実施したが、その結果を公表することなく今日にいたってしまった。本書の刊行を機に、さらに原本調査を重ねたので、[1]以前の調査と併せて、その結果を明らかにしたい。

さて、この文書は、「根岸文書」の一点で、現在、国立国会図書館（古典籍資料室）に所蔵されている。これは、大和国葛下郡にあった家地と公験を、平田宿祢福刀自子が、甥の同姓高雄に「永年度し行」ったことを記した充文の案文である。この文書は、土地売券ではないことから、これまで売券研究の俎上にのぼせられることなく、あまり言及されることがなかった。

しかし、文面に、平田福刀自子は紀伊国伊都郡に居住していたとあり、伊都郡判が加えられている。したがって、この文書は、古代紀伊に関係する貴重な史料の一つなのである。紀伊にかんする古代文書の再点検をめざす本書としては、看過することはできない。

以下、本文書の原本の調査結果を明らかにし、考え得た点を示すこととする。

二　青山文庫と古代史料

本文書は、根岸武香（初名信香、通称伴七、号榧園）の蒐集した文書の一点である。現在、国立国会図書館に、同氏の蒐集品からなる「青山文庫」の一点として所蔵されている。
帝国図書館編『帝国図書館所蔵青山文庫和漢図書目録』（一九三五年七月）ならびに国立国会図書館支部上野図書館編『上野図書館八十年略史』（一九五三年三月）によると、埼玉県大里郡吉見村字青山に在住した根岸武香の蒐集した書籍文書類は、「青山文庫」として知られていたが、昭和三年八月に根岸憲助（武香の孫）[2]によって東京上野の帝国図書館に委託され、その後、昭和六年八月[4]に根岸信輔（武香の曾孫）により、寛永江戸図以下五三部を加えて寄贈されたものである、という。帝国図書館では、これを整理し、右記の目録を刊行したのである。[3]
帝国図書館は、その後、昭和二二年一二月四日の政令により、国立図書館と改称したが、昭和二四年三月末をもって、機能を国立国会図書館に統合され、同図書館の支部図書館として上野図書館と改称された。[5]昭和三六年、上野図書館の主要蔵書は、国立国会図書館の現庁舎（東京都千代田区永田町）に移転された。[6]「青山文庫」の書籍文書類は、この時移転されたものと思われる。
国立国会図書館所蔵の「青山文庫」は、九七七部三四六三点に及ぶというが、[7]そのうち古代の文書を含むものに次の六点がある。各点の一行目は、現在の国立国会図書館目録の呼称と番号、二行目は帝国図書館目録の呼称と貴重書の番号（原本によって確認した）、三行目は、原本の箱書・表題などである。

①在印古文書　WA25-38
在印古文書二三通　一帖　貴9-3
墨痕紅影
②田券と古文書　WA25-39
田券と古文書　一帖　貴9-5
田券と古文書　一帖
③田券弘仁、仁寿、貞観　WA25-40
田券〔弘仁、仁寿、貞観、近江国愛智郡田券〕　一軸　貴9-12
田券文
④田券嘉祥、斉衡頃　WA25-41
田券〔嘉祥、斉衡頃、山城国葛野郡田券〕　一軸　貴9-13
山城国葛野郡高田郷田券　他
⑤延喜天暦保延古文書　WA25-42
延喜天暦保延古文書　一軸　貴9-14
延喜・天暦・保延古文書
⑥東寺補任古文書寛治、長承　WA25-44
東寺補任古文書四通　寛治、長承年間〔各通太政官印アリ〕　一軸　貴9-17
東寺補任古文書

これらに含まれている平安時代の文書については、すでに藤井貞文によって整理され、釈文も示されている

表１　藤井目録

藤井目録の文書番号・文書名・年紀			A	B	『平安遺文』の番号・文書名
1	近江国蚊野郷秦成人解	弘仁11・12・5	③	1	47近江国蚊野郷墾田売券
2	山城国高田郷長解	嘉祥2・7・29	④	3	90山城国高田郷長解
3	同	同	④	4	
4	山城国秦鯛女解	同年11・21	④	2	93秦忌寸鯛女家地立券文
5	同国高田郷長解	同4・2・27	④	5	100山城国高田郷長解
6	近江国大国郷秦秋男解	仁寿4・10・25	④	6	116近江国大国郷墾田売券
7	秦永成家地相博券文	斉衡2・4・11	④	8	118秦永成家地相博券文
8	同	同年④・11	④	9	119秦永成家地相博券文
9	近江国大国郷秦福萬解	貞観3・10・19	③	10	131近江国大国郷墾田売券
10	山城国左京秦岑吉解	延喜9・7・17	②		200左京秦岑吉畠売券(8)
11	平田福刀自子家地充文案	同11・3・22	⑤	11	205平田福刀自子家地充文案
12	平忠信書状案	天暦5・5・11	⑤	12	260平忠信家地売券
13	平忠信家地売券案	同	⑤	13	259平忠信家地売券
14	置染某家地売券	同11・8・15	⑤	14	270置染乙連家地売券
15	造東大寺牒	寛和1・10	①	15	322造東大寺牒
16	石山寺座主次第	長暦1・12	②		
17	東大寺返抄	天喜3・11・19	①	16	746東大寺返抄案
18	使僧菊式請文案	同4・2・3	③	17	759但波菊式請文
19	民部省符	承保1・8・28	②		1106民部省符案(9)
20	太政官牒	寛治1・12・23	⑥	20	
21	東寺返抄案	康和1・10・5	①	18	1415東寺返抄案
22	能登国前雑掌調成安解	同3・9・10	①	19	1450能登国雑掌調成安解
23	太政官牒	天永2・5・11	①	21	
24	同	長承3・7・6	⑥	38	
25	同	同年6・20	⑥	36	
26	同	同	⑥	37	
27	僧隆尊田地売券	保延7・3・19	⑤	40	2442僧隆尊田地売券
28	東大寺領坪付断簡		⑤		
29	興福寺勝永注進状案	平治1・8	②		補90大和国小東荘千能名田畠坪付

注１：Aは各文書が収録されている冑山文庫の巻
２：Bは『根岸文書』一（東京大学史料編纂所）の収録順

表２　藤井目録にない『平安遺文』所収の根岸文書

『平安遺文』番号・文書名・年紀			B
1004	造観世音寺行事所請文案	治暦２・５・21	29
1007	造観世音寺行事所請文案	治暦２・６・４	30
1011	造観世音寺行事所雑物下用日記案	治暦２・９・12	31
1012	造観世音寺行事所請文案	治暦２・11・20	32
1375	大宰府政所牒案	永長２・６・25	28
1376	筑前国碓井封山口村住人注進状案	永長２・６・26	24
1377	大宰府政所牒案	永長２・６・26	27
1378	筑前国天満宮安楽寺留守所牒案	永長２・６・28	26
1379	大宰府政所牒案	永長２・６・29	25
1395	筑前国観世音寺三綱解案	承徳２・４・１	22
1396	筑前国安楽寺牒案	承徳２・４・５	23
2366	筑前国観世音寺封荘作田地子段米注進状	保延３・３	35

注：Bは表１のBに同じ

（以下、藤井目録、藤井釈文）。つぎに、それを基礎にして、関係情報を付加したい（表１）。

これらのうち、３・16・20・23〜26・28の八点は『平安遺文』に収められていない。一方、『平安遺文』は、東京大学史料編纂所所蔵の影写本『根岸文書』一〜三（3071.34-4）を参照したものと思われるが、藤井目録にない文書が一二通収載されている。それらを表２に列挙する。これらは、すべて東京大学史料編纂所『根岸文書』一に収録されている。

三　「延喜天暦保延古文書」の形状

⑴容器とラベル

「平田福刀自子家地充文案」は、前述のように、「延喜天暦保延古文書」一軸に収められている。そこでまず、この一軸について検討することとする。

「延喜天暦保延古文書」（ＷＡ25-42、もと貴9-14）は、現状では長楕円球形の容器（長さ四三二ミリ、幅七二ミリ、厚さ五五ミリ）に収められている。身側の底部に二つ孔をあけ、そこに通した青い組紐で縛っている。

蓋の外側の中央やや上方には「延喜・天暦・保延古文書」と

墨書した紙（縦一六一ミリ、横二一ミリ）が貼られている。

この貼紙の右上方に(a)「WA25／42」と書かれた図書ラベルが貼られている。WAは朱色である。また、蓋の内側の下方には、(b)「旧請求番号／貴9―14」と書かれた図書ラベル（縦一六ミリ、横二〇ミリ）が貼られている。枠線と「旧請求番号」は薄い青色で印刷され、「貴」は朱のスタンプ、「9―14」はペン書きである。さらに、容器の身の頂部にも、(c)「貴9／特別／14」と書かれた図書ラベル（縦二六ミリ、横二一ミリ）がある。周囲に唐草風の文様をあしらい、二重枠をうす茶色で印刷したもので、「貴」は朱色スタンプ、「特別」は楕円枠で囲まれた朱印である。

以上(a)(b)(c)の三種の図書ラベルは、いずれも国立国会図書館のものであるが、蓋の表側の下方に貼られているものはそうではない。これは、朱色模様の四角枠のなかに(d)「一四七」と墨書したものである（縦二二ミリ、横一六ミリ）。これと同じラベルは、①在印古文書「一四四」、③田券「一四八」などにもあり、おそらく根岸家に所蔵されている段階のものと考えられる。(10)

(2)装丁と題籤軸および印

上記の容器の中に、左軸の一巻が納められている。外題は書かれていない。表紙は縦二九〇ミリ、横二五五ミリの楮紙で、八双の竹を巻き込んで、見返し側に約一二ミリほど折り返されている。その中ほど、上から約一四五ミリのところに孔をあけて緒を通している。緒は茶色の組紐である。

表紙は上下に破損箇所があり、裏打ちして補修されている。表面は、八双の竹に近づくほどささくれだっている。表紙の左下隅に(a)の、右下隅に(b)の図書ラベルが貼られている。見返し側には薄葉が貼られている。

一巻の奥（左端）には、軸付紙が貼られており、その左端に軸がつけられている。軸付紙は縦二九一ミリ、横一五二ミリで、左端側の上下角が三角形に切り取られている。後述するように、この巻物は、裏打ちが二回行われている。軸付紙の上下幅は、新しい方の裏打紙の上下幅と一致している。すなわち、この軸付紙は、古い裏打紙の段階や、それ以前の手継文書の段階につけられたのではなく、新しい裏打ちがされた時点で貼り継がれたことになる。

そうすると、この軸付紙の左端に貼り付けられている題籤軸の時期が問題となる。それには、つぎの三つの可能性があると考えられる。

(1)　手継文書が形成されていったいずれかの段階で製作され、直接⑦の左端に貼り付けたか[11]、軸付紙の左に貼り付けた。

(2)　古い裏打ちが行なわれたときに、新しく題籤軸を造ったか、(1)の題籤軸を着け直した。この場合、直接⑦の左端に貼り付けたか、新しく軸付紙を造ってそれに貼り付けたかは不明である。

(3)　新しい裏打ちが行なわれたときに、新しく題籤軸を造ったか、(1)もしくは(2)の題籤軸を転用した。その際、新しく軸付紙を⑦の左端に貼り継いで、それに題籤軸を貼り付けた。

以上のいずれであるか、現段階では決めがたい。しかし、いずれであるにせよ、題籤に書かれた内容は、後述するように、手継文書の内容に即している。

軸は、全長三六五ミリ、直径一二ミリの丸い軸で、頭部に将棋の駒の形をした題籤が付いている。この題籤の大きさは、上下長四八ミリ、底部幅二一ミリ、上部幅一七ミリ、厚さは下端部で一五ミリ、上端部で一〇ミリである。上端から下三ミリの部分が圭頭になっている。

この題籤の一面に「延喜十一年」、その左側面に「三月廾三日」、他面に「八田券」と墨書されている。年と月日との関係から、軸を右回転させて、「延喜十一年／三月廾三日／八田券」の順に読むべきものであることが知られる。

この日付は、一巻の末尾に貼られている「平田福刀自子家地充文案」の日付と同じである。そうすると、この巻物を展開させた状態から右方向に巻き戻す順に、末尾の文書の日付を書いていることになる。

後述するように、この一巻には七通の文書しか貼り継がれていない。したがって、「八田券」という墨書は、文書数を示すものではない。この墨書の意味するところについては、各文書の内容的な検討をへたのちに、ふたたび取り上げることになるであろう。

表紙裏（見返し）の左下方に三つの朱印が捺されている。また、第一紙の右下方にも朱印が一つ捺されているので、このあたりに四つの朱印が三列に並んでいることになる。

右列の上には、(イ)四角枠内に「根岸信輔氏寄贈」とあるものが捺されている（縦四五ミリ、横七ミリ）。その下には、(ロ)直径二四ミリの丸印が捺されている。二重円の内側に「帝圖」とあり、そのまわりの二重円の間に「昭和九・六・二七寄贈[12]」と円状に文字が配されている。つぎに、中央列の朱印は、(ハ)四角枠内に「青山文庫」とあるもので（縦七四ミリ、横一八ミリ）、左列（第一紙右端）のものは、(ニ)四角枠内に「帝國圖書館」とあるものである（縦七四ミリ、横一七ミリ）。

これらとは別に、一巻の末尾に(ホ)「根岸／武香／珍蔵」の四角い朱印（縦一八ミリ、横一九ミリ）が捺されている。

以上の(イ)〜(ホ)の五種の朱印は、捺される位置関係は異なるものの、①〜⑥の各巻に捺されている。これらのうち、(ハ)(ホ)が根岸武香所蔵時の捺印、(ロ)(ニ)が根岸信輔から寄贈を受けた東京上野の帝国図書館の捺印で、おそらく(イ)も同じであろう。

表3　藤井目録・『平安遺文』・『根岸文書』対照表

配列順	藤井目録の番号および文書名・年紀		『平安遺文』の番号と文書名	B
(1)	某書状			
(1)裏	28 東大寺領坪付断簡			
(2)	某書状	(年欠) 2・24		
(3)	27 僧隆尊田地売券	保延 7・3・19	2442僧隆尊田地売券	40
(4)	12 平忠信書状案	天暦 5・5・11	260平忠信家地売券	12
(5)	13 平忠信家地売券案	天暦 5・5・11	259平忠信家地売券	13
(6)	14 置染某家地売券	天暦11・8・15	270置染乙連家地売券	14
(7)	11 平田福刀自子家地充文案	延喜11・3・23	205平田福刀自子家地充文案	11

注：Bは表1のBに同じ

(3)文書の配列・虫損等・折目

「延喜天暦保延古文書」には、つぎの七通の文書が、この順に右から左に貼り継がれている（表3）。

以上の七紙の左右両端は、いずれも直線的であり、切断されたと見られる。継はいずれも順継ぎで、糊代三ミリ前後で統一されている。これらはみな補修によるものと見られる。

各文書には、いずれも虫損・破損・ヨゴレ（以下、虫損等）があるが、継目を越えて左右の文書に続くものは、これまでの調査では、認められなかった。また、虫損等が継目のところで二紙にまたがるものも、同様に見いだせなかった。このことは、これら七通の文書が、それぞれ別の場所[13]にあって虫損等を受けたのちに一巻にまとめられたことを示唆する。

しかし、虫損等の状況は、さらに精査すれば新たな事実を発見できるかもしれないので、今のところは確言を避けておきたい。これと関連して、根岸武香がすでに成巻されたものを入手したのか、それとも根岸によって成巻されたのかは、今のところ断定はできないが、のちに検討するように、前者である可能性がある。

全七通のうち、年紀が判明する(3)〜(7)の五通の配列は、左から右へおおむね時間順になっている。しかし、(6)の位置だけがこれにそぐわない。(4)(5)と(6)で時間の順序が逆転しているのである。もし(6)が(3)と(4)の間に配列されれば、(3)〜(7)は、左から右に時間順に並ぶことになる。このような配列の逆転は、どうして生じたのであろうか。

この問題については、(4)(5)(6)の三通の上下の真ん中付近に、左右方向に、いずれも上下二つ折りにした折目がある点に注意する必要がある。(1)(2)(3)と(7)には同様の折目はないから、この折目は、成巻後に折られたのではなく、それ以前の段階でつけられたものである。

この折目は、(4)(5)(6)の順に強くなっている。この点も、成巻後の折目としては理解できないが、このような状態は、この三通が重ねて二つ折りにされていた時期があったことを示唆する。三通の虫損等には、折目をはさんで上下対象のものは見あたらないから、虫損等を被ったのが先で、折目が後ということになる。したがって、(4)(5)(6)の三通は、もとは別々の場所にあってそれぞれに虫損等を被り、その後、三枚が重ねられて折られたことになる。

この三通が重ねられていた順序に確証はないが、折目の強さの程度から見て、外側から(6)(5)(4)の順であった可能性が高い。そうすると、現状のように成巻する際に、この順序を崩すことなく、左から右に(6)(5)(4)と貼り継がれたことになる。

以上によると、(3)〜(7)の配列で、(4)(5)と(6)の時間順が逆転した理由を説明することができる。すなわち、(4)(5)(6)は三枚重ねで折られていたのであるから、それを右から左に貼り継いで成巻する際には、(4)→(5)→(6)の現状のようにも、逆に(6)→(5)→(4)の順にも配列することができる。後者の場合、(4)(5)の日付は同じであるから、時間の順序の逆転は起きないことになる。

しかし、上から(6)(5)(4)の順に重ねられていた三通を、成巻時に、左端の(7)の右側に、一番上の(6)を貼り継ぎ、ついで順次右に(5)→(4)と貼り継いでしまったのである。

四　各文書の釈文

「延喜天暦保延古文書」に貼り継がれている七通の文書のうち、(1)裏、(3)〜(7)の六通の釈文は、すでに藤井貞文によって示されている。[14] これを原文書と比較検討した結果と、藤井の提示しなかった(1)(2)の釈文をつぎに示そう。[15] 藤井釈文との対比は、新旧字体のちがいについては、いちいち注記しない。

(1)「某書状」

④申し　　　　　　③わ□□(らはカ)も申し
さふらはや　　　　□(まカ)いらせん
な　　　　　　　　われも人も
⑧こまかには　　　たいらかて
あれより　　　　　□(又カ)
⑨申し
□(まカ)いらん　　　①五日すてにくたりさふ□
⑤まきるゝ　　　　ぬるなりなに□(かカ)となく
中に　　　　　　　まきらはしさに心の□(つカ)
も　　　　　　　　もなくてなに□□
⑥春□(かカ)に　　　申しいて
まかりぬるか　　　たる

心に思ひ
②こともなくてまかりぬ
⑦をく　　くちをしさ
ことの　　こそたよりあ□
□□に（一年カ）
さふらふや
うにて　　□□
こゝろほそく　　こ□□（れカ）
て侍に　　しらかはより
□て（もカ）
□□□□
いまこそ　ゐきし
まの　のさ□

(1)裏「東大寺領坪付断簡」（※は合点の存在を示す）

十一条二里野井里[2]卅一坪一段半（□□小應徳二年田文[1]）（加半承暦二年）　卅二坪一段半加小寛治八年
三里一坪一段半　二坪二百卅歩加小寛治八年 加大承暦二年[3]
已上見康和五年田文（嘉保二）

注進　東大寺領佛聖白米免庄之坪之ボ事

合

一　廣瀬郡小東庄事

○[4]在北郷中闇村十二条[5]二里[6]※[7]六坪二反日　庄□勘合内

七坪二段卅卜日

十七坪二反白[8]　十八坪二反日

十九坪四反六[9]十[10]卜日一反半　廿坪五反半日[11]　二反半

廿一坪二反

二坪一反応徳

□[12] [13]三里一坪二反[14]　※[15]三坪一反小[16]日庄請田　卅坪半庄請田

○[17]七三条二里[18]四坪七反[19]「※[20]加荒一反」[21]

六坪六反日四反　七坪大日

十坪三段日加半永保三年　十一坪五反日

十二坪□反　十三坪七反大日六反[22]※加荒一反

十四坪五反日　※十五坪二反日二反荒一反庄請内

十六坪六反　十七坪五反日

※十九廿□坪九反日　庄請内廿二反

廿一坪一□[23]日七反　廿二[24]坪五反日四反

廿三坪五反三百卜日五反　廿四坪一□[25]日一反

廿五坪一□[26]日九反小　廿六坪八反小日二反小

廿七坪七反日一反加半應徳二年　廿八坪一□[27]日八反
廿九□[28]　卅坪五反松尾領林
※卅一坪三反大天喜二年　卅二坪七反日三反
卅三坪一□[29]日五反　卅四坪一□[30]
卅五坪一□[31]日五反道林三反　卅六坪一□[32]日七反　□長楽寺

(2)「某書状」

傳進

丹波掾貴職申文事

右、以去十九日、差専使馳下遣、而件
貴職在京者、尋求宿所、彼請文取進
子細請文候、而須平□参仕言上、案内侍
而駄不候、不堪早参、以件由令上啓、
給慥案内、件綾男丸執啓歟、恐々謹言

二月廿四日（草名）

進上判官御房政所

(3)「僧隆尊田地売券」（地立券文事）

沽却　所領田□□□□□

合柒段佰貳拾歩之
　四至際目在本券面之
　　在葛下郡廾四条三里廾五坪之内
右、件□（田）地者、僧隆□□（尊之）先祖相傳所領也、
而今價直依要用、限米参拾壹石、為永代
作手、當麻三子相副於本公験沽却之
處也、仍為後日沙汰、勤署名之状
如件、以解、
　　保延七年三月十九日賣人僧（花押）
　　　　　　　　　　　　買人當麻

（裏書1）於件伍段者、任先師教實之
遺言、今寄進畢、限永代、
可宛五月二日本願□（聖）武天□（皇）
御國闋[33]用途之状、如件、
（裏書2）之内、於平田御庄領壹段小者
　　　賣渡伴清包了、
之内、春日壹段、夫姉子渡賣了、

(4)「平忠信書状」

（端裏書）
「はたの一段之[34]まい[35]」

不堪進向廿四条三里廿五坪地本公験等状

右、須件地副本公験沽進、而依載他[36]坪〻并同券之内、他人沽与、不堪進向、若立券文之日有疑者、須将進向之、

天暦五年五月十一日

石見掾平「忠信[37]」

(5)「平忠信家地売券」

謹解　申賣買家地立券文事

合壹佰貳拾歩　四至（限西北公田　限南畔）　限東縣犬養真葛地

在葛下郡廿四条三里廿五坪

右、件家地、賜故親父當國大掾正六位上平朝臣秀行之處分地矣、而以稲壹佰参拾束宛充價直、与賣置始連苐[38]連既畢、仍勒賣買両人并保證署名、立券文如件、以解、

天暦五年五月十一日

専賣人石見掾正六位上平朝臣「忠信」

買人置始連「乙連」

保證刀祢

倉門「能果」

當麻

平　「忠明」

藤原「好胤」

前土左掾伴「秋範」

（裏書）[39]「之内於二段[40]少者、賣渡伴清包了」

(6)「置始乙連家地売券」（紙面に郡印二十七顆を捺す）

（端裏書1）[41]「廿四条三里廿五坪八田坪」　（端裏書2）[42]「□□□ □□□」

謹解　申賣買家地立券文事

合壹佰貳拾歩　四至限西北公田 限南畔　限東縣犬養真葛地

（異筆1）「但、貳段賣度許曽部安延已了」

在葛下都廿四条三里廿五坪

右、件地、已買地矣、而以稲壹佰伍拾束充價、常地与賣

藤原朝臣基連既畢、仍勒賣買両人幷保證署

名、立券文如件、以解、

天暦十一年八月十五日専売人置始「乙連」

（異筆2）[43]「件家地、源英君副　買人藤原「基連」

便物代公験充行

常地已了、

前下野掾藤原「基連」　　　保證刀祢加證署

大宅「仲岑」

倉門「能果」

(異筆3)「件家地、桑原藤子副[44]　　　當麻

便物代公験度行常地　　　平「忠明」

已了」[45]　　　前土左掾伴「秋純」

(異筆4)「永延二年十一月廾九日返出云々」[46]　當國前掾藤「好胤」

(異筆5)「郡判 立券壹通主料

大目惣行事置始「草名」

惣行事　葛木「草名」

坂人部

国　目「代厨」　　」

(7)「平田福刀自子家地充文案」

充行家地公験事　(異筆1)「案文」

合肆枚　一枚本券文　一枚行文　二枚処分帳　　地員貳段貳佰歩

在大和國葛下郡廾二条三里十八坪一段、東南角、

右、故伯父平田宿祢全妖丸得分地也、而賜福刀自子已了[47]、

同郡廾四条三里廾五坪一段、廾六坪二百歩、（別筆2）「件坪三男処分了」

右、故親父賜地公験也、

右、件家地公験、依有教、甥同姓高雄永年度行如件、

延喜十一年三月廾三日姑平田宿祢　福刀自子

件公験度給見、甥平田　常範

福刀自之居住紀伊国伊都郡判[48]　平田　安範

検校正六位上文伊美吉　今雄　所由文　新雄

郡老□六位下六人部連　文　興國

郡老大領外従八位上文伊美吉　文　全邦

□大領従七位上文伊美吉

擬大領従八位上六人部連　主帳外大初位旦来直

「[49]」従八位上六人部連　忠雄

「[50]」従八位上文伊美吉

番号	藤井釈文	私見
1	□	小
2	廾	井
3	□□（承暦）	承暦と読み切ってよい。
4・17	ナシ	行頭に「の」の字のような記号がつけられている。

5	□	条
6	□□（二里）	二里と読んでさしつかえない。
7・15・20・22	ナシ	※
8	白	同様の文字はみな「日」と読めるが、ここだけは「白」である。
9	段	反
10	四十	六十
11	白	日でさしつかえない。
12	□三里…	□は「三里」の上にあるが、斜線で次行「三」の訂正であることを示している。
13		この行は、行間に挿入されている。
14	ナシ	斜線で挿入位置を指示している。
16	ナシ	小
18	□	二
19	□（七）	七
21	ナシ	「　　」七文字程度あるが、虫食いのために判読できない。
23・25〜27・30〜32	丁	二文字で「一」とタテボウ（町の意か）とみる。
24	□（廿）	廿
28	丁	□（タテボウのみ）
29	ナシ	一□
33	関	關

34	の	之
35	まい	この部分は、薄葉がかけられていて不明瞭である。
36	地	他
37		「忠信」は自署と見られる。
38	第	苐
39	上田	之内
40	歩	少
41・42		藤井は、端裏書1・2をともに落としている。
43・44・46		藤井は、異筆2・3・4を一まとめにしているが、三つに分かれる。
45・47	巳	已
48	子	この部分には虫食いがあって判読しにくいが、「子」ではない。「之」であろう。
49・50	□□□	いずれも字数を確定しないほうがよい。

五　各文書の形状と内容

「延喜天暦保延古文書」に貼り継がれている七通の文書について、その形状と内容について、時間順に順次見ていくこととしたい。

(7)延喜一一年（九一一）三月二三日「平田福刀自子家地充文案」（写真1）

(7)は、右端表側に、断続的に糊アトがある。左端側はイタミが進んでおり、上下隅部分が破れている。左右幅

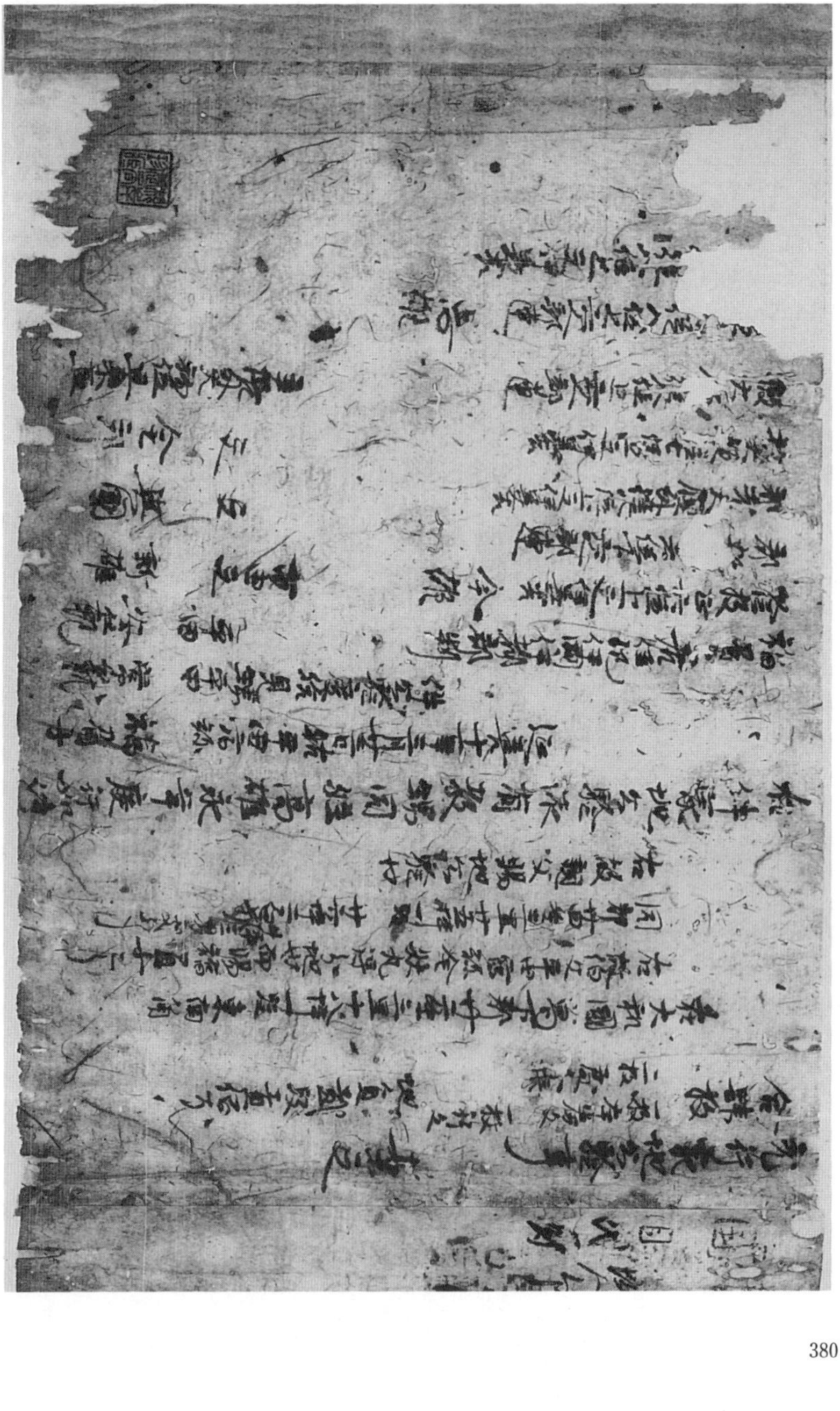

写真1　平田福刀自子家地充文案

は、左端側の破れ部分をさけ、できるだけ上下端に近い部分二カ所で計測すると、いずれも三九三ミリであった。また、中央部分では三九五ミリであった。左端側の破れ部分以外では、紙の上下端が残っている。右端部分で計ると縦二八一ミリ、左端側の破れがはじまる前の部分でも縦二八一ミリである。

末尾には約六センチの余白がある。その余白部分の下部に、「根岸／武香／珍蔵」の朱印影一顆がある。左端から右に二〜三センチのところに、斜めに紙の折り目が強く入っている。上部では、この折り目にそって紙が破れているところがある。

左端上下隅の破れ部分では、古い裏打紙が見えている。この古い裏打紙の上下端は、この(7)の上下端に一致している。現在は、この古い裏打紙ごと新しい裏打紙で裏打ちされている。この二回の裏打ちが行なわれた時期は、今のところ不明である。

一行目の「案文」の文字は墨色が薄く、別筆である。また、五行目の「件坪三男処分了」は墨色が濃く、これも別筆である。これらをのぞくと、署名や郡判の部分も含めて、全文一筆である。別筆1の「案文」の文字が示すように、この文書は案である。

内容的には、まず、つぎの二カ所（細かくは三カ所）の土地をあげている。

(一)大和国葛下郡二十二条三里十八坪の東南隅の一段

もと故伯父平田宿祢全妹丸の得分地であったが、平田福刀自子に賜ったもの。

(二)さらに二カ所に分かれる。いずれも、故親父から福刀自子にあてて公験とともに賜ったものである。

(a)同郡二十四条三里二十五坪の一段

(b)同里二十六坪の二〇〇歩

つぎに、これらの家地の公験を、福刀自子から甥の平田高雄に、永年にわたって渡し行なうことを述べ、日付を記し、日下に署名している。

これらの土地の譲渡にともなって、福刀自子から高雄に渡されたものは、本券文一枚、行文一枚、処分帳二枚、の計四枚であった。

さらに、「件の公験、度し給ふを見ぬ」として、甥の平田常範以下二名、「所由」の文新雄以下三名の計五名の名前が並んでいる。これらは一連に書かれたようで、しだいに左上がりになり、かつ軸線が上で右方向に傾いている。

末尾に、福刀自子が居住する紀伊国伊都郡の郡判がある。下段に書かれている「主帳外大初位旦来直」は、甥・所由の五名と軸線がわずかに異なっているので、それらの続きと見るべきではなく、郡判の一部と理解すべきである。

つぎに、別筆2に注意したい。これは、記載位置から見て、㈡(b)二十四条三里二十六坪の二〇〇歩にかかるものとみられる。この土地を三男に処分したというのである。この別筆2が何時の時点のものか不明であるが、平田高雄の三男である可能性が高い。この処分によって、福刀自子のもとでいったんまとまった㈠と㈡(a)(b)の土地のうち、㈡(b)は別の所有関係をたどることとなった。このため、後述する一連の文書に、この㈡(b)二十六坪に関する記載は出てこなくなる。

⑸天暦五年（九五一）五月一一日「平忠信家地売券」

つぎに、⑸は、縦は、右端と中央付近で二八三～二八四ミリ、左端で二八七ミリであり、左端付近で上下幅が大きくなっている。左右幅は、上端・中央部・下端で四六七～九ミリである。余白は、前が約五センチ、後ろ側が約四センチである。

下端の各所に小さな破れ部分がある。そこでは、古い裏打紙が見える。

右端中央部に、隅丸の角印を斜めに捺した朱印影がある。しかし、印文はまったくわからない。また、この印影の上に(4)の左端が覆い被さっており、(4)にはつづかない。このことは、(5)の右側に、かつては(4)とは別の文書が貼り継がれていたことを示している。その別の文書が(5)から分離されたあと、現状のように(4)が貼られたことになる。

(5)は、葛下郡二十四条三里二十五坪にある一二〇歩の売券である。この土地は、平忠信が父の平秀行から処分を受けたもので、それを置始連弟(乙)連に売却している。日付につづいて売買両人の自署があり、さらに保証刀祢五名が名を連ねている。

このうち、買人の置始連弟(乙)連と、保証刀祢のうち倉門能果・平忠明・藤原好胤・前土佐掾伴秋範の五名の署名が、のちに検討する(6)にも見える。これらを比較すると、いずれも自署と認められる。これによれば、藤井貞文はこの(5)を案としているが、正文と見てさしつかえない。

つぎに、(7)と(5)との関係について検討したい。まず(7)は、右に見たように、平田福刀自子から平田高雄への家地の公験の譲状案であり、これに対して(5)は、平忠信が父の平秀行から処分された土地を置始乙連に売却した売券である。したがって、両者の間に接点はない。しかし、前述のように、(5)は(4)(6)と一連のものであり、それらが(7)の右に貼り継がれている事実は、(7)と(5)とは何らかの関係があることを推測させる。

そこで、この(5)の売買対象地が、上記(7)の(二)(a)とおなじ坪にある土地であることに注目して、平田高雄から平秀行の手に、(7)の(二)(a)の土地がすべて渡ったと推測しておきたい。(7)と(5)の間には約四〇年という長い時間が流れているから、この移動が、直接的なものであったか、あるいは間接的なものであったか、不明とせざるを得ない。

その後、平秀行は、その土地をそのまま平忠信に処分した。平忠信は、つぎの(4)の内容から考えて、この土地を分割し、その一部を(5)で売却したのである。

(7)の(二)(a)の土地が、分割されずにすべて平忠信の手まで渡ったと考える根拠は、後述する。また、四行目付近の裏面に裏書があるが、これについても後述する。

(4)天暦五年(九五一)五月一一日「平忠信書状」

つぎに、(5)と同日付の(4)は、縦二七五～七ミリ、横二一一ミリの大きさの紙に書かれている。文字の前に約五センチ、後ろに約三・五センチの余白がある。各所に破れがあるが、その部分で古い裏打紙が見えている。

これは、(5)の売主の平忠信の書状で、自署は(5)と同じである。藤井は案とするが、正文と見ておきたい。宛先は書かれていない。内容は、二十四条三里二十五坪の土地(面積は記されていない)の売買にあたって、本公験を渡すことができないこと、立券文の際に疑問が生じれば、出向いていく(そして事情を説明する)つもりであることを述べたものである。

この(4)は、(5)と同じ日付であり、(5)とともに伝来していることから、(5)の買人である置始連弟(乙)連に、(5)とともに渡されたものであろう。忠信は、本公験を渡せない理由として、本公験には他の坪々の土地と、「他人」に「沽与」した土地も記されていることをあげている。したがって、平忠信の所有地は、(1)置始連弟(乙)連に売却した一二〇歩、(2)他人に沽与した土地、(3)平忠信の手元に残った土地、からなっていたことになる。このうち(3)は、他の坪々の土地も含んでいたことになる。

右端裏に裏書きがあるが、これについても後述する。

(6)天暦一一年（九五七）八月一五日「置始乙連家地売券」

(6)は、左右幅が、上端・中央部・下端で四六八〜九ミリで、(5)とほぼ同じである。しかし、縦は、右端・中央部・左端で二八一〜二ミリで、(5)よりわずかに短い。余白は、前に約四センチあるが、末尾にはない。虫食い跡や破損部分に、古い裏打紙が見える。

文字の部分全体に、同じ朱角印が捺されている。藤井貞文は、これを郡印で二七顆としている。郡判部分とその他の部分とは、同じ印影と判断されるので、郡印とする判断は妥当であろう。国立歴史民俗博物館は、これを「葛下郡印」としている[16]。

この(6)は、葛下郡二十四条三里二十五坪にある一二〇歩の土地の売券である。専売人は置始乙連、買人は藤原朝臣基連である。売買両人、保証刀祢たち、郡判の署名は、それぞれ自署と認められるので、この売券は正文と見てよい。

売買の対象となった土地は、所在坪、面積、四至がいずれも(5)と一致し、(5)の買人である置始連弟(乙)連がこの(6)の専売人となっているから、(5)の売買対象地とまったく同じものといえる。そうであるにもかかわらず、(5)の場合の価直は稲一三〇束であったのに対して、(6)では稲一五〇束で異なっている。これが、(5)と(6)の約六年の間の物価変動によるものか、それとも他の要因が働いているのか、明らかでない。

右端裏には、端裏書1と端裏書2とがある。このうち端裏書2は、目下のところ判読できない。これに対して端裏書1は「廾四条三里廾五坪八田坪」というものである。これは、売買の対象地がある葛下郡二十四条三里二十五坪が「八田坪」と呼ばれていたことを示すと解される。

そこで思い出されるのが題籤の文字である。(7)の左側につけられている題籤の表裏面と側面の三面に「延喜十一年／三月廾三日／八田券」と記されていた。このうち、年月日は、(7)の日付を記したものである。これに対して「八田券」のほうは、この一巻の文書数と合わないので、田券八枚の意味ではないことはわかっていたが、何を意味するのかは不明であった。しかし、端裏書1からすれば、これは、「八田坪の券」の意味と解すべきであろう。

これまで見てきた(7)の一部、(6)(5)(4)は、いずれも葛下郡二十四条三里二十五坪内の土地を対象とするものであり、つぎの(3)も同様である。題籤に「八田券」と記入されたのは、このためであろう。(1)(2)については、今のところはっきりしないが、この坪の土地に関係するものと推測して不都合な点はない。

こうして「八田」の意味が明らかになってくると、注意されるのが(4)の端裏書である。これは「はたの一段之まい」というものである。前述のように、最後の「まい」の部分には薄葉がかぶせられていて不明瞭になっているが、ここに見える「はた」とは「八田」のことではなかろうか。

一連の(4)(5)(6)のみならず、(7)の一部にも八田坪の土地が含まれていることからすると、この端裏書は(4)のみに対するものではなく、(4)(5)(6)もしくは(4)(5)(6)(7)の全体にかかるものと判断される。「はたの一段」の一段とは、(7)の(二)(a)の一段である可能性がある。もしそうだとすると、平田福刀自子から平忠信まで、この一段は分割されずに伝わってきたと考えてもさしつかえないことになる。

(6)の表面には、異筆が、自署をのぞいて1～5の五種類記されている。このうち異筆5は郡判である。「主料」とあるので、(6)が売買の当事者の分であることを示している。異筆2～4は、同類のものである。異筆2は、(6)の買人である藤原基連が、「源英君」という人物からの何らかの借財をし、その返済の代わりに、この公験を渡すことを藤原基連側で書き入れたものである。その時期はいつのことかわからないが、その時点で藤原基連は前下野掾であったことがわかる。これによって、この(6)は、源英君に渡された。そのとき、(4)(5)(7)はどうであったか明らかでないが、手継としておそらく同時に源英君の手に渡ったと見られる。

異筆3は、同じことが「桑原藤子」に対して行なわれたことを示している。その時期も明らかでない。

異筆4は、永延二年（九八八）一一月二九日に公験が返却されたという意味と解される。これが、異筆2と異筆3のどちらに対応するのか明らかでないが、異筆3の左脇に小さく書かれていることから見て、異筆3に対応するものと考えるのが自然である。

そうすると、源英君に渡された公験は（異筆2）、その後借財の返済とともに返却されたが、その返却のことは、(6)には何も書き込まれなかったことになる。その後、桑原藤子に借財が生じ、公験は彼女に渡されたが（異筆3）、借財の返済とともに、永延二年に返却されてきたことになる（異筆4）。

異筆2と異筆3とは、一見すると似た字体であるが、よく比較してみると、別人の筆であるとみられる。そうすると、(6)と異筆4では約三〇年の開きがあることから、異筆3・4の時点で、(6)の所有者がまだ藤原基連であったかどうか、検討を要する。

もし、異筆2と異筆3の間で公験の所有者が変わっているとすると、それは、対象の家地が藤原基連から別人に売却されたことを意味する。そうすると、その売券が作成され、おそらく(4)の右に貼り継がれたはずである。そして、異筆3・4は、その売券に書き込まれるべきなのである。しかし、そのようなことはなく、異筆3・4は(6)に書き込まれていることから見て、異筆3、4で桑原藤子に公験を渡し、そして返却してもらったのは、やはり藤原基連であったと見てよい。

つぎに、異筆1はどのように考えられるであろうか。ここで問題となるのは、(6)の売買対象地が一二〇歩であるにもかかわらず、異筆1は、これを上回る二段の土地を許曽部安延に売り渡したとしている点である。この点については、便宜要門田（便田）の事例の可能性があるのではないか。(17)

この推定によると、家地一二〇歩の周辺の公田二段が許曽部安延に売り渡されたと見ることになる。この場合、家地とは別個に公田が売却されているところから見て、公田の私領化が進展していると考えられる。異筆1の時期は不明である。右に見たように、藤原基連は、異筆4の永延二年の段階でもまだこの家地を所有していたとみられるので、そのころまで時期を下げて考えることは可能である。

⑶保延七年（一一四一）三月一九日「僧隆尊田地売券」

⑶は、左右幅が、上端・中央部・下端で五一四～五ミリ、縦が、中央部・左端で二八二～三ミリである。余白は、前に約四センチ、後部に約一六センチもある。用紙は薄く、紙漉時の簀子目がよく見える。全体にイタミが進んでおり、各所に破れや虫食い跡がある。その部分には、古い裏打紙が見えている。

この⑶は、葛下郡二十四条三里二十五坪の田地七段一二〇歩を、僧隆尊が当麻三子に、米三一石の価直で売り渡した売券である。したがって、この田地も、これまでの⑺⑹⑸⑷と同じ坪（八田坪）に存在していたことになる。この点で、この⑶が⑷の右に貼られている理由は、一応はある。しかし、この点については、異筆も含めて、さらに考える必要がある。

第一に、⑹では買人が藤原基連であったのに対して、⑶の売人は僧隆尊であって異なっている。第二に、同じ坪内にある土地とはいいながら、⑺⑹⑸⑷と⑶とでは、いくつかの点で違いがある。まず、⑺⑹⑸⑷では売買・相続の対象地は家地であったのに対して、⑶では田地である。つぎに、⑺⑹⑸⑷の家地の面積は、右述のように、はじめ一段、のちに分割されて一二〇歩となっている。これに対して、⑶では七段一二〇歩とかなり広くなっている。

これらの相違点は、つぎのように考えられる。まず第一の所有者の違いについては、⑹と⑶は約一八〇年も隔たっている。⑹の買人藤原基連は、対象の家地を永延二年（九八八）まで所有していたことが確かめられるが、それからでも約一五〇年の時間差がある。この間に所有権は移転したであろう。それらは、(3)に相副えられた本公験が伝来していれば、それによって明らかになるのであろう。

第二点については、便宜要門田の考え方で理解することができる。すでに(6)の異筆1の段階で、公田（便宜要門田）の私領化が進展していたことを推測したが、その展開の結果として(3)をとらえられるのではないか。家地周辺の公田の私領化が進展した結果、その私領化した公田を公然と売却したのが(3)であろう。

つぎに、(3)の裏面には、裏書1・2がある。これらは、ともに興味深い内容を持っている。まず裏書1は、買人の当麻三子が、買得した七段一二〇歩のうち五段を、先師教実の遺言によって、本願である聖武天皇の国閲の永代供養料として寄進する旨を記したものである。聖武天皇を本願としている点から見て、この寄進先は東大寺であったと推定できる。このことは、(1)が、東大寺領小東庄の坪付断簡の背面を利用して書かれていることと対応する。これらから見て、(1)～(7)は、もとは東大寺文書であったと推定できる。

裏書2は、平田御庄領一段少（一二〇歩）を伴清包に、春日一段を夫姉子にそれぞれ売却したことを記している。裏書1の五段とこの二つを合計すると、七段一二〇歩となって、(3)の売買田の面積と一致する。裏書1・2は、(3)で田地を買得した当麻三子がこれを三分割したことを示すものであろう。したがって、これらは、保延七年以降のことである。

さて、裏書2に見える「平田御庄」の語は興味深い。なぜなら、この田地があった葛下郡二十四条三里二十五坪には、(7)に明らかなように、平田宿祢福刀自子の父から彼女へ、さらに彼女から甥の平田高雄に譲り渡した家地が存在した。この家地は、少なくとも三代にわたって平田宿祢一族が所有していたのである。この平田宿祢一族と「平田御庄」との関係は、残念ながら明らかにすることはできないが、注目すべき点として指摘しておきたい。

つぎに、裏書2に伴清包の名が見えることも注意される。というのは、(5)裏の異筆にも彼の名が記されているからである。(5)は天暦五年（九五一）であるが、その裏書の時期をこれに近いとすると、(3)の異筆2は保延七年以降のものであるから、百数十年ほどの時間差があることになる。両者を同名異人と見ないかぎり、これはあり得ないことである。そこで、(5)の裏書が記入された時期を、(3)の裏書2の時期に近づけて理解するのが妥当であろう。

その場合、(5)裏書の二段少の土地の由来を考える必要がある。第一の可能性としては、便宜要門田の制度によって私領化した公田が、(3)の七段一二〇歩以外にさらに二段少あって、それを伴清包に売却したと考えることである。第二の可能性としては、(3)の異筆2の合計がちょうど二段少であることに着目して、異筆2の土地が、両方合わせてあらためて伴清包に売却されたことを記したのが(5)裏書とみるのである。

このいずれが妥当か、あるいは別の事情が介在しているのか、明らかにすることはできないが、試案として提示しておきたい。

(2)年欠「某書状」

(2)は、左右幅が、上端・中央部・下端で四二七~八ミリ、縦が、右端で二八二ミリ、中央部で二八〇ミリ、左端で二七五ミリと、左端に進むにしたがって短くなっている。余白は、前に約八センチ、後部に約一二センチある。

内容は難解である。「宿所」「駄」などが見えるので、何らかの物資の輸送に関するものらしいが、はっきりしない。「丹波掾貴職」「綾男丸」などの固有名詞が見えるが、誰かわからない。また、年紀が確定しないので、「判官御房」も判明しない。

(1)二月二四日「某書状」

(1)は、左右幅が、上端・中央部・下端で五六三〜四ミリ、縦が、右端・中央部・左端で二八八〜九ミリである。余白は、前に約二センチある。後部では、約一二センチの余白をおいて左端に文字が書かれている。

(1)の背面は、後欠「東大寺領坪付断簡」である。年紀は後欠のために不明だが、その文面にはいくつかの年紀が見られる。そのうち最も新しいのは康和五年（一一〇三）である。おそらくこのころのものであろう。

前述のように、この「延喜天暦保延古文書」一巻は、年紀が判明する(7)〜(3)については、ほぼ年代順に左から右に貼り継がれている。この傾向が(1)(2)にも当てはまるなら、(1)(2)は、(3)の保延七年以後のものということになる。そうすると、(1)と(1)裏とでは、(1)裏の方が早い可能性が高い。すなわち(1)は、(1)裏の背面を利用して記されたことになる。このことは、(1)が東大寺に関係する文書であることを示している。

(3)の異筆1・2の理解によると、葛下郡二十四条三里二十五坪の田五段が東大寺に寄進されている。(1)と(2)は、この東大寺領となった田に関するものであろう。

(1)もきわめて難解である。その理由は、固有名詞が少なく、代名詞が多いことである。代名詞は、(1)に「わ□□（らはカ）」「われ」「人」「あれ」などが見えるが、それが誰を指すのか、まったくわからない。固有名詞は、「しらかは」「春□（かカ）」がみえる。このうち「しらかは」については、(3)〜(7)に手がかりはない。これに対して、「春□（かカ）」が「春か」すなわち「春日」であるとすると、(3)異筆2の「春日」と関係する可能性が出てくる。もしそうなら、(1)と(3)〜(7)とをつなぐ唯一の糸口となる可能性がある。

このように、(1)(2)については、今後検討の必要が大いにある。

六　むすび

以上、青山文庫（国立国会図書館所蔵）に含まれる古代の文書のうち、延喜一一年三月二三日「平田福刀自子家地充文案」と、それが貼り継がれている「延喜天暦保延古文書」について、原本調査の結果と、それにもとづいて考えたことを記してきた。その結果の要点を簡単にまとめておきたい。(1)(2)については、考察が不十分であるが、他の機会を期したい。

① 文書(1)〜(7)のうち、今のところ(1)(2)については明らかでないが、(3)〜(7)については、大和国葛下郡二十四条三里二十五坪にあった土地に関するもので、内容的に関連がある。

② (1)(2)についても、この坪の土地に関係しないという根拠はない。(1)の「春□（かカ）」が、(3)異筆2の「春日」と関係するならば、(1)が(3)〜(7)と関係する可能性もうかがえる。

③ この坪は「八田坪」と呼ばれていた。題籤の「八田券」の「八田」も、(4)の端裏書の「はた」も、「八田坪」の「八田」のことであろう。

④ (7)と(5)、(6)と(3)とは、売買人の関係が続かないが、同じ土地に関する一連のものとして理解することができる。それぞれの両者をつなぐ売券その他は(3)にみえる「本公験」に貼り継がれていた可能性がある。

⑤ また、(5)の右には、かつて別の文書が貼り継がれていた時期がある。いつしかその文書は(5)と分離し、(5)の右に(4)が貼り継がれた。

⑥ (7)で平田福刀自子が父や伯父から受けつぎ、甥の平田高雄にゆずった土地のうち、葛下郡二十四条三里二十五坪にあった一段の家地は、(4)(5)の平忠信まで一体のものとして伝えられた。

⑦ しかし、彼はこれを分割して、その一部分の一二〇歩を置始連弟(乙)連に売却した。この一二〇歩の家地を

軸にして、前述のように、公田の私領化が進んでいったのである。

⑧ このように、平田宿祢が受けついできた家地が事態の展開の軸となってきた。したがって、(3)異筆2に見える「平田御庄」の「平田」は、平田宿祢と関係がある可能性がある。

⑨ (6)の買人藤原基連は、何らかの借財の返済まで、公験を源英君と桑原藤子の二度にわたって渡したことがある。二度とも公験は戻ってきた。

⑩ (6)の異筆1から、便宜要門田の制度によって、家地の周辺にあった公田の私領化が進んでいたことを推定することができる。

⑪ (3)は、便宜要門田の制度によって私領化した田地を公然と売却したものである。

⑫ (3)の異筆1によって、五段の田地が、聖武天皇の永代供養料として東大寺に寄進されたことがわかる。このことによって、(3)~(7)は、東大寺に入ったと推定される。

⑬ (7)から(3)へとほぼ日付順に右方向に貼り継がれているので、これが(1)(2)にも踏襲されたとすると、(1)(2)は、(3)~(7)が東大寺に入ってから貼り継がれたものと考えられることになる。

⑭ (1)は、東大寺領の坪付断簡の背面を二次利用している。こうしたことが可能であるのは、(1)が東大寺と関係深い人によって書かれたものであるからであろう。

⑮ したがって、(1)~(7)の「延喜天暦保延古文書」は、もと東大寺にあり、その後、根岸武香の所蔵となったと考えるのが自然である。つまり、根岸武香は、(1)~(7)を、現状に近い形で貼り継がれた状態で入手した可能性が高い。

⑯ 「延喜天暦保延古文書」は、二回裏打ちされている。古い裏打紙が各所で観察される。しかし、それが行なわれた時期は不明である。また、題籤が最初につけられた時期もおさえることができなかった。

（1）本文書ならびに関連文書の調査は、一九八七年一月七・八日、同年三月三〇日、二〇〇二年九月五日（以上、国立国会図書館）、二〇〇二年九月五・六日（以上、東京大学史料編纂所）に実施した。

（2）埼玉県立図書館編『武蔵国大里郡青山村根岸家文書目録』（近世史料所在調査報告2、一九六七年三月）にみえる略系図による。なお、これは、昭和三十六年二月二十七日に根岸喜夫から埼玉県立図書館に寄託された江戸時代以降の文書の目録である。

（3）藤井貞文「根岸家旧蔵文書　平安朝篇」（『国立国会図書館支部上野図書館紀要』三、一九五七年一〇月）は、寄託も根岸信輔によるとしている。

（4）関係帖軸に捺されている朱丸印には、「昭和九・六・二七日寄贈」とある。この日付は、藤井前掲注(3)論文の記す日付と一致している。

（5）国立国会図書館上野支部図書館編『上野図書館八十年略史』（一九五三年三月）。

（6）「上野図書館」（『国史大事典』）藤井貞文執筆。

（7）国立国会図書館参考書誌部編『国立国会図書館所蔵貴重書解題』第四巻――古文書の部　第一――（一九七二年三月）。

（8）『平安遺文』は出典を、本文では「国会図書館蔵根岸文書」とするが、総目録では「白河本東寺百合文書」としている。藤井釈文は「校訂者曰、原本ヲ検スルニ恐ラク後世ノ写ナルベシ」としている。

（9）『平安遺文』は出典を「宮内庁書陵部所蔵壬生古文書」とする。

（10）これ以外にも、①在印古文書に「出一一六」、③田券に「出一一九」と書かれたラベル（朱色文様の四角枠の中に墨書、縦一八ミリ、横一三ミリ）が貼られている。これは、本文で指摘したラベルより一回り小さい。ところが、③には、本文で指摘したように「一四八」のラベルが貼られているが、この一回り小さいラベルに「一四八」と書かれたものも貼られている。したがって、この二種類のラベルは、同じ所蔵者によって貼られたと考えられる。

（11）(7)の左端は現表装時に切断されており、もとはさらに左側につづいており、そこに軸をつけた糊アトがあったと考える

（12）前掲注(4)参照。帝国図書館編『帝国図書館所蔵青山文庫和漢図書目録』（一九三五年七月）と国立国会図書館支部上野図書館編『上野図書館八十年略史』（一九五三年三月）は、昭和六年八月寄贈とする。

(13)　ここでいう別々の場所とは、置かれた条件のちがいという程度の意味であり、同じ室内であっても、極端にいうと、隣りあった状態であってもよい。
(14)　藤井前掲注(3)論文。
(15)　(1)(2)の釈文の作成にあたっては、小林あづみ（名古屋文理短期大学）・金光桂子（大阪市立大学）両氏のご教示をえた。
(16)　国立歴史民俗博物館『日本古代印集成』（一九九六年三月）三四三ページ。
(17)　この点については、佐藤泰弘氏（甲南大学）のご教示を得た。なお、便宜要門田については、泉谷康夫「公田変質の一考察――便宜要門田の制度について――」（『律令制度崩壊過程の研究』、鳴鳳社、一九七二年三月、もと『歴史評論』一〇六、一九五九年六月）を参照した。

あとがき

本書は、著者がこの約二十数年ばかりの間に、古代の紀伊に関して執筆してきたものの一部を補訂し、新稿を加えてまとめたものである。諸章の旧稿を執筆した経緯、旧稿と本書との関係について述べておきたい。

第一部「紀氏と紀伊国」には、七世紀以前の紀伊地方・紀氏に関する論考を集めた。わたくしには、この時期の見通しを持つことがなかなかできなかった。現在でも事情はほとんど変わってはいないが、最近ようやくのことで、いちおう自分なりの展望らしきものを、おぼろげながら思い描くことができるようになった。

第一章「鳴滝倉庫群と倭王権」(原題「古墳時代の大型倉庫群と倭王権」、吉田晶編『歴史の道・再発見四・貢納から天下の台所まで、フォーラム・A、一九九四年一月)は、難波と鳴滝という二つの巨大倉庫群が建設された意味を、倭王権との関係で考えたものである。かならずしも古代の紀伊のみが考察の中心に据えられているわけではないが、難波と対比して考えることで、紀伊を相対化して見ることができるようになった。第一部の全五章のもととなった六篇の論考のうち、最後から二番目に書かれたもので、第五章における視点の拡大につながる位置にある。

第二章「紀朝臣と紀伊国」(『和歌山地方史研究』九、一九八五年一二月)は、和歌山地方史研究会第四回大会(一九八五年一月二〇日、和歌山県民文化会館)にて、「古代の紀国——紀氏を中心に——」と題して報告した際に用意した原稿に加筆したものである。はじめて紀氏の研究に取り組んだ論文である。中村修也氏からいただいたご批判に配慮したが、不十分なものになってしまった。

第三章「紀氏再考」（『和歌山県史研究』一五、一九八八年三月）は、一般向けに講演した内容を論文としてまとめなおしたものである。その際に留意したことが二点あった。一つは、『日本書紀』にみえる紀氏関係の伝承の性格を、先行研究とは別の視点から明らかにすること、もう一つは、紀直と紀朝臣とをできるだけ連続させて考えてみることであった。ともに十分ではないが、とくに後者については、大いに検討が必要である。

第四章「紀氏と倭王権」の第二節「倭王権と「紀氏集団」」は、『和歌山県史』原始・古代（一九九四年三月）の第四章第二節2「紀伊と大和政権」（執筆は一九九〇年ごろ）に加筆したもの、第三節「「紀氏集団」分裂の記憶」は、「シンポジウム「秋月遺跡」と紀国造家の成立をめぐって」（一九八六年三月二日、和歌山大学経済学部）においておこなった「紀国造と紀氏の発展」という報告の一部にもとづいて、「紀氏の展開過程」という題で執筆したもの（『和歌山地方史研究』一二、一九八七年一月）にもとづいている。

第五章「和泉南部地域と紀伊」（原題「素描・和泉南部地域の歴史的意義」、『泉佐野市史研究』七、二〇〇一年三月）は、平成一一年度特別展記念シンポジウム「泉南・紀北の古墳文化」（主催泉佐野市教育委員会・歴史館いずみさの、一九九九年一一月三日、泉佐野市立生涯学習センター）においておこなった「文献史料から見た和泉と紀伊」という報告やシンポジウムでの発言をもとに成稿したものである。これと、本書には収録しなかったが、「古代豪族　紀氏」（財団法人和歌山県文化財センター編『謎の古代豪族　紀氏』、清文堂、一九九九年一一月。同センター創立一〇周年シンポジウム「紀伊国がひかり輝いた時代――謎の古代豪族 紀氏――」(一九九七年一一月二九日、きのくに志学館)における基調報告「古代の豪族 紀氏」をもとに成稿)とによって、わたくしは、紀伊や紀氏を和泉との関係で考える、という古くて新しい視点にようやくにして立つことができた。それまでに、和泉国やその隣接地域のいくつかの自治体史の編纂事業に参加するなかで、古代の和泉について考える機会が何度かあった。そこで考えてきたことが、紀伊で考えてきたことと結びつきだしたのである。そのことを通じて、七世紀以前の紀伊について、おぼろげながら自分なりの見方ができるような気がしはじめている。

第二部「古代紀伊の経済と政治」には、八～九世紀の紀伊に関する諸問題をあつかった論文を集めている。

第六章「律令時代紀伊国における経済的発展」(『古代を考える』三三号〔古代紀伊国の検討〕、一九八三年五月)は、古代を考える会第三三回例会(一九八二年八月八日、大阪共済会館)にて、同じ題で発表したものをもとにしている。同誌の編集方針で口語体で掲載されたが、本書に収録するにあたって、論文調に改めた。論旨は変わっていない。また、別に掲げられていた史料を本文に組み込んだ。この論文は、ようやくにして書くことのできた古代紀伊国関係の二つめの作品である。

第七章「和歌浦と古代紀伊――木簡を手がかりとして――」は、薗田香融監修・藤本清二郎・村瀬憲夫共編『和歌の浦 歴史と文学』(和泉書院、一九九三年五月)に発表した旧稿をもとにしている。この旧稿は、二つのことが機縁となっている。まず、『海南市史』の執筆にかかわって、同市が面する和歌浦の歴史的位置をどのように理解するかということが、わたくしにとっては問題であった。また、和歌浦の歴史的景観保存運動が活発に行なわれていたことも、見過ごしにはできなかった。わたくしは、その運動に共鳴して、一九九〇年一〇月二一日の第二二回「若の浦講座」において、旧題で報告させていただいた。旧稿は、それをもとに執筆したものである。旧稿は、収録書の性質を考慮して、一般読者を意識して書いたが、本書に収録するにあたって、解説的な語句は削除し、旧稿では使用しなかった史料を盛り込んだ。また、関係木簡が新出したため、必要部分を改めた。しかし、論旨は変わっていない。旧稿の旧題では、「和歌浦」の部分が「和歌の浦」となっていた。「和歌の浦」というのが、普通に通った地名であるが、和歌山の人々は一般に「和歌浦」と称している。わたくしも、長らく和歌山にかかわっているうちに、こちらの方が耳になじむようになったので、この機会に旧題を改めた。

第八章「古代における紀北四郡の郷の配置」(原題「古代における紀北四郡の郷について」、『和歌山地方史研究』二一、一九九一年八月)は、『和名抄』郡郷部の名草郡部分の錯簡がはげしいのはなぜか、という問題を考えようとしたものである。古代紀伊の心臓部ともいうべき同郡の内部構造を明らかにすることは、紀氏や紀伊の歴史を考える上で重要であるが、それを阻んでいる主要なものの一つが、この問題なのである。しかし、寺西貞弘氏から重要なご批判をいただいたように、これはなかなかの難問で、十分な解決にはいたらなかった。また、寺西氏に対しても十分にお答えできていない。

第九章「滋野氏の家系とその学問――九世紀における改氏姓の一事例――」は、『和歌山県史研究』八号(一九八一年一月)に発表したもので、わたくしの古代紀伊関係の最初の論文である。のちに述べる意味で、古代の紀伊に関する問題を探していたが、容易に論文執筆までにはいたらなかった。この論文は、『和歌山県史』の編纂事業に参加して五年目にして、ようやく執筆することのできた最初の論文で、わたくしにとっては意義深いものである。字句修正にとどめている。

第一〇章「村君安麻呂とその一族」(『和歌山県史研究』一二、一九八五年三月)は、紀伊国から都に出た人々の一人を扱ったものである。他にも同様の人物がおり、順次検討するつもりであるが、いまだに果たせていない。執筆前年の三~八月にかけて、長期出張で東京に滞在し、東京大学大学院の皆川ゼミに出席させていただき、正倉院文書研究の新しい息吹を胸いっぱい吸い込む機会があった。帰宅後あまり間をおかない時期に、他の正倉院文書関係の論文とともに執筆したので、その影響が顕著に現れている。村君安麻呂については、阪本敏行氏の一連の研究があり、それをお送りいただいてさまざまにご教示を得たことが、とても参考になった。

第三部「紀伊古代史料の検討」では、古代の紀伊に関する古文書を検討したものを収録している。その経緯は第一一章「付記」に記した。

第一一章「「紀伊国那賀郡司解」の史料的検討」(『粉河町史研究』一五、一九八六年三月)は、わたくしにとってはじめて古代紀伊の売券を研究したものである。それは、同時に、古代売券研究のはじめでもある。以来、八~九世紀の売券の原文書をすべてみる、という「願」を立てて、間歇的にではあるが、拝見させていただいている。皆川ゼミ参加後すぐに原本調査を行なったので、正倉院文書研究の手法が反映しているところがある。

付記「「紀伊国那賀郡司解」と売券研究」は、『歴史海流』二―四(一九九六年一月)の「特集・私を揺さぶった歴史書・史(資)料」に書いたものである。研究的な内容のものではなく、その点でかならずしも本書にふさわしいとも思われないが、第三部の諸章を執筆した背景を率直に語っているので、参考までに収録することとした。

第一二章「「紀葛成墾田売券」について」（新稿）

第一三章「「紀伊国在田郡司解」の史料的検討」（直木孝次郎先生古稀記念会編『古代史論集』下、塙書房、一九八九年一月）

第一四章「「紀伊国直川郷墾田売券」について」（安藤精一先生退官記念会編『和歌山地方史の研究』一九八七年六月）

第一五章「「平田福刀自子家地充文案」と「延喜天暦保延古文書」」（新稿）

以上の第一二〜一五章は、第一一章とともに『和歌山県史』の「古代史料一」（一九八一年一月）に掲載した紀伊関係の古代文書の原本を調査した結果と、それにもとづく考察を記したものである。これで、私が担当した部分に含まれる主要な売券等は、一通り検討したことになる。県史刊行以来、約二〇年にわたって抱きつづけてきた負債の一部を、私なりにようやく果たすことができたのではないか、という心境である。

※　　　※　　　※

前任校（追手門学院大学文学部）への着任を間近にひかえて緊張していた一九七五年（昭和五〇）三月下旬ごろのことであったと記憶するが、薗田香融先生からお電話をいただいた。用件は、『和歌山県史』の編纂専門委員に欠員が生じることになったので、協力してもらえないか、というものであった。わたくしは、それまで自治体史の編纂事業に関係した経験がなかったので、すこし躊躇したが、古代の紀伊に思いを馳せて、ありがたくお受けすることとした。

やがて新年度になり、編纂委員会が開かれ、その時生まれてはじめて和歌山市に出向いた。これが、その後今日まで、約四分の一世紀以上も続くことになったわたくしと紀伊とのかかわりの始まりであったが、そのときには、そのようなことは夢にも思わなかった。県内各所に調査・見学・講演に行き、何度も泊まり込んで作業をしたのは、苦しくもあったが、いい勉強になり、また良き思い出となっている。それが機縁で、その後、『粉河町史』『海南市史』の編纂や執筆にも関係させていただくことになった。

県史の編纂に参加するようになってまもなくのころ、同じ専門委員であった小山靖憲氏から、編纂に関係して勉強したことを論文にしておくように勧めていただいた。たんに将来の本文編執筆に備えるという意味だけではなく、自分の仕事として腰を入れて取り組むように、というアドバイスであると受け取った。わたくしは、このお勧めを深く心に留め、県史だけでなく、『粉河町史』『海南市史』の仕事でも、問題の所在に気づくごとに、また機会があるごとに、できるだけ論文を書くように心がけてきた。それは、つらい作業ではあったが、しだいに「古代の紀伊」が自らの研究テーマとなっていくことが自覚できた。

県史の編纂は、まず一九八一年一月発行の「古代史料一」としてかたちになった。わたくしにとっては、はじめての史料編の編纂作業であった。合宿がくり返され、相当なエネルギーを投入したが、いくつか問題を残してしまった。とりわけ原本による確認という点では悔いが残る。薗田香融先生から、そのことについてご批判をうけたことも、胸にこたえた。本書の第三部に納めた諸章は、「付記」にも述べているように、その点を補う目的で執筆されたものばかりである。

このように、本書に収めた諸論文は、いずれも多かれ少なかれ和歌山県の諸自治体史の編纂事業に従事するなかで生まれたものということができる。各編纂委員会その他さまざまな場で、古代のみならず、各時代の紀伊を研究しておられる多くの研究者と知り合うことができた。いちいちお名前をあげることはひかえさせていただくが、各位からはさまざまなご教示を得ることができた。また、各自治体の職員の方々から多大のご援助を得ることができた。とくに、和歌山県史の立花秀浩氏、粉河町史の宮木トシ子氏のお力添えは大きなものであった。これらのことがなければ、本書の多くの部分は成らなかったであろう。あらためてお礼申し上げたい。

本書は、薗田香融先生のご推挽によって刊行される。先生は、わたくしを紀伊古代史研究の世界に導いて下さり、その後も折にふれてご教示いただき、いままた本書の刊行にご尽力いただいた。本書は、ほんらい何年も前に日の目を見ているべきはずのものである。しかし、第一部に当たる部分、すなわち七世紀以前の見通しにいま一つ自信がもてないまま、わたくしの怠惰や多忙ともあいまって、いたずらに日時を費やしてしまった。先生には、刊行の遅延を心よりおわびするとともに、幾重にもお礼申し上げる。

昨年（平成一五）度末をもって、『粉河町史』の編纂事業が終った。これによって、永年従事してきた和歌山県関係の自治体史編纂の仕事は、すべて終了した。本書の刊行は、意図したわけではないが、ちょうどこの時期に重なることとなった。一抹の寂しさを覚えるが、これで私の古代紀伊研究が終わったわけではない。本書の刊行を一里塚として、さらに研究を進めていきたい。

この「あとがき」を最初に書いていたとき、奇しくも熱田公先生の訃報が伝えられた。先生が最後まで編纂専門委員長をつとめられた『粉河町史』の編纂事業に、私を専門委員として導き入れてくださったのが先生であった。そこから、私の古代紀伊の研究はまた広がった。つつしんで先生のご冥福をお祈りする。

この数年間、まったく辛抱強く原稿の執筆と校正を待ってくださり、適切なアドバイスをいただいた編集の林秀樹さんに心から感謝申し上げる。また、出版事情ますます厳しき折、本書を刊行していただけることになった思文閣出版にもあつく御礼申しあげる。

最後に、私事にわたって恐縮であるが、妻道子と章子・京子・晴子の娘三人に感謝する。校務ますます多忙のなか、何とか研究をつづけられているのは、四人の支えがあればこそである。また、父母と義父母にも感謝したい。なお、題字は、これまでの拙著と同じく、母に書いてもらった。

二〇〇四年六月

栄原永遠男

索　引

あ

安芸　110,127,130
秋月遺跡(1号墳)　83
麻(布)　122〜4,132,141
朝日本　119
絁　123〜9,132,141,146
あしべ橋　150
網代厨　94
東潮　99
直　69,194,211
直諸弟　193
アタリ　250,251,301
旦(且)来(海南市)　137,162,163,166,168
且来郷　137,163
且(朝)来直　194,260,265
阿提(安諦)→在田(安諦・阿提)郡
阿蹄郡印　313,327
穴伏川　158
穴穂天皇　90,91
安倍朝臣房上　254,259,265,266
安倍真勝　201
安倍吉人　201
海部郡　4,66,69,139〜42,145,168〜71,232,233
海部直　66
海部屯倉　70,71,98,147〜9
海部(人)　5,53,54,60,66,68,70,71,136,147,149,152
余戸　136,140,169,171
余戸郷印　357
網野善彦　323
天足彦国押人命　228,231
天道根命　46,211
綾・錦　127,128
綾男丸　372,390
綾生　128
挑文師　127,128
荒井秀規　118,119,134
荒賀(麁香)(郷)　66,164,166,168
荒河(川)郷　143,144,156,157
荒川荘　156
荒河刀弁　72
在田(安諦・阿提)郡　69,119〜21,133,136,139,144〜6,160,161,169,233
有田川　121,144
在田郡家　309,319,320
在田郡印　313
在田郡司　120,319
在田郡司解　252,304,317,327,328
有田市　139
有真郷(村)　166,168
在原朝臣　27
阿波　127,130,141
粟鹿大明神元記　173
粟鹿神戸(郷)　173
淡路　141
阿波国文庫本　323
鰒　141
行宮　29
安康天皇　92
案文　381

い

飯田武郷　25,40,47,62
伊賀守　211
伊賀(国)　62,104,130
伊賀国夏見郷刀祢解案　211
的臣　88
池内宏　62,80
石岡久夫　41,58,60,63

石上英一　270,323
石川朝臣　42
石川朝臣真主　31,32
石川宗益家地売買券文　228
石手(右手)郷　157
石名庄(山辺郡)　229～32
石部正志　99
位署　298～310,320
伊豆(国)　115,116,127,130
和泉郡　93
和泉郷　88,89
和泉(国・監)　29,81,82,88,94,95,98,99,109,111,113～6
泉谷康夫　395
出雲　127,130
出雲国計会帳　193
伊勢　127,128,130
伊雑郷　173
伊雑神戸　173
五十瓊敷命(皇子)　94,95
磯貝正義　268
勤臣　180
勤臣東人　180
伊蘇志臣(朝臣)　180～2,191～5,199,202,204,205,211
伊蘇志臣家訳　177
伊蘇志(臣)内麻呂　180,181,208
伊蘇志臣人麻呂　182,192
伊蘇志臣広成　182,192
伊蘇志臣総麻呂　209
伊蘇志臣真成　209
石上神宮　94,95
伊太杵曽神戸　160,161
一代要記　189,209
逸木盛照　324
五瀬命　96,97
一本滋野系図　207,208
糸　122～4,132
伊都(伊東)郡　136,143～6,154,155,158
伊都郡(紀伊国)　359,377,382
伊都郡印　312～4,325～7
稲城　92
因幡　127
因幡守・介　210,211
因幡国司牒　211
井上辰雄　26,36,40,42,117,118,134
井上秀雄　62,80
井上光貞　236
異筆　309,322,347,386,388,389
飯降(かつらぎ町)　154
伊保郷印　357
今泉淑夫　324
今西龍　63,80
彌永貞三　108,133
伊予　127,130
入母屋造　15
磐井の反乱　86
岩橋丘陵　83
岩出町(東国分、西国分)　156,157
印(影)(肉)　252,253,255,296～8,300,303,312～6,319,326,327,338～41,351,385
允恭天皇　96
忌部　65,66,68,69,71
斎部　165
井辺前山10号墳　83
忌部郷　66,173
忌部神　160
忌部神戸　161,173
忌部支波美　65
斎部広成　164

う

初笄　185
上島有　324,327
上田正昭　44
上野図書館　360,394
上町台地　13
右近衛医師　212
宇治川　229
宇治郡(山背国)　228,231,236
宇治津　229
宇治渡　229
宇太郡(大倭国)　227,231
宇田森(和歌山市)　163

打田町　156,159
内原直　193
内平群条里　34,41
宇度墓古墳　13
采女大海　76,77
優婆塞貢進文　156,163
梅原隆治　268
裏打紙　248,249,294,296,303,337,338,349,365,381,383～5,388,393
裏書　338
裏封　255,302,316,318,321,322,338
卜部　141
運歩色葉抄　108

え

永観二年分付帳　236
影写本　278,288,289,306～9,363
永代供養料　393
穎稲　113～6
駅(家)　136,161,162,166～8,169,171,242
駅家郷　140
駅路　258
越後　130
越前少掾　198
越前(国)　109,111,113～6,127
越中国官倉納穀交替帳　210
越中大(少)目　210
叡努内親王　33
榎本連千嶋　126
江人　66
延喜式　25,56,65,107～9,112,117,124～7,129,130,133,140～2,144,145
延喜天暦保延古文書　361,363,367,369,379,391～3
塩谷連古麻呂　195

お

緒　293,334,364
応神天皇　54
王朝国家　108,110
応天門の変　27
近江(国)　104～6,127,130
近江国愛智郡司解　278
近江国愛智郡秦公永吉解　278,286
近江介　107
淡海真人三船　107
大穴磯部　94
大市郷(城上郡)　231
大炊御門家孝　279
大炊寮　144
大川　13,18
正親町家　31
大草香皇子　90～2
大草香部　92,93
大阪市文化財協会　22,23
大坂直　194,211
大阪湾　4,13,18,147
大鹿久義　269,323
太田(和歌山市)　163,166
大田(郷)　161～3,166,168
大田郷検田畠取帳　166
大谷古墳　83,84
大谷山22号墳　83
太田亮　193,207,209
大伴卿　76,77,85,86
大伴氏(集団)　25,58,68,85～7,99
大伴糠手連(糠手古連公)　86,99,100
大伴大連　77
大伴談連　75～7
(大)伴宿祢(連)　27,28,67
大伴連金村　85,100
大伴連囓(咋)　86,87,89,99,100
大伴(連)養万呂　156,218
大伴室屋(大)連　75～7,85,86
大伴若宮連大淵勘籍　160
大伴部押人　66,67,163
大伴部(直)　66～8
大鳥郡　89,93,94
大名草彦　89
大野郷(名草郡)　137,166～8
大野左千夫　99
大野中(海南市)　137,166
大泊瀬皇子　90,92
大庭造　89
大祓　141

大原里(海部郡浜中郷)
140,169,232,233
大縁野　258,264
大村郷(大鳥郡)　89
大村直　194
大村直田連　194
大村直福吉　212
大村直諸縄　212
大村真神田直　211
大村連　89
大宅郷(里)(名草郡)
70,148,161,166,168
大宅直　194
大宅人上　221
大屋郷(里)(神戸)　160〜3,166
大屋都姫神社　163
大家首　194
大家臣　88
岡崎(和歌山市)　53
小笠原好彦　9〜11,17,18,22,23
岡田遺跡　156
岡田郷(牟婁郡)　214,231
岡田精司　37,38,43
小鹿火宿祢　75〜8
岡屋津　229
置始乙連家地売券　375,385
置始(連)弟(乙)連
374,375,383〜5,382
隠岐国　114〜6
小口雅史　324
小倉地区(和歌山市)　165
押界　250,251,255,257,266,281,300〜2,310〜2,318,326,327
押木珠縵　90
忍坂邑　95
愛宕郡(山背国)　38
越智直広江　195
小槻氏系図別本　206
小槻系図(略)　206
小槻善言　177
小槻略　206
小根使主　92,93
男里川　97
小野氏　231
男之水門(男水門)　96,97
雄ノ山峠　70,148
小治田宮　231
小宅郷　166
折界　281
尾張守(掾)　181,201
尾張(国)　108,109,111,113〜6,127,130
蔭子　209
陰孫　347

か

甲斐　127
海運　145
海会寺　98,100
海上交通(輸送)　4,145,147
界線　322,338
海東諸国紀　108
海南市　140,151,163,166,168,170
蓋鹵王　19,85
河海抄　185,207
部曲　66,92
学生　199
勘解由判官　210
橿原考古学研究所　22,40,41,63
春日　373,389,391,392
春日社預下文案　229
春日部(春日臣・大春日朝臣)雄継　213
上総　124
賀(加)太　4,22,62,136,140,142
賀陁(太)駅家　140
片岡(和歌山市)　162,164,171
片岡里　66,67,163
可太(賀太・加太)(郷)
137〜40,142,143,168〜71
堅田修　37,43
堅田連石成　260,263,266
賀多潜女　140〜3
花鳥余情　185
勝子内親王　185,187
活字本　288,289,306〜9
葛城氏　25,37
かつらぎ町(西飯降・中飯降)　154,155

葛下郡(大和国)　359,373～5,381,383,385,386,388,389,391,392
葛城円(大)臣　91,92
課丁　119,120
家伝　51,65,74,75,78,79,195
加藤友康　243,268,271,322,356
縑　132
金光桂子　395
河南条里区　168
掃守郷　88
掃守田首　88
狩野久　151
冑山文庫　360,362,366,392
鎌垣東西村　158
鎌田元一　150,327
竃山　96,97
賀美郷(伊都郡)　155
賀美郷(宇治郡)　228,229,231,236
紙継目　248,249,251～3,255,256,294,297,299,301,302,316,338
上神郷　89
神刑部　95
神矢作部　94
神弓削部　94
上三毛・下三毛(和歌山市)　157,158,165
神魂命　46,88,89
賀美里(那賀郡荒河郷)　143
韓鍛冶　66
河上邦彦　44
河上部　94
川口久雄　212
川瀬造　89,194,211
河内大王家　37
西漢人(滋善宿祢)宗人　213
川辺(和歌山市)　70,148
川西宏幸　22
河辺屯倉　69～71,97,148,149
河原継麻呂解(断簡)　278,286
勘籍　214,215,227
漢城　19
丸都　11
官稲(混合)　112,113
貫附　178
神戸　118,119,155,157,160,163,166,168,173
官幣大社日前神宮国懸両大神宮本紀大略　174
桓武天皇　29,47

き

紀伊郡(山背国)　4
紀伊国印　247,252,253,266,299,320,326,340,341,352
紀伊国司　26
紀伊国府　320
紀伊水軍　21,53
紀伊倉印　341,352,357
紀伊続風土記　70,167,172,207
生糸　122,130
紀伊守・介　26～30,47,106,107,327
紀伊守印　357
紀伊(国)　3,4,9～12,24,25,29,30,39～41,45,47,48,55,57,60,61,64,66,67,72,73,79,81,82,84,97,99,103,104,107,108,110,112～8,120～2,125～31,132,141～3,145～7,157,172,176,177,227,232,233,317
紀伊国在田郡司解　120,288,289,303,310,313,319,322,340,
紀伊(国)行幸　29,30,47
紀伊国分寺　156
紀伊国大税帳　112,117,118,252,314,340
紀伊国那賀郡司解　241,247,267,270,311,314,329,340,350
紀伊国直川郷墾田売券　284,314,329,337,355
紀伊国造　24,25,46,57,61,178
紀伊国司　120
紀伊国司庁宣　157
木内武男　252,268,269,313,325,357
紀卿　76,77,85,86
紀氏　44～6,53,54,64,79,86
紀氏家牒　25,35,42
貴志川町　156

紀氏系図　42
貴志郷(里)(地区)　164,171
紀氏集団　4,5,10〜13,20,21,50,52〜5,57,58,60〜2,64,65,68〜74,78,79,82〜9,92〜4,97,98,147,148,150,152
紀氏神社　32〜4,36
岸俊男　22,24,25,39〜41,53,58,61,63,152,174,236,237
基準国図　108,110
基準尺　17
議政官　27
擬大領(少領)(主帳)　120,305,306,344,347,377
喜田新六　192,193,211
北山茂夫　151
木津川　84
紀寺　38
畿内　103,104,107
畿内王権　3,4,5,9〜11,17〜21,42,83,85,86,88,93,94,97,98
絹(織物)　122,125,127〜32,146
紀朝臣木津魚　33
紀朝臣咋麻呂　29,47
紀朝臣飯麻呂　33
紀朝臣魚員　33
紀朝臣氏永　254,266
紀朝臣氏守　350
紀朝臣氏世　31,32
紀朝臣岡継　30,47
紀朝臣乙魚　284
紀朝臣(臣)(木臣)　4,9,10,24〜43,46,48,50〜2,54〜62,64,72,73,79,82,87〜90,147,347
紀朝臣(臣)阿閉麻呂　37
紀朝臣(臣)大音　37
紀朝臣(臣)堅麻呂　37
紀朝臣勝長　29,30,47
紀(朝臣)門成　259,343,350,358
紀朝臣竈門娘　37
紀朝臣清人　51,52
紀朝臣古佐美　33
紀朝臣古麻呂　33
紀朝臣貞守　41
紀朝臣真高　27
紀朝臣末成　33,55
紀朝臣宿奈麻呂　33
紀朝臣継則　28
紀朝臣春主　28
紀朝臣春世　31,32
紀朝臣広浜　33
紀朝臣船守　27,28,40
紀朝臣全吉　28
紀朝臣真人　37
紀朝臣麻呂　33,37
紀朝臣宗守　28,41
紀朝臣本男　32
紀朝臣百継　33,38,41,55
紀朝臣弓張　37
紀朝臣良門　27,30,47
紀直(宿祢)　4,10,24〜6,39,41,46〜8,50〜2,54,55,57,61,62,64,71〜3,79,82,87〜90,98,122,147,178,192〜4,202,205,211,346
紀直継成　192
紀直豊成　30,47
紀直遠祖菟道彦　71
紀直祖豊耳　71
紀伊瀬直　211
紀忌垣直　194,211
紀氏神　31〜4,38,41,55〜7
紀氏永　267
紀打原直　193,194
紀生磐宿祢　51,75
紀大磐宿祢　76〜8
紀大人臣　37
紀(城)岡(崗・丘)前来目(連)　53,54,66,75,77
紀男麻呂宿祢　51,55,87,89
紀臣塩手　36,54,58
紀臣奈率弥麻沙　43,54,82
木臣麻呂　36
紀小弓宿祢　51,53,75〜8,85,86
紀葛成　284,358
紀葛成墾田売券　272〜6,278,281,284,350

紀辛梶臣 62,88
紀ノ川 4～6,9,21,22,39,62,70,82～4,86,87,98,122,126,132,133,144,146～9,155,158,161,164,165,167,168,171
紀国造 4,25,41,48,54,55,64,72,82,86,87,98,144,147,165,193
紀国造押勝 54,71,72
紀国造宇豆比古 72
紀酒人 62
紀宿祢 24,52,82,193,212
紀宿祢史料 50～3,55,61,65,73,74,82
紀宿祢真貞 120
紀角臣(宿祢) 35,46,52,74,88,89
紀貫之 45,61
紀俊 174
紀豊広 211
紀名草直 193,211
紀楢原 193,194
紀楢原広成 192
紀長谷雄 45,61
紀麻利耆拕臣 36
紀ノ水門 4,9
紀神直 194,211
木本郷(里)(村) 136,138～41,168,170,171,232
木ノ本(和歌山市) 138,170
吉備 5,18,68,83
吉備池廃寺 98
吉備郷(里) 144
吉備町 121
吉備海部直羽嶋 54,71
吉備上道釆女大海 75,76
紀北 5
紀三井寺 164
木村捨三 286
行 105,107
行基年譜 232,236
経紙 224～6,236
経師 216,218,220～3,225～7
経師受筆墨注文 223
経師上日帳 215,223
経紙出納帳 224,226
教実 373,389
京進 131
刑部大輔 179,199
清野謙次 279,286
切妻造 8
金石遺文(附録) 312～4,357
金田章裕 34,41

く

郡家 257,321
公卿補任 26,41,209
公験 359,373,374,376,377,381～4,386,387,389,392
日部駅 92
日下部郷 93
日部神社 92
日下部首 92
日下雅義 21,150
駆使丁 144
百済 19,43,54,71,75,82,84,85,87
百済王 74,76,77
百済大寺 98
百済記 74
百済戸 66
宮内庁書陵部本 307～9,323,326
国懸神戸 161
国見 151
口分田 117～9
来目部 53,66,68
黒谷池山 258
栗椒郷(牟婁郡) 214,231
黒江(海南市) 137,139,140,151,168,170
黒江里(可太郷) 137,142,151,169,232
黒田郷 166
黒田達也 37,38,43
桑原郷 155,158
桑原藤子 376,387,393
郡印 252,253,297～9,301,309,312～4,320,325,327,339,385
郡許院 148,166
郡・郷雑任 242
郡司(解)

46,57,104,120,320,339,353,355
薫集類抄　185
群書類従　42,206
郡判　250,252,257,264～6,302,320,339,340,347,348,359,376,381,382,385,386
郡老(大領)　377

け

軽貨　146
景行天皇　54
経国集　191,195,199,204,209
系図纂要　206,209,211
外記　177,179,199,201,206,210,211
外記補任　177,179,199,211,212
下郡　119
化粧裁ち　269,280,281
月明荘　247
毛野　5,68,83
玄界灘　21
検校　377
元亨釈書　211
遣新羅大使　60
遣唐使　60

こ

郷印　357
皇胤系図　188,207,209,210
交易(雑物)　131
後宮　27,206
高句麗　11,19,84,85,87,99
孝謙天皇(女帝)　143
公卿　161,162,166,167,173
皇后宮職　219
光孝天皇　185,207
興国寺文書　158
好古小録　275
高山寺本　155,160
郊祀　151
好字　138
孝昭天皇　231
上野　123,124,126,127
校生　192,222,226
豪族居館　9,11,18
好太王(碑文)　11,84
皇太子　206
郷長(解)　228,229,242,260,263,264,266,284,344,347,348,353,355
公田　387～90,393
光仁天皇　27,169
荒廃田　119
弘文荘(古文書目録)　242,243,247,248,252,253,255,258,267,268,276,277,279,285
皇別氏族　46
高野口町　155
高野山正智院文書　157
考羅渡　229
郷里制　136,154,156,168
五衛府　60
五月一日経　192
粉河町　159,243
粉河町史　243,247
粉河寺　158
国関　389
近木川　94
古裂　124,126
古今和歌集　185
国印　252,253,298,299,314,315,326,340
国学　202
国司　104～6,110,120,130
国史　51
国造(制)　11,69,73,79
国内城　84
国判　250,252,253,257,260,264～6,298,299,306,310,312,320,325,326,340
国府(工房)(財政)　108,112,120,128,321
国立国会図書館　359,360,364,392,394
国立歴史民俗博物館　157,243,247,253,267,270,271,327,329,358,385,395
故国原王　84
古語拾遺　66,165

越　83
古事記　50,52,65,72,90
古事記伝　78
戸籍　163
許勢氏　25
許勢臣大麻呂　36,58
巨勢部　67
巨勢(部)呰女　67
許曽部安延　375,387
近衛家　139,169
近衛府　60
小林あづみ　395
小林昌二
264,268,270,324,333,339,344〜7,356
小東庄　371,389
高麗　75
狛戸　66
高麗朝臣福信　106
狛村(那賀郡山前郷)　258
米　143
古毛　141
小山靖憲　173,243,271
惟条親王　210
惟彦親王　185,187,204,206,210
惟仁親王　210
紺紙　273
誉田御廟山古墳(応神天皇陵古墳)　18
墾田(地)　138,170,258
権擬大領　344
権掾　306,320
権大外記　199

さ

斎院　185
雑賀野　140
雑賀の浦　140
西寺　198
財政規模
108,112,114〜8,120,121,132
埼玉県立図書館　394
彩鳳　334,336,356
佐伯有清　25,30,40,42,47,62,209,236
佐伯連東人　36,58
坂合黒彦皇子　91
栄原永遠男　22,79,99,100,134,150〜2,172,174,237
酒部　66
酒部村　163
酒米　143,144
相模　123
坂本郷(和泉郡)　88
坂本賞三　108,134
坂本太郎　63,80
阪本敏行　215,234
坂本臣(朝臣)　35,52,88〜90,93,94
坂本臣糠手　87,89
坂本信幸　151
佐紀古墳群　5
左京職　188,189
作礎功食奉請注文　208
冊封　19
桜村　67
笹山晴生　37,38,43
指理郷(里)　143,155
貞秀親王　207,209
貞元親王　207
貞保親王　207,209
擦消　265,307〜9,345,346
雑稲　108
佐藤泰弘　395
里人　215
讃岐　127,130
狭屋寺　155
佐野廃寺　155
佐夜部首(善友朝臣)穎主　213
纂記　50
参議　188,204
三十六歌仙伝　207
(散位寮)散位　177,212,223

し

私印　352,353
塩　145,146
慈恩院(寺)　198
私歌集大成　174
直講　199,212

直丁　144
式部大輔(大丞)(少録)　195,198,199
軸　277,349,364,365
軸付紙　277,364,365
滋野井氏　209
滋野氏系図　177,206,207
滋野親王外伝　206,207,209
滋野世紀　206,207
滋野朝臣有城　211
滋野朝臣奥子　184,185,187,204
滋野(朝臣)貞主　180～2,184,185,187,188,195,204,205,209,210,212
滋野朝臣(宿祢)　176,177,179,181～3,191～4,202,204,206,209,211
滋野朝臣恒蔭　179,208,211
滋野朝臣直子　211
滋野朝臣縄子(綱子)　184,185,187,204,209
滋野朝臣某　211
滋野朝臣善蔭　191
滋野朝臣善言　177
滋野朝臣善永　191,199,209
滋野朝臣善根　191
滋野朝臣善法　191
滋野貞雄　181,182,184,195,204,206
滋野貞秀　209
滋野貞道　183
滋野宿祢　177,181,182,191,192,194,209,211
滋野宿祢馬沢　210
滋野宿祢継長　210
滋野宿祢弘基　210
滋野宿祢船白(代)　182,191,199
滋野春海　188
滋野岑子(滋子)　187,191,204,210
滋野統子　209
滋野幸子　211
滋野良幹　201,202,205,208
事実書　251
侍従所　199
私塾　202
自署　283,309,327,346,353,386
侍女　204
紙籤　274
次第司　29,47
志田諄一　211
実相寺(印)　302,303,316,318,319,321,328
四天王寺　98
倭文　141
倭文部　94
信濃(介)　124,179
品部　65
紫微内相　226
嶋神戸　161,173
志摩国輸庸帳　173
下野　123
下津町(海草郡)　139,140,169
車駕之古址古墳　83,84
写経借帳　208
写経所　181,192,222～4,227,234
写経所経師以下上日帳　225
写経所解(案)　172,181,222
釈日本記　198
写書所経并疏惣帳　216
写書所心経布施注文　226
写書所請間写筆墨帳　224
写書所解　156,208,222
写書所解(案)　226
写真(版)　288,289
写仁王経疏上帳　216,218
写仁王経疏注文　218
写仁王経疏帳　218
写本　285
朱印　247,252,266,277,302,320,321,334,339～41,351～3,366,381,383
集(輯)安　11,84
重貨　144
拾芥抄　108,207
集古十種　269,312～4,357
秀才(試)　202,212
柔子内親王　184,185
充百部法華経装潢帳　225
充本帳　220～2
宿儒　195,212
手工業生産　133

主税頭 206
主船司 60
主船正 209
朱筆 326
順継ぎ 294〜6,367
貞観延喜古文書 334〜6,354,356〜8
貞観延喜年間文書 333
定規 250,251,266
上宮王家 43
小郡 119
上国 108,110
勝算 211
上糸 125
上日 235
上日帳 223,225
正税(穀) 113,115,116,141
正(大)税帳 112〜7
正倉(院) 9,124〜6,146
正倉院文書 180,214,215,218,234,235
正倉院文書目録 235
装束司 29
正徹 164
上田 117
称徳女帝 231
城南宅 198
証人 283
上表文 19
聖武天皇 67,135,143,150,389,393
正文 257,383〜5
譲与 350,354
条里型地割 121,122,154
承和銭 259
助教 199,204,212,213
織生 128
続日本紀 37,51,65,66,106,107,112,122,127,135,136,140,145,146,150,163,179,180,193,195,209,211,227,231
続日本紀考證 228,231
続日本後紀 33,41,119,130,177,180,182,184,185,191〜3,198,199,201,204,209,212,213,253
諸郷畠田段別名寄帳 166
舒明即位時紛争事件 36
舒明天皇 57
所由 377,382
白河本 293,307〜9,323,325,326
新羅 75〜7,84,85,87,89
白取大明神 207
私領 388〜90,393
史料編纂所本 307〜9,324〜6
白い紙 218
神功皇后 54
神宮司庁 357
神宮文庫
163,172,284,329,333〜6,354,356,357
神郡 98,119
新猿楽記 131,132
進士 212
神事 143,151
人事興信録 356
信州滋野氏三家系図 177,206,207,209
壬戌歳戸籍 163
晋書 11
新抄格勅符抄 160
壬申の乱 37
真済 305,316,319,321
新撰姓氏録 42,46,62,88,180,182,192,194,228,229,231
新訂増補国史大系
33,119,184,209,210,212
神奴 69
神封 118
神別氏族 46,89
神武天皇 97

す

水運 12,20
水軍
5,12,20,21,45,53,54,58,60,61,78
推古天皇 57
出挙(本稲)(利稲) 107,108,112,113
水晶軸 293
須恵器 8
末松保和 63,80
陶邑 93,94

周防国　115,116
菅野惟肖　201
菅原寺　232
次田郷印　357
杉本一樹　220,235
村主　155
須佐神社　160
須佐神戸　160,161
崇峻天皇　86
図書頭　195
鈴木茂男　324
須磨千穎　268
住吉　97
駿河守(介)　180,195,199
駿河(国)　109,111,113〜6,127

せ

請経疏紙筆墨軸緒并継打界帳　216
姓氏家系大辞典　234
政事要略　117,206
請千部法華経筆墨帳　223
請疏紙筆墨并継打界帳　216
西陵古墳　13,83,84
清和天皇　177,201,207,210
関晃　30,40,47,62
積山洋　9,10,16,17,22,23
摂津(職)　60,108
瀬戸内海
12,17,20,21,39,53,84,144,147
禅寂寺遺跡　89
選叙令　105
践祚大嘗祭　140,141
泉南　4
専売(人)
283,284,306,341,343,375,385
千部法華経　208,219,220,222,223
千部法華経校帳　220
千部法華経充本帳　220
千部法華経櫃納帳　220
千部法華経奉請寺家帳　220
千部法華経本充帳　208,220
千部法華経料紙納物帳并打上帳　220
千部法華経料納物帳　219,220
善明寺(和歌山市)　6

そ

麁悪　130,131
宋　12,19
草案　257,265,266,319
装潢　219,220,222,225,226
惣行事　376
草根集　164
荘子　201
宋書　5,11,23
相知　284,343,353
造東大寺司(牒)　62,215,224,234
相売　283,284,341,343
相博　350,354
総柱建物　8
草名　309
雑用　107,108,113,114
相楽郡(山背国)　172
僧隆尊田地売券　372,388
蘇我氏　25,58
蘇我馬子　86,87
(蘇我)韓子宿祢　75〜7
蘇我倉山田石川麻呂事件　36
続群書類従　42,177,206
麁糸　125,127
租田　110
衣通郎姫　95,96
薗田香融　9,10,21,22,24〜6,40,41,46,53,54,62,63,70,80,122,134,150,152,160,165,167,173,174,178,194,207,208,211
菀部郷　66,161,166
園部(和歌山市)　166
反町茂雄　277,286
尊卑分脈(脱漏)
42,185,187〜9,207,209,210

た

大安寺　138
大安寺伽藍縁起并流記資財帳
138,170,171
大学　202

大学博士　181,195,199,212,213
大学寮(頭)
61,181,195,198,201,202,205
対策　198
題師　222,226
台紙付写真　278,280,281,283,285
大嘗祭　65,142,143,151,233
大(少)目　306,376
大(少)領　260,265,344,347
大山古墳(仁徳陵古墳)　18
題籤(軸)　217,365,385,393
大東急記念文庫(本)　160,172,272～4
大土地所有　242
大日山35号墳　83
大日本古文書　26,138,156,199,208,211,214,217,221,222,225,228,235,236
大日本地名辞書　167,228
大宝令　156,170
当麻三子　373,388,389
平(朝臣)忠信　374,383,384,386,392
平(朝臣)秀行　374,383,384
平忠信家地売券　374,382
平忠信書状　373,384
内裏　216
内裏式　195,204
高島正人　63
高田実　324
高野　89,194
高橋宗直　275
高家首　88,194,211
財郎女　65
財皇女　65
財部　65
工造　89
武内雅人　22
竹内理三　273
武内宿祢　25,35,39,46,52
大宰博士　199
大宰府　60
但馬　127,130
但馬国正税帳　173
太政官処分　130,145
太政官符案　157
太政官符写　158
大刀佩部　95
橘奈良麻呂の変　227
辰巳和弘　36～8,42,43
経錦　128
楯部　94,95
伊達宗泰　42,44
田中卓　35,42
田中俊明　99
谷岡武雄　356
玉坂(紀伊国)　139,169
玉作部　95
玉津島　140
玉出嶋　29
田身輪邑　76,77
田村圓澄　42
誰戸　160
断金郷　161,166
丹後　127,130
単口　226
湛照僧都分付帳　229,236
淡輪　4,9,22,62,82～4,86,97
淡輪古墳群　9,10,12,88
淡輪ニサンザイ古墳　83,84
丹波(国)　104～7,127,212
丹波掾貴職　372,390

ち

地子　143,145
地子田　110
茅渟県(県主)　92～4
茅渟菟砥川上宮　94
血沼海　96
茅渟宮　95,96
茅渟山城水門　96
道守由麿　258,264
中衛府　60
中央財政　145
中国尺　15,18
中男作物　143
調絁　124,126
調綾師　128

朝集使(諸国)貢貢物　128
長寿王　11,19,84,85
朝鮮派遣氏族　42,44
朝鮮半島
11,17,19～21,44,50,53,58,83,84
朝野群載　201
調庸　67,122～4,128,130,131,137,143,145,146
楮紙　338,364

つ

継目裏(書)　163,248,253,302,303,328
筑紫　5,83
都家郷(山辺郡)　173
都祁神戸　173
辻川哲朗　43
津田左右吉
24,25,30,38,40,47,62,63,80
都出比呂志　9,17,22,23
角(都奴)臣　52,76,78
角国　76,77
角臣　35
椿井宮山古墳　44
津麻神戸　160,161

て

帝王編年記　209
帝国図書館　360,366
手継(文書)(連券)　228,254,255,266,267,350,354,365,386
手平(和歌山市)　70,148,166
寺西貞弘　151,173～5
転擬主政　344
転擬大領　344
田券　386
典侍　211
田租　117,118
天皇系図大臣列伝　199
転売　350,354
田品　117
天武天皇　37
天理図書館　278
田領　242,260,263,264,266,284,344,347,348,353,355

と

土井孝之　22
東京国立博物館　247
東京(帝国)大学史料編纂所(掛)
31,278,280,285,289,362,363,394
東宮学士　183,195,204,206
東国国司　36
東寺　253～5,267,269,289,313,317,319,328,350,354
東寺古文零聚　242,253,255,260,263,267,269,313,314
東寺(古)文書　242,243,269,270,288,321,324,328,333,350,358
東寺宝物館　293
東寺文書聚英　289,325,326
謄写本　288,289,300,306～9,324
唐招提寺　41
唐招提寺旧蔵田券写　41
唐招提寺史料　41
唐招提寺施入田券文写　31,41
刀子　141
東大寺　370,389,391,393
東大寺写経所　208
東大寺文書　389
東大寺要録　229
東大寺領坪付断簡　370,391
藤貞幹　273～5,279,283,285,289,312～4,323,357
遠江　127
同筆　309,310,322
登庸試　212
時子内親王　184,185
時康親王　185
喙　75,76
土佐　127,130
都氏文集　201
戸田秀典　24,40,42
戸田芳実　119,134,324
鳥取之河上宮　94,95
土入川　136,139,168
刀祢　31,32,56,227,242,259,263,

264,266,306,320,325,343,348,353,355,375,376,385
舎人　223,226
富岡知明　209
冨田博之　100
伴清包　373,375,389,390

な

内閣文庫本　307～9,323,326
内記　179,195,198,201
内部通し柱　13
直木孝次郎　37,42,43,151
直尻家　89,194
中井一夫　42
長岡院　231,232
長岡京　26,105,106
長岡野　227
那賀郡家　156,256,257,266,311
奈賀(那賀)(奈我)郡　25,28,122,124,125,136,146,157,350
那賀郡(紀伊国)　4,68,144～6,156,157,165,166,243
那賀郡印　247,252,266,269,314
那賀郡司　265
那賀郡司解　157,173,243,253,258,264,269,317,327
那賀郷(那賀郡)　156,158,172
中蒂姫　90,91
長門国　115,116
長我孫縄主　260
中野榮治　121,134
長公廣雄　260
中村蹊男　324
中村修也　22,42,62
中村貞史　99
中村順昭　235
長屋王　141
長屋王家木簡　163
長屋王邸　162
名草郡家　70,148,353
名草(郡)　8,25,28,48,65～8,70,98,119,122,124,125,136,137,139,146,153,159,160,163～6,168,171,172,174,193,350
名草郡印　314,339,341,352,353
名草郡郡許院収納米進未勘文　166
名草郡司　126
名草直(宿祢)　176～9,191,193,194,199,201～7
名草直弟日　178,193
名草直嶋守　178
名草直(宿祢・滋野朝臣)豊成　176,178,193,199,201,203～5,212,213
名草直(宿祢・滋野朝臣)安成　176,178,179,193,199,201,202,204,205,208,212
名草直高根女　179
名草道主　199,201,208
名草溝　122,165
名代・子代　65,92
名手川　158
名手郷(那賀郡)　157,158
難波　21,84,97
難波行宮　29
難波古墳群　4
難波倉庫群　3,9,14,17～21
難波津　16,20
難波堀江　4,16,17,21
難波宮　13
波坂郷(宇陀郡)　227,230,231
奈良国立文化財研究所　41,172,174
楢原家訳　181～3,188,195,209
楢原内万呂　181
楢原造　180,181,191～5,199,202,204,205,208
楢原(造)東人　180～2,195,208,209,212
楢原造総麻呂　209
成康親王　210
鳴神(和歌山市)　166
鳴滝遺跡(倉庫群)　3,4,6～13,17～21,84,85
南海道　104,148
永穂(和歌山市)　166

に

新野直吉　209
丹生都比女神社　155
迩布(丹生)直　194
贄(御贄)　140～3,232,233
丹裹古文書　214
仁嗜(海部郡)　139,169
仁義庄　139,169
和田郷　88
和田首　88,194,211
和山守首　88,194,211
錦生　128
西国分Ⅱ遺跡　156
西国分廃寺　156
西小山古墳　13
西書院　198
西椒庄　169
西山良平　243,268,270,356
二条大路木簡　140,141,169
日前宮　211
日前宮条里区　168
二中歴　198
日羅　54,71
荷札(木簡)　137,141～5,232,233
日本紀竟宴和歌　198
日本紀略　33,182,185～7,195,198,206,210,211
日本古印集成　358
日本後紀　29,30,41,47,182,183,199
日本古代人名辞典　234
(日本)三代実録　48,130,131,177,179,181,184～9,191,199,201,207,210～3,253
日本書紀　25,36,38,43,49～52,54～8,61,62,65,66,69～71,74～6,79,82,85,86,90,98,99,142,147,148,233,236
日本地理志料　228
(日本)文徳(天皇)実録　41,48,176,178,179,184,188,191,195,199,201,209,213
日本霊異記　67,139,155,157,164,165,169
丹生谷哲一　263,268,270,324,356,358
女御　209
仁賢天皇　65
仁徳天皇　65
仁王経疏　216,219,223
仁王経疏充紙帳　216,217
仁王経疏紙筆墨充帳　216,217
仁王経疏本奉請帳　216
仁明天皇　41,183～5,201,204,206

ぬ

布　122～5
布目順郎　126,127,134,152

ね

根岸武香　360,366,367,393
根岸文書　359,362,363
根臣(使主)　90～4
練糸　130
年料舂米　143～5,152,154,156
年老　212

の

濃子内親王　185,187
納定(和歌山市)　167
直川(和歌山市)　163,164,166
直河(川)郷　161～4,166,280,342,356
直川郷印　352,358
直川郷墾田売券　163,317
能応寺　164
野(能)応郷(里)(村)　161,164,166～8,174
鑿　141
野村忠夫　235
糊アト　248,249,254,281,294
糊代　248,249,277,294,295,338,351,367
儀子内親王　189

は

売券　41,241,242,254,267,268,271,274,275,288,289,316,318,321,322,329,333,334,341,346,348,350,354,

355,359,385,387,388,392
背奈行文 195
買人 284,343,347,385,388,393
売人 266,352,353,355,388
ハガシトリ痕 248,249,254,281,294
博多湾 20
萩原村 258,264
白紙 311
白米 143,144
羽倉敬尚 286
端裏書 217,218,385,386
椒抄奥嶋 169
橋門(郷) 157,158
橋本家 274,281,283,285
橋本市 155
橋本経亮 275,279,284〜6
橋本某 273
丈部忌寸 260
丈部氏貞 259,265
丈部首 88
畑井弘 356,358
爪工連 88,346,347
幡陀(秦)郷(里)(安諦郡) 139,169
波多氏 25
八田券 365,366,385,386,392
八田坪 385,386,388,392
幡梭皇女 90
八条宮 185
泊橿部 95
初島町 169
八双の竹 364
八田兵次郎 335,336,338,354,356,357
服部昌之 172,356
花山丘陵 83
花山8号墳 83
埴生郷(里) 67,164,171
埴埼郷 156〜8,165,166
土生田純之 44
浜中郷(村)(海部郡) 136,139,140,142,168,169,171,232,233
浜仲荘 139
浜中村 139,169
林地 258,264
播磨権介 206
貼り交ぜ本 273
播磨(国) 104〜7,127,130
春澄善縄 201
判官御房 372,390
吐前(和歌山市) 70,158
判事 61
反正天皇 65
藩邸の旧臣 183,204,206
般若心経 226
伴信友 242,253,255,267,289,313,314
伴信友本 307,308,323〜6

ひ

東国分(打田町) 156
久木幸男 212
備前 127,130
日高(飯高)郡 136,145,146,233
常陸 123,124,126,127
左軸 293,334,364
備中 127,130
日根行宮 29
日根(野) 92〜5,97
日根県 94〜8
日野昭 37,38,43,63,80
日前・国懸神社 41,48,57,68,69,98,166,168,211
日前神戸 161,173
日野資枝 279
秘府略 198,204,209
百部法華経 224,236
百部法華経充紙帳 224,225
百部梵網経 236
表装 293〜6,299,337,349
兵部省 60
平川南 243,271
平田(宿祢)福刀自子 359,377,383,386,389,392
平田宿祢全妖丸 376,381
平田高雄 377,381〜3,389,392
平田御庄 373,389,393
平田福刀自子家地充文案 359,363,366,376,379,392

平野邦雄　63,80
平野博之　41,104,118,131,133,134
広瀬典　269
備後　127,130

ふ

封戸　160
府学　202
副擬大領　306,344
福田以久生　272〜4,276,277,281,283,285
福田文庫　307〜9,324
不三得七法　117
藤井貞文　361,363,369,377,379,383〜5,394
藤田正篤　100
藤波家(氏)　334,336,338,354,356
布師臣　88
藤本清二郎　150
俘囚　66,67,163
藤原朝臣　27,28
藤原(朝臣)基連　375,376,385〜8,393
藤原内麻呂　187,188
藤原葛野麻呂　209
藤原吉備雄　187,188,198
藤原仲麻呂　226
藤原宮　138,156,170
布施　216,221,222,226
布施申請解案　222,226,227
布施帳　222
経湍屯倉　69〜71,97,148,149
付箋　218
部族(連合)　5,10,61
賦役令　144
不輸租田　110,118,119
古市古墳群　5,6
古屋家家譜　99,100
文華秀麗集　195,204,209
豊後　110
文室朝臣　27

へ

平安遺文　26,41,120,210,211,228,229,241〜3,260,263,268,271,272,284,287,289,307,308,325,326,329,337,339,344〜7,355,358,359,363,394
平安京(遷都)　106,178,193
平壌　11,19,84
平城宮出土木簡　139
平城宮(跡)　137,168
平城京(遷都)　105,141,142,145,170,215
平城天皇　33
日置部　95
平群(郡)　25,26,30,31,34,35,38,43,47,56,84
平群氏　25,35〜8,42〜4
平群谷　4,34〜9,42〜4,55〜7,60,61,65,73,79
平郡坐紀氏神社　25,26
平群臣宇志　37
平群臣神手　37
平群臣真鳥・鮪　37,43
別筆　263〜5,303,309,347,381,382
部民(制)　67,68,72,73,79,147
弁官　61
便宜要門田(便田)　387,389,390,393,395

ほ

穂井田忠友　357
伯耆　127
某書状　369,390,391
方略試　201
方略宣旨　201
波々伯部守　268,327,333,339,340,344〜7,353,356,358
ホーレー　278
墓記　50,51
北魏　19
墨書　303
法華経　224
布施屋(和歌山市)　70,148
保証人　321
墨界　281
本位田菊士　42
本貫　32

本経　221～4,226
本朝皇胤紹運録　185,188,189,207,209,210
本田数　107～9,110～3,116～9
本稲　107～9,112～4,116,117,133
梵網経法華経充紙筆墨帳　224

ま

埋麝発香　357
前園実知雄　42
正木直彦　279,286
正良親王　183,204
増田弘邦　324
増田望月系図　207
松井川　158
松岡久人　268
松嶋順正　134,152
松平定信　288,293
目宮王　207
眉輪王　91,92
丸山幸彦　268,324
万字屋書店　277,279,285
政所　215,216
万葉集　135,136,140

み

三尾功　243,271
三上屯倉　152
三上村　67
参(三)河　108,110,127
御木(郷)　66,164～6,171
三木町(和歌山市)　165
弥気里(那賀郡)　156～8,165,166
御食持命　46
三里古墳　44
三品彰英　63,80
未撰舎人　215
溝口睦子　100
道康親王　184,185,204
三辻利一　100
皆川完一　235,236,324
水門　96,97
南秀雄　17,23
源朝臣　188,189
源載有　188,189,191
源淵子　189
源本有　188,189,191
源英君　375,386,393
御巫清白　357
美濃　130
美作　130
任那　87,89
宮井用水　165
屯倉(制)　9～11,69,70,72,73,79,98,148
三宅臣藤麻呂　51
明経道　195,199
神直　89

む

武蔵　123,124,127
陸奥国　66,67
宗形横根　178
棟持柱　8,13
宗康親王　184,185
村井康彦　107,133
邨岡良弼　172,228
村尾元融　228
村長　227
村君庭麻呂　214,230
村君安麻呂　214～27,230,234
村瀬憲夫　150
村石丸　229,230
村首　227
村君(公)　228～32,234
村君東人　227,230,231
村君辛兄　214,230
村公浄長　228,230
村是時　230
村永元　229,230
村祝　227
村山出　151
牟婁(无漏)(郡)(紀伊国)　136,142,146,214,215,227,230,232～4

め

明光浦　140

も

百舌古墳群　5,6,16
木簡　135〜7,151,170〜2
本居内遠　178,207,208
本康親王　184,185,204,206
物部麻呂　67
物部連　88,194,211
物部守屋　86,87
桃裕行　207,208,212
桃山町(和歌山県)　156
森明彦　220,235
森下浩行　43
守部連大隅　195
森昌俊　100
文章生　195,198,199,201
文章生試　195,212
文章道　199,202
文章得業生　198,201
文章博士　61,198
文徳天皇　184,185,187,188,191,201,204,206
文武天皇　37

や

八木郷(和泉郡)　88
薬王寺　67
薬分　67
八咫鏡　76,77
八田若郎女　65
矢田部　65
家地　359,381,387〜9,392,393
野地　258
箭集宿祢虫麻呂　195
八釣白彦皇子　91
柳本古墳群　5
屋主忍雄建猪心命　46
山尾幸久　9,10,22,63,80
山口隆　174
山口新家経師等浄衣進上注文　223
山口(和歌山市)　167
山前(崎)郷　157,158,173,258,259,265
山前郷長　259,265
山崎荘　157,173
山階寺　224
山背大兄王　36,58
山城(背)国　108,231
大和川　34,39,84
大和志　228,231
大和志料　228
大和政権　9,17
大和守印　325,326
大和(倭)(国)　12,25,26,30,31,35,47,55,56,65,73,79,114〜6,229〜31,233
大和国石名荘住人等解　229
大和国石名荘坪付案　229,230
大倭国正税帳　173
大和国平群郡某郷長解写　31,34,56
山中敏史　9,22
山井水門　96
山辺郡(大和国)　229〜31

ゆ

木綿　141
遊古世帖　272〜4,281,283〜5
有職故実　275
雄略天皇　76,85,86,89,92,93
由加物　140〜3,233
輸租田　118,119
輸地子田　118,119
湯直　194
由良町(日高郡)　169

よ

養蚕・製糸　122,125〜9,132,133
庸(米)　143〜6,152
陽明文庫　157
緯錦　128
横浜市立大学　272〜81,283〜5
吉田晶　89,100,235
吉田家　278,279,286
吉田道可　279,285

吉田東伍　172,228
吉田渚翁　278
吉田文書　278,286
吉田履一郎　278
善淵王　177,207
善淵愛成　199
吉村公男　43
吉村正代　174
淀川　84,147
与等渡　229
米倉二郎　121,134
米田雄介　237
鎧作　66

り

陸上軍事氏族　61
立券(文)　304,384
六国史　26,105
隆尊　388
凌雲集　209,212
料紙　255
梁書　11

る

類聚国史　33,41,55,182,183,212
類聚符宣抄　198,199,201,208

れ

冷泉為恭　289,300,307,308,324〜6
聆濤閣帖　278,286
連券　316,319,321,350

ろ

老荘　199,201,202,205
浪人　131
粮米　144
六道　104

わ

倭　84
倭王(権)　3〜5,9〜13,16〜21,45,50,53,57,58,60,68〜73,78,79,81,83〜6,88,89,93〜5,97〜9,147〜50
倭王武　19
和歌浦　135,136,140,143,147,150,233
和歌川　136,139,147,148,164,168
和学講談所　323
若狭　104
和歌山県教育委員会　23
和歌山県史　242,243,270,272,284,289,307〜9,325,326,333,339,344〜7,359
和歌山市史　243,333,339,344〜7
若倭部益国　218
和佐地区(和歌山市)　174
綿　131
度守首　228,229
和田条里区　168
渡瀬昌忠　151
ワニ氏　231,232,234
倭の五王　11,12
和名抄　66,107,108,111,112,117〜9,136,137,139,144,153,155,157〜64,166〜8,170〜2,174

◆著者紹介◆

栄原永遠男（さかえはら　とわお）

1946年　東京に生まれ，まもなく大阪に移る

1969年　京都大学文学部卒業

1974年　京都大学大学院文学研究科単位取得退学．追手門学院大学を経て現在，大阪市立大学大学院文学研究科教授．京都大学博士（文学）．

著　書　『天平の時代』（集英社，1991年）
『奈良時代流通経済史の研究』（塙書房，1992年）
『日本古代銭貨流通史の研究』（塙書房，1993年）
『奈良時代の写経と内裏』（塙書房，2000年）
『奈良時代写経史研究』（塙書房，2003年）など

紀伊古代史研究（きいこだいしけんきゅう）

2004（平成16）年11月1日　発行

定価：本体7,500円（税別）

著　者　栄原永遠男
発行者　田中周二
発行所　株式会社思文閣出版
〒606-8203　京都市左京区田中関田町2－7
電話　075-751-1781（代表）

印　刷
製　本　株式会社図書印刷同朋舎

ISBN4-7842-1199-3　C3021